5. Arbeitsseiten

Auf den Arbeitsseiten erarbeitest du dir die Inhalte der einzelnen Themen. Die fett gedruckten Wörter sind **Fachbegriffe**. Ihre Bedeutung solltest du dir besonders einprägen.

Die **INFO-Kästen** auf den Arbeitsseiten enthalten Informationen, die das Verständnis von bestimmten Zusammenhängen erleichtern.

In **ERSTAUNLICH**-Kästen erfährst du weitere, bemerkenswerte Einzelheiten zu dem Thema.

Mithilfe der **Aufgaben** kannst du die Inhalte der einzelnen Themen erarbeiten.
Die Aufgaben **1.**, **2.** usw. bilden die Regelanforderungen und sollten von euch allen bearbeitet werden.

189 ▶ Die blauen Pfeile an Aufgaben verweisen auf die passende Methodenseite im Anhang des Buches.

53 ▶ Grüne Pfeile an Aufgaben zeigen an, dass du eine **Hilfe zur Lösung** dieser Aufgabe abrufen kannst. Du gelangst zu der Hilfe durch Scannen des QR-Codes auf der Seite, die der Pfeil anzeigt.

Ⓦ Dieses Zeichen vor einer Aufgabe bedeutet, dass es sich um eine **Wahlaufgabe** handelt. Wähle eine der angegebenen Möglichkeiten aus (**A**, **B**, ...).

Ⓩ Zusatzaufgaben sind zur vertiefenden Behandlung eines Themas gedacht. Sie sind manchmal etwas schwieriger und nicht immer mit dem Buch allein lösbar.

WES-115715-053

QR-Codes: Durch Scannen des QR-Codes oder durch Eingabe des Webcodes **WES-115715-xxx** unter westermann.de/webcode kannst du interaktive Inhalte zu deinem Schulbuch nutzen. Die Codes findest du auf der letzten Doppelseite von jedem Kapitel.
Über QR-Codes in **INTERNET-Kästen** gelangst du zu Webseiten, auf denen du mehr zu dem Thema der jeweiligen Arbeitseite erfahren kannst.

Atlaslinks

Alle Karten aus deinem gedruckten Diercke Drei Universalatlas gibt es auch in digitaler Form. Durch Eingabe des Karten-Codes auf der Webseite schueler.diercke.de gelangst du auf die passende Seite im Atlas. Dort erhältst du weitere Informationen zu den Karten und Hinweise zu ergänzenden Atlaskarten. Den Code findest du ganz unten auf den Buchseiten. So sieht er aus:

schueler.diercke.de | **100870-054-01** (**100870** ist Teil der ISBN des Atlas, **-054** verweist auf Seite 54 im Atlas und **-01** steht für die dort abgebildete Karte Nummer 1.)

---

6. Hilfen im Anhang

Der Anhang auf den Seiten 178 bis 207 hält für dich verschiedene Hilfen für die Arbeit mit diesem Buch bereit.
Die **Methodenseiten** vermitteln dir Schritt für Schritt Methodenkompetenz. Die blauen Kästen sind die „Gebrauchsanweisungen" der Methoden.
Ab Seite 194 findest du das **Minilexikon**. Hier werden dir die Fachbegriffe in alphabetischer Reihenfolge erklärt.
Ab Seite 200 findest du viele **Hilfen zur Arbeit mit Operatoren**, um Aufgaben richtig zu verstehen und zu bearbeiten.
Mit den **Lernkarten** ab Seite 206 kannst du dein Orientierungswissen erweitern bzw. deine schon vorhandenen Kenntnisse vertiefen.

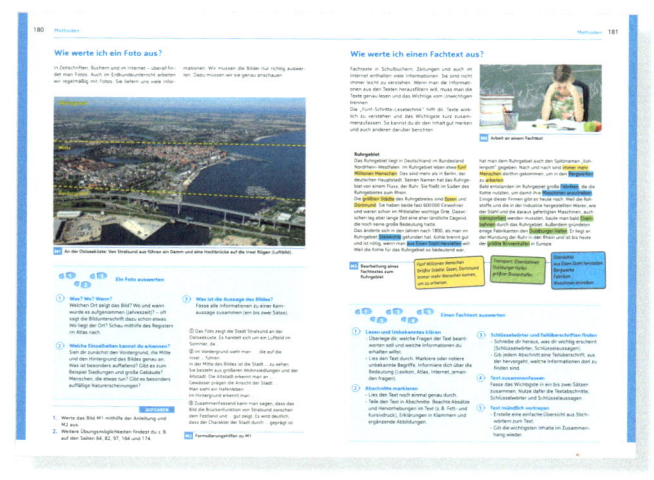

westermann

Durchblick
Erdkunde

Niedersachsen
Band 5/6

Herausgeber:
Matthias Bahr
Uwe Hofemeister

Autoren:
Matthias Bahr
Timo Frambach
Uwe Hofemeister

unter Mitwirkung
der Verlagsredaktion

Einbandfotos: li.: Ein Junge entspannt auf dem Deich vor dem Pilsumer Leuchtturm in der Gemeinde Krummhörn in Ostfriesland.
re.: Häuserzeile in der Innenstadt von Lüneburg

Mit Beiträgen von: Kerstin Bräuer, Ruwen Bubel, Erik Elvenich, Dr. Norma Kreuzberger, Annett Krüger, Wolfgang Latz,
Ute Liebmann, Timo Lüdecke, Florian Ringel, Rita Tekülve, Henning Teschner, Monika Wendorf.

westermann GRUPPE

© 2022 Westermann Bildungsmedien Verlag GmbH, Georg-Westermann-Allee 66, 38104 Braunschweig
www.westermann.de

Druck A[1] / Jahr 2022
Alle Drucke der Serie A sind im Unterricht parallel verwendbar.

Redaktion: Patrick Thies
Druck und Bindung: Westermann Druck GmbH, Georg-Westermann-Allee 66, 38104 Braunschweig

ISBN 978-3-14-115715-4

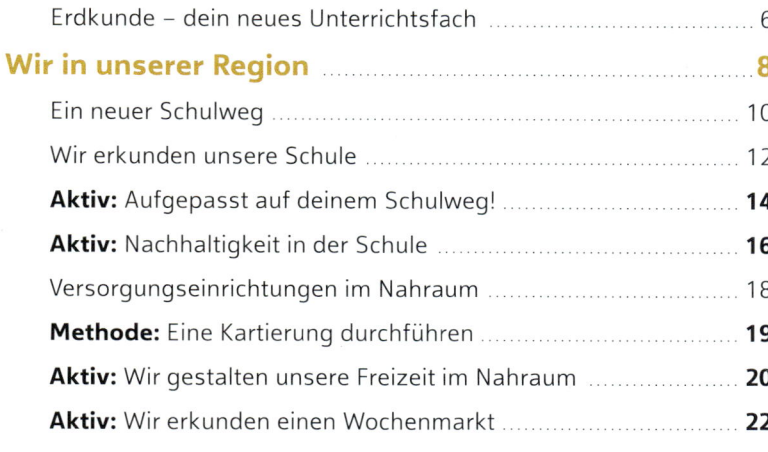

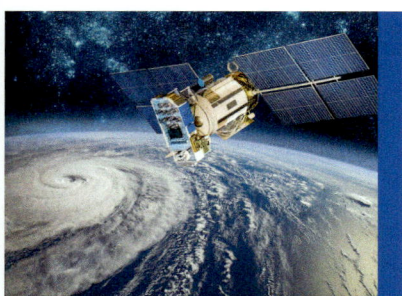

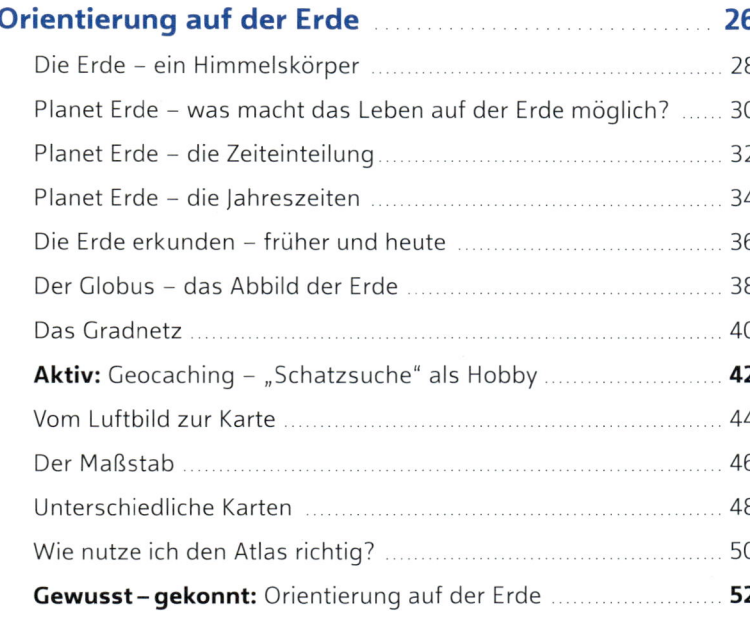

Orientierungsübung mit Karte und Kompass

Erkundung im Nahraum

Anfertigung eines Modells

Durchführung einer Befragung

Arbeit mit digitalen Karten

M1   Wichtige Arbeitsweisen im Erdkundeunterricht (Auswahl)

Du bist jetzt Schülerin oder Schüler einer fünften Klasse. Eines deiner neuen Unterrichtsfächer ist Erdkunde. Auf dieser Doppelseite erfährst du, wie vielfältig dieses Fach ist und was du in diesem Fach alles lernen wirst.

1. a) Notiere, welche Arbeitsmittel im Fach Erdkunde verwendet werden (M1, M2). **24** ▶
   b) Nenne Beispiele, wofür die Arbeitsmittel verwendet werden (M1, M2). **24** ▶

2. Berichte, wann und wo du im Alltag mit Erdkunde in Berührung kommst.

3. Wähle zwei der Teilbereiche der Erdkunde aus M3 aus. Beschreibe an Beispielen, was hier jeweils untersucht wird.

Ⓦ 4. Wähle aus:
   A Schreibe die Buchstaben des Wortes Erdkunde untereinander. Notiere zu jedem dieser acht Buchstaben einen Begriff, den du mit Erdkunde verbindest.
   B Hattest du im Alltag schon mit Erdkunde zu tun? Berichte darüber.
   Tauscht euch anschließend in Partnerarbeit aus.

Ⓩ 5. Stelle aus deiner Sicht dar, weshalb der kleine Prinz der Meinung ist, dass Geograph „endlich ein richtiger Beruf" ist (M5).

Erdkunde – das Fach zum Forschen und Entdecken

Erdkunde ist ein spannendes und vielfältiges Fach. Du lernst in diesem Fach verschiedene Räume der Erde kennen und siehst, wie die Menschen unter ganz unterschiedlichen Bedingungen wohnen, arbeiten und ihren Alltag gestalten. Im Fach Erdkunde erfährt man, wie die Menschen die Natur verändern und wie dadurch **Naturräume** zu **Kulturräumen** umgestaltet werden. Du lernst dabei auch, welche Folgen das für unsere Erde hat. Das hilft uns, die Welt besser zu verstehen und zu erkennen, wie unsere Erde besser geschützt werden kann.

M2   Schülerinnen und Schüler bei der Arbeit mit dem Globus und dem Atlas

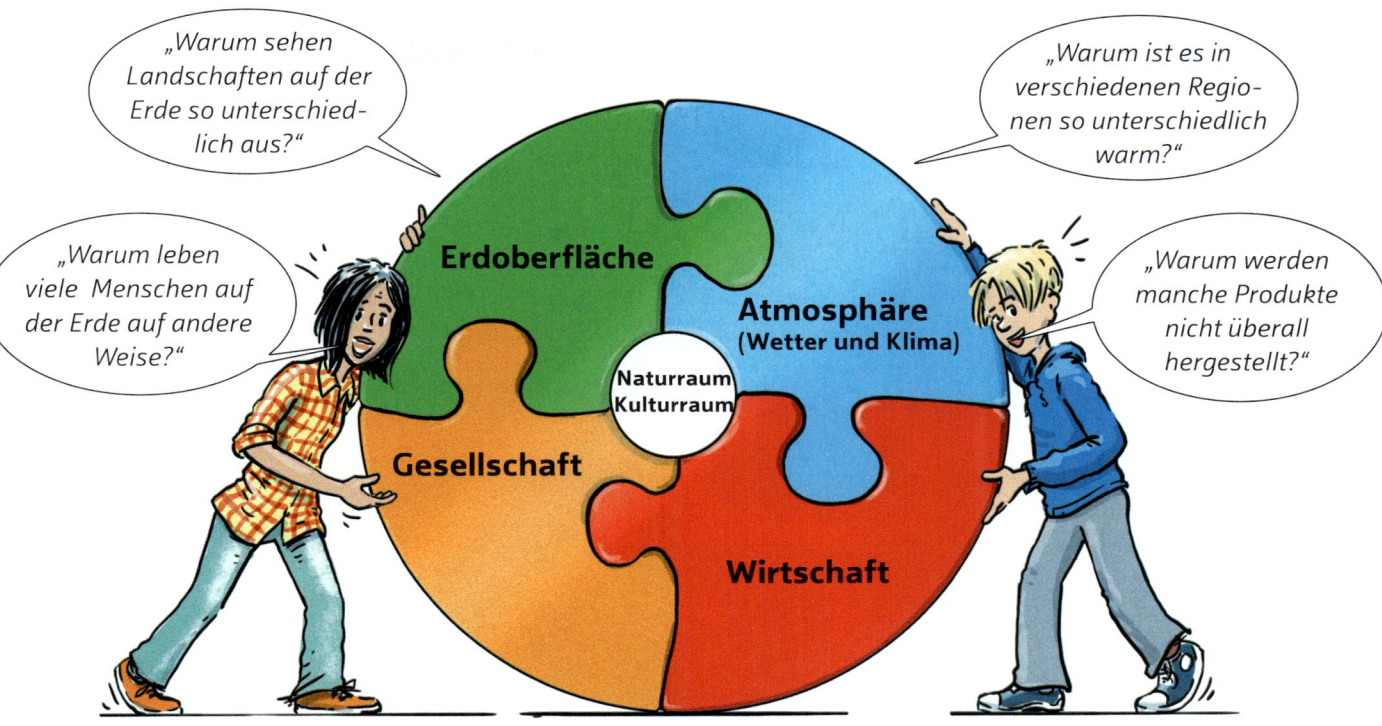

"Warum sehen Landschaften auf der Erde so unterschiedlich aus?"

"Warum ist es in verschiedenen Regionen so unterschiedlich warm?"

"Warum leben viele Menschen auf der Erde auf andere Weise?"

"Warum werden manche Produkte nicht überall hergestellt?"

Erdoberfläche

Atmosphäre
(Wetter und Klima)

Naturraum
Kulturraum

Gesellschaft

Wirtschaft

M3 In der Erdkunde unterteilt man Räume in verschiedene Bereiche. So kann man sie besser untersuchen.

Das Fach Erdkunde ist sehr vielfältig. Wenn sich Geographen mit den Räumen unserer Erde beschäftigen, untersuchen sie diese nach verschiedenen Teilbereichen. Ähnlich wie bei unterschiedlichen Brillen, wird der Raum dann mit Blick auf einen ganz bestimmten Bereich betrachtet. Die Untersuchungsergebnisse der Teilbereiche fügen sich anschließend wie verschiedene Puzzleteile zusammen.

M4 Erdkunde – Untersuchung der Teilbereiche

Geographie
Unser neues Fach Erdkunde nennen Wissenschaftler **Geographie**. Das Wort kommt aus dem Griechischen: „Geos" bedeutet „Erde"; „graphein" bedeutet „beschreiben".

„Was ist das für ein dickes Buch?", sagte der kleine Prinz. „Was machen Sie da?"
„Ich bin Geograf", sagte der alte Herr.
„Was ist das, ‚ein Geograf'?"
„Das ist ein Gelehrter, der weiß, wo sich die Meere, die Ströme, die Städte, die Berge und die Wüsten befinden."
„Das ist sehr interessant", sagte der kleine Prinz. „Endlich ein richtiger Beruf!"
Und er warf einen Blick um sich auf den Planeten des Geografen. Er hatte noch nie einen so majestätischen Planeten gesehen.

(Quelle: de Saint-Exupéry, Antoine: „Der kleine Prinz". Übersetzer: Leitgeb, Grete u. Josef. 60. Aufl. Düsseldorf: Karl Rauch Verlag 2004)

M5 Erdkunde – Untersuchungsgebiet von Geographen

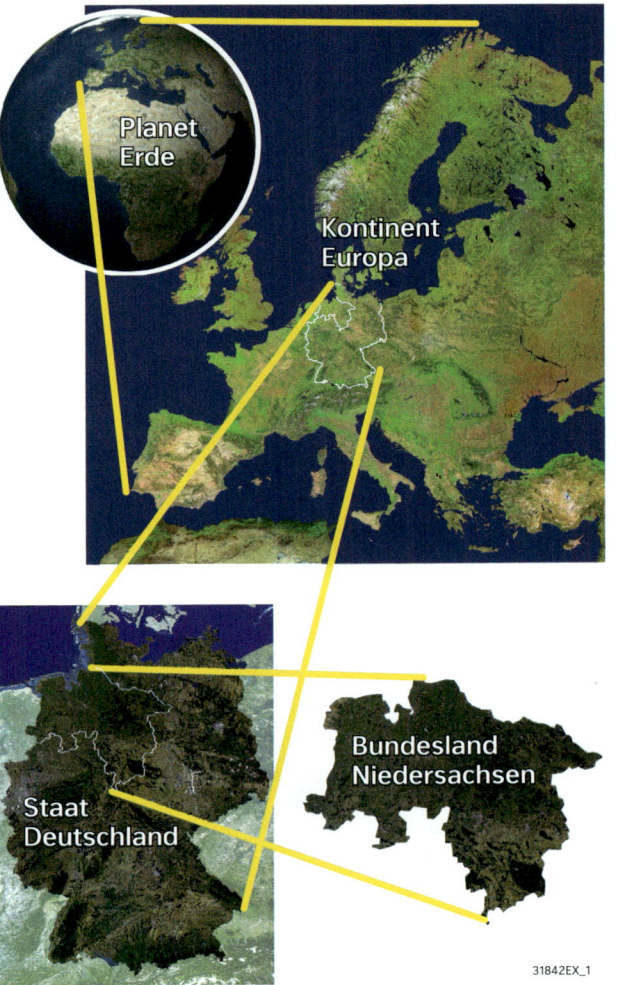

Planet Erde

Kontinent Europa

Staat Deutschland

Bundesland Niedersachsen

31842EX_1

M6 Erdkunde – verschiedene Räume im Blick

Fachbegriffe
■ der Naturraum   ■ der Kulturraum   ■ die Geographie

Wir in unserer Region

Schülerinnen und Schüler bei einer Erkundung im Nahraum.
Kannst du dir vorstellen, was die Gruppe erkundet?

Ein neuer Schulweg

„Ich bin Ben, wohne südlich der Schule und komme mit dem Fahrrad."

„Ich heiße Anna, wohne nordwestlich der Schule und fahre mit dem Fahrrad."

„Ich heiße Johannes, wohne in der Straße Am Sonnenberg und gehe meistens zu Fuß zur Schule."

„Ich heiße Claudia und fahre mit dem Fahrrad."

„Ich heiße Lisa und wohne nordöstlich der Schule."

M1 Schülerinnen und Schüler der Klasse 5a in der Christophorusschule in Elze

Die Schülerinnen und Schüler haben jetzt einen anderen Schulweg im Vergleich zu ihrer alten Schule. Sie gehen zu Fuß zur Schule oder fahren mit dem Fahrrad, mit dem Bus oder mit der Bahn.
Wie können sie sich in der neuen Umgebung orientieren?

1. Wähle ein Schulkind aus (M1) und beschreibe mithilfe von M2 den Schulweg, den es fahren könnte. **24**

2. Erkläre anhand eines Beispiels aus M2 den Unterschied zwischen Luftlinie und Wegstrecke (Info 1, M2).

3. Bestimme, wie weit die Wohnorte der Kinder von der Schule entfernt sind (Luftlinie). Verwende die Maßstabsleiste (M2).

4. a) Fertige eine Wegbeschreibung deines eigenen Schulweges an (M4).
   b) Vergleicht eure Schulwege. Wer hat den weitesten Schulweg, wer hat den kürzesten Schulweg?

W 5. Wähle aus:
   A Besorgt euch Kreide und Kompass. Geht auf den Schulhof. Bestimmt die Nordrichtung und zeichnet eine Windrose auf den Boden (Info 2).
   B Die Sonne steht mittags im Süden. Nutzt diese Information und bestimmt die Himmelsrichtungen auf eurem Schulhof mithilfe der Sonne.

Z 6. a) Trage in die Kopie eines Stadtplans deinen neuen Schulweg ein.
   b) Beschreibe deinem Tischnachbarn deinen Schulweg, ohne ihn auf dem Plan zu zeigen. Dein Tischnachbar soll deinen Schulweg allein anhand deiner Beschreibung in seine Kopie des Stadtplans einzeichnen. Tauscht anschließend die Rollen.

Aus verschiedenen Orten und Stadtteilen in eine neue Klasse

Die Schülerinnen und Schüler der Christophorusschule in Elze kommen aus ganz unterschiedlichen **Himmelsrichtungen** zur Schule. Die neue Schule liegt viel weiter entfernt als die Grundschule. Viele Kinder können den Schulbus benutzen. Die Straßen, auf denen die Schulbusse fahren, haben einige Kurven. Das braucht Zeit.
Die kürzeste Strecke zwischen zwei Punkten ist die **Luftlinie** (Info 1). Möchte man von einem Ort zum nächsten, kann man sich aber nicht auf der Luftlinie bewegen. Der Straßenverlauf ist an die Landschaft angepasst. So führt die Wegstrecke zum Beispiel um einen Berg oder um ein Haus herum.
Eine gute Möglichkeit, sich im Raum zu orientieren, sind **Karten**. Sie zeigen die Lage von Straßen und Gebäuden. Außerdem haben sie eine **Maßstabsleiste** (siehe S. 46). Mit ihr kann man Entfernungen auf der Karte bestimmen. Damit man weiß, in welche Richtung man die Karte ausrichten muss, hilft die Himmelsrichtung. Bei der Karte ist am oberen Kartenrand immer Norden. Um die Himmelsrichtung in der Natur zu bestimmen, hilft der **Kompass** (Info 2). Mit ihm kann man die Himmelsrichtung im Gelände bestimmen.

INFO 1

Luftlinie
Die kürzeste Entfernung zwischen zwei Punkten bezeichnet man als Luftlinie. Möchtest du ihre Länge mithilfe einer Karte bestimmen, so lege ein Lineal zwischen den beiden Punkten an und miss die Strecke. Mithilfe der Maßstabsleiste kannst du ermitteln, wie lang die Strecke in der Wirklichkeit ist.

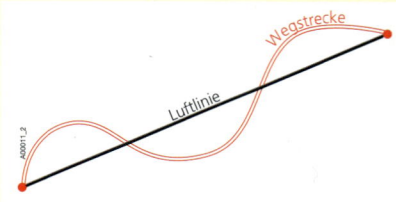

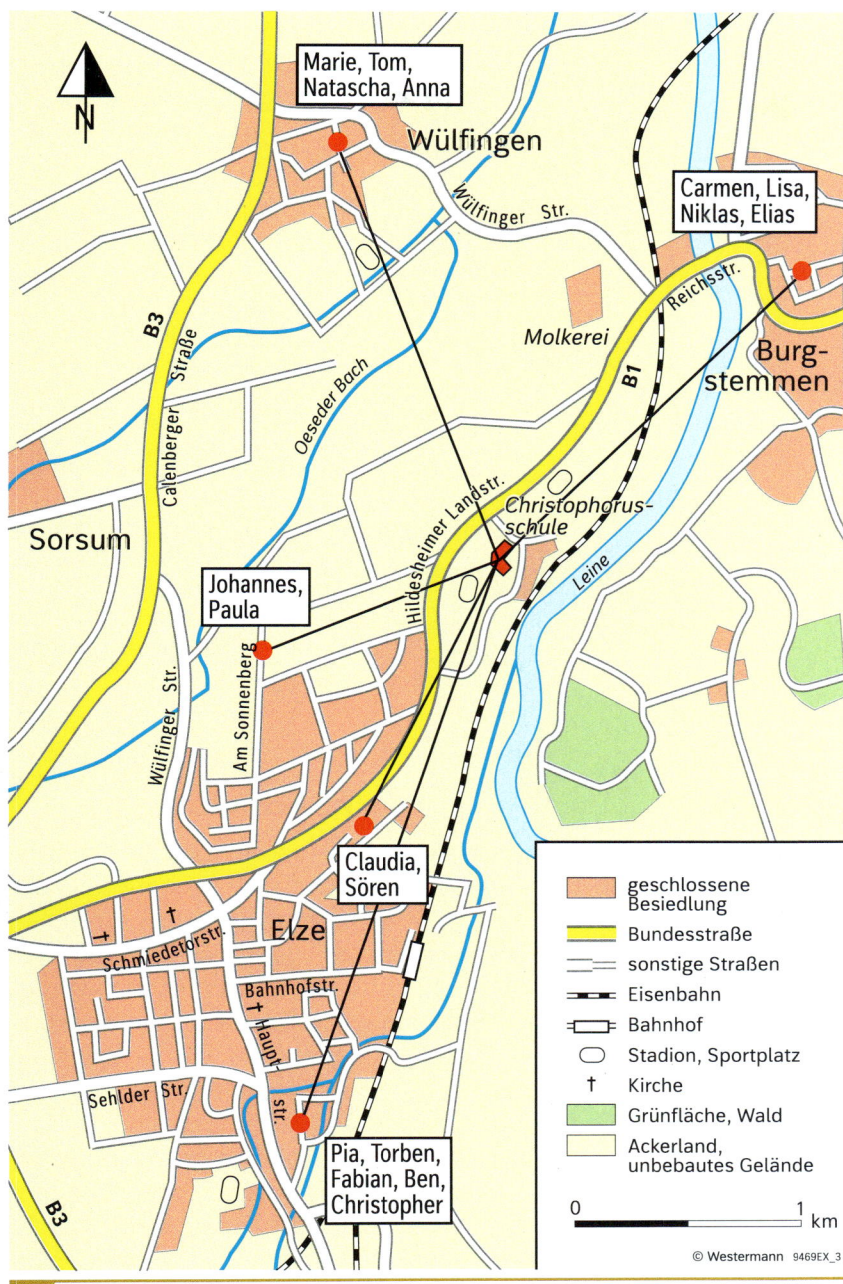

M2 Schulwege in Elze und Umgebung

- Wegbeschreibungen sollten knapp und klar sein.
- Überlege vorher: Was ist der kürzeste Weg zum Ziel? Was ist der unkomplizierteste Weg zum Ziel?
- Wenn der kürzeste Weg zu kompliziert ist, wähle lieber den längeren und unkomplizierteren Weg aus.
- Wähle wichtige Erkennungsmerkmale auf deiner gewählten Strecke aus (z. B. Kirche, Kreisverkehr, Sportplatz, Bäckerladen, usw.).
- Beschränke dich auf die wichtigsten Informationen.
- Sprich oder schreibe in der Gegenwartsform.
- Wähle eine sachliche Sprache.
- Nenne den Startpunkt.
- Gib die Richtungen an.
- Nutze Wörter wie: gegenüber, rechts, links, nördlich, unter, entlang …
- Nutze Straßennamen.
- Gib Entfernungen an.
- Weise auf schwierige Stellen hin und erläutere diese genauer.

M4 Tipps zum Erstellen einer Wegbeschreibung

INFO 2

Kompass

Ein Kompass ist ein Instrument zur Bestimmung der Himmelsrichtung. Er enthält eine drehbar gelagerte Nadel, die magnetisch ist. Eine Spitze dieser Nadel richtet sich im magnetischen Feld der Erde nach Norden zum Nordpol hin aus. Unter der Kompassnadel liegt eine **Windrose** mit den Himmelsrichtungen. Der Kompass muss so gedreht werden, dass Magnetnadel und Nordrichtung der Windrose übereinander liegen. Dann kannst du alle anderen Himmelsrichtungen ablesen. *Lesebeispiele:* SW = Südwest, ONO = Ostnordost.

M3 Eine Touristin bekommt eine Wegbeschreibung.

Fachbegriffe

- die Himmelsrichtung
- die Luftlinie
- die Karte
- die Maßstabsleiste
- der Kompass
- die Windrose

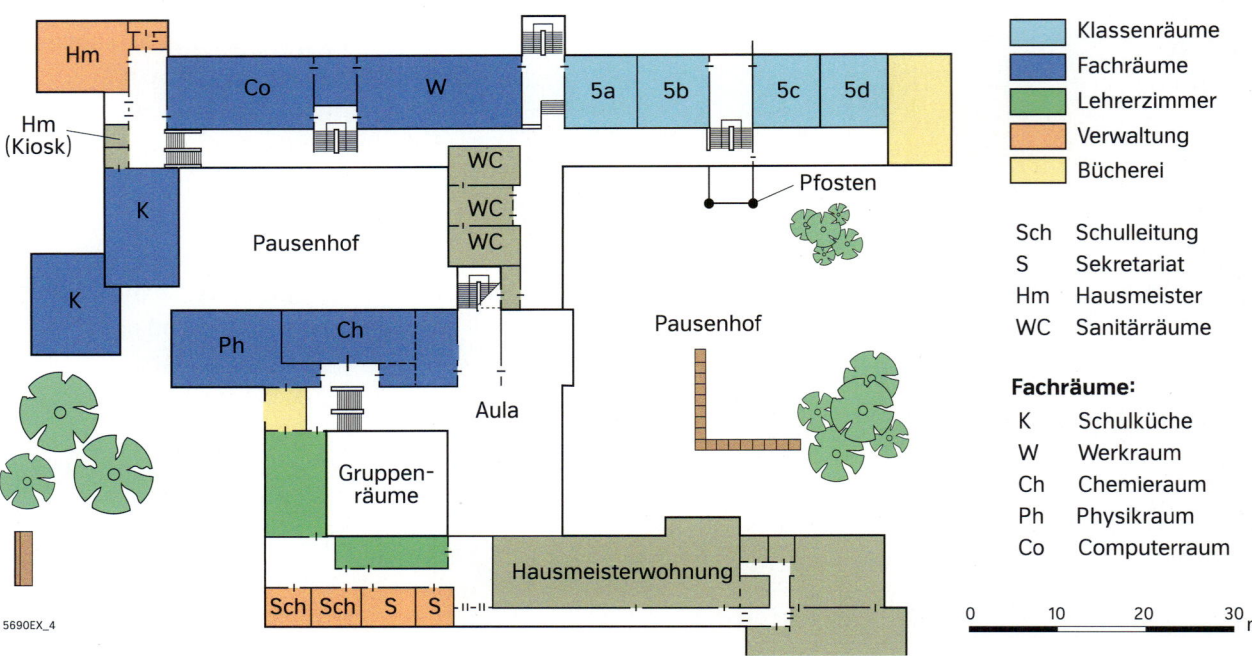

Klassenräume
Fachräume
Lehrerzimmer
Verwaltung
Bücherei

Sch   Schulleitung
S   Sekretariat
Hm   Hausmeister
WC   Sanitärräume

Fachräume:
K   Schulküche
W   Werkraum
Ch   Chemieraum
Ph   Physikraum
Co   Computerraum

M1 Grundriss vom Erdgeschoss einer Schule (Ausschnitt)

Am Anfang ist es schwierig, sich in einer neuen Schule zurechtzufinden.
Wie kommt ihr am schnellsten von eurem Klassenraum zur Sporthalle? Wo ist das Lehrerzimmer? Wo befinden sich die nächstgelegenen Toiletten?

1. Führt an eurer Schule eine Schulrallye oder ein Fotosuchspiel durch (M2, M3).

2. Erstellt ein Plakat zum Thema „Meine neue Schule". Klebt zunächst den Grundriss eurer Schule in die Mitte des Plakats. Ordnet dem Grundriss Fotos oder Zeichnungen zu und markiert den jeweiligen Aufnahmeort im Grundriss.

3. Führt nach der Anleitung auf Seite 13 eine Befragung an eurer Schule durch. Informiert euch dabei über die Aufgaben der verschiedenen Mitarbeiterinnen und Mitarbeiter.

Orientierung in der neuen Schule

Die Sommerferien sind vorbei und die Schule geht wieder los. Lara, Nico und die anderen Kinder der Klasse 5c planen an ihrer neuen Schule einen Erkundungstag, damit sie sich an ihrer neuen Schule zurechtfinden. Das ist notwendig, denn die Schule ist viel größer als die Grundschule, die sie vorher besucht haben. Die neue Schule hat mehrere große Gebäudeteile, die mit Fluren und Gängen miteinander verbunden sind.
Die Kinder organisieren ein Fotosuchspiel und befragen Menschen, die in der Schule arbeiten. Außerdem führen sie eine Schulrallye durch. Dazu besorgt sich die Klase 5c eine Kopie von dem **Grundriss** der Schule. Sie erhalten den Grundriss im Schulsekretariat.

NICO, SCHAU DIR MAL DEN GRUNDRISS UNSERER SCHULE AN ... WENN WIR DAS ALLES ERKUNDEN, WERDEN WIR GANZ SCHÖN INS SCHWITZEN KOMMEN!

INFO

Grundriss
Ein Grundriss stellt eine Grundfläche dar, so wie man sie von oben betrachtet sieht. Auf dem Grundriss einer Schule sieht man beispielsweise Gebäude und Räume verkleinert von oben.
Die Beschriftung des Grundrisses kann man mithilfe der Legende verstehen (siehe S. 19, S. 48). Die Legende ist eine Liste mit den Zeichen, Farben und Abkürzungen und den dazugehörigen Erklärungen. In der Legende findet man auch die Maßstabsleiste.

1. Bildet Gruppen von 3–4 Schülerinnen und Schülern. Jede Gruppe überlegt sich zehn Aufgaben für eine andere Gruppe und schreibt sie auf. Die Aufgaben können alle Themen rund um eure Schule betreffen. Sie müssen aber auf einem Rundgang durch die Schule lösbar sein. Schreibt die Lösungen auf einen anderen Zettel.

2. Tauscht die Aufgabenzettel aus und los geht's! Notiert die Antworten auf dem Zettel.

3. Wenn die vereinbarte Zeit vorbei ist, kehrt ihr in den Klassenraum zurück und tauscht die Aufgabenzettel wieder zurück. Kontrolliert mithilfe des Lösungszettels die Antworten der anderen Gruppe. Gebt für jede richtige Antwort einen Punkt. Gewinner ist die Gruppe mit den meisten Punkten.

Schulrallye

9441E

Aufgabe 1:
- Wo befindet sich das Schulleitungszimmer?
- Wann haben eure Klassenlehrerin oder Klassenlehrer oder euer Englischlehrer Sprechstunde?
  Wie viele Schülerinnen und Schüler gehen auf eure Schule?

Aufgabe 2:
- Nennt fünf verschiedene Dinge, die ihr im Schülercafé kaufen könnt.
- Was kosten sie?
- Wie viele Tische stehen in der Cafeteria?

Aufgabe 3:
- Welche Spielgeräte gibt es auf den Pausenhöfen?

Aufgabe 4:
- Nennt die verschiedenen Werkräume der Schule.

Aufgabe 5:
- Wo findet ihr Informationen über Arbeitsgemeinschaften?
- Nennt zwei Arbeitsgemeinschaften.

Aufgabe 6:
- Wo hängt der Vertretungsplan im Schulgebäude?

Aufgabe 7:
- Wo werden die Fundsachen aufbewahrt?
- Wo befindet sich der Karten- und Medienraum?

Aufgabe 8:
- Schreibt die Zahl der Computerplätze im Computerraum auf.

M2 Eine Schulrallye durchführen

Die Lehrkraft hat in der Schule verschiedene Stellen fotografiert.

1. Bildet Gruppen von 3–4 Schülerinnen und Schülern. Jede Gruppe erhält Fotos, die auf dem Schulgelände oder in der Schule aufgenommen wurden.

2. Findet heraus, wo die Fotos gemacht worden sind.

3. Ihr könnt auch selbst in Gruppen Suchspiele für andere Gruppen erstellen.

Fachbegriff
- der Grundriss

M3 Beispiel für ein „Suchfoto" – eine Tischtennisplatte auf dem Schulhof

Eine Befragung durchführen

① Vorbereitung
- Um eine mündliche Befragung durchzuführen, musst du dir konkrete Fragen überlegen und notieren. Danach muss festgelegt werden, wer befragt werden soll.
- Übe die Befragung vorher mit einem Mitschüler oder einer Mitschülerin. So kannst du z. B. die Verwendung eines Smartphones als Diktiergerät üben.

② Durchführung
- Als erstes musst du dich der Person vorstellen, die du befragen möchtest. Nenne dazu das Thema des Interviews und bitte sie, an der Befragung teilzunehmen.
- Das Interview führst du durch, indem du

deine notierten Fragen stellst und die Antworten aufzeichnest.
- Wenn du eine Tonaufnahme der Befragung und Fotos anfertigen möchtest, bitte die Person vorher um ihrer Erlaubnis. Bedanke dich zum Schluss bei der teilnehmenden Person für ihre Mitarbeit.

③ Auswertung
- Höre dir deine Aufnahmen mehrfach an oder werte deine Mitschriften aus. Schreibe die wichtigsten Aussagen auf. Halte die Ergebnisse in Stichpunkten fest und fasse sie in einem Bericht zusammen.

Aufgepasst auf deinem Schulweg!

M1 Die Lage der Schule auf einem Luftbild

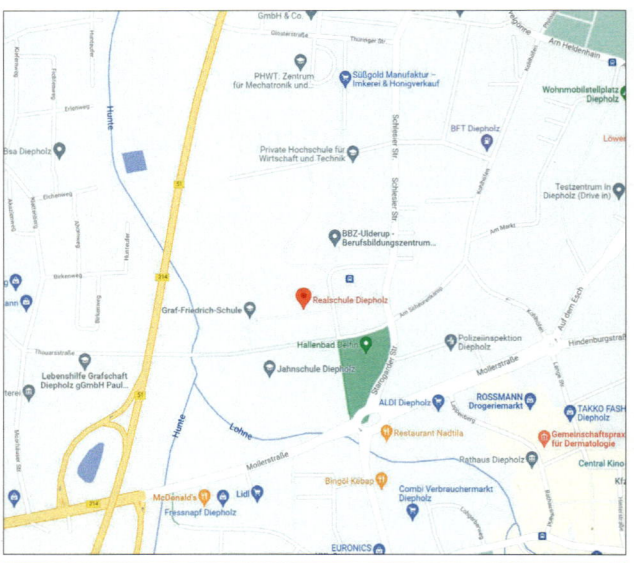

M3 Die Lage der Schule auf einer digitalen Karte

Dein neuer Schulweg stellt dich vor viele neue Herausforderungen. Eine gute Vorbereitung hilft dir dabei, sicher zur Schule zu kommen.

1. Beschreibe die Verkehrssituation in M2 und benenne dabei mögliche Gefahren für die Schülerinnen und Schüler.

2. Beschreibe, was du über die Schulumgebung erfährst:
   a) auf der digitalen Karte M3,
   b) auf dem Luftbild M1,
   c) auf der Zeichnung M5.

3. Ordne zu: An welchen Stellen passen M2 und M6 zu der Zeichnung M5? Begründe.

4. In M5 sind drei Gefahrenpunkte eingetragen. Wo wären weitere Warnungen sinnvoll? Begründe.

5. a) Zeichne deine eigene Schulumgebung und fertige eine Legende an. 90
   b) Trage nun die Gefahrenpunkte ein.

Eine neue Schule – ein neuer Schulweg

Yasemin fährt jetzt mit dem Rad zur Schule. „Das macht mir Spaß!", sagt sie. „Keiner in unserer neuen Klasse hat denselben Schulweg wie früher. Für fast alle ist er länger geworden."

Auf dem Weg zur Schule können viele Gefahren lauern. Dabei spielt es keine Rolle, ob man die Schule zu Fuß, mit dem Fahrrad oder dem Bus erreicht. Es ist wichtig, dass man sich auf den Straßen und mit den Verkehrsregeln auskennt. An einigen Schulen gibt es Schülerlotsen, die dafür sorgen, dass der Verkehr zum Schutz der Schülerinnen und Schüler geregelt wird.

Um sicher zur Schule zu kommen, muss sich jeder überlegen, welcher Weg praktisch und gleichzeitig ungefährlich ist. Wo gibt es Gefahrenpunkte, wie beispielsweise verkehrsreiche Kreuzungen oder unübersichtliche Stellen? Helfen Ampeln oder Fußgängerüberwege? Welche Straße hat einen extra Fahrradweg? Wo liegt die nächste Bus- oder Straßenbahnhaltestelle?

Mit diesen Fragen könnt ihr eure neue Schulumgebung untersuchen. Die Ergebnisse könnt ihr zum Beispiel als Zeichnung festhalten (siehe M5).

Achtung:

- Verlasst nie die Gruppe. Bleibt immer in Rufweite zur Lehrkraft!

- Haltet immer genügend Abstand vom Fahrbahnrand!

- Benutzt beim Überqueren einer Fahrbahn einen sicheren Übergang, zum Beispiel an einer Ampel oder auf einem Zebrastreifen!

M2 An einer Schulbushaltestelle

M4 Verhalten bei der Erkundung des Schulwegs

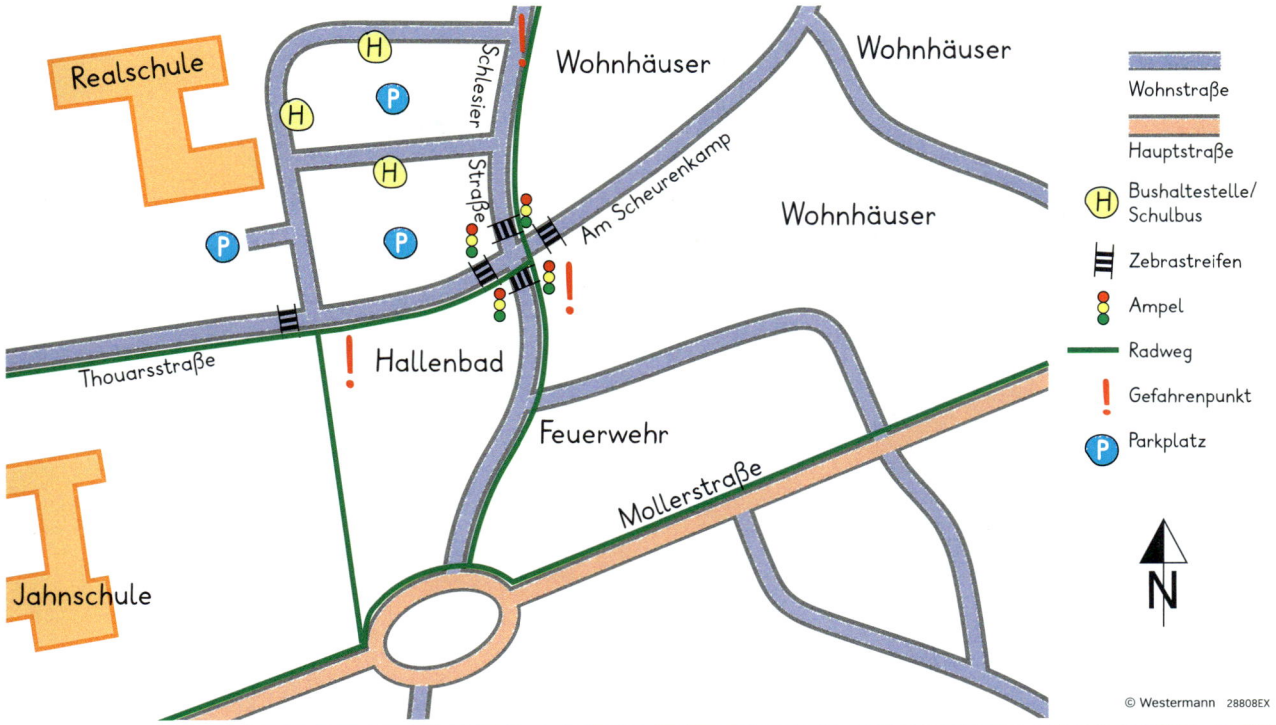

M5 Zeichnung der Umgebung der Schule mit einer Legende zur Verkehrssituation

Legende:
- Wohnstraße
- Hauptstraße
- (H) Bushaltestelle/Schulbus
- Zebrastreifen
- Ampel
- Radweg
- ! Gefahrenpunkt
- (P) Parkplatz

© Westermann 28808EX

M6 Lauern Gefahren vor der Schule?

So geht ihr vor:

1. Schritt: Vorbereitung
Schreibt Fragen auf und sortiert sie nach Themen. Besorgt euch einen Stadtplan, einen Skizzenblock für die eigene Zeichnung und einen Fotoapparat.

2. Schritt: Durchführung
Erkundet zu Fuß die Schulumgebung und begutachtet die Verkehrseinrichtungen. Fertigt eine Skizze an. Fotografiert interessante Stellen zur Veranschaulichung.

3. Schritt: Auswertung und Präsentation
Vergleicht eure Ergebnisse in der Klasse. Hängt zum Beispiel Warnplakate für Gefahrenpunkte auf.

M8 Ablauf des Projekts „Verkehrslage der Schule"

Google Maps, das Navigationsgerät im Auto und noch viele mehr sind digitale Kartendienste. Es sind einfache **Geographische Informationssysteme (GIS)**. Das heißt, dass eine Karte mit Zusatzinformationen versehen wird. So werden dir zum Beispiel deine Strecke oder auch die Lage von Tankstellen oder Läden in der Karte angezeigt. Die Karte verändert sich, je nachdem, welche Informationen du erhalten möchtest.

„Mit Google Maps laufe ich manchmal auch zu Freunden. Die App zeigt mir nicht nur an, wo der Weg langgeht, sondern auch wie lange ich brauche. Auch im Auto nutzen wir ein Navigationsgerät. Auf längeren Strecken nutzen wir es fast immer, selbst wenn wir die Strecke kennen. Denn es bekommt laufend Verkehrsinformationen. Dadurch lenkt es uns manchmal um einen Stau herum."

M7 Lotta auf dem Weg zu Freunden

Fachbegriff
- das Geographische Informationssystem (GIS)

AKTIV Nachhaltigkeit in der Schule

M1 Schülerinnen und Schüler bei einer Müllsammelaktion

M3 Insektenhotel auf einem Schulhof

Wie gehe ich mit meiner Umwelt um? Was passiert mit meinem Müll? Wie können wir Energie sparen? All das sind Fragen, die dich auch in deiner Schule betreffen. Du kannst dich in vielen Bereichen bei der Gestaltung deiner Schule beteiligen. Eine Möglichkeit ist eine Zukunftswerkstatt, in der ihr euch mit einem Verbesserungsvorschlag auseinandersetzt und Ideen für eine mögliche Lösung entwickelt.

1. Erkunde deine Schule und finde heraus, ob es Umweltprojekte gibt.

2. Schreibe über die Idee der Nachhaltigkeit einen Bericht für eure Schülerzeitung oder eure Schulhomepage.

3. Führt gemeinsam eine Zukunftswerkstatt durch. Nehmt dazu die Anleitung auf Seite 17 zuhilfe.

Der Bereich **Ökonomie** steht für die Wirtschaft. Es geht z. B. darum, mit den Rohstoffen der Erde sparsam umzugehen, damit sie auch noch von den in der Zukunft lebenden Menschen genutzt werden können.

Der Bereich **Soziales** steht für den Umgang der Menschen untereinander. Alle Menschen auf der Erde sollen zum Beispiel gleich gute Bildungsmöglichkeiten haben. Andere Beispiele sind die Gleichberechtigung von Mann und Frau oder die Bekämpfung von Armut auf der Erde.

Der Bereich **Ökologie** steht für Umwelt und Naturschutz. Dazu gehört, dass wir Luft, Wasser und Boden sauber halten und Pflanzen und Tiere schützen.

M2 Das Dreieck der Nachhaltigkeit

Wir gestalten unsere Umwelt nachhaltig

Es gibt viele Möglichkeiten, die eigene Schule und den Nahraum im Einklang mit der Umwelt zu gestalten. Viele Schulen haben sich bereits auf den Weg gemacht und gute Ideen umgesetzt. Manche haben den eigenen Schulhof naturnah und umweltgerecht gestaltet. Einige haben einen Schulgarten angelegt oder bieten gesunde Lebensmittel im schuleigenen Kiosk an. Andere Schulen haben widerum Ideen zum Energiesparen entwickelt und umgesetzt. Durch den Bau eines Insektenhotels oder das Aufhängen von Nistkästen können Lebensräume für Tiere auf dem Schulgelände geschaffen werden.

Das Bewusstsein für eine intakte Umwelt ist dabei genau so wichtig wie die Gestaltung einer Umgebung, in der wir uns wohl fühlen. Die Grundidee ist, dass wir mit unserem Lebensraum **nachhaltig** umgehen. Das bedeutet, dass Lebensräume schonend und sparsam genutzt werden, damit auch nachfolgende Generationen noch eine intakte Umwelt zur Verfügung haben.

INFO

Nachhaltigkeit

Der Begriff der Nachhaltigkeit stammt ursprünglich aus der Forstwirtschaft. Um sicherzustellen, dass die Menschen auch in Zukunft Holz zur Verfügung haben, sollte immer nur soviel Holz gefällt werden, wie auch nachwachsen kann.

Heute hat der Begriff eine umfassendere Bedeutung. Das Dreieck der Nachhaltigkeit verdeutlicht, dass Nachaltigkeit nicht nur den Umweltschutz, sondern auch die Bereiche Ökonomie und Soziales betrifft.

M4 Von der Planung bis zur Umsetzung – Schülerinnen und Schüler, Lehrkräfte und Eltern bei der Gestaltung eines neuen, naturnahen Schulhofs

Eine Zukunftswerkstatt durchführen

① Vorbereitung
- Schreibt auf einen Zettel die Punkte auf, bei denen sich eure Schule im Bereich der Nachhaltigkeit verbessern sollte.
- Sammelt eure Ideen auf einer Pinnwand und entscheidet gemeinsam, welche Verbesserung ihr gemeinsam angehen möchtet.

② Ideen entwickeln
- Überlegt gemeinsam, welche konkreten Vorschläge ihr gerne umsetzen möchtet.
- Seid bei euren Ideen erfinderisch. Stellt euch vor, ihr hättet ausreichend Geld, Maschinen und Entscheidungsmacht, um eure Vorschläge umzusetzen.
- Stellt eure Ideen und Vorstellungen anschaulich dar. Ihr könnt beispielsweise ein Bild malen, ein Modell erstellen oder ein Poster gestalten.

③ Verwirklichung prüfen
- Stellt fest, ob es möglich ist, eure Zukunftsideen umzusetzen. Überlegt gemeinsam: Wie müsste man die Idee verändern, um sie verwirklichen zu können?
- Überlegt, wer euch bei euren Ideen unterstützen kann. Sprecht mit Mitschülern, Lehrern und der Schulleitung. Gibt es Vereine, die euch unterstützen könnten?
- Tragt nun euren Vorschlag und eure konkreten Ideen auf einem Plakat zusammen.

M5 Schülerinnen und Schüler überlegen gemeinsam, wie sie ihre Schule nachhaltiger gestalten können.

- Müll vermeiden und trennen
- Verschwendung von Wasser vermeiden
- Energie sparen
- Schulhof und Klassenräume begrünen
- Plastikverpackungen vermeiden
- Lebensraum für bedrohte Tierarten schaffen
- Nahrungsmittel aus der Region verzehren
- Sonnenenergie nutzen

M6 Ideensammlung für eine nachhaltige Schule

Fachbegriff
- die Nachhaltigkeit

Einkaufsstraße in Hannover

Große Produktauswahl in einem Supermarkt

Im letzten Jahr wurde der kleine Lebensmittel-laden in Amiras Dorf geschlossen, der gleich um die Ecke ihres Wohnhauses lag. Nun muss sie zum Einkaufen 800 Meter weiter in den neuen Supermarkt fahren.

1. Berichte von deinem letzten Einkauf (wo, was, und wann hast du eingekauft?).

2. a) Welche Einkaufsmöglichkeiten gibt es in deinem Wohnort?
   b) Für welche Einkäufe und Anschaffungen musst du in einen anderen Ort fahren?

Ⓦ 3. Wähle aus:
   A Berichte, welche Dienstleistungen in deinem Heimatort angeboten werden (Info 2). 24 ▸
   B Nenne Güter des täglichen, mittelfristigen und langfristigen Bedarfs (Info 1). 24 ▸

4. Erstelle eine Karte mit den Einkaufsmöglich-keiten rund um deine Wohnung oder deine Schule mithilfe der Anleitung auf Seite 19.

Versorgung in einer Bäckerei

Einkaufen und sich versorgen am Wohnort und in der Region

Amira findet es schade, dass sie nun einen län-geren Weg zum Einkaufen hat. Dafür ist das An-gebot in dem neuen Supermarkt viel größer und eine Bäckerei gibt es auch. Alle **Güter**, die Amiras Familie zum täglichen Bedarf benötigt, sind in dem Supermarkt verfügbar. Manchmal fahren ihre Eltern trotzdem noch in die sieben Kilometer ent-fernte Kreisstadt zum Einkaufen, denn hier gibt es einmal wöchentlich einen Wochenmarkt und man kann in den Bekleidungsgeschäften nach der neu-esten Mode schauen.

Auch das Angebot von **Dienstleistungen** ist in der Kreisstadt größer. In Amiras Heimatort gibt es zwar eine allgemeine Arztpraxis, zum Augenarzt muss sie jedoch in die Kreisstadt fahren.

> **INFO 1**
>
> **Güter**
> Güter ist ein anderer Begriff für Waren. Man un-terscheidet dabei verschiedene Bereiche:
> Güter des täglichen Bedarfs sind Waren, die man zum täglichen Leben benötigt. Güter des mittel-fristigen Bedarfs sind alle Waren, die man nicht unmittelbar verbraucht und die im Allgemeinen nicht ständig genutzt werden (z. B. Kleidung). Güter des langfristigen Bedarfs sind alle Waren, die für einen längeren Nutzungszeitraum ange-schafft werden (z. B. Möbel).

> **INFO 2**
>
> **Dienstleistung**
> Eine Dienstleistung ist eine Arbeitsleistung in den Bereichen Handel, Verwaltung und Pflege. Beispiele für Dienstleistungseinrichtungen sind Hotels, Geschäfte, Arztpraxen, Rathäuser oder Straßenverkehrsämter.

Kartieren heißt, dass man eine Karte zu einem bestimmten Thema herstellt.

Ausgewählte Dinge werden in eine vorhandene oder in eine selbst angefertigte Karte eingezeichnet. Mit kleinen, einfachen Symbolen, Zeichen, Bildern oder Farben kann man zum Beispiel eintragen, wo ein Wald, ein See und ein Wohngebiet liegen. Die unterschiedlichen Symbole, Zeichen und Farben nennt man **Signaturen** (siehe S. 44). Die Signaturen werden in der **Legende** erklärt (siehe S. 21 M4, S. 48).

Man kann in eine Karte beispielsweise auch einzeichnen, wo Obst angebaut wird oder wo Sand abgebaut wird. Außerdem können Freizeitangebote für Kinder und Jugendliche in eine Karte eingetragen werden.

M5 Schülerinnen und Schüler bei der Vorbereitung der Kartierung

Eine Kartierung durchführen

1 Vorbereitung
- Entscheide, zu welchem Gebiet und Thema du eine Karte zeichnen willst (z. B. Einkaufsmöglichkeiten am Wohnort).
- Besorge eine passende Karte (z. B. Ortsplan). Du benötigst diese Karte zweimal: zum Vorzeichnen und für die endgültige Zeichnung.
- Entscheide, welche Informationen du in die Karte einzeichnen willst.
  Für jede Information muss ein kleines Bild oder eine Farbe verwendet werden (z. B. eine Brezel für eine Bäckerei oder ein T-Shirt für ein Bekleidungsgeschäft).

2 Informationen beschaffen
- Geh los und untersuche das Gebiet. Schaue nach, wo es Plätze und Gebäude zu deinem Thema (z. B. Einkaufsmöglichkeiten) gibt. Trage die Stellen genau in die Karte ein.
- Schreibe dir zusätzlich Informationen auf oder mache Fotos.

3 Fertigstellung
- Zeichne die Informationen in die zweite Karte.
- Erkläre die verwendeten Bilder und Farben in einer Legende (Zeichenerklärung).
- Schreibe eine passende Überschrift dazu.

Fachbegriffe
- die Güter
- die Dienstleistung
- die Signatur
- die Legende

M4 Festlegen des Gebietes – Beispiel: Deutschland

M6 Beim Kartieren: Zeichnen des Umrisses von Deutschland

Lara und Jannik haben sich verabredet. Sie möchten in den Sommerferien an einem Segel-Camp am Steinhuder Meer teilnehmen. In der Schule lag ein Flyer aus, der sie neugierig gemacht hat.
Es gibt viele interessante Möglichkeiten, wie man seine Freizeit im Nahraum verbringen kann.

1. Befragt Mitschülerinnen und Mitschüler, was für sie Freizeit ist (M7). Wertet das Ergebnis aus.

2. Erkundet die Freizeiteinrichtungen und -möglichkeiten in eurem Nahraum.
   a) Stellt einen Arbeitsplan für die Erkundung zusammen (M1).
   b) Stellt das Ergebnis eurer Erkundung vor (M4, M5, M8). 190 ▶
   c) Nehmt dazu Stellung, ob in eurer Region genügend Freizeitmöglichkeiten für Kinder und Jugendliche vorhanden sind oder ob eurer Meinung nach etwas fehlt. 24 ▶
   d) Schreibt einen Brief an die Bürgermeisterin oder den Bürgermeister, in dem ihr auf einen Mangel hinweist. Begründet eure Meinung.

Ⓦ 3. Wählt aus:
   A Führt eine Befragung bei Schülerinnen und Schülern über ihre Freizeitbeschäftigungen durch und präsentiert anschließend die Ergebnisse. 190 ▶
   B Plant eine Woche der nächsten Ferien mit Freizeitmöglichkeiten in eurem Nahraum.

A Informieren
Informiert euch, welche Freizeiteinrichtungen für Kinder und Jugendliche euer Wohnort anbietet. Hierzu gibt es zum Beispiel im Rathaus oder in Touristenbüros Informationen und Freizeitkarten.

B Erheben
Freizeitmöglichkeiten können auch bei einer Erkundung des Wohnortes erfasst werden. Erkundet den Wohnort nach vorher festgelegten Regeln.

C Befragen
Befragt die örtlichen Vereine oder Kirchengemeinden, welche Freizeitangebote sie für Kinder und Jugendliche haben. Bei Vereinen könnt ihr zum Beispiel erfragen: Gesamtanzahl der Mitglieder, Monatsbeitrag für Jugendliche, Angebote für Jugendliche.

D Darstellen
Entscheidet, wie ihr das Erkundungsergebnis darstellen wollt (M4, M5, M8).

M1 Möglicher „Erkundungsfahrplan"

![Segel-Camp am Steinhuder Meer]

M2 Segel-Camp am Steinhuder Meer

Wir planen unsere Freizeit

Auf das Segel-Camp haben Lara und Jannik sich schon lange gefreut. Wenn man genau hinschaut, gibt es in jeder Region verschiedene Möglichkeiten, die Freizeit zu verbringen. Zum Beispiel laden Sportvereine mit ihren Sportplätzen und Hallen Kinder und Jugendliche ein, bei einer der vielen Sportarten mitzumachen. Die Jugendabteilungen zahlreicher anderer Vereine und der Kirchen bieten ebenfalls Freizeitangebote für Jugendliche an.
Schwimmbäder, Jugendzentren oder Skater-Anlagen sind beliebte Treffpunkte für Jugendliche. Auf wenig befahrenen Straßen kann man zudem gut mit Inlinern oder Longboards fahren. Flüsse und Seen laden zu Bootsfahrten oder zum Angeln ein.
Für manche Regionen gibt es spezielle Freizeitkarten, die über die vielfältigen Freizeitmöglichkeiten in der Region informieren.

M3 Jugendlicher auf einer BMX-Bahn

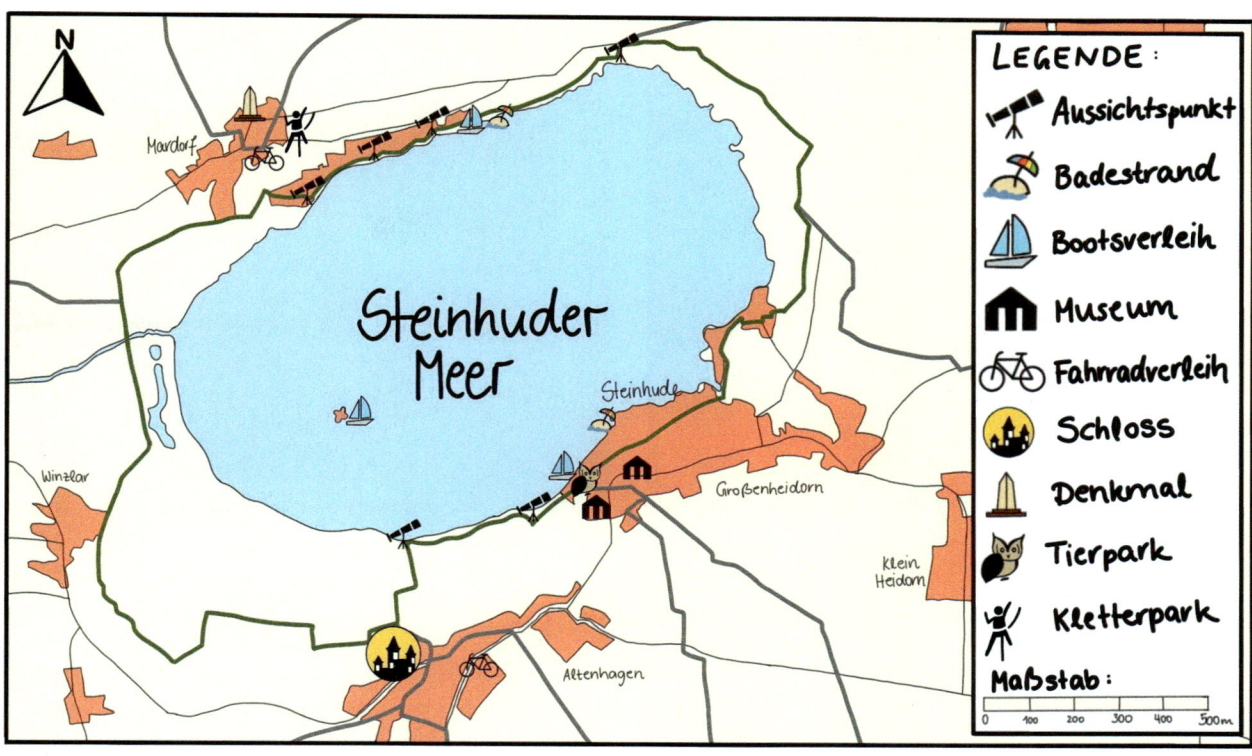

M4 Erkundungsergebnis: Freizeitmöglichkeiten am Steinhuder Meer

Sport und Spiel	Bildung und Kultur	naturbezogen	Zusammensein in der Gemeinschaft
‣ Sporthallen ‣ Sportplätze ‣ Bootsverleih ‣ Kinderspielplätze ‣ Tennishalle ‣ Minigolfanlage ‣ Kletterpark ‣ Schwimmbad	‣ Stadtbibliothek ‣ Musikschule ‣ Museum ‣ Denkmal	‣ Moorerlebnispfad ‣ Tierpark ‣ Aussichtspunkt	‣ Jugendtreff ‣ Badestrand ‣ Schwimmbad

M5 Erkundungsergebnis: Beispiele für Freizeiteinrichtungen am Ort

A	Angeln (nur mit Angelschein), Ausflüge
B	Bibliothek, Bowling, Beachvolleyball
C	Computerspiele
D	Disco
E	Eisdiele, Eislaufen
F	Fußgängerzone, Freibad, Fußball, Fitness-Center
G	Golfen, Grillen
H	Hallenbad, Heimatmuseum
I	Inliner, Indoor-Soccer
J	Jugendfreizeitzentrum (Billard, Kicker, usw.)
K	Kino, Kegeln
L	Leute beobachten
M	Minigolf, Musikschule
N	Naturschutzstation
P	Paddeln, Parks
Q	Quatsch machen
R	Reiten, Radtouren
S	Sportvereine, Sporthallen, Skaten, Spazierengehen
T	Theater, Tennis, Tanzschule, Tiere beobachten
U	Unterhaltung (Theater, Kino, Live-Musik)
V	VR-Spiele (Virtuelle Realität)
W	Wandern, Wintersport
Z	Zirkus, Zelten

Was ist Freizeit für dich?

- „Sport treiben."
- „Mit Freunden spielen."
- „Keine Schule."
- „Spaß haben."
- „In aller Ruhe nur um sich kümmern."
- „Die Zeit nach der Schule."
- „Selbst entscheiden, was ich tun und lassen will."

M6 Im Kletterwald Nord

M7 Aussagen von Schülerinnen und Schülern zur Freizeit

M8 ABC der Freizeitmöglichkeiten

M1 Wochenmarktstand A

M3 Wochenmarktstand B

Einmal in der Woche besuchen Daria und Ben mit ihren Eltern einen Wochenmarkt. Hier bieten viele Händler aus der Region frische Waren an.

1. Welche Produkte werden auf den Wochenmarktständen A und B verkauft (M1, M3)?

2. Warst du schon einmal auf einem Markt? Berichte darüber.

3. Der Wochenmarkt in deiner Region soll abgeschafft werden.
   a) Liste auf: Was spricht dafür und was spricht dagegen? **192** ▶
   b) Schreibe deine Meinung dazu auf. **24** ▶

Märkte – schon vor 100 Jahren

Schon in früheren Zeiten gab es in deutschen Städten **Märkte**. Bereits damals verkauften Händler dort ihre Waren zu bestimmten Zeiten. Und Kunden kauften sie.
Bauern, Handwerker, Schlachter und Bäcker hatten ihre Stände und Buden auf dem Markt. In vielen Städten gibt es anstelle dieser alten Märkten heute Wochenmärkte. Auf diesen Märkten kannst du frische Nahrungsmittel kaufen, wie Obst, Gemüse, Fleisch, Wurst, Milch und Käse. Auch andere Waren werden hier verkauft. Häufig kommen die Waren auf dem Wochenmarkt aus dem Nahraum.

1. Bitte nennen Sie mir den Namen und den Sitz Ihrer Firma.
   _____

2. Welche Waren haben Sie im Angebot?
   _____

3. Haben Sie Ihre Waren selbst hergestellt oder wurden diese eingekauft?
   _____

4. Aus welcher Region stammen Ihre Waren überwiegend?
   _____

5. Aus welchem Ort sind Sie heute angereist?
   _____

6. Um wie viel Uhr beginnen Sie mit den Vorbereitungen für Ihren Stand?
   _____

7. Was geschieht mit der nicht verkauften Ware nach Marktende?
   _____

M2 Beispiel eines Fragebogens für Händler

1. Können Sie mir bitte Ihren Wohnort nennen?
   _____

2. Sind Sie zufällig auf dem Wochenmarkt oder sind Sie extra wegen des Marktes gekommen?
   _____

3. An welchem Stand und welche Produkte kaufen Sie in der Regel ein?
   _____

4. Kaufen Sie regelmäßig auf dem Wochenmarkt ein oder eher selten?
   _____

5. Mit welchem Verkehrsmittel fahren Sie zum Wochenmarkt?
   _____

6. Legen Sie besonderen Wert auf Bio-Produkte?
   _____

7. Kaufen Sie bevorzugt Produkte aus der Umgebung?
   _____

M4 Beispiel eines Fragebogens für Kunden

Auswertung der Wochenmarkt-Erkundung

	Anzahl der Stände
Gemüse/Obst	7
Käse	3
Fleisch/Wurst	5
Blumen	3
Süßwaren	1
Imbiss	2
Fisch	3

	Mit welchen Verkehrsmitteln sind die Marktbesucher gekommen?
Fahrrad	14
Auto	13
zu Fuß	7
Bus/Bahn	3

	Welche Produkte kaufen Sie meistens?
Obst/Gemüse	23
Fleisch/Wurst	20
Käse	13
Süßwaren	5
Fisch	18
Blumen	12

M5 **Auswertung einer Wochenmarkt-Erkundung**

Einen Wochenmarkt erkunden

1 Vorbereitung
- Sucht einen Wochenmarkt für die Erkundung aus.
- Kennzeichnet die Lage des Wochenmarktes in einem Stadtplan oder einer Stadtplan-Kopie. Ermittelt den Weg dorthin.
- Erstellt einen Fragebogen nach dem Muster von M2 und M4.

2 Durchführung
- Befragt einige Händler und Kunden auf dem Markt.
- Schreibt die Antworten auf oder nehmt sie mit einem Smartphone auf.
- Erstellt eine Liste mit Produkten, die auf dem Markt angeboten werden.
- Zeichnet eine Lageskizze des Marktes. Nach dieser Skizze sollt ihr später eine genaue Karte des Wochenmarktes zeichnen.
- Macht Fotos von dem Wochenmarkt.

3 Auswertung
- Fasst die Ergebnisse der Befragung in Stichpunkten zusammen. Erstellt eine Karte des Wochenmarktes.
- Präsentiert die Ergebnisse eurer Wochenmarkt-Erkundung auf einer Wandzeitung.

191 ▶

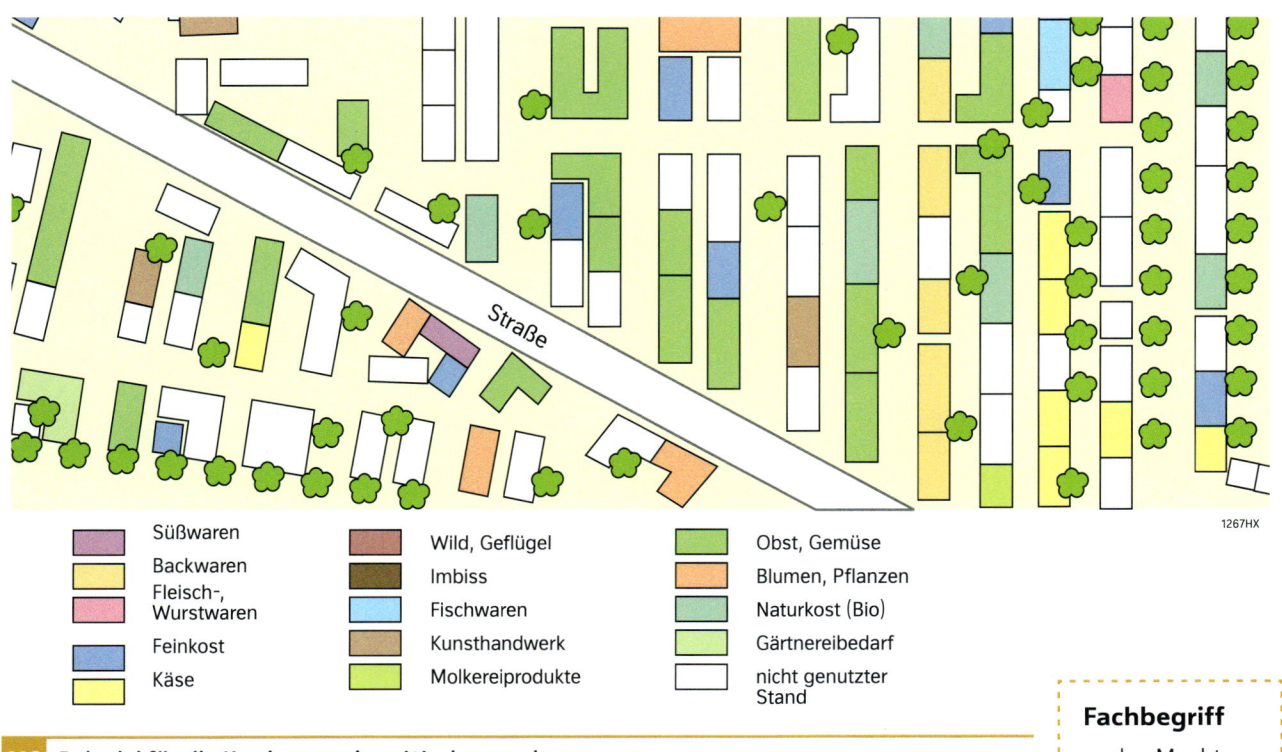

Süßwaren	Wild, Geflügel	Obst, Gemüse
Backwaren	Imbiss	Blumen, Pflanzen
Fleisch-, Wurstwaren	Fischwaren	Naturkost (Bio)
Feinkost	Kunsthandwerk	Gärtnereibedarf
Käse	Molkereiprodukte	nicht genutzter Stand

1267HX

M6 **Beispiel für die Kartierung eines Wochenmarktes**

Fachbegriff
- der Markt

M1 Entnahme von Wasserproben am Dümmer

M2 Wasseruntersuchung im Regionalen Umweltbildungszentrum Diepholz-Dümmer

Umweltbildung im Nahraum

In Niedersachsen gibt es viele Umwelt-Lern-standorte (M3). Hier können Jugendliche die Natur und Umwelt in ihrem Nahraum kennenlernen und erkunden.
Diese Standorte laden ihre Besucher mit vielfältigen Angeboten zum Anfassen, Beobachten und Experimentieren ein.

Hier zwei Beispiele:
– Auf Lehrpfaden und in Führungen kann man mit Schulklassen verschiedene Themen erkunden.
– In Ausstellungen kann man ein Thema näher untersuchen.

Einen Umwelt-Lernstandort besuchen

① **Vorbereitung**
 - Wählt einen Umwelt-Lernstandort aus.
 - Erkundigt euch: Was ist hier das Thema? Welche Aktionen gibt es? Meldet euch frühzeitig an!
 - Schreibt für den Besuch Fragen und Beobachtungsaufträge auf.
 - Was braucht ihr für den Besuch? (Fernglas, Digitalkamera, Stift, Papier, wetterfeste Kleidung)

② **Durchführung**
 - Haltet am Tag des Besuches eure Eindrücke mit Fotos, Skizzen und Texten fest.
 - Sammelt darüber hinaus Handzettel und Informationsbroschüren.

③ **Auswertung**
 - Wertet euren Besuch vor Ort ein erstes Mal aus. Hier könnt ihr auch noch offene Fragen klären.
 - In der Schule wertet ihr den Besuch ganz genau aus. Fragt, wenn ihr noch etwas wissen möchtet.
   Tauscht eure Informationen aus.
 - Wählt Themen aus, für die ihr Informationstexte schreibt. Ihr könnt auch ein Plakat gestalten.
 - Fertigt anschließend eine Wandzeitung an.

WES-115715-024

Schwimmende Blumenkästen
im Regionalen Umweltbildungszentrum Ökowerk Emden

Das Regionale Umweltbildungszentrum OTTER-ZENTRUM am
Isenhagener See in Hankensbüttel

Schlafgebäude des Schulland-
heims Bissel in Großenkneten

Regionales Umweltbildungszentrum (RUZ)
Schullandheim-Umweltstation
sonstiger Umwelt-Lernstandort

0   20   40   60 km

© Westermann 20847EX_1

Naturgarten im Regionalen
Umweltbildungszentrum im
Naturpark Dümmer in Hüde

Eine besondere Lernumgebung in
der Safari-Schule im Serengeti-Park
in Hodenhagen

Entdecken und Experimentieren
im Science Center phaeno in
Wolfsburg

M3 Regionale Umweltbildungszentren und Umweltlernstandorte in Niedersachsen (Auswahl)

Orientierung auf der Erde

Satelliten beobachten und vermessen die Erde aus dem Weltraum.
Sie helfen uns zum Beispiel, sich auf der Erde zu orientieren.

Kennst du Möglichkeiten, wie wir die Informationen aus dem
Weltraum nutzen, um bestimmte Zielorte zu erreichen?

M1 Lage unseres Sonnensystems mit der Erde in der Milchstraße, unserer Galaxie

In klaren Nächten kannst du unzählige Himmelskörper sehen. Die meisten sind Sterne, die selbst leuchten.
Auch unsere Erde ist ein Himmelskörper im Weltall, aber er leuchtet nicht selbst.
Welche Himmelskörper gibt es?
Wie ist das Weltall aufgebaut?

Ⓦ **1.** Wähle aus:
   A Stern, Planet und Mond sind unterschiedliche Arten von Himmelskörpern. Schreibe Steckbriefe, die die Unterschiede darstellen (Text, M5). `53`▸
   B Erstelle ein kleines Himmelslexikon auf Karteikarten nach dem Muster von M5. Erkläre die Begriffe Weltall, Galaxie, Stern, Sonne, Planet, Mond (Text, M1, M4). `53`▸

2. a) Ordne die Planeten nach ihrer Größe (M6).
   b) Recherchiere im Internet nach Aussehen, Eigenschaften und Besonderheiten eines Planeten deiner Wahl. `189`▸

3. Der Abstand zwischen Sonne und Mars beträgt 228 000 000 Kilometer. Berechne, wie lange das Licht für die Strecke benötigt (Info).

4. Die Anfangsbuchstaben der Wörter im Satz M3 helfen dabei, sich die Reihenfolge der Planeten im Abstand zur Sonne zu merken. Überlege dir einen eigenen, geeigneten Merksatz.

5. a) Stellt das Sonnensystem auf eurem Schulgelände dar. Für die Größen findet ihr in M6 einen Vorschlag.
   b) Fertigt eine Wandzeitung zum Sonnensystem an. `191`▸

Die Erde – nur ein Staubkorn im Weltall

Für uns Menschen ist es nicht vorstellbar: Wir sind nur ein winziger Punkt in einem unendlich erscheinenden **Weltall**. Und dieses Weltall dehnt sich immer weiter aus.
Von einer Raumstation oder einer Raumfähre aus sieht man die Erde als Ganzes in ihrer Kugelform. Die Erde ist kein **Stern**. Sterne, auch **Sonnen** genannt, sind Himmelskörper, die selbst leuchten. Die Erde leuchtet nicht selbst, sondern sie wird von der Sonne angestrahlt.
Unsere Sonne ist Teil einer **Galaxie**. Zu einer Galaxie können zwischen einer Milliarde und einer Billion Sterne gehören. Die Galaxie, in der sich die Erde und unsere Sonne befinden, wird Milchstraße genannt.
Unsere Sonne ist das Zentrum eines **Sonnensystems**. Acht **Planeten** umkreisen die Sonne auf festen Bahnen. Einer davon ist die Erde. Um viele Planeten bewegen sich kleinere Begleiter, die **Monde**.

M2 Die Raumfähre Discovery umrundet die Erde.

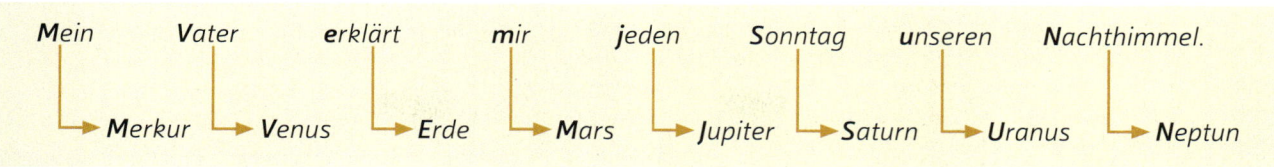

Mein	Vater	erklärt	mir	jeden	Sonntag	unseren	Nachthimmel.
Merkur	Venus	Erde	Mars	Jupiter	Saturn	Uranus	Neptun

M3 Merkspruch zur Reihenfolge der Planeten

M4 Die acht Planeten unseres Sonnensystems in der richtigen Reihenfolge und im richtigen Größenverhältnis

Lichtgeschwindigkeit und Lichtjahre

Wenn in einem Zimmer das Licht eingeschaltet wird, scheint es so, als wäre der Raum sofort mit Licht erfüllt. Das stimmt aber nicht genau. Das Licht braucht eine winzige Zeitspanne, um von der Lampe bis zu den Wänden zu gelangen (Lichtgeschwindigkeit). Das Licht ist so schnell, dass wir diesen kleinen Moment nicht bemerken. Bei größeren Entfernungen ist die Laufzeit des Lichtes länger. So benötigt das Licht für die Strecke von 150 000 000 Kilometer von der Sonne bis zur Erde etwas mehr als acht Minuten. Die Entfernungen zwischen den einzelnen Himmelskörpern im Weltall sind so groß, dass es schwer ist, sie in Kilometern anzugeben. Deshalb wird die Längenangabe „Lichtjahr" benutzt. Ein Lichtjahr ist die Strecke, die das Licht in einem Jahr zurücklegt.

Lichtjahr:	9 460 800 000 000 Kilometer
Lichtstunde:	1 080 000 000 Kilometer
Lichtminute:	18 000 000 Kilometer
Lichtsekunde:	300 000 Kilometer

Planet	Mittlere Entfernung zur Sonne (in Mio. km)	Durchmesser (in km)	Entfernung zur Sonne im Modell (in m)	Durchmesser* im Modell (in cm)
Sonne	–	1 390 000	–	556,0
Merkur	58	4 879	5,80	2,0
Venus	108	12 104	10,80	4,8
Erde	150	12 756	15,00	5,1
Mars	228	6 794	22,80	2,7
Jupiter	778	142 984	77,80	57,2
Saturn	1 429	120 536	142,90	48,2
Uranus	2 870	51 118	287,00	20,4
Neptun	4 505	49 528	450,50	19,8

*nicht maßstabsgerecht, 40-mal vergrößert

M6 Die zweite und dritte Spalte: Entfernungen und Größenangaben zur Sonne und den Planeten in unserem Sonnensystem; die beiden rechten Spalten: Größenvorschlag für ein Modell unseres Sonnensystems auf dem Schulhof (Aufgabe 5a)

Mond

Himmelskörper ohne eigene Leuchtkraft, der einen Planeten umkreist

◀ **M5** Beispiel für eine Karteikarte für ein Himmelslexikon

Fachbegriffe

- das Weltall
- der Stern (die Sonne)
- die Galaxie
- das Sonnensystem
- der Planet
- der Mond

Planet Erde – was macht das Leben auf der Erde möglich?

M1 Die dünne Lufthülle der Erde aus dem Weltall

M2 Wasserplanet Erde

Die Erde ist einer der unzähligen Himmelskörper im Weltall. Aber sie ist einzigartig. Nach unserem heutigen Wissen kennen wir keinen anderen Himmelskörper, auf dem es Leben gibt.
Warum ist Leben auf der Erde möglich?
Welche Bedingungen sind dafür nötig?

1. a) Was bedeutet die Bezeichnung „Wasserplanet Erde" (Text, M2, M3)?
   b) Erkläre, warum nur ein kleiner Teil des Wassers auf der Erde nutzbar ist (Text, M3).

2. Verfasse einen Bericht über die Entstehung der Erde und ihrer Atmosphäre (M7, Internet).

W 3. Wähle aus:
   A Du wirst in einer Raumkapsel in die Exosphäre geschossen (M6). Berichte über die Stufen der Atmosphäre, die du durchqueren musst.
   B Beschreibe, wie die Atmosphäre aufgebaut ist (M6).

4. a) Nenne Voraussetzungen, die das Leben auf der Erde ermöglichen (Text, M1–M5). 53
   b) Erläutere die Bedeutung der Anziehungskraft der Erde und der Lufthülle für das Leben auf der Erde (Text, M1).
   c) Stelle Vermutungen an, was geschehen würde, wenn eine der Voraussetzungen sich verändern würde.

5. „Kein Leben ohne Atmosphäre". Beurteile diese Aussage und nimm Stellung.

Voraussetzungen für das Leben auf der Erde

Die Erde ist einer von acht Planeten, die um unsere Sonne kreisen. Sie ist in vielerlei Hinsicht begünstigt für ein vielfältiges Leben.
Die Erde besitzt genügend Anziehungskraft, damit sich eine Lufthülle, die **Atmosphäre**, bilden kann. Die Gase würden sonst in den Weltraum entweichen. Diese Lufthülle enthält das für unser Überleben wichtige Gas Sauerstoff. Die Atmosphäre schützt die Lebewesen auch vor der schädlichen Strahlung aus dem Weltall.
Wir können uns nur auf der Erdoberfläche bewegen, weil die Anziehungskraft der Erde das ermöglicht.
Die Erde hat eine günstige Entfernung zur Sonne. Die Sonnenstrahlen erwärmen die Erdatmosphäre so, dass es im Gegensatz zu anderen Planeten nicht zu heiß und nicht zu kalt ist. Die Erdatmosphäre verhindert, dass die Energie der Sonnenstrahlen ungehindert in das Weltall entweichen kann. Die erreichten Lufttemperaturen ermöglichen das Wachstum der Pflanzen und das Leben der Tiere und Menschen auf der Erde.
Die Temperaturen sorgen auch dafür, dass Wasser auf der Erde vor allem in flüssiger Form auftritt. Die Erde ist zu einem großen Teil von Ozeanen und Meeren bedeckt. Meerwasser ist salzig. Menschen, Tiere und die meisten Pflanzen sind jedoch auf **Süßwasser** angewiesen. Ohne Süßwasser könnten viele Lebewesen auf der Erde nicht überleben. Regen und Schnee bringt es zu ihnen.
Die Erde hat im Gegensatz zu vielen anderen Planeten eine feste Oberfläche. Aus den Gesteinen entwickelt sich Boden. Ein lockerer Boden ist für ein gutes Wachstum der Pflanzen wichtig.

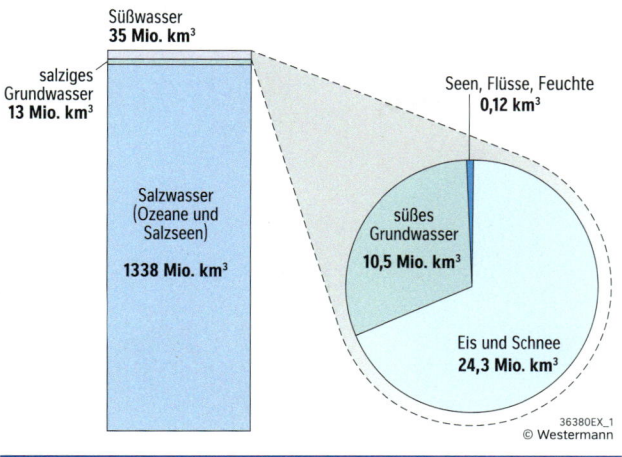

Süßwasser
35 Mio. km³

salziges
Grundwasser
13 Mio. km³

Seen, Flüsse, Feuchte
0,12 km³

Salzwasser
(Ozeane und
Salzseen)

1338 Mio. km³

süßes
Grundwasser
10,5 Mio. km³

Eis und Schnee
24,3 Mio. km³

36380EX_1
© Westermann

M3 Wasserverteilung auf der Erde

Meteoriten sind mehr oder weniger große Bruch-
stücke von größeren Himmelskörpern. Sie fliegen
in großer Zahl durch das Weltall. Die meisten
Meteoriten verglühen vollkommen, wenn sie auf
die Erdatmosphäre treffen. Sie werden zu Feuer-
kugeln, Sternschnuppen genannt.
So schützt die Atmosphäre die Erde und ihre
Bewohner vor gefährlichen Einschlägen.

M4 Sternschnuppen – schön und gefährlich

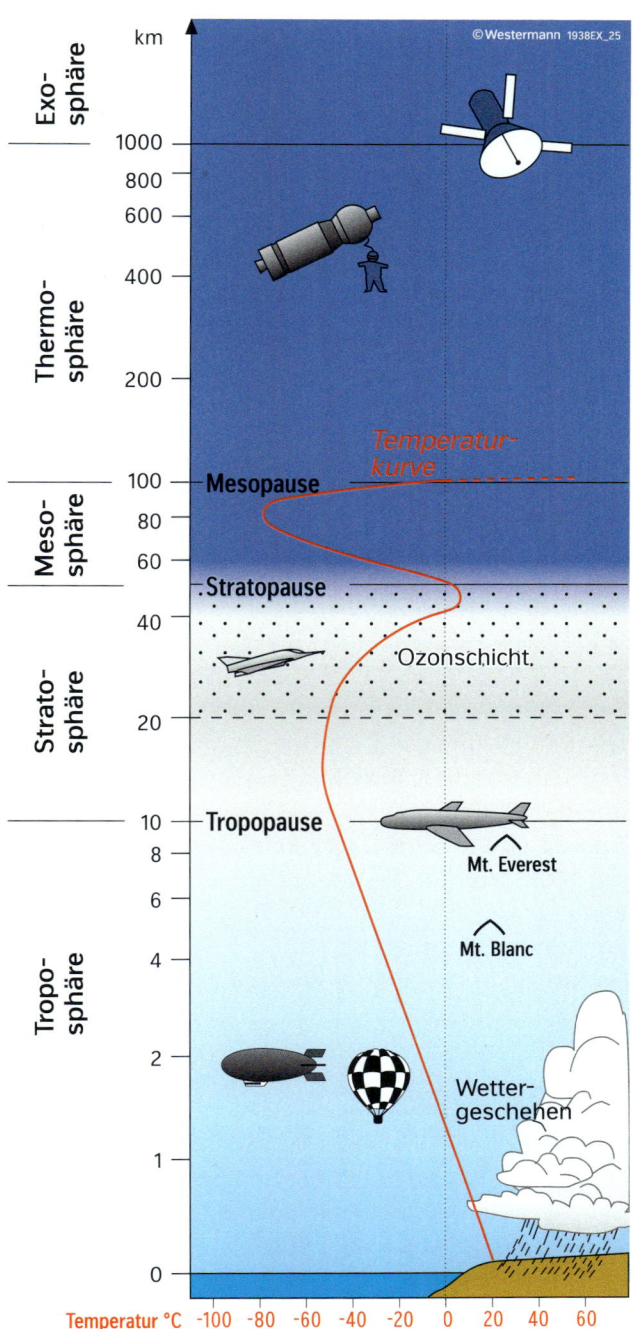

M6 Aufbau der Atmosphäre

Die Erde ist vor etwa 4,6 Milliarden Jahren aus
einer Gas- und Staubwolke entstanden. Im Zeitraum zwischen 4 und 2,5 Milliarden Jahren vor
heute bildete sich eine feste Erdkruste, die sich
heute immer noch verändert. Austretende Gase
bildeten nach und nach eine Atmosphäre aus
Stickstoff und Sauerstoff. Die Lufthülle ist ungefähr 100 Kilometer mächtig.

M7 Entstehung der Atmosphäre

Fachbegriffe

- die Atmosphäre
- das Süßwasser

M5 Wurzeln einer Pflanze im Boden

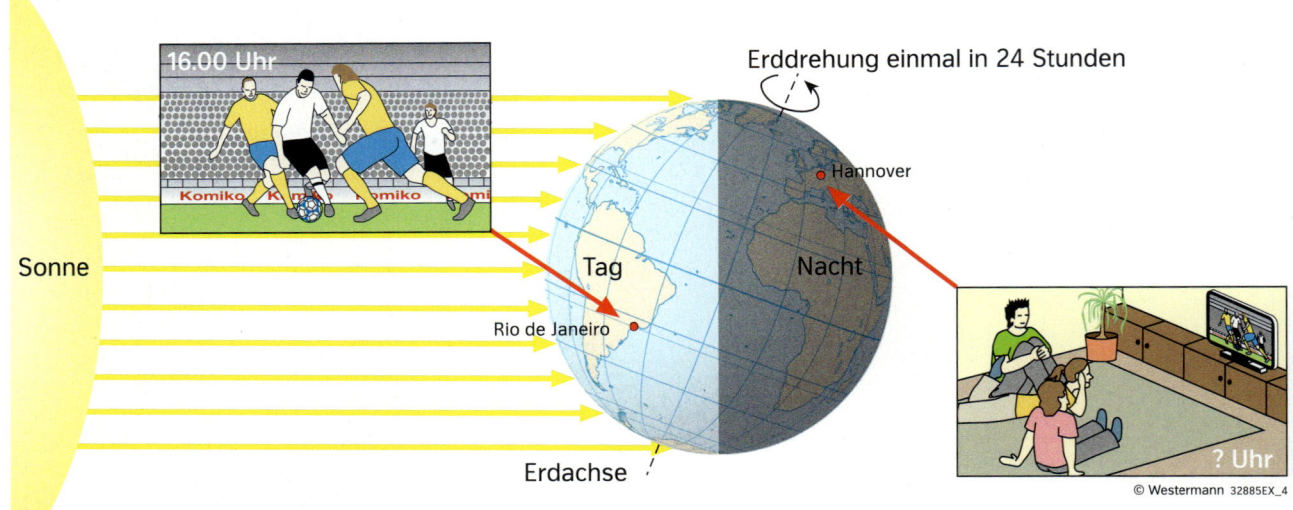

M1 Übertragung des Fußball-Länderspiels Brasilien gegen Deutschland in Rio de Janeiro

Jonas und Selin sind große Fußballfans. Sie freuen sich schon auf die Übertragung des Fußball-Länderspiels Brasilien gegen Deutschland in Rio de Janeiro.
Anstoß soll um 16:00 Uhr sein. Als die beiden um 16:00 Uhr den Fernseher einschalten, läuft etwas anderes.
Wie kann das sein?
Haben sie in Brasilien etwa eine andere Zeit?

Ⓦ 1. Wähle aus:
   A Erkläre: „Nicht die Sonne bewegt sich, sondern die Erde dreht sich."
   (Text, M2, M4, M6).
   B Schreibe einen Lexikonbeitrag zum Thema: Die Entstehung von Tag und Nacht
   (Text, M2, M4, M6). `53` ▶

2. a) Erkläre, warum die Kinder um 16:00 Uhr das Länderspiel nicht sehen können, obwohl es doch zu der Zeit beginnen soll (Text, M1).
   b) Wann müssen die beiden den Fernseher einschalten, um das Spiel sehen zu können (M3)? `53` ▶

3. Führt den Modellversuch M5 durch. Beschreibt eure Beobachtungen. `188` ▶

4. a) Du möchtest mit deiner Tante in San Francisco um 10:00 Uhr telefonieren. Wie spät ist es bei ihr (M3)?
   b) Stelle deinem Nachbarn verschiedene Aufgaben nach dem Muster von 4a. Löst sie gemeinsam (M3).

Ⓩ 5. Nenne zwei Länder in M2, in denen es noch Tag ist, und zwei Länder, in denen es bereits Nacht ist (Atlas).

Unterschiedliche Zeitzonen

Die Erde steht nicht fest im Weltall. Sie bewegt sich. Die Erde dreht sich in 24 Stunden einmal um die Erdachse. Diese verläuft zwischen Nordpol und Südpol (siehe auch S. 38). Die Bewegung der Erde um die eigene Achse bezeichnet man als **Erdrotation**.
Dabei wird immer nur die Hälfte der Erde von der Sonne beschienen. Dort ist dann Tag. Auf der von der Sonne abgewandten Seite ist Nacht. Auf der Erde haben wir den Eindruck, dass sich die Sonne über den Himmel bewegt. In Wirklichkeit dreht sich die Erde von Westen nach Osten. Deshalb sehen wir die Sonne im Osten aufgehen und im Westen untergehen.
Da sich die Erde um ihre Achse dreht, ist im gleichen Moment in einem Land Abend und in einem anderen Land Morgen. Wenn es zum Beispiel in Rio de Janeiro Abend ist, ist es in Hannover schon tiefe Nacht. Also muss es unterschiedliche Uhrzeiten auf der Erde geben. So wurden auf der Erde 24 **Zeitzonen** eingeteilt, die vom Nordpol zum Südpol verlaufen (Info).

M2 Tag- und Nachtgrenze in Europa aus dem Weltall

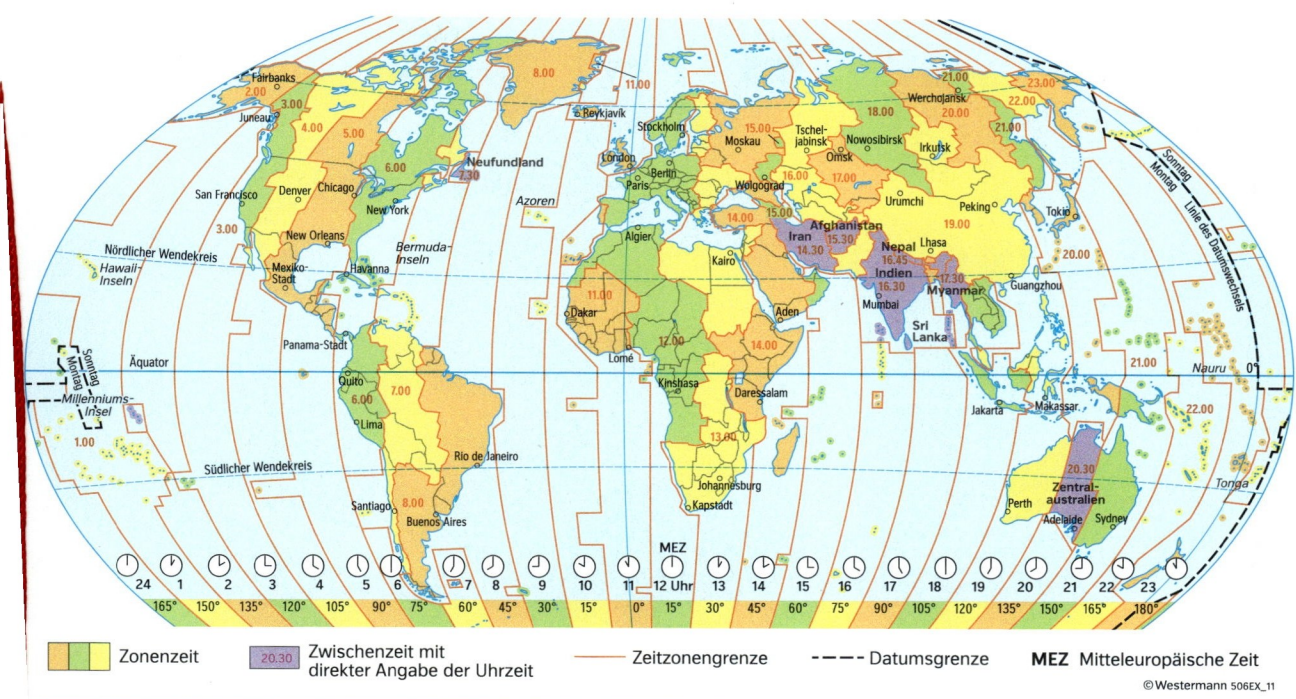

Zonenzeit | 20.30 Zwischenzeit mit direkter Angabe der Uhrzeit | Zeitzonengrenze | ––––– Datumsgrenze | **MEZ** Mitteleuropäische Zeit

© Westermann 506EX_11

M3 Die Zeitzonen der Erde (schematisch)

Zeitzone

Eine Zeitzone ist ein festgelegter Raum der Erde, in dem dieselbe Uhrzeit gilt. Erst 1883 einigten sich die Länder darauf, die Erde in 24 Zeitzonen einzuteilen. Das sind Gebiete auf der Erde, in denen es etwa zur gleichen Zeit Tag und Nacht ist. Dabei wurde auf den Verlauf der Ländergrenzen geachtet. Länder mit großer West-Ost-Ausrichtung haben Anteil an mehreren Zeitzonen. Deutschland liegt in der Mitteleuropäischen Zeitzone (MEZ).

Das braucht ihr:
- einen Globus als Erde
- eine Lichtquelle als Sonne (z. B. Taschenlampe)

So geht ihr vor:
1. Stellt den Globus auf den Tisch. Markiert die Stelle, wo Deutschland liegt, mit einem Klebepunkt. Verdunkelt den Raum und beleuchtet den Globus mit einer Lichtquelle.
2. Dreht den Globus von West nach Ost. Wie verändern sich die hellen und dunklen Bereiche auf dem Globus?
3. Haltet den Globus ab und zu an und überlegt, wo gerade Tag oder Nacht bzw. Sonnenauf- oder Sonnenuntergang ist.

M5 Modellversuch – Entstehung von Tag und Nacht

Fachbegriffe
- die Erdrotation
- die Zeitzone

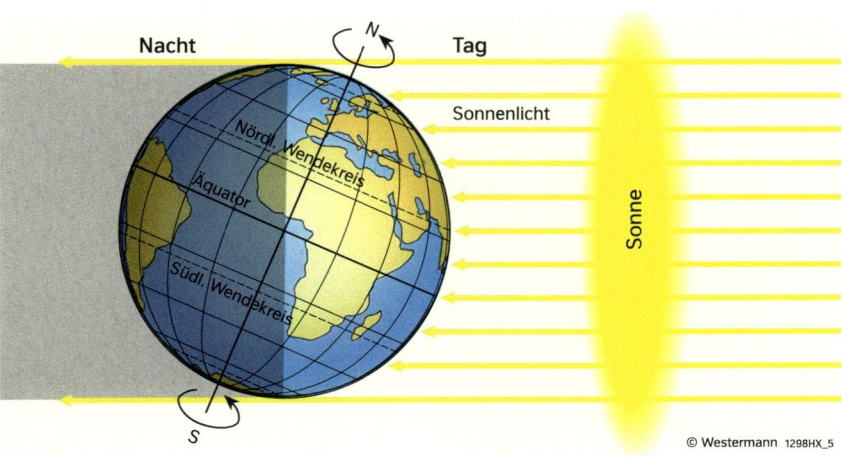

© Westermann 1298HX_5

Tag- und Nachtseite auf der Erde

M6 Entstehung von Tag und Nacht

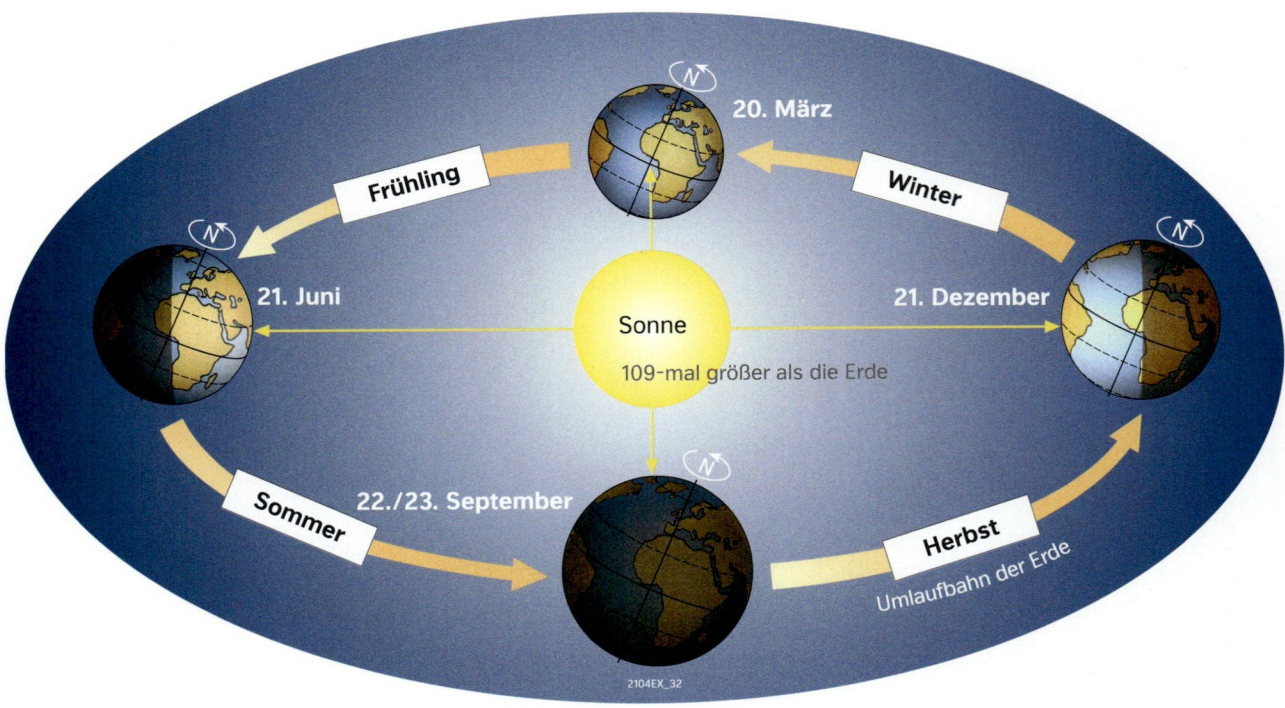

M1 Die Bahn der Erde um die Sonne mit den Jahreszeiten der Nordhalbkugel

Im Laufe eines Jahres sehen wir, dass die Tage unterschiedlich lang sind. Die Sonne steht mittags am Himmel mal höher und mal tiefer. Auch die Temperaturen verändern sich.
Woran liegt das? Was haben die Bewegungen der Erde damit zu tun?

1. Die Fotos Ⓐ–Ⓓ in M2 wurden auf der Nordhalbkugel aufgenommen. Ordne sie den Jahreszeiten zu.

2. a) Beschreibe die Bewegung der Erde um die Sonne in einem Informationsblatt (M1).
   53 ▸

   b) Berichte über die Entstehung der Jahreszeiten (Text, M1, M4).

3. a) Vervollständige den Satz: „Wenn die Erdachse nicht geneigt wäre, dann … ."
   (Text, M1). **53** ▸

   b) Erkläre, warum in Australien Weihnachten im Sommer gefeiert wird (M1, M4, Atlas).

4. Am Äquator gibt es keine Jahreszeiten. Erkläre.

Ⓦ 5. Wähle aus:
   A Werte den Fachtext M3 aus. **181** ▸
   B Halte einen Kurzvortrag zum Thema: Das Tellurium – ein Modell (M3). **188** ▸ **190** ▸

6. Falls in eurer Schule ein Tellurium (M3) vorhanden ist, stellt die Bewegungen der Himmelskörper nach und klärt die Frage: Wer dreht sich wie um wen?

Der Umlauf der Erde um die Sonne

Die Erde führt neben der Drehung um die eigene Achse noch eine zweite Bewegung durch. Sie umkreist einmal im Jahr die Sonne. Dieser Umlauf um die Sonne heißt **Erdrevolution**.
Die Erdachse ist um 23,5° geneigt. Diese Schräglage und die Richtung der Neigung behält die Erde auf ihrem Weg um die Sonne das ganze Jahr über bei. Dadurch wird ein halbes Jahr mehr die Nordhalbkugel beschienen. In den anderen sechs Monaten wird mehr die Südhalbkugel beschienen. Wenn die Nordhalbkugel stärker zur Sonne geneigt ist, haben wir Sommer. Wenn die Südhalbkugel stärker zur Sonne geneigt ist, haben wir Winter.
Am 21. Juni jeden Jahres ist auf der Nordhalbkugel Sommeranfang. Dann sind dort die Tage am längsten. Die Sonneneinstrahlung ist am stärksten. Der 21. Dezember ist auf der Nordhalbkugel der kürzeste Tag. Dann ist die Sonneneinstrahlung gering. Der Winter beginnt.
Auf der Südhalbkugel ist es umgekehrt. Am 21. März und 23. September werden beide Erdhälften gleichmäßig beschienen. Dann ist Frühlings- oder Herbstanfang.
Am **Äquator**, der die Erde in eine Nord- und Südhalbkugel teilt, wirkt sich der Umlauf der Erde um die Sonne kaum aus. Dort ist die Sonneneinstrahlung das ganze Jahr über gleich.

M2 Jahreszeiten bei uns

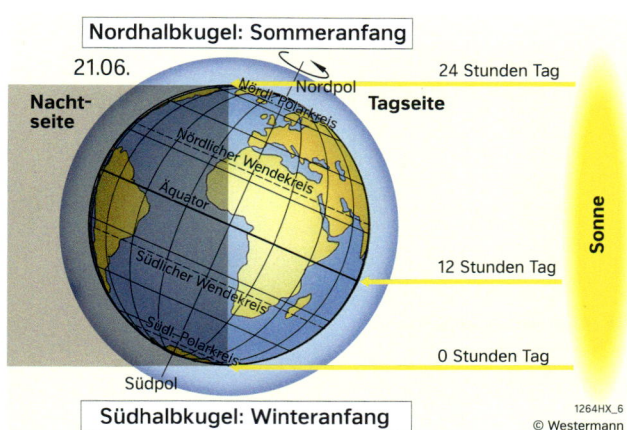

Nordhalbkugel: Sommeranfang

21.06.

Nordpol

Nacht-seite

Tagseite

Nördl. Polarkreis

Nördlicher Wendekreis

Äquator

Südlicher Wendekreis

Südl. Polarkreis

Südpol

24 Stunden Tag

12 Stunden Tag

0 Stunden Tag

Sonne

1264HX_6
© Westermann

Südhalbkugel: Winteranfang

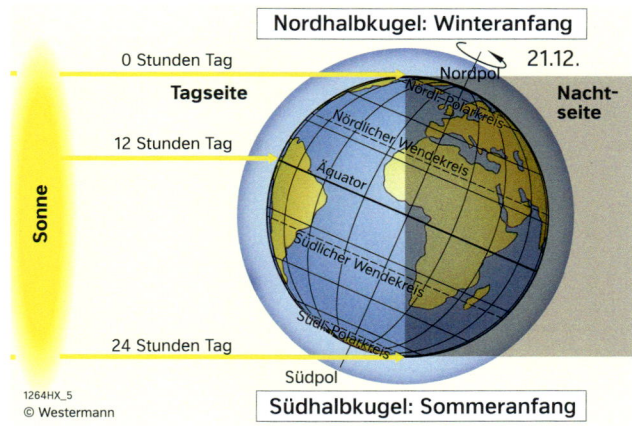

Nordhalbkugel: Winteranfang

21.12.

Nordpol

Tagseite

Nacht-seite

Nördl. Polarkreis

Nördlicher Wendekreis

Äquator

Südlicher Wendekreis

Südl. Polarkreis

Südpol

0 Stunden Tag

12 Stunden Tag

24 Stunden Tag

Sonne

1264HX_5
© Westermann

Südhalbkugel: Sommeranfang

M4 Stellung der Erde zu verschiedenen Jahreszeiten

Modelle spielen im Fach Erdkunde eine wichtige Rolle. Sie helfen dir, schwierige Sachverhalte oder geographische Phänomene auf der Erdoberfläche oder im Weltall besser zu verstehen.

Ein Tellurium (lateinisch: „tellus" = Erde) ist ein Sonne-Erde-Mond-Modell. Die Himmelskörper Erde und Mond drehen sich über einen Hebelarm um eine unbewegliche Lichtquelle. Diese steht im Zentrum und soll die Sonne darstellen.

Du kannst drei unterschiedliche Drehbewegungen beobachten, die die Himmelskörper Erde und Mond durchführen.

1. Die Erde dreht sich in etwa 24 Stunden einmal um ihre eigene Achse. Dabei bestrahlt die Sonne nur einen Teil unseres Planeten; dort ist Tag. Auf der anderen Seite, die nicht vom Sonnenlicht erfasst wird, ist Nacht.

2. Die Erde führt noch eine zweite Bewegung aus. Sie umkreist innerhalb eines Jahres einmal die Sonne. Bei der Umrundung wird einmal die Nordhalbkugel und ein anderes Mal die Südhalbkugel beschienen. Das liegt an der Neigung der Erdachse und führt zur Entstehung der Jahreszeiten.

3. Eine dritte Drehung kannst du am Tellurium beobachten: die Drehung des Mondes um die Erde. Eine vollständige Umkreisung der Erde durch den Mond dauert knapp einen Monat.

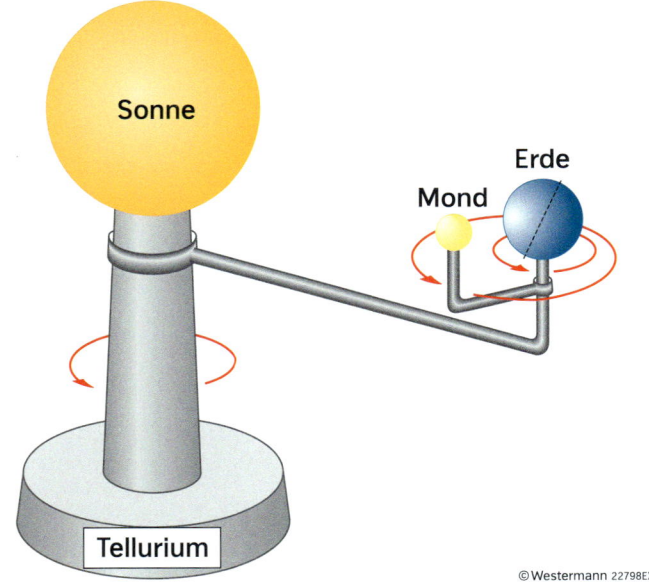

Sonne

Erde

Mond

Tellurium

© Westermann 22798EX_2

Fachbegriffe
- die Erdrevolution
- der Äquator

M3 Das Tellurium – ein Modell von den Bewegungen der Erde und des Mondes um die Sonne

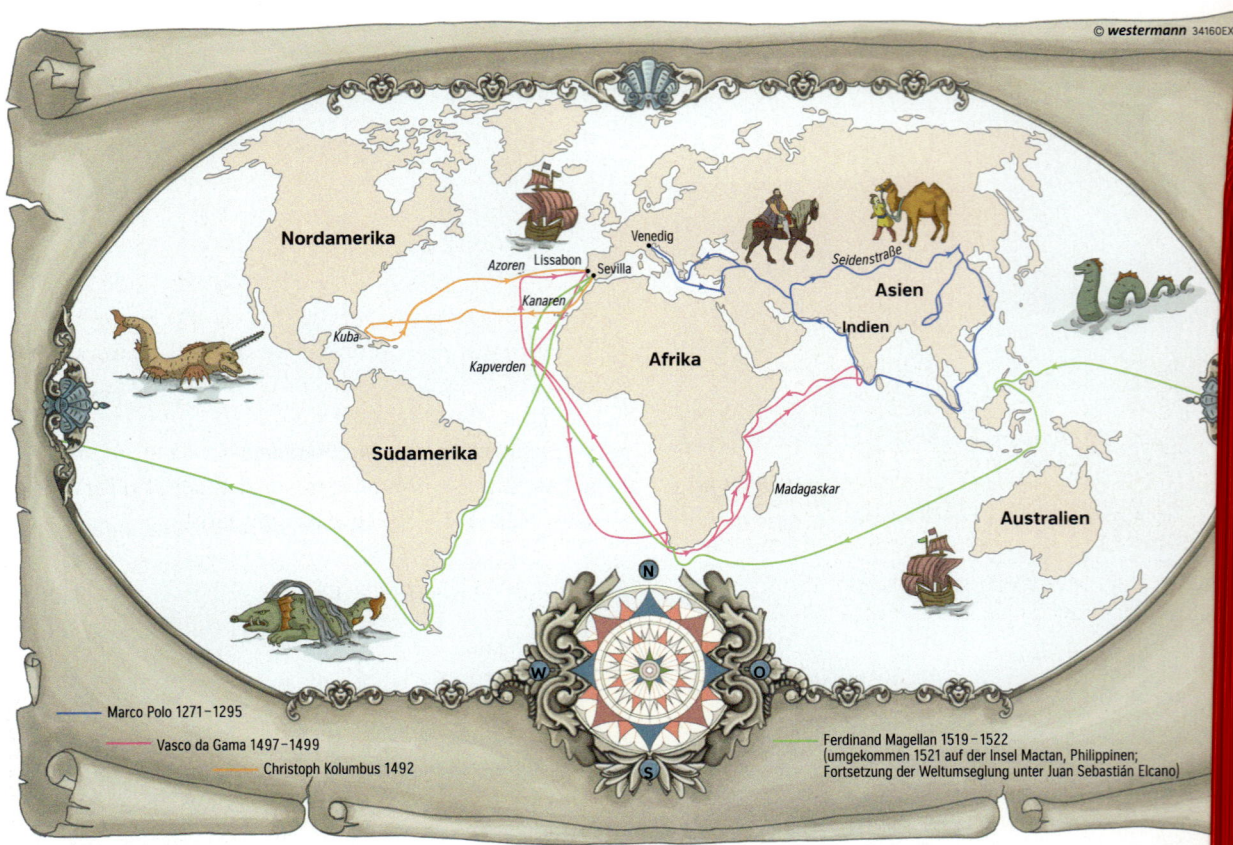

© *westermann* 34160EX

Nordamerika

Venedig
Azoren Lissabon Sevilla
Kanaren
Kuba
Kapverden
Seidenstraße
Asien
Indien
Afrika

Südamerika

Madagaskar
Australien

N
W   O
S

Marco Polo 1271–1295

Vasco da Gama 1497–1499

Christoph Kolumbus 1492

Ferdinand Magellan 1519–1522
(umgekommen 1521 auf der Insel Mactan, Philippinen;
Fortsetzung der Weltumseglung unter Juan Sebastián Elcano)

M1 Wichtige Entdeckungsreisen

Kein Pfeffer, keine Ananas, kein Kakao. Früher musste man in Europa auf vieles verzichten. Doch mutige Menschen bereisten unbekannte Gebiete auf der Erde. Sie entdeckten zum Beispiel Pflanzen, auf die wir heute nicht mehr verzichten möchten.
Wie verlief früher eine solche Erkundung? Wie kann man heute die Erde erforschen?

1. Beschreibe die Route Magellans (M1).

2. Versetze dich in die Lage von Magellan. Stelle dir vor, du würdest kurz vor seiner Reise stehen (M1, M3, M6). Schreibe einen Tagebucheintrag mit Erwartungen und Ängsten aus seiner Sicht.

W **3.** Wähle aus:
 A Vergleiche das Forscherleben früher und heute (M1, M3 – M7).
 B Früher musste man reisen, um die Erde zu erkunden. Benenne Möglichkeiten, die du heute hast, um an Informationen zu kommen (M4, M7).

4. Erkläre, warum M2 und M5 Nachweise für die Krümmung der Erdoberfläche sind.

5. Flugzeuge versuchen, die kürzeste Strecke zwischen Start und Ziel zurückzulegen. Begründe, warum die Flugrouten in M8 Bögen aufweisen. 53 ▶

Das Weltbild ändert sich

Die Menschen stellten sich zunächst die E... als Scheibe vor. Aber schon griechische Fo...her fanden vor über 2500 Jahren durch Beoba...ungen heraus, dass die Erde eine Kugel ist. A... für sie war die Erde der Mittelpunkt der Welt. ... der Gelehrte Nikolaus Kopernikus vertrat 1... die Ansicht, dass die Sonne im Mittelpunkt s...
Mutige Menschen brachten von ih... Entdeckungsreisen aus allen Teilen der Erde immer mehr Informationen über die Gestalt, die Oberfläche, die Pflanzen, die Tiere und die Einwohner mit. Die Weltumseglung des Portugiesen Ferdinand Magellan (1519 bis 1522) bewies schließlich endgültig die Kugelgestalt der Erde. Das erklärte auch, dass der **Horizont** eine Grenzlinie zwischen Erde oder Wasser und Himmel bildete. Wenn heute Forscher Gebiete erkunden wollen, nehmen sie zum Beispiel ein **GPS-Gerät** und genaue Landkarten mit. **Satelliten** senden Signale an das Gerät. Dadurch lässt sich genau bestimmen, wo man sich auf der Erde befindet.

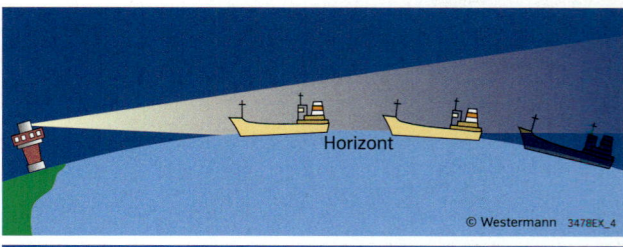

Horizont

© Westermann 3478EX_4

M2 Ein Schiff taucht am Horizont auf.

M3 Nachbau der Nao Viktoria – eines der fünf Schiffe, mit denen Magellan die Welt umsegelte.

Ferdinand Magellan stach 1519 in See. Sein Ziel war es, eine neue Route zu den Gewürzinseln im Pazifischen Ozean zu finden. Die Inseln erhielten ihren Namen aufgrund ihres Gewürzreichtums. Zum Tausch gegen die Gewürze hatte Magellan Glasperlen, Wollstoffe, Angelhaken und Messer an Bord. Er startete mit 265 Seeleuten und fünf Schiffen. Nach fast drei Jahren kamen noch 18 Seeleute auf nur einem Schiff, der Nao Viktoria, in Europa an. Sie hatten die Welt umsegelt und dabei Unwetter, Windstille, Krankheiten und Kämpfe überstanden. 30 Tonnen Gewürze brachten sie mit. Wichtig aber war, dass nun endgültig feststand: Die Erde hat eine Kugelgestalt.

M6 Magellans Weltumsegelung

M4 Erkundung mit Karte und GPS-Gerät

M7 Satelliten im Weltraum liefern Informationen über die Erde, zum Beispiel Fotos.

M5 Der Horizont aus der Sicht eines Flugzeug-Cockpits

M8 Flugrouten nach Melbourne

Fachbegriffe
- der Horizont
- das GPS-Gerät
- der Satellit

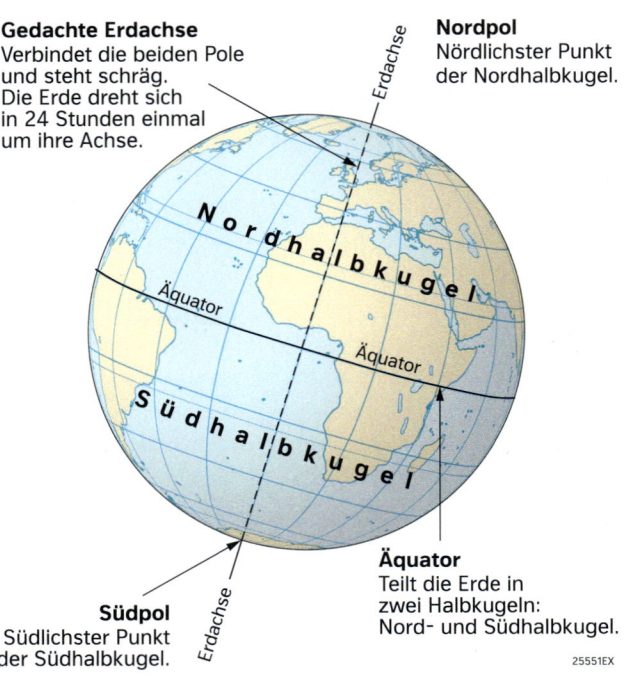

Gedachte Erdachse
Verbindet die beiden Pole und steht schräg. Die Erde dreht sich in 24 Stunden einmal um ihre Achse.

Nordpol
Nördlichster Punkt der Nordhalbkugel.

Südpol
Südlichster Punkt der Südhalbkugel.

Äquator
Teilt die Erde in zwei Halbkugeln: Nord- und Südhalbkugel.

25551EX

M1 Vereinfachte Darstellung der Erde

M2 Der Globus – ein Modell der Erde

Die Erde ist ein kugelförmiger Körper im Weltall. Es gibt weder oben noch unten. Von der Erdoberfläche aus können wir uns kein Bild von der Erde machen.
Wie müssen wir uns den Erdkörper vorstellen? Wie verteilen sich die Landflächen und Meere auf der Erde?

1. Arbeite im Lerntempoduett. 178
   Beschreibe und vergleiche die Darstellungen der Erde (M1–M3).

2. Erkläre, warum es Globen (=Mehrzahl von Globus) gibt (Text, M2). 188

3. Wähle aus:
   A Liste die Kontinente und Ozeane in M4 jeweils der Größe nach geordnet in deinem Heft auf.
   B Vergleiche die Größen aller Landflächen mit der Größe aller Wasserflächen (M4). 53

4. a) Zeichne das Säulendiagramm M5 in dein Heft.
   b) Zeichne ein Säulendiagramm mit den Größen der Kontinente (M4). 183

5. Benenne die Kontinente, Gebirge, Ozeane und Flüsse in der Übungskarte (M6). Lege dazu eine Tabelle an. 182

6. Ordne die Rekorde der Erde (M7) den Kontinenten zu (Internet, Atlas).

Lage und Form der Landflächen und Meere

Die Erdoberfäche ist kugelförmig. Deshalb können die großen Landflächen, die **Kontinente** und das Weltmeer, die **Ozeane**, auf Atlaskarten nur verzerrt dargestellt werden. Es gibt drei Ozeane und sieben Kontinente. Die genaue Lage und Form kann nur auf einer Kugel wiedergegeben werden. Dazu dient ein **Globus**. Ein Globus ist ein verkleinertes Abbild, ein Modell der Erde. Er vermittelt eine naturgetreue Vorstellung von der Kugelgestalt der Erde und der Lage und Form der Kontinente und Ozeane.
Damit man sich auf der Erde orientieren kann, hat man sich auf Folgendes geeinigt: Der **Nordpol** ist oben und der **Südpol** ist unten. Zwischen den Polen verläuft durch die Erde eine gedachte Linie. Sie stellt die Erdachse dar. Um sie dreht sich die Erde. Der Äquator halbiert die Erde in eine Nordhalbkugel und eine Südhalbkugel.
Aus dem Weltall betrachtet, erscheint die Erde überwiegend blau. Das liegt daran, dass sie überwiegend mit Wasserflächen bedeckt ist.

M3 Ein Teil der Erde aus dem Weltall betrachtet.

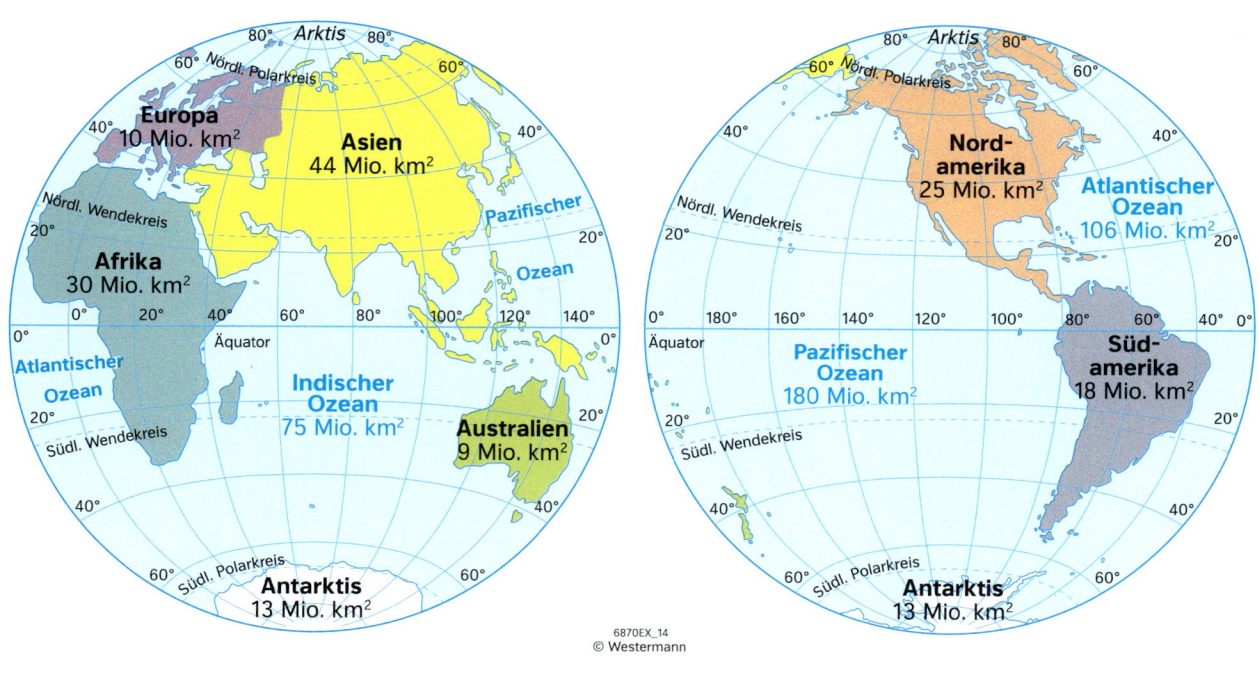

M4 Kontinente und Ozeane

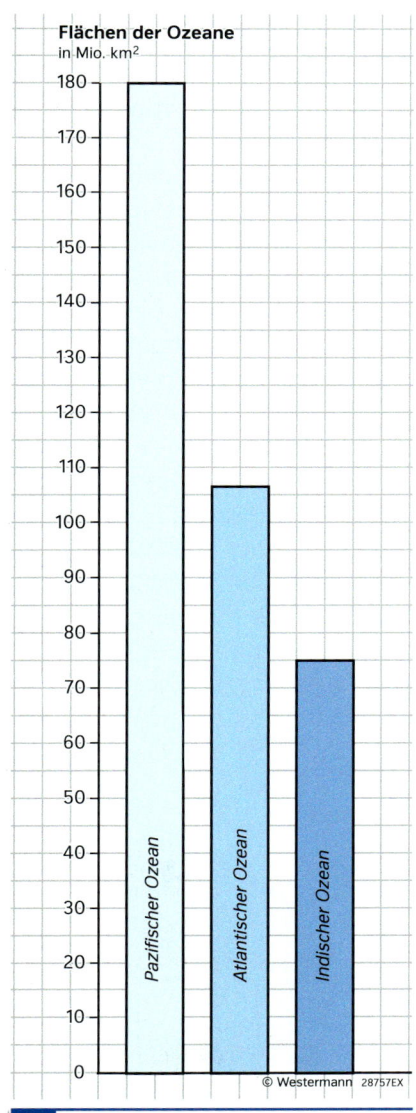

Flächen der Ozeane
in Mio. km²

(Säulendiagramm: Pazifischer Ozean, Atlantischer Ozean, Indischer Ozean)

M5 Beispiel für ein Säulendiagramm zu den Flächen der Ozeane

M6 Übungskarte Erde: **1–7** Kontinente, **1–12** Gebirge, **A–C** Ozeane, **a–q** Flüsse

Höchster Berg:
Mount Everest (8848 Meter)

Längster Fluss:
Nil (6671 Kilometer)

Größte Insel:
Grönland (2,17 Millionen Quadratkilometer)

Größter See:
Kaspisches Meer (386 500 Quadratkilometer)

Längste Gebirgskette:
Rocky Mountains/Anden (15 000 Kilometer)

Tiefste Stelle der Landoberfläche:
Totes Meer (418 Meter unter dem Meeresspiegel)

M7 Weltweite Rekorde

Fachbegriffe

- der Kontinent
- der Ozean
- der Globus
- der Nordpol
- der Südpol

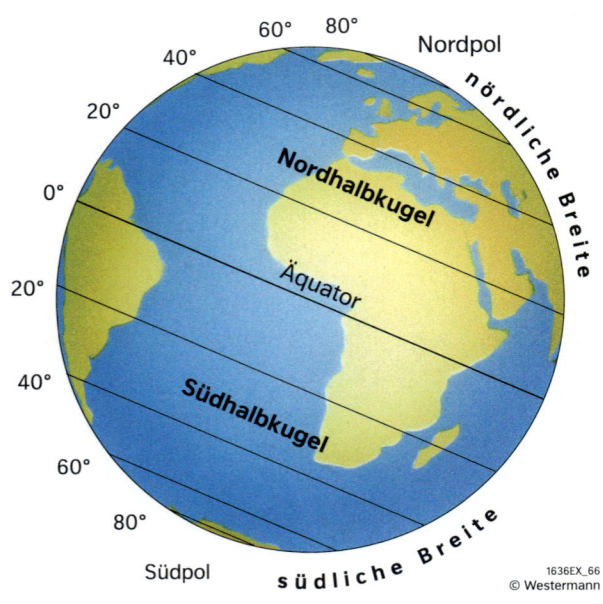

M1 Breitenkreise

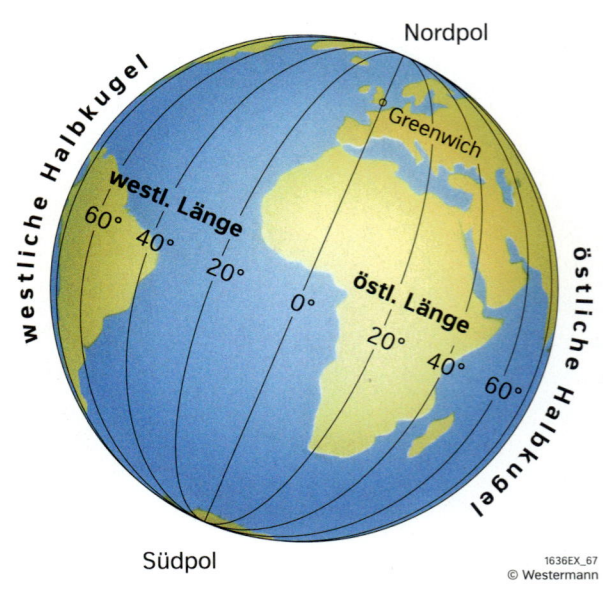

M2 Längenhalbkreise (Meridiane)

Ein Schiff im Indischen Ozean ist in Seenot geraten. Der Motor ist ausgefallen. Meterhohe Wellen bedrohen Schiff und Besatzung. Kein Land und kein anderes Schiff ist in Sicht. Der Kapitän setzt in seiner Not per Funk einen Hilferuf an alle ab.
Wie kann der Kapitän die genaue Position beschreiben? Wie bestimme ich einen Ort auf der Erde?

1. Erkläre die Bedeutung des Gradnetzes.

W 2. Wähle aus:
  A Schreibe einen Lexikonbeitrag: Der Aufbau des Gradnetzes (Text, M1–M3). **53 ▶**
  B Schreibe folgenden Text ab und vervollständige ihn: Auf 90° N befindet sich … . Die Längenhalbkreise werden auch … genannt. Der Äquator ist mit etwa 40 000 Kilometern der längste … . Der Nullmeridian verläuft durch … . Es gibt zweimal 90 … und zweimal 180 … . (Text, M1, M2, M6).

3. Ermittle die Koordinaten A, B, C und D in M3 (Text, M4).

4. a) Nenne fünf Länder, durch die der Nullmeridian verläuft (Atlas, M4).
   b) Nenne fünf Länder am Äquator (Atlas, M4).

5. a) Ermittle, auf welcher Insel sich der Forscher befindet (M5).
   b) Gib die Koordinaten an, wo der Schatz liegt und wo das Piratenschiff gesunken ist (M5).

6. Bestimme die Länder mit diesen Koordinaten:
   a) 20° N/100° W,   b) 20° S/140° O
   c) 0°/60° W,   d) 60° N/80° O,   e) 20° N/0°

Wie orientiere ich mich auf der Erde?

Die Erde ist eine Kugel. Es gibt keinen Anfang und kein Ende. Wie soll man sich da zurechtfinden? Deshalb haben sich Menschen ein Netz von Hilfslinien ausgedacht: die waagerechten **Breitenkreise** und die senkrechten Längenhalbkreise, auch **Meridiane** genannt.
Die Breitenkreise sind wie Gürtel um die Erde gelegt. Der längste Breitenkreis ist am Äquator. Er ist etwa 40 000 Kilometer lang und teilt die Erde in eine nördliche und eine südliche Halbkugel. Nach Norden und nach Süden gibt es jeweils 90 Breitenkreise. Sie haben den gleichen Abstand zueinander. Ihre Länge wird vom Äquator bis zu den Polen immer geringer. Am Nord- und Südpol sind sie jeweils nur ein Punkt.
Die Längenhalbkreise verlaufen alle vom Nordpol zum Südpol. Sie sind alle gleich lang. Wissenschaftler haben festgelegt, dass die Zählung der Längenhalbkreise im Londoner Stadtteil Greenwich beginnt. Dort verläuft der Nullmeridian. Von ihm aus zählt man 180 Längenhalbkreise nach Osten und 180 Längenhalbkreise nach Westen.
Die Benennung der Breiten- und Längenhalbkreise erfolgt in Grad (°). Mithilfe des **Gradnetzes** kann man jeden Ort auf der Erde genau bestimmen.

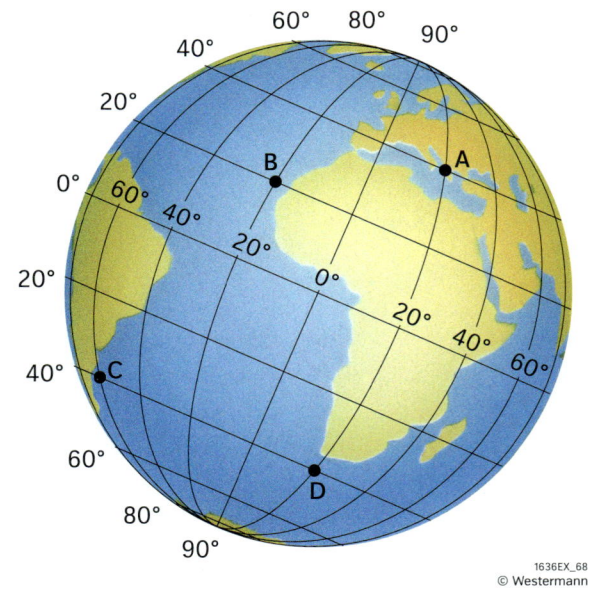

M3 Das Gradnetz

M6 Der Nullmeridian liegt im Londoner Stadtteil Greenwich.

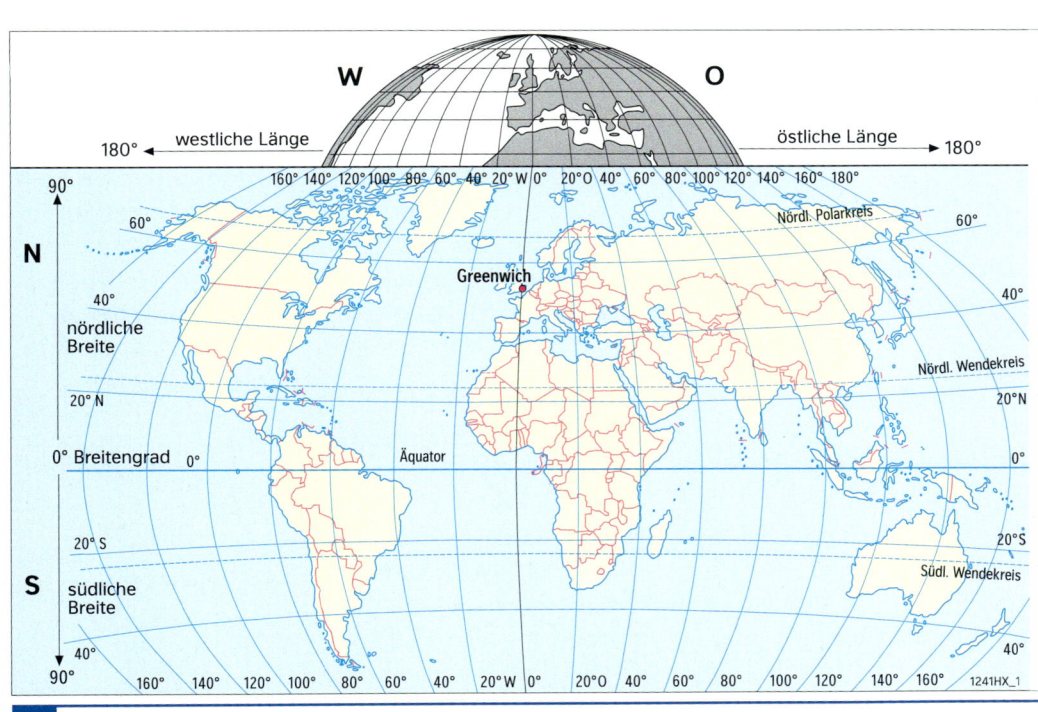

M4 Orientierung auf einer Karte mithilfe des Gradnetzes

Der Schnittpunkt des Breitenkreises und des Längenhalbkreises, auf dem ein Ort liegt, wird in geographischen **Koordinaten** in Grad (°) angegeben.

Zuerst wird immer die nördliche oder südliche Breite, dann die östliche oder westliche Länge genannt.

So hat der Punkt A die Koordinaten 20° N/40° W.

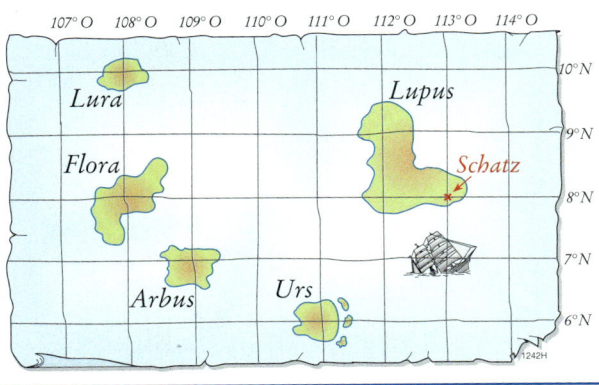

M5 Eine Schatzkarte der Piraten

Ein Piratenschiff ist gesunken

In letzter Minute konnten die Piraten ihren Schatz bergen, verstecken und eine Schatzkarte zeichnen. Die Karte wurde von einem Forscher gefunden. Er befindet sich auf der Insel mit den Koordinaten 7° N/109° O.

Fachbegriffe

- der Breitenkreis
- der Meridian
- das Gradnetz
- die Koordinaten (Plural)

M1 Ein Geocache wird in einer wasserdichten Dose verstaut.

M2 Ein Geocache wird versteckt.

„Schätze" verstecken und „Schätze" suchen, macht das nicht besonderen Spaß? Geht das im Fach Erdkunde? Ja, man nennt es Geocaching. Inzwischen betreiben viele dieses Hobby. Aber was genau ist Geocaching? Was benötigt man dafür? Was muss man beachten?

1. Informiere dich im Internet über Geocaching.
   189 ▸

Ⓦ 2. Wähle aus:
   A Wähle im Internet ein Versteck in deiner Nähe aus und versuche, mithilfe eines GPS-Geräts und der angegebenen Koordinaten den Cache zu finden.
   B Schicke ein „Trackable" auf die Reise (M4). Registriere die Codenummer im Internet.

3. Führt eine selbst geplante Schatzsuche durch.

   a) Vorbereitung:
   - Bildet Gruppen (jeweils fünf bis sechs Schülerinnen und Schüler)
   - Teilt jeder Gruppe ein begrenztes Gebiet zu.
   - Jede Gruppe versteckt fünf bis sechs Caches. Geht dafür nach dem Muster M7 vor.
   - Nehmt wasserdichte Behälter, beschriftet sie (Cache-Name, Koordinaten) und legt als Überraschung einen „Schatz" hinein. Legt fest, mit welchem Cache die Suche beginnen soll.
   - Legt in die Behälter jeweils einen Zettel als Logbuch mit Aufgaben oder Rätseln und mit den Koordinaten des nächsten Fundortes.

   b) Durchführung:
   - Gebt einer anderen Gruppe die Koordinaten eures ersten Versteckes.
   - Begebt euch mit einem GPS-Gerät und einer Karte der Umgebung auf die Schatzsuche.
   - Beachtet die Hinweise aus M5.

   c) Auswertung:
   - Besprecht die Lösungen der Aufgaben und Rätsel und bewertet die Eignung der Verstecke.

Was ist Geocaching?

Geocaching ist eine moderne Art der Schatzsuche oder Schnitzeljagd. Geocache bedeutet übersetzt „Versteck auf der Erde". Wer einen Geocache plant, versteckt also etwas in geheimen Verstecken, den „Caches". Es werden zumeist Notizbücher („Logs") und kleine Gegenstände in wasserdichten Dosen in der Landschaft oder in Siedlungen versteckt.

Die Koordinaten und wichtige Informationen über das Versteck werden auf speziellen Seiten im Internet veröffentlicht. Andere Geocacher suchen dann mithilfe eines GPS-Geräts danach. Allein in Deutschland gibt es mehr als 420 000 Caches.

INFO

Global Positioning System (GPS)

Beim Global Positioning System (GPS) handelt es sich um ein satellitengestütztes System zur weltweiten Positionsbestimmung.

Das GPS-Gerät kann ein Navigationsgerät oder ein Smartphone sein. Es misst die Entfernung zum Satelliten. Für eine eindeutige Bestimmung der geographischen Koordinaten benötigt man Kontakt zu drei bis vier Satelliten. Das Navigationsgerät, zum Beispiel im Auto, kann die geographischen Koordinaten erfassen und dadurch den genauen Standort des Autos anzeigen und seine Geschwindigkeit berechnen.

Um die Lage eines Ortes möglichst genau anzugeben, wird der Abstand zwischen zwei Gradangaben für die geographische Breite und Länge noch in Minuten und Sekunden unterteilt.

1 Grad = 60 Gradminuten (1° = 60')
1 Minute = 60 Gradsekunden (1' = 60'')

M3 Geocaching mit Smartphone und Karte

M6 Auf der Suche nach dem nächsten Cache

Wie eine Flaschenpost kann ein Gegenstand auf eine Reise von Cache zu Cache geschickt werden. Dazu brauchst du ein „Trackable". Das sind Metall-Plättchen („Travel Bug") oder Münzen („Geocoin"), in die ein Code eingraviert wurde. Die Metall-Plättchen oder Münzen kann man in Geocaching-Läden kaufen.
Der erste Besitzer trägt seinen Code auf der zugehörigen Internetseite ein, gibt ihm einen Namen und schreibt etwas zu seiner Person. Oft werden auch auffällige und stabile Gegenstände daran befestigt.

M4 Ein „Travel-Bug"

- Verlasst nie die Gruppe.
- Eine Person nimmt das GPS-Gerät, eine die Karte, die anderen tragen die Schätze. Wechselt euch nach jedem Cache ab.
- Achtet auf den Verkehr und die Verkehrsregeln.
- Betretet keine Privatgrundstücke.
- Achtet auf die Umwelt. Verlasst das Versteck so, wie ihr es vorgefunden habt.
- Legt nichts Verderbliches in das Cache.

M5 Wichtige Hinweise beim Geocaching

1. **Startpunkt markieren**: Geht zum Haupteingang eurer Schule. Setzt im GPS-Gerät oder Smartphone den ersten Wegpunkt und nennt ihn Schule. Dieser ist euer Start- und Endpunkt. Schreibt euch die Lage auf:
    Schule (exakte geographische Koordinaten)
    N: _____
    E: _____ (E steht für englisch „East" = Ost)

2. **Den ersten Schatz verstecken**: Geht drei Minuten in eine beliebige Himmelsrichtung. Zeichnet euren Weg in der Umgebungskarte ein. Am Ende der Zeit bleibt ihr stehen und versteckt euren ersten Schatz an einem auffälligen Ort (z. B. an einem großen Baum). Setzt genau an dem Cache in eurem GPS-Gerät oder Smartphone euren zweiten Wegpunkt.

3. **Den zweiten Schatz verstecken**: Geht nun zwei Minuten in eine andere Richtung. Versteckt euren zweiten Schatz. Setzt auch hier genau an dem Cache euren dritten Wegpunkt. Ihr könnt noch zwei bis drei weitere Schätze verstecken. Geht vor wie in Punkt 3.

4. **Zurück zum Startpunkt**: Habt ihr alle Schätze versteckt, geht ihr auf dem schnellsten Weg zum Startpunkt zurück.

5. **Schatzsuche**: Notiert die geographischen Koordinaten eurer Caches auf einem Zettel. Tauscht diese innerhalb der Klasse und geht auf Schatzsuche.

M7 Erstellung einer Geocaching-Tour

INTERNET

Geocaches und Wissenswertes zum Thema findet ihr zum Beispiel auf den folgenden Webseiten.

WES-115715-043

M1 Schrägluftbild von Göttingen

Leonie und Felix haben von ihrem Onkel ein Foto von Göttingen bekommen, das er aus einem Flugzeug aufgenommen hat. Er erklärt den beiden, wie mithilfe solcher Fotos Karten entstehen.
Wie wird aus einem Luftbild eine Karte?

1. Stelle fest, welches der Flugzeuge in M4 ein Senkrechtluftbild und welches ein Schrägluftbild aufnimmt.

2. Erstelle eine Tabelle, in die du die Unterschiede zwischen Schrägluftbild, Senkrechtluftbild und Karte einträgst (M1–M4). `182` > `53`

Ⓦ 3. Wähle aus:
   A Lege Transparentpapier über M2 und zeichne darauf in verschiedenen Farben ein: die großen Straßen, Grünflächen und bebaute Flächen. Wähle dafür jeweils eine geeignete Flächenfarbe aus. `90` >
   B Kopiere einen Stadtplan eines Ortes in deinem Heimatraum. Zeichne dort alle interessanten Dinge für Kinder ein. Erstelle dazu eine Legende mit sinnvollen Signaturen. `90` >

4. Ordne den Buchstaben Ⓐ–Ⓔ in M2 mithilfe des Stadtplanausschnitts M3 die Bürgerstraße, den Bahnhof, die Kirche St. Johannis, das Deutsche Theater und das alte Rathaus zu.

5. Beschreibe die Kennzeichen für Parkplatz, Parkhaus, Taxi-Stand und Post (M3).

So entsteht aus einem Luftbild eine Karte

Aus einem Flugzeug kann man **Luftbilder** fotografieren. Wird eine Landschaft von schräg oben aufgenommen, entsteht ein Schrägluftbild.
Wird senkrecht nach unten fotografiert, entsteht ein Senkrechtluftbild.
Im Schrägluftbild (M1) sind die Höhen von Gebäuden und die Hauswände im Bildvordergrund gut zu erkennen. Die Einzelheiten im Hintergrund wirken kleiner und verschwimmen. Der Verlauf der Straße ist kaum zu erkennen. Die Entfernungen sind nicht genau zu bestimmen.
Beim Senkrechtluftbild (M2) gibt es keinen Vorder- und Hintergrund. Der Verlauf der Straßen und die Gebäude sind gut sichtbar. Entfernungen kann man gut bestimmen. Aber weil nur die Hausdächer und nicht die Hauswände zu sehen sind, kann man Einzelheiten schwer erkennen.
Nach Senkrechtluftbildern werden Karten (M3) gezeichnet. Auf **Stadtplänen** wird nicht jede Einzelheit eingetragen. Der Kartenzeichner wählt aus und stellt alles vereinfacht dar. Er fasst als Farbflächen zusammen, wie die Flächen genutzt werden. Er trägt die Namen von Straßen und wichtigen Gebäuden ein. Einige Gebäude erhalten Signaturen. Kirchen werden zum Beispiel oft mit einem Kreuz dargestellt.

INFO
Signatur
Signatur ist ein Fachbegriff für Kartenzeichen. Bäume, Häuser und Straßen können in Karten nicht so dargestellt werden, wie sie in Wirklichkeit sind. Deshalb verwendet man bestimmte Zeichen und Farben. Die Bedeutung der Zeichen wird in der Legende erklärt.

M2 Senkrechtluftbild von Göttingen

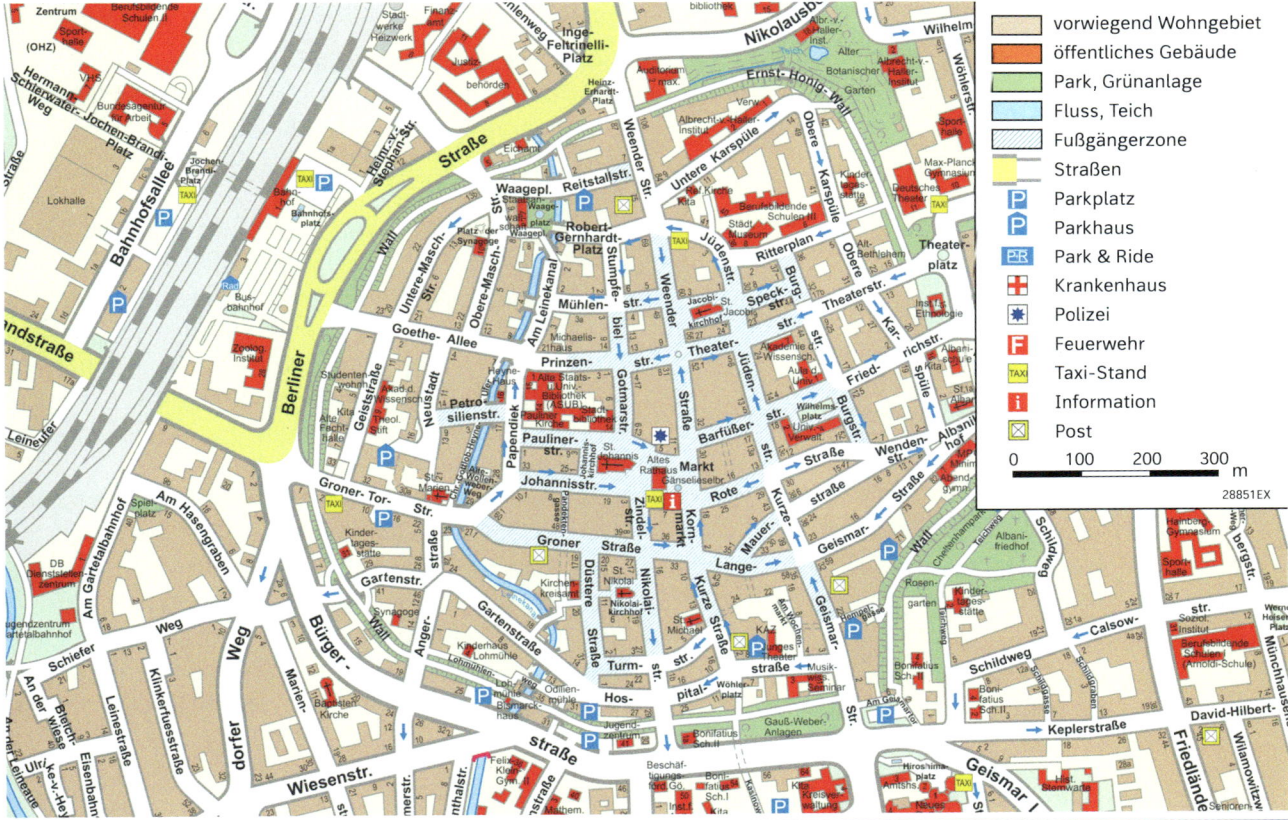

▨	vorwiegend Wohngebiet
▨	öffentliches Gebäude
▨	Park, Grünanlage
▨	Fluss, Teich
▨	Fußgängerzone
▨	Straßen
🅿	Parkplatz
🅿	Parkhaus
P+R	Park & Ride
✚	Krankenhaus
✴	Polizei
F	Feuerwehr
TAXI	Taxi-Stand
i	Information
⊠	Post

0   100   200   300   m

28851EX

M3 Stadtplanausschnitt von Göttingen

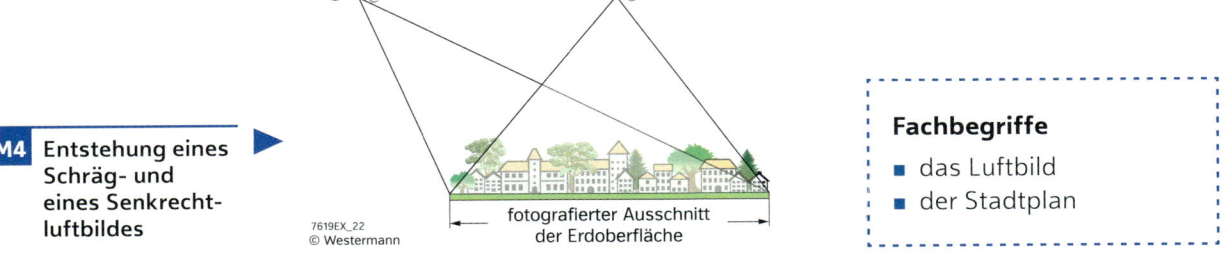

M4 Entstehung eines Schräg- und eines Senkrecht-luftbildes

7619EX_22
© Westermann

fotografierter Ausschnitt der Erdoberfläche

Fachbegriffe

- das Luftbild
- der Stadtplan

M1 Maßstab 1:1

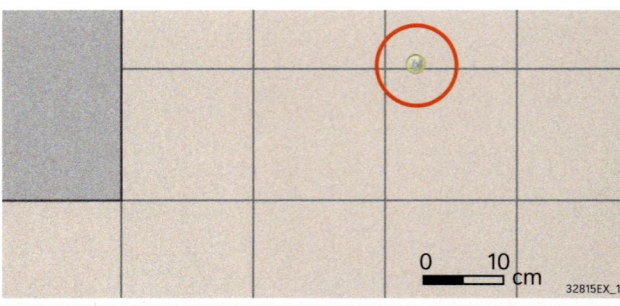

M3 Maßstab 1:10

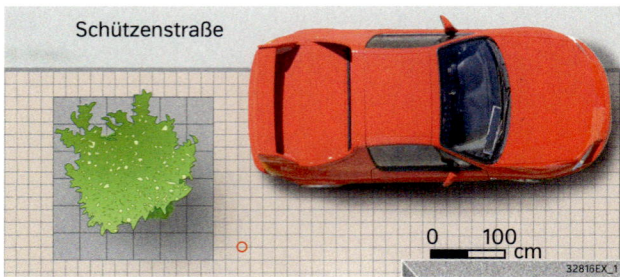

Schützenstraße

M2 Maßstab 1:100

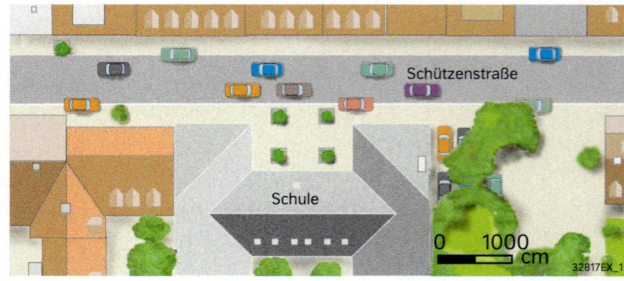

Schützenstraße

Schule

M4 Maßstab 1:1000

Auf einigen Karten erscheint etwas groß, auf anderen Karten ist es kaum zu erkennen. In welcher Größe die Abbildung die Wirklichkeit wiedergibt, zeigt der Maßstab.
Was ist der Maßstab?
Warum verwenden Karten unterschiedliche Maßstäbe?

1. a) Erläutere die Unterschiede (M1–M4). **53**
   b) Schreibe folgenden Satz vollständig in dein Heft: Die Euro-Münze ist umso größer, je … der Maßstab ist. Die Euromünze ist umso kleiner, je … .
   c) Berechne, wie groß die Euromünze in M3 eingezeichnet werden muss.

2. Nenne weitere verkleinerte Gegenstände gegenüber dem Original aus deinem Alltag (M5).

3. Vergleiche die Karten M6 und M7. Nenne die Unterschiede. **53**

W 4. Wähle aus:
   Ermittle die Entfernung zwischen Hannover und München (M7).
   A mithilfe des Maßstabs.
   B mithilfe der Maßstabsleiste (M8).

5. Ordne die Maßstäbe vom kleinsten zum größten: 1 : 50 000, 1 : 4 000 000, 1 : 7 000, 1 : 500 000.

6. Du hast im Preisausschreiben einen Flug in eine 600 bis 700 Kilometer entfernte Stadt von Hannover aus gewonnen. Nenne drei Orte, in die du fliegen könntest (M7).

Bedeutung des Maßstabs

Eine Karte stellt einen Teil oder die gesamte Erdoberfläche dar. Sie gibt die natürlichen Verhältnisse verkleinert wieder. Wie stark die Darstellungen auf der Karte verkleinert sind, gibt der **Maßstab** an.
Zum Beispiel bedeutet 1 : 10 (eins zu zehn), dass ein Zentimeter auf der Karte zehn Zentimeter in der Wirklichkeit entspricht. Die Euromünze in M3 ist also um das Zehnfache verkleinert. Ist die Zahl hinter dem Doppelpunkt klein (1 : 10) spricht man von einem großen Maßstab. Ist die Zahl groß (1 : 100 000), so spricht man von einem kleinen Maßstab.
Je größer die Zahl hinter dem Doppelpunkt,
- desto stärker wurde verkleinert.
- desto größer ist der Raum, den die Karte zeigt.
- desto weniger Einzelheiten enthält die Karte.
Um einen schnellen Überblick über die Entfernungen zu bekommen, ist auf Karten neben dem Maßstab in der Regel noch die **Maßstabsleiste** angegeben.

M5 Modellautos in verschiedenen Maßstäben von links nach rechts: 1 : 87, 1 : 43, 1 : 18

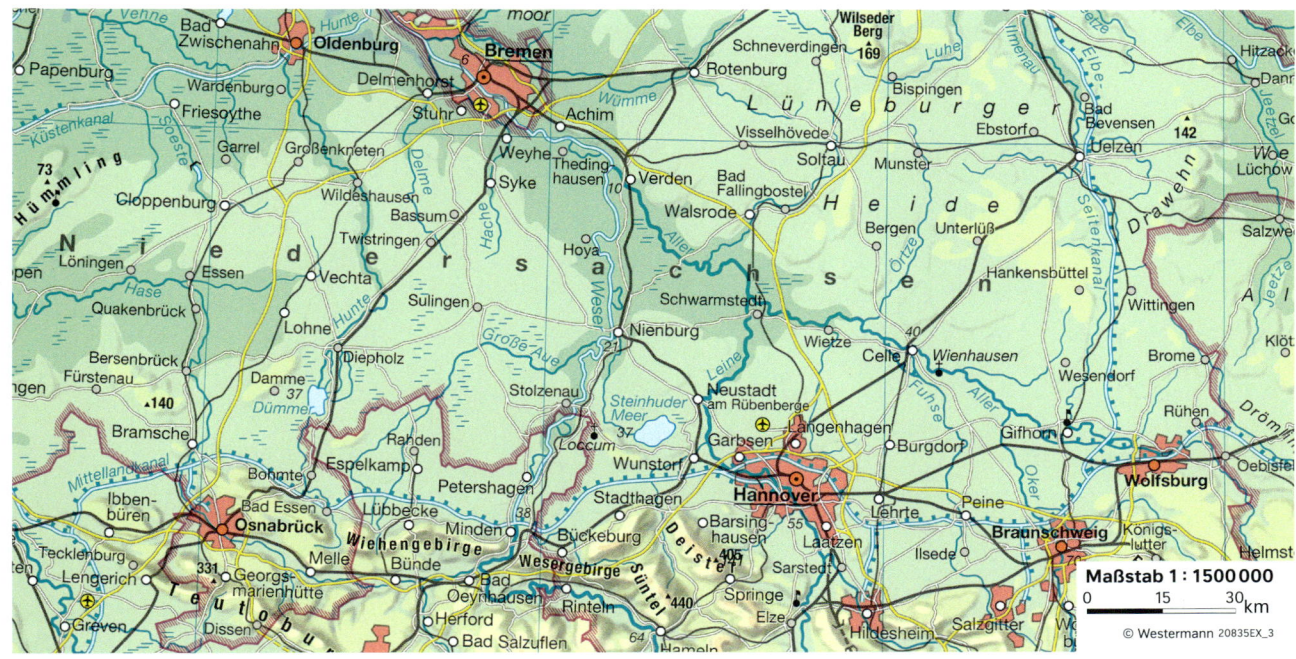

M6 Karte im Maßstab 1 : 1 500 000 aus dem Diercke Weltatlas

M7 Karte im Maßstab 1 : 16 000 000 aus dem Diercke Weltatlas

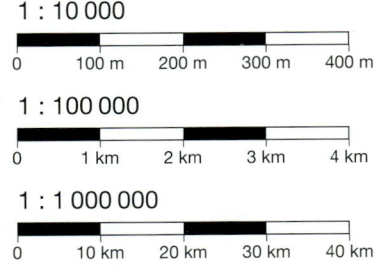

Maßstabsleisten ersparen das Umrechnen der Entfernungen.
Man kann mit einem Lineal abmessen, wie lang eine Strecke auf der Karte in Wirklichkeit ist.

Fachbegriffe
- der Maßstab
- die Maßstabsleiste

M8 Maßstabsleisten

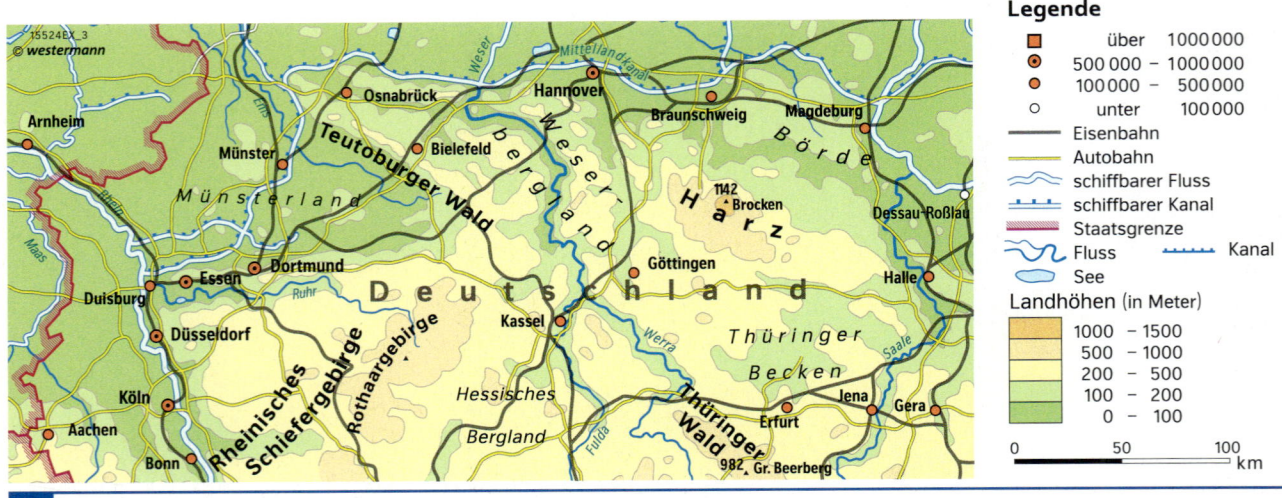

M1 Physische Karte

Legende

■ über 1000000
◉ 500 000 – 1000 000
● 100000 – 500 000
○ unter 100000
── Eisenbahn
── Autobahn
∿∿ schiffbarer Fluss
┅┅ schiffbarer Kanal
▦▦ Staatsgrenze
∿ Fluss   ┅ Kanal
◠ See

Landhöhen (in Meter)
1000 – 1500
500 – 1000
200 – 500
100 – 200
0 – 100

0   50   100 km

M2 Thematische Karte (Wirtschaftskarte)

Legende

Industrie © Westermann 15526EX_4

⬗ Eisen- und Stahlerzeugung
⬗ Buntmetallverhüttung
⬗ Aluminiumverhüttung
● Metallindustrie
⚙ Maschinenbau
◉ Kraftfahrzeugbau
⚡ Elektrotechnik
▮ Erdölraffinerie
⬗ Chemie, Kunststoffe
● Leder, Textilien, Bekleidung
● Holz, Papier, Druckgewerbe
● Nahrungs- und Genussmittel

Dienstleistung
⬡ Medien
⬢ Messe
▦ Städtischer Ballungsraum

Transport und Verkehr
┅┅ Eisenbahn
── Erdgasleitung
✈ Flughafen

0   50   100 km

Karten – Darstellungen der Erdoberfläche

Karten enthalten zahlreiche Informationen über das abgebildete Gebiet. Die Flächenfarben und Signaturen stehen für bestimmte Informationen. In der Legende kann man ihre Bedeutung nachlesen.

In **physischen Karten** sind Gebirge, Tiefländer, Gewässer, Verkehrslinien und Siedlungen eingezeichnet. Mit ihnen erhält man einen guten Überblick über ein Gebiet. Auf physischen Karten kann man die Landhöhen ablesen. Sie werden durch **Höhenlinien** und **Höhenschichten** dargestellt. Höhenlinien verbinden alle Punkte, die in der selben Höhe über dem Meeresspiegel liegen. Höhenschichten sind die Flächen zwischen den Linien. Die Farbe wechselt mit zunehmender Höhe von Grün über Gelb bis Braun.

Thematische Karten enthalten Informationen zu einem bestimmten Thema, zum Beispiel zur Wirtschaft oder zum Verkehr. Einzelheiten sind zu verschiedenen Signaturen zusammengefasst. Unwichtiges für das Thema wird weggelassen.

Wenn du in deinen Atlas schaust, siehst du auf den ersten Blick, dass es ganz unterschiedliche Karten gibt.
Warum gibt es so viele Arten von Karten?
Wie unterscheiden sie sich?

1. Vergleiche die Kartenausschnitte M1 und M2. Nenne Gemeinsamkeiten und Unterschiede. `53 ▸`

2. a) Suche in deinem Atlas zwei physische und zwei thematische Karten. Nenne die Seitenzahl, den abgebildeten Raum und bei den thematischen Karten zusätzlich das Thema.
b) Stellt euch in Partnerarbeit die Karten gegenseitig vor.

Ⓦ 3. Wähle aus:
A Erläutere, wie ein Berg in einer physischen Karte dargestellt wird (M4 – M6). Schreibe einen Text.
B Begründe, warum die Karte in M6 bei einer Wanderung hilft. `53 ▸`

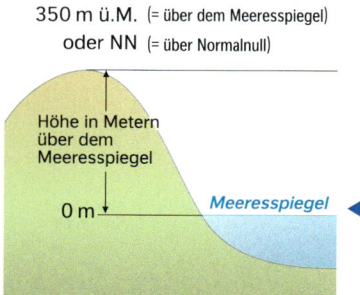

350 m ü.M. (= über dem Meeresspiegel)
oder NN (= über Normalnull)

Höhe in Metern über dem Meeresspiegel

0 m

Meeresspiegel

M3 Höhenmessung vom Meeresspiegel aus
(die Angabe der Höhe in Meter über dem Meeresspiegel lautet abgekürzt „m ü. M." oder „m ü. NN".)

Höhenlinien und Höhenschichten

Eine Höhenlinie verbindet auf einer Karte Punkte in gleicher Höhe. Jeder dieser Punkte hat die gleiche Höhe über dem Meeresspiegel. Mithilfe der Höhenlinien werden die Oberflächenformen (Berge und Täler) einer Landschaft deutlich. Je enger die Höhenlinien nebeneinander liegen, desto steiler ist das Gelände.
Als Höhenschichten bezeichnet man die Bereiche zwischen den Höhenlinien. Höhenschichten werden in Karten in verschiedenen Grün-, Gelb- und Brauntönen dargestellt.

M4 Schrägluftbild eines Berges mit Höhenlinien

Höhenangabe (in Meter)

Berghöhe

850

800
750
500
350
200
100
50

·221

	über 800
	750 – 800
	500 – 750
	350 – 500
	200 – 350
	100 – 200
	50 – 100
	unter 50

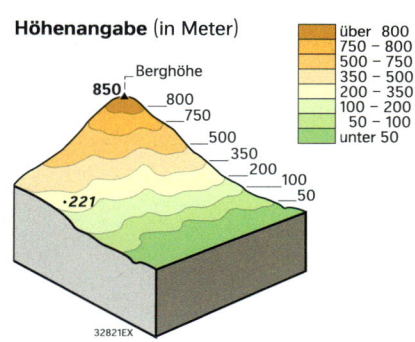

32821EX

M7 Beispiel für die Darstellung von Höhenschichten und -linien in Karten

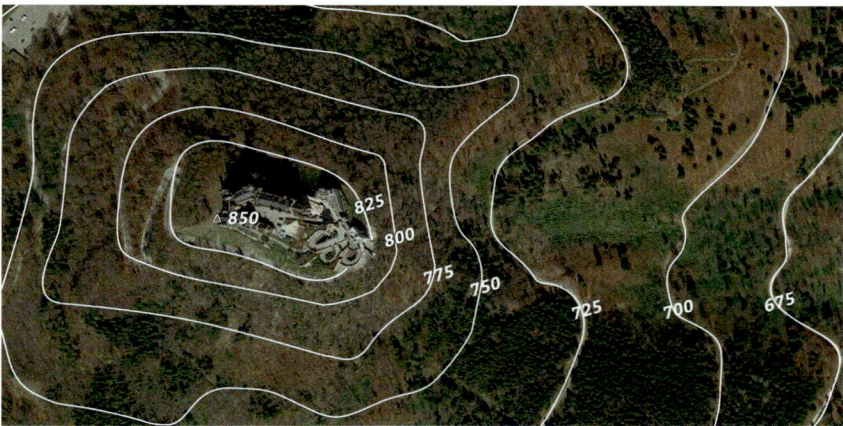

M5 Senkrechtluftbild eines Berges mit Höhenlinien

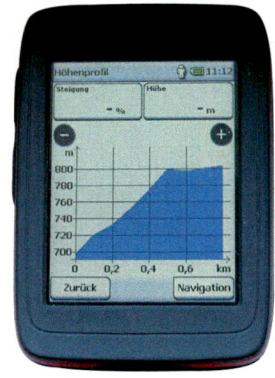

M8 Höhenprofil eines der Wanderwege in M6 auf einem Navigationsgerät

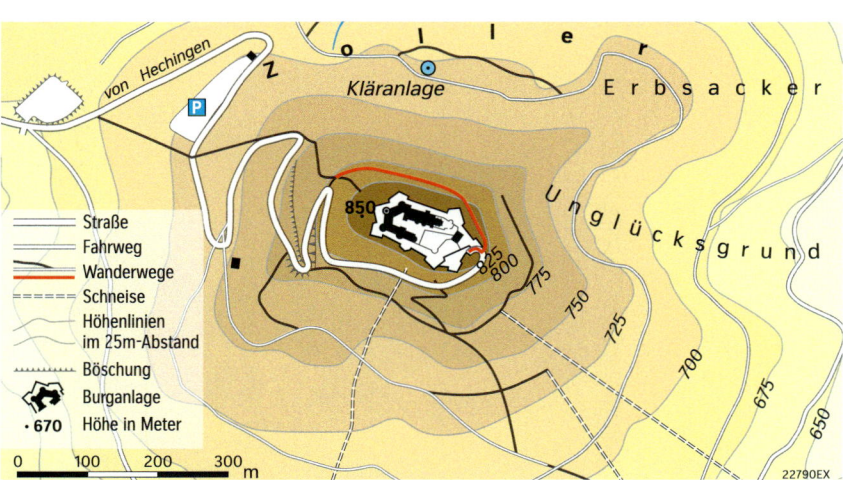

von Hechingen
Z o l l e r
Kläranlage
E r b s a c k e r
P
850
U n g l ü c k s g r u n d
825
800
775
750
725
700
675
650

Straße
Fahrweg
Wanderwege
Schneise
Höhenlinien im 25m-Abstand
Böschung
Burganlage
·670 Höhe in Meter

0 100 200 300 m

22790EX

M6 Der Berg in der physischen Karte

Fachbegriffe

- die physische Karte
- die Höhenlinie
- die Höhenschicht
- die thematische Karte

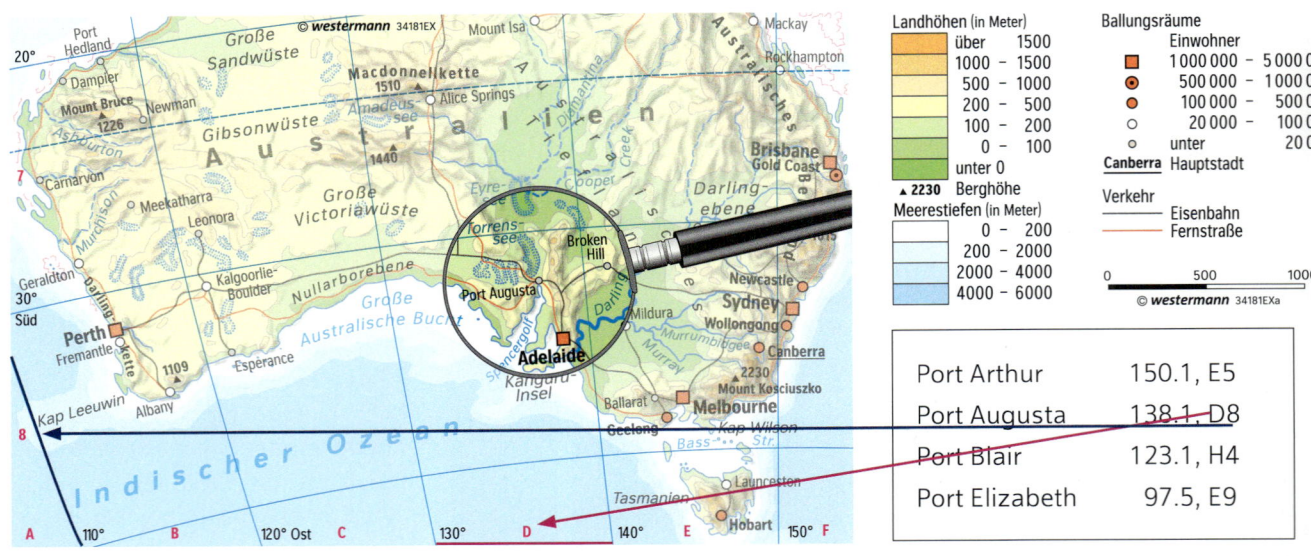

Landhöhen (in Meter)
über 1500
1000 – 1500
500 – 1000
200 – 500
100 – 200
0 – 100
unter 0
▲ 2230 Berghöhe
Meerestiefen (in Meter)
0 – 200
200 – 2000
2000 – 4000
4000 – 6000

Ballungsräume
Einwohner
1 000 000 – 5 000 000
500 000 – 1 000 000
100 000 – 500 000
20 000 – 100 000
unter 20 000
Canberra Hauptstadt
Verkehr
Eisenbahn
Fernstraße

Port Arthur	150.1, E5
Port Augusta	138.1, D8
Port Blair	123.1, H4
Port Elizabeth	97.5, E9

M1 Australien: Physische Karte mit Planquadraten und Registerauszug

Clara und Niklas leben in Diepholz. Ihre ältere Schwester Johanna lebt zurzeit in Australien. Sie wohnt in der Stadt Port Augusta in einer Familie mit einem gleichaltrigen Mädchen. Sie ist Austauschschülerin. In der Schule wollen Clara und Niklas zeigen, wo sich ihre Schwester befindet. Sie schlagen einen Atlas auf.
Doch wie findet man einen Ort im Atlas?

1. Schlage das Register im Atlas auf. Suche einen Ort, den du kennst. Notiere den Ortsnamen, die Seitenzahl und das Planquadrat.

2. Clara und Niklas (M2) wollen an Johannas Gastfamilie in Australien schreiben. Sie wollen sagen, wo der Ort in Deutschland liegt, in dem sie wohnen. Hilf ihnen dabei. 53 ▶

W 3. Wähle aus:
Arbeite mit M1, der Anleitung und M4.
A Suche Port Augusta, benenne das Planquadrat und beschreibe die Lage.
B Notiere zwei Planquadrate, in denen Städte liegen, die zwischen einer Million und fünf Millionen Einwohner haben.
C Benenne ein Planquadrat, in dem sowohl eine Stadt zwischen einer Million und fünf Millionen Einwohnern als auch ein Fluss und ein Berg liegen.

4. Arbeitet zu zweit. Sucht im Atlas die Orte und Plätze mit folgenden seltsamen Namen:
Wuxi, Quakenbrück, Bikini-Atoll, Titicacasee, Popocatépetl.
Notiert jeweils das Land, in dem sie liegen.

5. Ermittle im Sachwortregister die Seitenzahlen und die Nummern der Karten zum Thema Erdbeben.

Karten – Darstellungen der Erdoberfläche

Der **Atlas** ist ein wichtiges Hilfsmittel im Erdkundeunterricht. Er enthält eine große Sammlung von unterschiedlichen Karten. Die Karten helfen bei der Orientierung auf der Erde und liefern Informationen zu unterschiedlichen Themen. So kannst du dich zum Beispiel über die Anbaugebiete von Kakao informieren oder etwas über die Lage eines Vulkans erfahren. Zu Hause hilft der Atlas unter anderem, Feriengebiete oder Wohnorte von Freunden oder Verwandten zu finden.
Damit du mit dem Atlas gut und schnell arbeiten kannst, besteht er aus mehreren Teilen (M3). Auf den ersten Seiten findest du zur Orientierung das **Kartenverzeichnis**. Es folgen die vielen verschiedenen Karten.
Am Ende des Atlas befindet sich das **Register**, auf dem alle Namen in alphabetischer Reihenfolge aufgeführt sind, die auf den Karten vorkommen. Hinter dem Namen steht die Seitenzahl und das **Planquadrat**, wo der gesuchte Ort zu finden ist. Im Sachwortregister sind die Karten aufgeführt, die zu bestimmten Themen passen.

M2 Clara und Niklas aus Diepholz finden Port Augusta mithilfe des Registers im Atlas.

Kartenübersicht

Ganz vorn im Atlas auf dem Buchdeckel ist die Kartenübersicht. Hier sind verschiedene Gebiete der Erde eingezeichnet und mit einer Seitenzahl versehen. So siehst du auf einen Blick, auf welcher Seite im Atlas hierzu eine Karte vorhanden ist.

Kartenteil

Der Schwerpunkt des Atlas ist der Kartenteil. Er enthält alle Karten. In vielen Atlanten kommen zuerst die Karten über die Erde, dann die zu Deutschland, Europa und den übrigen Kontinenten.

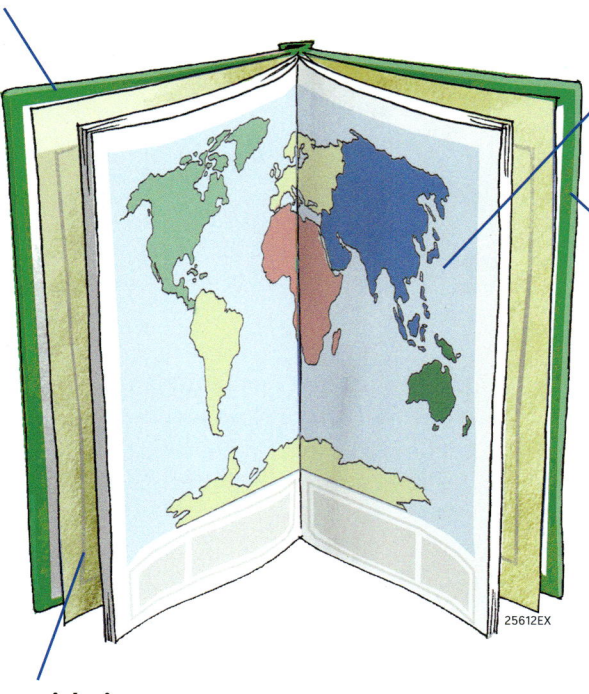

Register

Das Register am Ende des Atlas ist ein alphabetisches Verzeichnis der Namen, die auf den Karten im Atlas vorkommen. Das sind Städte, Länder, Flüsse, Meere, Berge und Landschaften.

Vor dem jeweiligen Namen ist ein kleines Zeichen, das anzeigt, um was es sich bei dem Namen handelt: zum Beispiel ein Land, eine Siedlung oder ein Gewässer.

Hinter dem Namen stehen die Seitenzahl und das Planquadrat (z. B. 14, E 2). Damit kannst du das gesuchte Wort im Kartenteil mithilfe des Gitternetzes finden.

Zusätzlich gibt es ein Sachwortregister. Dort sind wichtige Begriffe zu verschiedenen Sachthemen alphabetisch aufgelistet. Hinter den Begriffen stehen die Seitenzahlen im Atlas und die Nummern der Einzelkarten, auf denen sie zu finden sind (z. B. 40.2).

Kartenverzeichnis

Auf den ersten Seiten befinden sich das Kartenverzeichnis und die Themenübersicht. Das Kartenverzeichnis enthält die Überschriften aller Karten im Atlas mit den Seitenzahlen, auf denen sie zu finden sind.

Die Themenübersicht enthält die Kartenüberschriften nach Themen geordnet, zum Beispiel „Klima, Wetter".

M3 So ist der Atlas aufgebaut.

	A	B	C	D	E
6					
7					
8				D8	
9					

M4 Planquadrat D8

Einen Ort im Atlas finden

(1) Suche den Namen des Ortes im Register. Notiere die dort angegebene Seitenzahl, die Kartennummer und das Planquadrat.

(2) Schlage die entsprechende Seite im Atlas auf.

(3) Suche auf der Karte das richtige Planquadrat. Wenn du es gefunden hast, kannst du die Lage des Ortes beschreiben.

Fachbegriffe

- der Atlas
- das Kartenverzeichnis
- das Register
- das Planquadrat

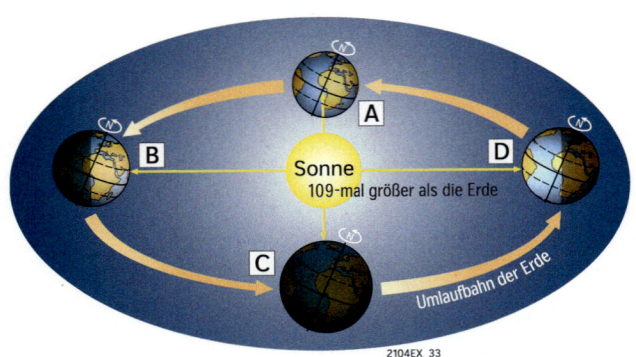

M1 Jahreszeiten auf der Nordhalbkugel

Frühlings-anfang | 22./23. September | 20. März | Sommer-anfang

21. Juni | Herbstanfang | 21. Dezember | Winter-anfang

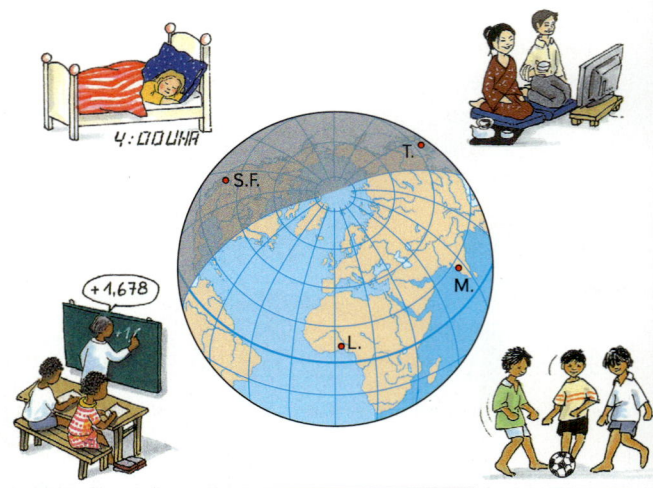

M5 Verschiedene Zeiten auf der Erde

Koordinaten	Stadt	Land	Kontinent
53° N/8° O	Oldenburg	Deutschland	Europa
42° N/12° O			
34° S/18° O			
	Brüssel		
23° S/43° W			
	Kairo		

M2 Koordinatenquiz

Florian verbringt den Sommerurlaub bei seinen Großeltern an der Nordseeküste in Ostfriesland. Auf dem Dachboden des alten Hauses findet er eine sehr alte Schatzkarte, auf der Folgendes geschrieben steht:

„An dem Punkt, wo sich der 40. Grad nördlicher Breite und der 4. Grad östlicher Länge treffen, findest du eine kleine Höhle, in der ein wertvoller Schatz verborgen ist."

Spiele mit der Tischnachbarin oder dem Tischnach-barn. Geht so vor:

1. Sucht euch beide getrennt voneinander sieben Orte und Plätze aus dem Register aus. Jeder notiert sich Namen, Seitenzahl, Planquadrat und worum es sich handelt (z.B. Fluss, Stadt, Berg, See).

2. Ihr spielt abwechselnd gegeneinander. Schreibe deiner Tischnachbarin/deinem Tischnachbarn einen deiner Namen auf. Lass dir dazu Folgendes zeigen und nennen: die Stelle im Atlas, die Lage auf der Karte und worum es sich handelt (Fluss, Stadt ...). Anschließend sucht der andere.

M3 Das Atlas-Suchspiel

M6 Schatzsuche

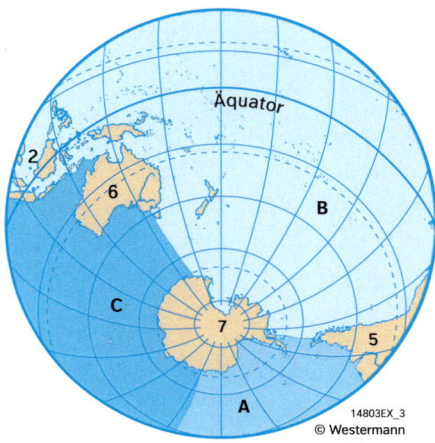

10 Mio. km²

44 Mio. km²

106 Mio. km²

30 Mio. km²

180 Mio. km²

18 Mio. km²

13 Mio. km²

75 Mio. km²

25 Mio. km²

9 Mio. km²

M4 Kontinente und Ozeane

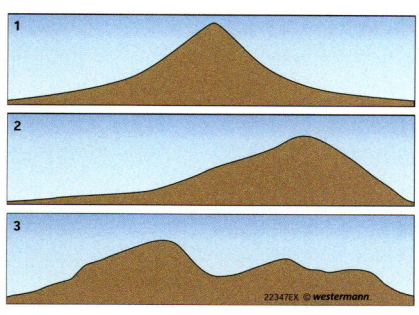
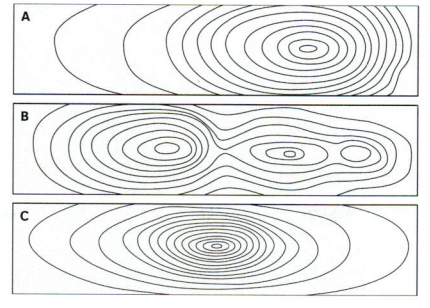

M7 Berge in der Karte

M8 Buchstabensalat – Planeten

Wissen und sich orientieren

1. Wähle fünf Fachbegriffe aus der Liste und erkläre sie.

2. Erläutere
   a) was physische Karten zeigen. *(S. 48)*
   b) was thematische Karten zeigen. *(S. 48)*

3. a) Erkläre, was der Maßstab 1:100 bedeutet. *(S. 46)*
   b) Vergleiche die Maßstäbe: 1:50 000 und 1:500 000. Welcher der Maßstäbe stellt das Abgebildete kleiner dar? *(S. 46)*

4. a) Benenne die Kontinente 1–7 und die Ozeane A–C in M4. *(S. 39)*
   b) Ordne die Größenangaben in M4 den Kontinenten und Ozeanen zu. *(S. 39)*

5. a) Ordne den Buchstabensalat in M8.
   b) Notiere die Planeten in Reihenfolge von der Sonne aus gesehen. *(S. 29)*

Können und anwenden

6. Spiele mit deiner Nachbarin oder deinem Nachbarn das Atlas-Suchspiel (M3). *(S. 50/51)*

7. Ordne in M7 den Bergen 1–3 die passenden Höhenlinien zu. *(S. 49)*

8. Ermittle mithilfe des Atlas den Namen der Insel, auf der der Schatz versteckt ist (M6). *(S. 40/41)*

9. Übertrage die Tabelle M2 in dein Heft. Ergänze die fehlenden Angaben mithilfe des Atlas. *(S. 40/41)*

10. Arbeite mit M1. Lege eine Tabelle mit drei Spalten an. Ordne die Buchstaben im Bild, die Begriffe und die Zeitangaben so in die Spalten der Tabelle ein, dass sie zueinander passen. *(S. 34/35)*

Sich austauschen, beurteilen und handeln

11. Erörtere die Bedeutung des Gradnetzes für die Orientierung auf der Erde. *(S. 40/41)*

12. Überlege und schreibe auf, welche Folgen es hätte, wenn
    a) die Erdachse nicht geneigt wäre. *(S. 34/35)*
    b) es keine Erdrotation geben und sich nur die Erde um die Sonne bewegen würde. *(S. 32–35)*

13. Familie Aslan sucht ein neues Haus. Sie hat ein Schrägluftbild und ein Senkrechtluftbild von dem Haus, das infrage kommt und außerdem einen Stadtplan. Beurteile, welches Material für Familie Aslan welche Vorteile hat. *(S. 44/45)*

14. In M5 ist es in San Francisco (S.F.) 4.00 Uhr morgens. Begründe mithilfe der Zeitzonenkarte S. 33/M3, wie spät es in Lagos (L.), in Mumbai (M.) und in Tokio (T.) ist.

Fachbegriffe

- das Weltall
- der Stern (die Sonne)
- die Galaxie
- das Sonnensystem
- der Planet
- der Mond
- die Atmosphäre
- das Süßwasser
- die Erdrotation
- die Zeitzone
- die Erdrevolution
- der Äquator
- der Horizont
- das GPS-Gerät
- der Satellit
- der Kontinent
- der Ozean
- der Globus
- der Nordpol
- der Südpol
- der Breitenkreis
- der Meridian
- das Gradnetz
- die Koordinaten (Plural)
- das Luftbild
- der Stadtplan
- der Maßstab
- die Maßstabsleiste
- die physische Karte
- die Höhenlinie
- die Höhenschicht
- die thematische Karte
- der Atlas
- das Kartenverzeichnis
- das Register
- das Planquadrat

WES-115715-053

Unser Land Niedersachsen

Ein Getreidefeld mit Mohnblumen in der Nähe von Northeim im Harzvorland. Die Landschaft in Niedersachen wird unterschiedlich genutzt.
Was weißt du darüber?

In Niedersachsen gibt es verschiedene Land-schaftsformen.
Wie heißen sie und wie unterscheiden sie sich?
Wie ist die Landschaft entstanden?

1. Lies die Texte Ⓐ–Ⓓ und betrachte die Fotos ①–④. Ordne die Texte den Fotos richtig zu. Begründe deine Entscheidung.

2. Beschreibe die Lage der Landschaftformen Niedersachsens (M1).

3. Du unternimmst eine Flugreise von Cuxhaven nach Göttingen. Nenne die Landschafts-formen, die du überfliegst (M1).

4. Nenne die Landschaftsform, in der du wohnst (M1, Atlas).

Ⓦ 5. Wähle aus:
   A „Das Eis formte die Landschaft". Erkläre diese Aussage (M3). 85 ▶
   B Erläutere die Veränderungen der Land-schaft in Norddeutschland während und nach der Kaltzeit (M2, M3).

6. Recherchiere. Berichte über das Leben der Menschen während der Kaltzeit. 189 ▶

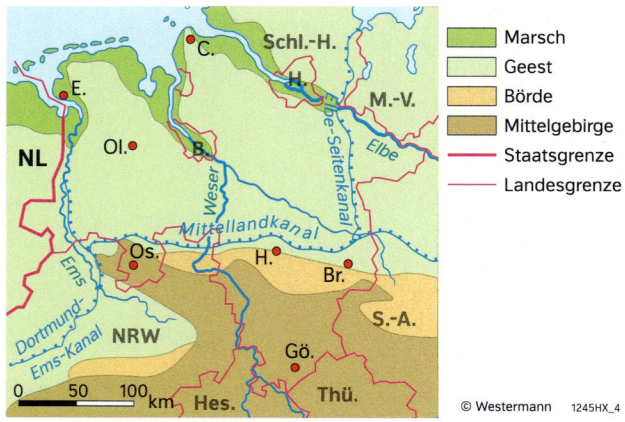

M1 Die Landschaftsformen in Niedersachsen

© Westermann   1245HX_4

Legende:
- Marsch
- Geest
- Börde
- Mittelgebirge
- Staatsgrenze
- Landesgrenze

Ⓐ **Geest**
Die Geest besteht aus sanften Hügellandschaf-ten. Sie nimmt den größten Teil Niedersach-sens ein und ist unter dem Einfluss der Kaltzeit entstanden. Neben großen **Heide**flächen und **Moor**landschaften prägen breite Flusstäler, zum Beispiel von Weser und Aller, das Aussehen der Geest.

Ⓑ **Marsch**
Das Land an der Küste wird als Marsch bezeich-net. Es ist durch den Einfluss des Meeres ent-standen. Muschelablagerungen bei der Bodenbil-dung haben das „Land aus dem Meer" kalkreich und daher sehr fruchtbar gemacht. Die flachen Marschgebiete müssen vor dem Einfluss des Nordseewassers durch Deiche geschützt werden. Durch Gräben wird das Land entwässert.

Ⓒ **Börde**
Im Süden Niedersachsens ist die Landschaft durch Ackerbau geprägt. Auf vielen Feldern werden zum Beispiel Zuckerrüben und Weizen angebaut. Grund dafür sind die fruchtbaren Böden der Börden.

Ⓓ **Mittelgebirge**
In Niedersachsen gehören zum Beispiel das Weser-Leine-Bergland, Teile des Teutoburger Waldes und der Harz zur Landschaftsform Mittel-gebirge. Die zahlreichen Höhenzüge sind häufig dicht bewaldet. Im Harz liegen die höchsten Berge Niedersachsens.

Süden   **Norden**

während der letzten Eiszeit

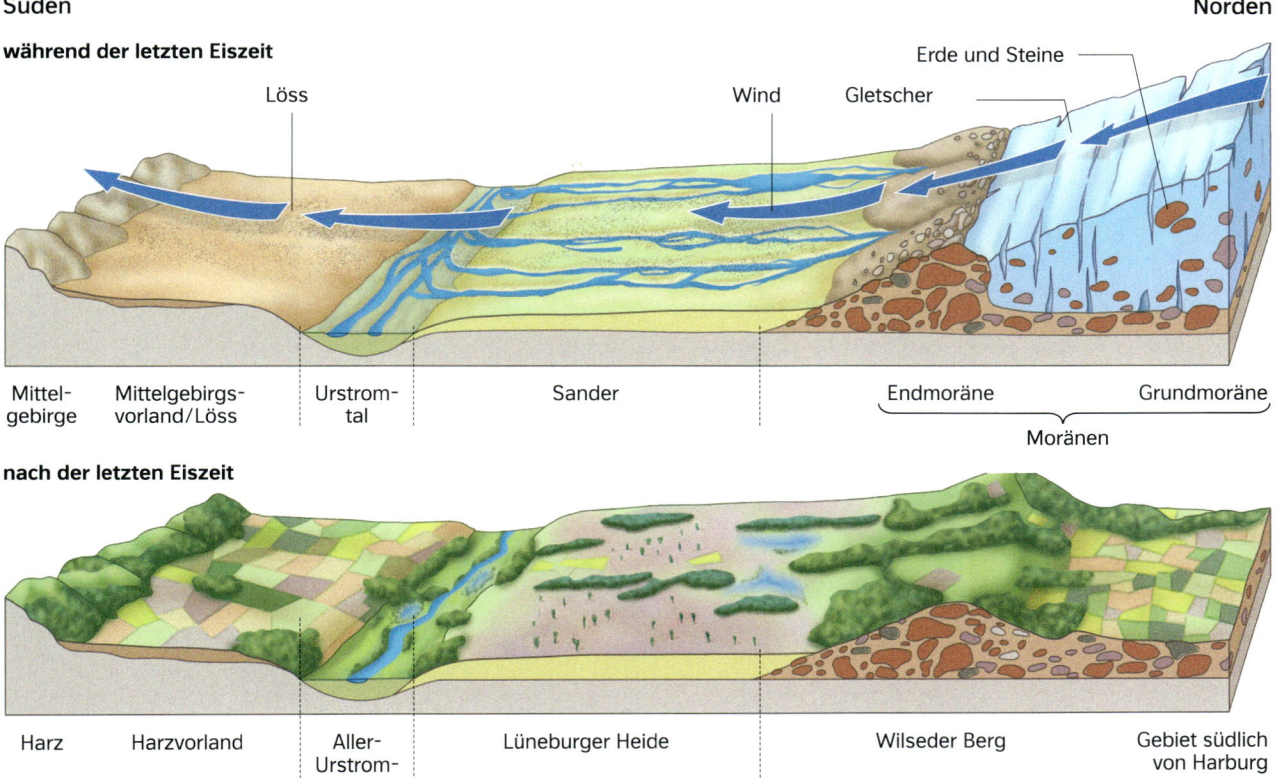

M2 Norddeutschland während und nach der letzten Eiszeit (vor etwa 10 000 Jahren)

Vor etwa einer Million Jahren begann eine Zeit, in der sich auf der Erde in langen Phasen **Warm- und Kaltzeiten** abwechselten. In Kaltzeiten lagen die mittleren Temperaturen bis zu 10 °C niedriger als heute. Dadurch fielen die Niederschläge in Nordeuropa überwiegend als Schnee. Dieser taute über das gesamte Jahr nicht mehr ab und verfestigte sich zu dicken Eisschichten, den **Gletschern**. Die riesigen Gletscher wurden bis zu vier Kilometer dick. Sie drangen über Jahrhunderte vom Norden Europas bis in das Gebiet des

heutigen Norddeutschlands vor. Dabei hobelten sie die Landschaft und rissen Gesteinsbrocken, Geröll, Sand und Ton mit. In den folgenden Warmzeiten tauten die Gletscher und das Wasser floss in breiten **Urstromtälern** ab. Das mitgeführte Material blieb liegen. Im Bereich der niedersächsischen Geest entstanden vor etwa 180 000 Jahren dadurch **Sander** (weite Sandflächen) und Hügel aus Geröll und Gestein, die als **Moränen** bezeichnet werden. Man unterscheidet zwischen Grund- und Endmoränen.

Fachbegriffe

- die Heide
- das Moor
- die Warmzeit
- die Kaltzeit
- der Gletscher
- das Urstromtal
- der Sander
- die Moräne

M3 Das Eis formte die Landschaft.

Das große Niedersachsen-Spiel

1 Erstelle zu M1 eine Namensliste der Gebirge, Flüsse, Kanäle, Seen, Städte und Berge. Verwende dazu die Atlaskarte „Deutschland (nördlicher Teil) – Physische Karte" in deinem Diercke

Drei Universalatlas. Du kannst auch die Diercke Atlas App benutzen und darin mit der Gratiskarte „Deutschland – Physische Übersicht" arbeiten.

„Ja, sag mal. Ich habe gerade C6 gewürfelt. Gesucht wird ein hoher Berg."

„Ja klar, das ist doch der Brocken."

Das große Niedersachsen-Spiel

Schaut euch die Spielzeichen und die Spieltabelle in M1 an. Alle 36 Spielfelder stellen euch eine Aufgabe, die ihr mithilfe der beiden Karten rechts und eurem Atlas lösen könnt.

Gespielt wird mit einem Zahlen- und mit einem Buchstabenwürfel. Beklebt dazu einen Würfel mit

Klebepunkten und schreibt die Buchstaben A bis F auf die Würfelseiten.

Und schon kann das Spiel beginnen – allein, zu zweit oder in der Gruppe. Die Würfel stellen euch die Aufgaben. Die Spielregeln und Gewinnpunkte könnt ihr selbst festlegen.

Spielzeichen ➤	Gebirge/ Höhenzug	Fluss/ Kanal/ See	Smiley	Landkreis	Berg
	⛰️	〰️	🙂 1 Glückspunkt	OHA	⛰️

	1	2	3	4	5	6
A	🙂	⛰️ A	⛰️ 73 m	OHA	j 〰️	⛰️ H
B	e 〰️	BS	a 〰️	⛰️ G	⛰️ C	m 〰️ Kanal
C	⛰️ B	f 〰️	⛰️ F	k 〰️	AUR	⛰️ 1141 m
D	l 〰️ Kanal	🙂	b 〰️	🙂	g 〰️	LG
E	⛰️ 169 m	⛰️ E	🙂	⛰️ 971 m	🙂	i 〰️
F	⛰️ I	VEC	n 〰️	d 〰️	⛰️ D	CE

M1 Spieltabelle zum großen Niedersachsen-Spiel

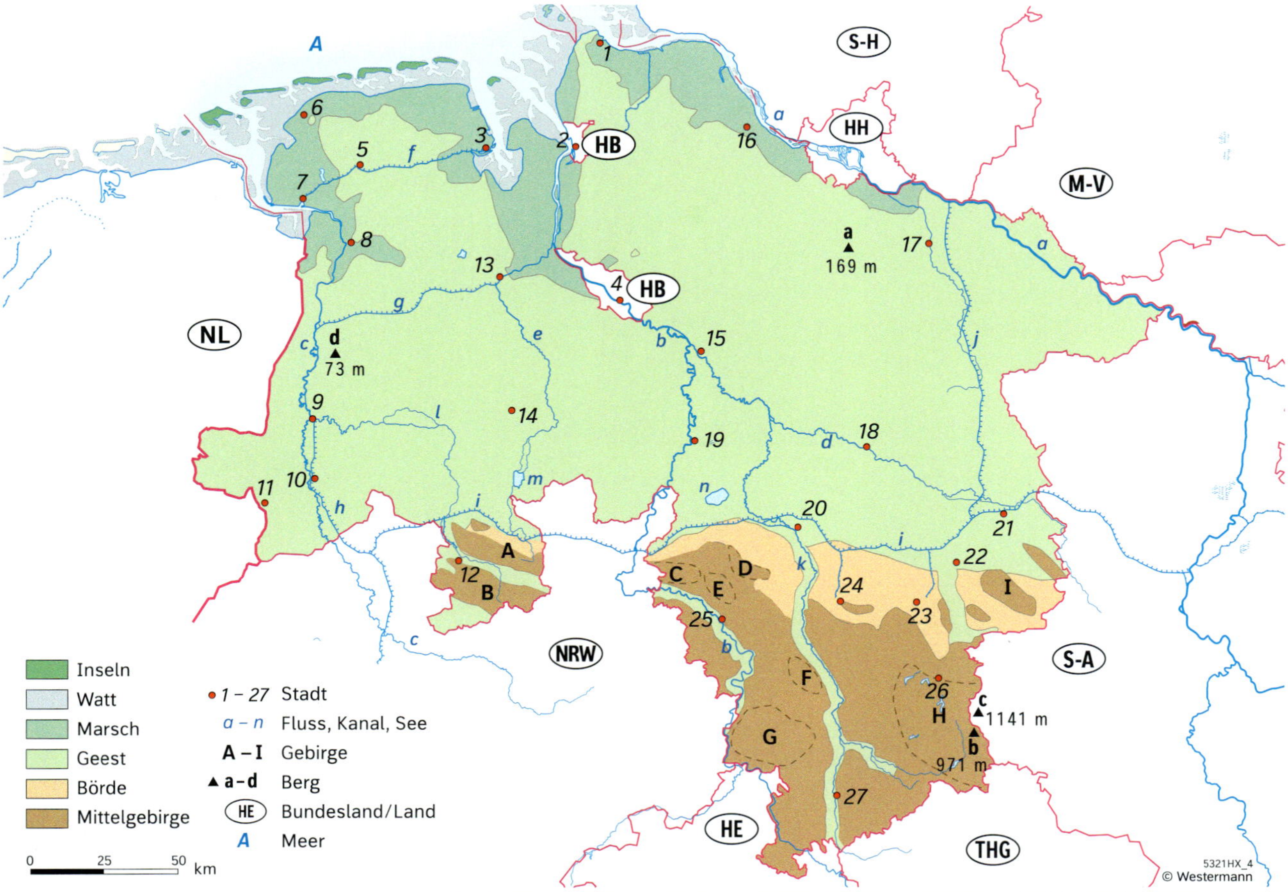

M2 (Übungskarte Niedersachsen)

A

1

6

5 f 3 2 HB 16 S-H HH

7 M-V

8 a 17

13 4 HB 169 m

NL d 15 j
73 m e b

9 l 14 18
d

11 10 h m 19 n 20 21
i 22

i A 12 C D k 24 I
B E 23 S-A

25 b
F c
26 1141 m
G H b
971 m

NRW 27

HE THG

Legende:

- Inseln
- Watt
- Marsch
- Geest
- Börde
- Mittelgebirge

- ● 1 – 27 Stadt
- a – n Fluss, Kanal, See
- A – I Gebirge
- ▲ a – d Berg
- HE Bundesland/Land
- A Meer

0 25 50 km

5321HX_4
© Westermann

M2 Übungskarte Niedersachsen

M3 Niedersachsen – Verwaltungsgliederung

N o r d s e e

Schleswig-Holstein

Cuxhaven

NOR Wittmund Jever WHV CUX Stade Hamburg
AUR WTM Wilhelms- HB Bremerhaven STD
Emden Aurich haven BRV Mecklenburg-
EMD FRI Brake Vorpommern
Leer Westerstede OHZ Winsen
Oldenburg BRA Osterholz- WL LG
LER WST OL Scharmbeck ROW Lüneburg
Delmenhorst Rotenburg DAN
NIEDER- DEL Bremen HK Uelzen
LANDE OL SY HB Lüchow
CLP Wildeshausen VER Verden UE
Cloppenburg N i e d e r s a c h s e n Bad
EL Vechta Fallingbostel CE
Meppen VEC DH Celle GF
Diepholz Nienburg
NOH BSB NI Gifhorn
Nordhorn OS Wolfsburg
WTL H WOB
Osnabrück SHG Peine HE
OS MEL RI Stadthagen Hannover Braunschweig Helmstedt
HM PE BS Wolfenbüttel
Hameln Hildesheim Salzgitter WF
HI SZ
ALF
HOL GS Goslar
Holzminden GAN CLZ S a c h s e n -
EIN Northeim BRL A n h a l t
NOM OHA
Gö Göttingen
DUD
HMÜ

Nordrhein-Westfalen

Hessen Thüringen

0 10 20 30 40 50 km

© Westermann
24008FX_1

Wappen von Niedersachsen

Das „Sachsenross" des niedersächsischen Wappens geht auf
das Stammesherzogtum Sachsen
zurück (14. Jh.), dessen Gebiet
weitgehend dem heutigen
Niedersachsen entspricht.

Verwaltung

- Staatsgrenze
- Landesgrenze
- Kreisgrenze
- ● Landeshauptstadt
- ○ Kreisstadt

KFZ-Kennzeichen

- H Kennzeichen
  der Kreise innerhalb
  von Niedersachsen

Niedersachsen

M3 Niedersachsen – Verwaltungsgliederung

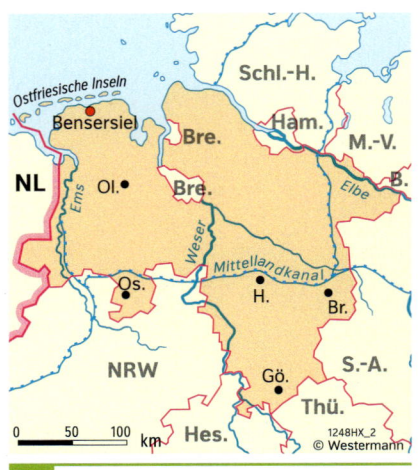

M1 Lage von Bensersiel in Niedersachsen

M3 Sprachnachricht aus dem Urlaub

„Hey Niklas,
wir sind gestern in Bensersiel angekommen. Es ist richtig schönes Wetter hier. Heute Morgen sind wir sofort mit Badesachen zum Strand gegangen. Doch als wir dort eintrafen, waren wir erstmal total enttäuscht. Leider war vom Meer nichts zu sehen, nur grauer Meeresboden. An Baden war da nicht zu denken. Erst nach ein paar Stunden kam das Wasser wieder und wir hatten doch noch viel Spaß beim Baden in den Wellen. Morgen werden wir erst später zum Strand aufbrechen, denn …"

Das Leben an der Nordseeküste wird durch unterschiedliche Wasserstände des Nordseewassers beeinflusst.
Welche Vorgänge werden als Ebbe und Flut bezeichnet? Was sind die Gezeiten? Worauf müssen Badetouristen an der Nordseeküste achten?

1. Vervollständige sinnvoll den letzten Satz der Sprachnachricht (M3).

W 2. Wähle aus:
   A Lege zu folgenden Begriffen Karteikarten an: Niedrigwasser, Hochwasser, Ebbe und Flut, Gezeiten (Tide), Tidenhub (Text, M5).
   B Vergleiche die Inhalte der Fotos M4 und M6. Gib mithilfe von M5 die Inhalte in Stichpunkten wieder. **180 ▶**

3. Betrachte den Tidekalender von Bensersiel (M7). Wann könntest du am 03.06. schwimmen gehen? Begründe. **85 ▶**

4. Erkläre die Entstehung der Gezeiten (Text S. 61, M5, Internet). **85 ▶**

5. Erläutere, warum die auf das Wasser einwirkenden Kräfte nicht immer gleich groß sind.

Was passiert mit dem Wasser?

Der Meeresspiegel an der Nordsee verändert sich ständig. Das Wasser verschwindet zweimal am Tag und kehrt zweimal wieder. Den höchsten Wasserstand nennt man dabei Hochwasser und den niedrigsten Niedrigwasser.
Das Ablaufen des Wassers wird als **Ebbe** bezeichnet. Das Wasser läuft so lange ab, bis der Meeresboden frei liegt. Nach ungefähr sechs Stunden steigt das Wasser wieder an. Die **Flut** hat eingesetzt. Bei Hochwasser ist der graue Meeresboden vollständig vom Wasser bedeckt.
Der Wechsel von Ebbe und Flut wird als **Gezeiten** oder auch Tide bezeichnet (M4, M6). In den Tidekalendern der Nordseeküstenorte werden die Hochwasser- und Niedrigwasserstände der verschiedenen Tage bekannt gegeben (M7). Nach dem Tidekalender können auch die Badezeiten in der Nordsee ermittelt werden.

INTERNET

WES-115715-060

Auf den folgenden Webseiten könnt ihr euch über die Entstehung der Gezeiten informieren.

M2 Gezeiten – Wechsel von Ebbe und Flut

Hochwasser — 12⁰⁰ · Tidenhub · Niedrigwasser — 18¹² · Hochwasser — 0²⁵ · Niedrigwasser — 6³⁷ · Hochwasser — 12⁵⁰

9⁰⁰ 10⁰⁰ 11⁰⁰ 13⁰⁰ 14⁰⁰ 15⁰⁰ 16⁰⁰ 17⁰⁰ 18⁰⁰ 19⁰⁰ 20⁰⁰ 21⁰⁰ 22⁰⁰ 23⁰⁰ 24⁰⁰ 1⁰⁰ 2⁰⁰ 3⁰⁰ 4⁰⁰ 5⁰⁰ 6⁰⁰ 7⁰⁰ 8⁰⁰ 9⁰⁰ 10⁰⁰ 11⁰⁰ 12⁰⁰ 13⁰⁰ 14⁰⁰

Flut — Ebbe — Flut — Ebbe — Flut

M4 Hochwasser

M6 Niedrigwasser

Die Entstehung der Gezeiten

Maßgeblich verantwortlich für die Entstehung von Ebbe und Flut ist der Mond. Seine Anziehungskraft führt zum Anheben des Meerwassers auf der Erde. Auf der ihm zugewandten Seite entsteht ein Flutberg. Durch die **Fliehkraft** bildet sich auf der dem Mond abgewandten Seite ebenfalls ein Flutberg. Die Fliehkraft entsteht dadurch, dass sich Mond und Erde um einen gemeinsamen, innerhalb der Erde liegenden Schwerpunkt drehen. Unter den beiden Flutbergen und den beiden Ebbetälern dreht sich die Erde innerhalb von etwa 24 Stunden einmal hindurch. Deshalb schwappt das Wasser des Flutberges zweimal am Tag an die Küsten.

Da auch die Sonne einen Einfluss auf Ebbe und Flut hat, sind die Anziehungskräfte nicht immer gleich stark.

Deshalb ist der Unterschied zwischen höchstem und niedrigstem Wasserstand, dem **Tidenhub**, im Monatsverlauf sehr unterschiedlich.

	HW	NW	HW	NW
01.06.	02:51	09:13	15:26	21:20
02.06.	03:30	09:50	16:11	22:03
03.06.	04:20	10:41	17:09	23:02

M7 Tidekalender von Bensersiel

M8 Strand von Bensersiel bei Niedrigwasser

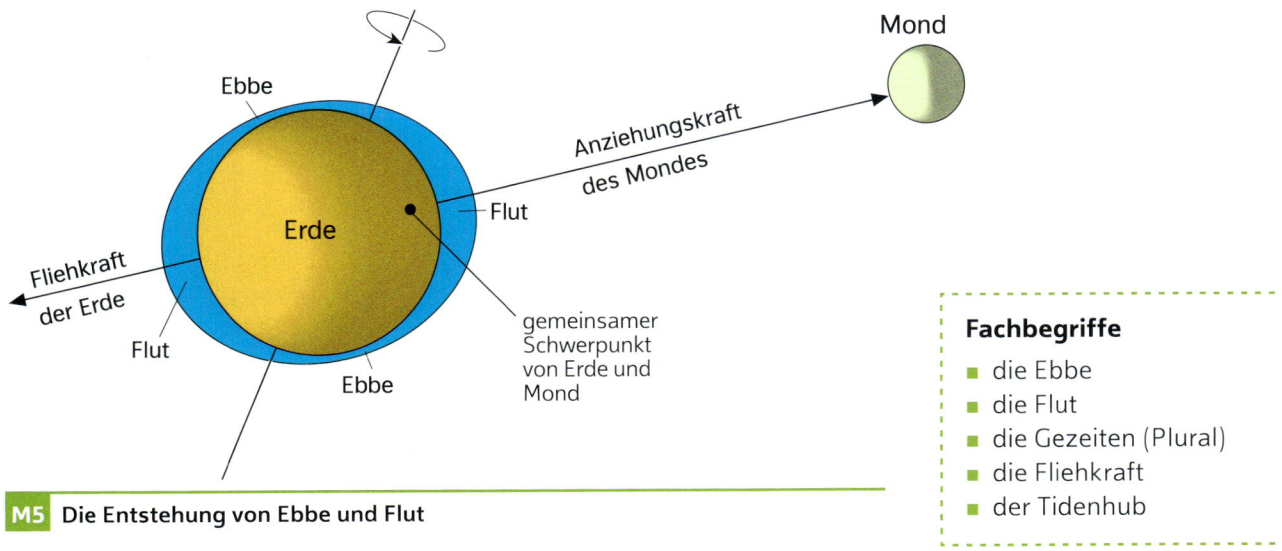

M5 Die Entstehung von Ebbe und Flut

Ebbe
Anziehungskraft des Mondes
Mond
Flut
Erde
Fliehkraft der Erde
Flut
Ebbe
gemeinsamer Schwerpunkt von Erde und Mond

Fachbegriffe

- die Ebbe
- die Flut
- die Gezeiten (Plural)
- die Fliehkraft
- der Tidenhub

Am Sonntag, dem 11. Oktober 1634 brach ein furchtbarer Südweststurm los, der sich zu einem Orkan entwickelte. Donnernd schlugen die Wellen der Sturmflut gegen die Deiche. Immer höher stand das Wasser und stürzte letztlich durch und über die Deiche. Nach einer Stunde waren 6 408 Menschen und über 50 000 Stück Vieh in den Fluten versunken. 30 Mühlen, 6 Glockentürme und mehr als 1 300 Häuser waren zerstört. Das Glück von mehr als 9 000 Menschen war vernichtet. Nur die festeren Kirchtürme und Kirchen, obgleich beschädigt, ragten aus diesem riesigen Trümmerfelde hervor.

M1 Sturmflut an der Nordseeküste

Auch heute noch sind die Küsten den Gefahren von Sturmfluten ausgesetzt. Nur durch aufwendige Schutzmaßnahmen konnten in den letzten Jahrzehnten in Deutschland katastrophale Folgen durch Sturmfluten verhindert werden. Wie schützen sich die Menschen?

1. Beschreibe das Foto M1 mithilfe des Textes.

2. Erkläre, wie sich der Küstenschutz in Deutschland entwickelte (Text). **85** ▶

W 3. Wähle aus:
   A Beschreibe den Aufbau des Deiches (M2).
   B Erläutere die Veränderungen im Deichbau (M6).
   Tauscht euch über eure Ergebnisse aus.

4. Beschreibe die Gliederung des Nordseeküstenraums vom Meer bis zur Geest (M3). **85** ▶

5. a) Beschreibe den Vorgang der Landgewinnung (M4–M8).
   b) Erläutere, warum die Landgewinnung zu den Küstenschutzmaßnahmen gehört (M4–M8).

Z 6. Recherchiere. Erkläre die Funktion eines Sieltores. **189** ▶

Küstenschutz

Um Natur und Menschen vor den Gefahren des Meeres zu schützen, wird seit ungefähr 3000 Jahren Küstenschutz betrieben.

Als erste Schutzmaßnahmen schütteten die Menschen Erdhügel auf, die als **Warften** oder Wurten bezeichnet wurden. Auf diesen Hügeln bauten sie ihre Häuser.

Später bauten die Menschen entlang der Küste Schutzwälle. Diese sogenannten **Deiche** schützen das niedrig gelegene Marschland vor Überschwemmungen. Die Bauweise der Deiche wurde über Jahrhunderte stetig verbessert (M2).

Die Wasserstände bei Sturmflut werden in Zukunft sehr wahrscheinlich steigen. Deshalb muss die Höhe der Deiche ständig angepasst werden.

INFO

Sturmflut
Eine Sturmflut entsteht bei Sturm. Wenn starker Wind über die Nordsee weht, schiebt er das Wasser wie einen Berg vor sich her. Das Wasser kann dann nicht wieder abfließen. Bei der nächsten Flut steigt der Wasserstand dadurch erheblich an. Es kann zu Überschwemmungen kommen.

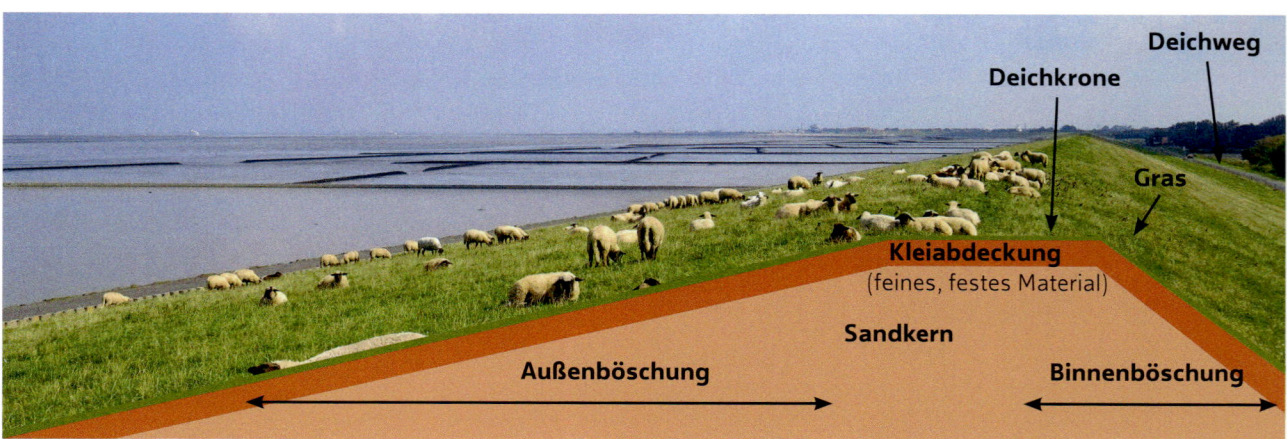

M2 Querschnitt durch einen Deich

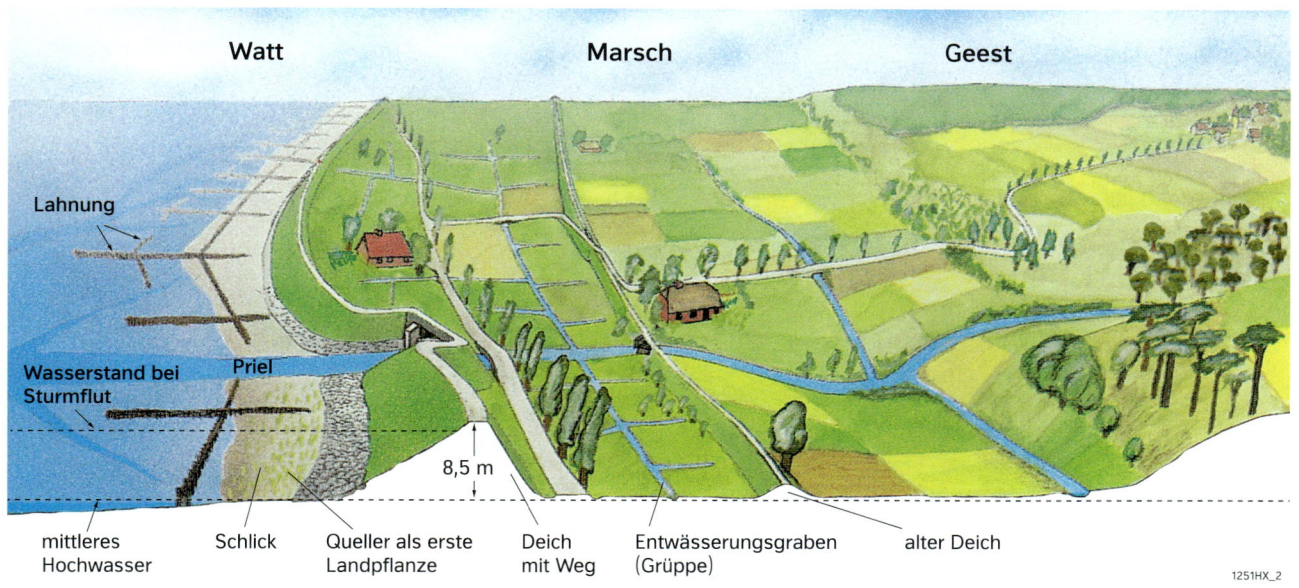

Watt **Marsch** **Geest**

Lahnung

Wasserstand bei Sturmflut — Priel

8,5 m

mittleres Hochwasser | Schlick | Queller als erste Landpflanze | Deich mit Weg | Entwässerungsgraben (Grüppe) | alter Deich

1251HX_2

M3 Blockbild des Nordseeküstenraumes

Landgewinnung ist eine Form von Küstenschutz. Damit neues Land entstehen kann, bauen die Menschen Pfahlreihen mit Flechtwerk (Lahnungen) in das Meer. So kann sich der im Meer mitgeführte Schlick absetzen und es entsteht neues Land. Sobald die gewonnenen Landflächen groß genug sind, legt man Entwässerungsgräben an und pflanzt salzwasserverträgliche Pflanzen. Dadurch verfestigt sich der Boden.

M4 Küstenschutz durch Landgewinnung

M7 Queller – erste Pflanzen im Salzwasser

M5 Lahnungen zur Landgewinnung

M8 Neu gewonnenes Land viele Jahre später

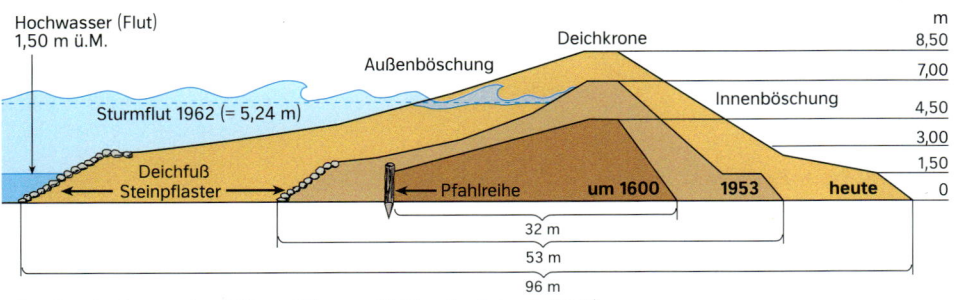

Hochwasser (Flut) 1,50 m ü.M.

Deichkrone

Außenböschung

Innenböschung

Sturmflut 1962 (= 5,24 m)

Deichfuß Steinpflaster — Pfahlreihe — um 1600 — 1953 — heute

m
8,50
7,00
4,50
3,00
1,50
0

32 m
53 m
96 m

Die Deiche bestanden früher völlig aus Klei (verfestigter Schlick). Heute haben sie einen Sandkern. Darüber liegt eine dünne Kleischicht mit Grasbewuchs.

1250HX_2

M6 Deiche früher und heute

Fachbegriffe
- die Warft
- der Deich

M1 Am Strand von Norderney

Die Nordseeküste ist ein beliebtes Urlaubsziel. Warum reisen die Menschen an die Nordsee? Was unternehmen sie dort? Was muss bei einem Urlaub an der Nordseeküste beachtet werden?

1. Beschreibe das Besondere an einem Urlaub an der Nordseeküste (Text, M1, M2). 85

2. Erläutere die Bedeutung des Tourismus für die einheimische Bevölkerung (Text).

3. Erläutere die Einteilung des Nationalparks in einzelne Zonen (M3). 185

4. Beschreibe den Lebensraum des Niedersächsischen Wattenmeeres (M5). 85

5. Begründe, warum Regeln für eine Wattwanderung unbedingt eingehalten werden müssen (Info, M8).

6. Erläutere die Aussage: „Der Schutz des Wattenmeeres bedeutet den Erhalt hoher Touristenzahlen."

Küstenschutz

Jeden Sommer reisen viele Menschen an die Nordseeküste. Hier entspannen sie bei einem Badeurlaub oder sie unternehmen Wanderungen und Fahrten ins **Watt**.
Die großen Dünen auf den Ostfriesischen Inseln sind ebenfalls interessante Ausflugsziele.
Für die Versorgung der Urlauber werden neben Übernachtungsmöglichkeiten in Hotels, Pensionen oder auf Campingplätzen auch Restaurants und Freizeiteinrichtungen benötigt. So ist der Tourismus für die einheimische Bevölkerung eine wichtige Einnahmequelle.

„Dies ist wohl der bekannteste Wattbewohner, jedoch werden wir heute noch viel mehr entdecken!"

„Auch Seehunde haben wir weit am Horizont auf einer Sandbank gesehen. So, jetzt lass uns aber umkehren, die Flut kommt bald."

„Der bei Ebbe freigelegte schlammige Meeresboden ist Lebensraum für eine Vielzahl von Lebewesen wie Muscheln, Schnecken oder Krabben. War doch toll, unsere Wattwanderung! Vorbei an den Wasserläufen, über die das Wasser bei Ebbe und Flut zu- und abläuft."

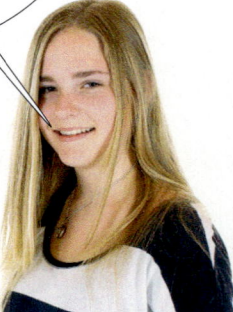

M2 Leon und Nele berichten von einer Wattwanderung.

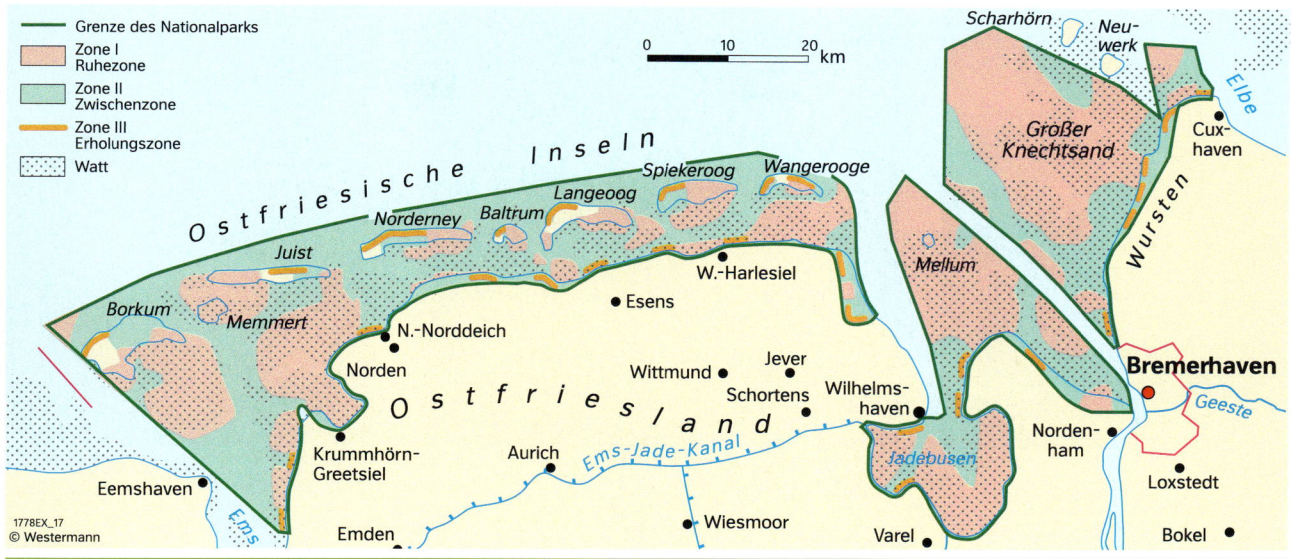

Legende:
- Grenze des Nationalparks
- Zone I Ruhezone
- Zone II Zwischenzone
- Zone III Erholungszone
- Watt

0 10 20 km

Ostfriesische Inseln

Scharhörn · Neuwerk · Elbe · Cuxhaven · Großer Knechtsand · Wursten · Mellum · Bremerhaven · Geeste · Norden-ham · Loxstedt · Bokel

Spiekeroog · Wangerooge · Langeoog · Baltrum · Norderney · Juist · Borkum · Memmert · W.-Harlesiel · Esens · N.-Norddeich · Norden · Wittmund · Jever · Schortens · Wilhelms-haven

Ostfriesland

Krummhörn-Greetsiel · Aurich · Ems-Jade-Kanal · Jadebusen · Eemshaven · Ems · Emden · Wiesmoor · Varel

1778EX_17
© Westermann

M3 Nationalpark Niedersächsisches Wattenmeer

Zone 1: Die am strengsten geschützte Ruhezone darf ganzjährig nur in wenigen Bereichen betreten werden. Auch Boote dürfen hier nicht fahren. Zu der Ruhezone gehören beispielsweise Seehund-Bänke und Brutgebiete der Vögel.

Zone 2: Die Zwischenzone darf mit Ausnahme von Vogelschutz-gebieten auf ausgewiesenen Wegen ganzjährig betreten werden. Wattwandern und Bootfahren sind hier erlaubt.

Zone 3: Die Erholungszone dient überwiegend den Menschen zur Erholung. Hier liegen Hotels, Ferienwohnungen, Badestrände und Freizeiteinrichtungen.

M4 Schutzzonen im Niedersächsischen Wattenmeer – im Nationalpark Niedersächsisches Wattenmeer wird die Natur streng geschützt.

1. Gehe nie ohne einen Tide-kalender ins Watt. Beginne deine Wanderung bei ablau-fendem Wasser.
2. Bleibe in Sichtweite der Küste.
3. Unternimm eine größere Wan-derung nur mit einer Wattfüh-rerin oder einem Wattführer.
4. Gehe bei Wetteränderungen und Nebel sofort zurück.

M8 Verhaltensregeln

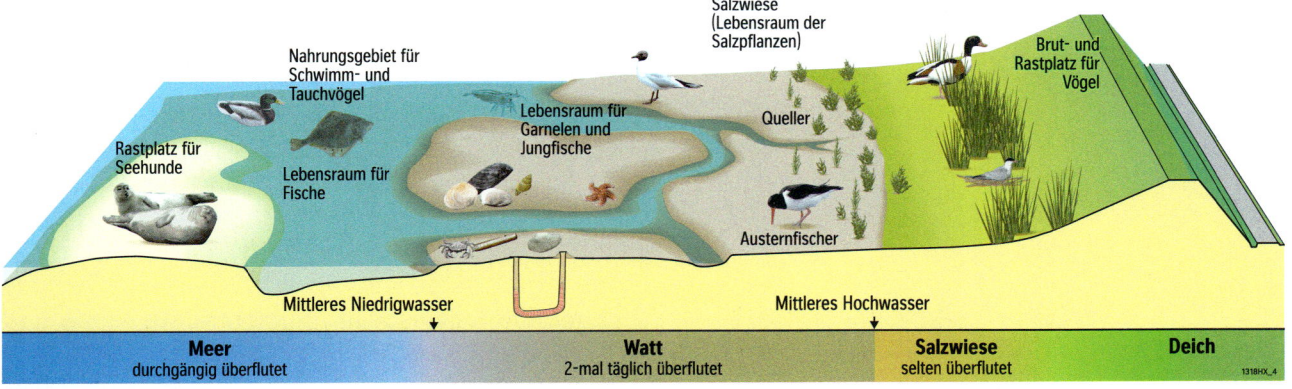

Nahrungsgebiet für Schwimm- und Tauchvögel · Salzwiese (Lebensraum der Salzpflanzen) · Brut- und Rastplatz für Vögel · Rastplatz für Seehunde · Lebensraum für Garnelen und Jungfische · Queller · Lebensraum für Fische · Austernfischer

Mittleres Niedrigwasser · Mittleres Hochwasser

Meer durchgängig überflutet · **Watt** 2-mal täglich überflutet · **Salzwiese** selten überflutet · **Deich**

1318HX_4

M5 Lebensraum Watt

M6 Promenade am Strand von Borkum

M7 Kitesurfer vor der Insel Juist

Fachbegriff
- das Watt

M1 Obstanbau

M3 Weizenanbau

M4 Schweinezucht

Die Landwirtschaft in Niedersachsen ist vielfältig. In den einzelnen Regionen gibt es unterschiedliche natürliche Voraussetzungen.
Wo werden welche Nutzpflanzen angebaut? Wo wird überwiegend Viehwirtschaft betrieben?

1. Nenne die Bedeutung der Farben und Signaturen in der Karte M6. **185**

2. Beschreibe die landwirtschaftliche Nutzung in Niedersachsen (Text, M6). **185** **85**

3. Berichte, wie deine Heimatregion landwirtschaftlich vorwiegend genutzt wird (Text, M2).

4. Erkläre, warum die Börden wertvoll für die Landwirtschaft sind (Text, M3).

5. Begründe mithilfe von M6, in welchen Regionen die Fotos M1, M4 und M5 aufgenommen sein könnten.

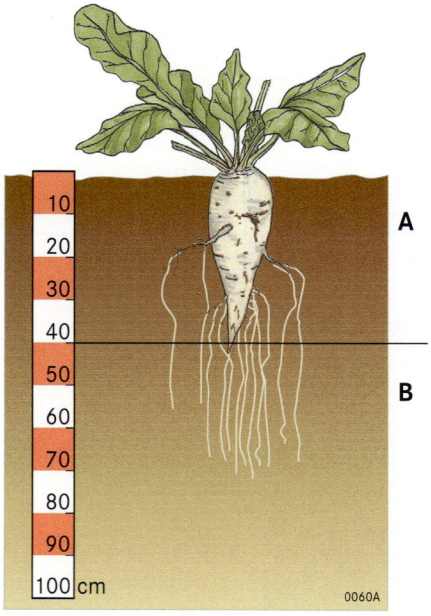

M2 Aufbau des Lössbodens

Der Naturraum als Grundlage

Die landwirtschaftliche Nutzung in einem Gebiet hängt von den natürlichen Voraussetzungen ab, zum Beispiel von Boden, Temperatur und Niederschlag. Darum wird nicht in jeder Region Niedersachsens Getreide angebaut und nicht überall Viehwirtschaft betrieben.

Beste Bedingungen für den Ackerbau bieten die ertragreichen **Löss**böden der **Börden** (M3). In diesen Landschaften sind die fruchtbarsten Böden Deutschlands zu finden. Die Landwirte bauen hier vor allem Getreide, Zuckerrüben, Obst und Gemüse an.

Im nordöstlichen Teil von Niedersachsen sind die Böden weniger ertragreich. Trotzdem eignen sie sich für den Ackerbau.

Im westlichen Teil des Landes sind die Böden überwiegend sandig. Sie können Wasser nicht gut speichern und sind relativ nährstoffarm. Deshalb gibt es hier weniger Ackerflächen und stattdessen ist Grünland weit verbreitet. Die Wiesen werden oft für die Rinderhaltung genutzt. Aber auch die Schweine- und Hühnermast in großen Stallanlagen wird hier betrieben.

Entlang der Elbe wird häufig Obst- und Gemüse angebaut. Das liegt am milden Küstenklima und den nährstoffreichen Marschböden.

Südlich der Börden ist die Landschaft überwiegend bergig. Auf den teils steilen Hängen ist Ackerbau kaum möglich. Daher findet man hier vor allem Waldflächen.

Oberboden (A):
Auf dem Löss bildete sich ein feinkörniger, lockerer, dunkel gefärbter Oberboden, der gut Wasser speichern kann und besonders fruchtbar ist.

Unterboden (B):
Löss: gelblicher Gesteinsstaub, der am Ende der letzten Kaltzeit am Nordrand der Mittelgebirge vom Wind abgelagert wurde.

M5 Zuckerrübenanbau

M7 Gemüseanbau

M8 Rinderhaltung

Bodennutzung

- Ackerbau auf hochwertigen Böden
- vorwiegend Ackerbau
- Grünland (Wiesen, Weiden)
- Wald
- Heide
- Moor
- Dünen / Sandbank
- Watt

Nutzpflanzen

- Obst
- Gemüse
- Zuckerrüben

Viehwirtschaft

- Rinder
- Schweine
- Hühner

0 10 20 30 km

1335HX_2

Fachbegriffe

- der Löss
- die Börde

M6 Landwirtschaftliche Nutzung in Niedersachsen

M1 Zuckerrübenernte mit dem Rübenvollernter

M3 Mähdrescher bei der Weizenernte

In Niedersachsen wird in vielen Regionen Ackerbau betrieben. Besonders die Börden sind für den Anbau von Feldfrüchten sehr gut geeignet. Wie wirtschaften die Landwirte hier?

1. a) Gib für die Produkte in M2 den jeweiligen Zuckergehalt in Stück Würfelzucker an.
b) Zähle alle Würfelzuckerstücke in M2 zusammen. Du erhältst dann die Zuckermenge, die durchschnittlich aus einer Zuckerrübe gewonnen werden kann.

2. Beschreibe die Lage der Hildesheimer Börde mithilfe der Karte M6 auf Seite 67. **185**▸

3. Beschreibe, warum sich die Börden für den Anbau von Zuckerrüben und Weizen besonders gut eignen (Text, M1, M3).

W **4.** a) Die Bodenfruchtbarkeit erhält man durch verschiedene Maßnahmen. Wähle aus:
A Erläutere die Bodenbearbeitung (Text).
B Erläutere die Düngung (Text).
C Erläutere den Fruchtwechsel (M4 und M6).
85▸
b) Tauscht euch über eure Ergebnisse aus.

5. a) Bringe die Texte Ⓐ bis Ⓔ zur Zuckerproduktion in die richtige Reihenfolge (M5).
b) Ordne den Verarbeitungsschritten das richtige Foto ① bis ⑤ zu (M5).

Fruchtbare Böden in den Börden

Die Börden sind bekannte Anbaugebiete für Zuckerrüben und Getreide wie Weizen oder Gerste. Diese Feldfrüchte benötigen für ihr Wachstum fruchtbare Böden und ausreichend Wasser. Die Lössböden in den Börden sind besonders nährstoffreich. Außerdem können sie Wasser gut speichern. Für das Wachstum der Zuckerrüben und des Getreides bieten die Börden von daher sehr gute Vorraussetzungen.

Um die Fruchtbarkeit der Böden langfristig zu erhalten, bearbeiten die Landwirte den Boden. Im Herbst nach der Ernte wird der Boden gepflügt. Dabei wird der Boden umgewendet und aufgelockert. Im Winter kann der Boden so gut Wasser aufnehmen und der Frost zerkleinert ihn weiter.

Durch Düngung erhalten die Landwirte die Fruchtbarkeit des Bodens. Der häufig verwendete Mineraldünger wird künstlich hergestellt. Er muss sparsam eingesetzt werden, damit das Grundwasser nicht belastet wird.

Auch durch Gründüngung wird die Bodenfruchtbarkeit erhalten. Man baut Pflanzen wie Luzerne und Kleegras an. Diese werden untergepflügt und bringen so Nährstoffe in den Boden zurück. Eine weitere Maßnahme ist der **Fruchtwechsel** (M4, M6). Dabei bauen Landwirte unterschiedliche Feldfrüchte im Wechsel an.

M2 Zuckergehalt verschiedener Produkte

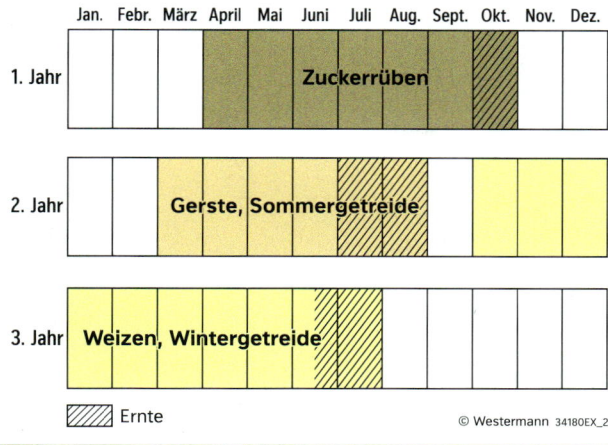

M4 | Fruchtwechsel auf einem Feld innerhalb von drei Jahren

Wenn immer die gleiche Feldfrucht angebaut würde, dann würden dem Boden auch immer die gleichen Nährstoffe entzogen. Deshalb wechseln Landwirte jährlich die Anbaufrucht: Sie betreiben Fruchtwechsel, um die Bodenfruchtbarkeit zu erhalten (siehe M4). Dabei gibt es verschiedene Fruchtfolgen, die an einem Standort sinnvoll sein können.

M6 | Erhalt des nährstoffreichen Bodens durch Fruchtwechsel

A
Ein Teil des Zuckers wird für den Verkauf in Supermärkten verpackt. Den Großteil erhalten Betriebe, die Süßwaren oder Getränke herstellen.

B
Während der „Zuckerkampagne" werden die Zuckerrüben mit Lkws angeliefert. Förderbänder transportieren sie zur Waschanlage.

D
Nach der Reinigung werden die Rüben in schmale Schnitzel zerkleinert. Durch Kochen und Pressen der Rübenschnitzel entsteht Zuckerwasser. Die ausgepressten Rübenschnitzel werden auf den Bauernhöfen als Viehfutter verwendet.

C
Anschließend wird das Zuckerwasser gereinigt und in großen Behältern erhitzt. Das Wasser verdampft dabei, sodass zähflüssiger Zuckersirup entsteht.

E
Durch Schleudern werden die Zuckeranteile von dem Sirup getrennt und anschließend getrocknet. In weiteren Verarbeitungsschritten entstehen verschiedene Zuckersorten.

Fachbegriff
- der Fruchtwechsel

M5 | Zuckerproduktion

„Seit der Spezialisierung auf Milchkühe hat sich bei uns viel verändert. Schweine und Hühner haben wir abgeschafft. Wir halten heute etwa 140 Milchkühe in einem modernen Boxenlaufstall. Außerdem haben wir Land dazu gemietet, damit wir für die vielen Tiere genügend Mais als Futter anbauen können. Auf unserem Hof ist heute fast alles auf die Milchproduktion ausgerichtet. Viele Spezialmaschinen erleichtern uns die Arbeit. Wir können so als Ehepaar unsere Tiere versorgen. Das wäre früher nicht möglich gewesen. Hier bei uns im Ammerland ist auch der Verkauf der Milch gut geregelt. Zweimal in der Woche kommt ein Kühltankwagen, der 25 000 Liter fasst. Er holt die Milch ab und transportiert sie zur Molkerei."

M1 Landwirt Flemming aus Westerstede berichtet.

M3 Früher waren die Kühe im Stall festgebunden und wurden von Hand gefüttert.

Wirtschaften früher und heute

In den letzten Jahrzehnten hat sich die Landwirtschaft in Deutschland sehr gewandelt. Die Zahlen der Betriebe und der Arbeitskräfte gingen zurück. Die Mengen der erzeugten Produkte sind hingegen stark gestiegen. Das liegt daran, dass die verbliebenen Betriebe größer und leistungsfähiger geworden sind. Immer weniger Betriebe bewirtschaften immer größere Flächen. Trotzdem sind die meisten Betriebe Familienbetriebe geblieben.

Heute wird in der Landwirtschaft viel Technik eingesetzt. So werden zum Beispiel Kühe in Boxenlaufställen gehalten, die von Computern gesteuert werden. Durch den Einsatz der Technik wird die Arbeit erleichtert und es werden höhere Erträge erzielt.

Viele Bauern haben sich spezialisiert: Sie halten zum Beispiel oft nur Vieh oder betreiben nur Ackerbau. Dafür schaffen sie teure Spezialmaschinen an. Durch die **Spezialisierung** können sie große Viehbestände halten oder große Ackerflächen bewirtschaften.

Früher sah man oft Kühe auf der Weide grasen. Das sieht man heute eher selten. Meistens leben die Kühe in Boxenlaufställen. Die Landwirtschaft hat sich gewandelt. Ein Landwirt kann heute zum Beispiel 150 Menschen ernähren. Vor 40 Jahren waren es nur 45.
Was hat sich auf den Höfen alles geändert?

W **1.** Wähle aus:
　　A Beschreibe die Veränderungen in der Landwirtschaft mithilfe des Textes.
　　B Vergleiche die Angaben in M7 früher und heute. Fasse die Unterschiede zusammen.

2. Der Einsatz von Spezialmaschinen und die Spezialisierung sind Kennzeichen der modernen Landwirtschaft. Erläutere genauer (Text, M1–M7). `187` `85`

3. Ein Landwirt kann heute viel mehr Menschen als früher ernähren. Begründe (Text, M1, M4).

Z **4.** In M7 wird als Zuerwerb des Hofes Flemming der Stromverkauf genannt. Erläutere mithilfe der Informationen auf den Seiten 78/79.

M2 Büroarbeit ist ein wichtiger Teil der Landwirtschaft.

	1975	2021
Betriebe insgesamt	1 700 000	263 000
Betriebsgröße in ha	16	63
Arbeitskräfte (ohne Saisonarbeitskräfte)	5 700 000	660 000
Milchkühe pro Hof	19	68
Betriebe mit Stromerzeugung (Fotovoltaik, Windkraft, Biogas)	0	100 000 (2018)

© Westermann 34002EX_5

M4 Entwicklung der Landwirtschaft in Deutschland

M5 Der Boxenlaufstall von Bauer Flemming in Westerstede misst 76 x 34 Meter (ca. 40 Klassenräume) und bietet Platz für 140 Milchkühe, zwei Melkroboterboxen und ein Büro mit Computersteuerungsanlage.

Im Boxenlaufstall können die Kühe frei herumlaufen. In einzelnen Boxen ruhen sich die Kühe aus. Täglich gehen die Kühe selbstständig in die Melkroboterboxen. Hier wird das Euter zunächst gewaschen. Auch das Melken erfolgt vollautomatisch. Menschen werden nicht benötigt. Die Kühe gehen hauptsächlich wegen des dort angebotenen leckeren Kraftfutters in die Melkroboterboxen.

Halsband mit Computer

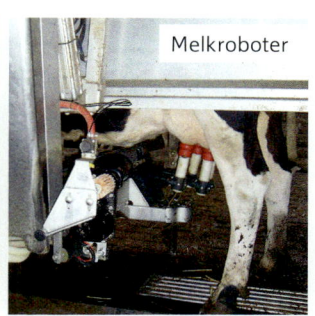
Melkroboter

M6 Moderne Technik im Boxenlaufstall

	früher (um 1975)	heute (2021)
Fläche	20 Hektar	70 Hektar
Vieh	30 Kühe, 20 Bullen, 70 Schweine, 80 Hühner, 20 Enten	150 Milchkühe, 110 Jungrinder, 30 Kälber, 1 Zuchtbulle
Nutzung	Grünland, Weizen, Kartoffeln, Gerste, Rüben	Grünland, Mais
Maschinen/ Geräte	2 kleine Schlepper, Egge, Sämaschine, Pflug, Miststreuer, Mähdrescher	3 Schlepper, Melkroboter, Futterroboter, Spaltenroboter, Düngerstreuer, Güllefass mit Schleppschläuchen, Mais-Sämaschine
Arbeitskräfte	Bauer, Bäuerin, Großeltern, Kinder, Knecht	Großvater, Bauer, Bäuerin (Beruf Erzieherin), 3-5 Erntehelfer
Absatz- produkte	Milch, Kartoffeln, Eier, Fleisch	Milch, Nebenprodukt: Rindfleisch
Zuerwerb		Stromverkauf, Hofladen

©Westermann 33995EX_4

M7 Wie sich die Landwirtschaft auf dem Hof Flemming geändert hat.

Milchkuh (Durchschnittswerte)

- 8 500 Liter Milch pro Jahr (1975: 4 900 Liter)
- 23 Liter Milch pro Tag oder 3 Pakete Butter
- Lebensalter: 6 Jahre und 3 Kälber

Fachbegriff

■ die Spezialisierung

Obst aus dem Alten Land

M1 Kirschblüte im Alten Land

M2 Obsthof im Alten Land

Das Alte Land gilt als größtes zusammenhängendes Obstanbaugebiet Deutschlands.
Warum wachsen Äpfel und Kirschen hier so gut?
Wie wirtschaften die Menschen auf den Obsthöfen?

1. Erläutere, warum das Alte Land für den Obstanbau geeignet ist (Text).

2. Erkläre, warum sich viele Obstbauern in Erzeugergemeinschaften oder Genossenschaften zusammenschließen (Text, M5).

3. Begründe, warum die Apfelbäume in den Plantagen nur etwa zwei Meter hoch sind (M2).

4. a) Beschreibe die verschiedenen Wege der Äpfel vom Obstbauern zum Verbraucher (M5).
   b) Beim Verkauf wird unterschieden in Frisch-, Export- und Industrieobst. Erkläre diese Begriffe (M5). 85 (4a+4b)

5. a) Nenne die Produkte in M3.
   b) Welche weiteren Produkte kennst du, die in der Industrie aus Obst hergestellt werden?

6. Stelle die Zahlen für 2007, 2013, 2014 und 2020 als Säulendiagramm dar (M9). 183

Z 7. Beschreibe den Tourismus im Alten Land (M6, M8).

Wirtschaften auf den Obsthöfen

Die nährstoffreichen Böden und das milde Klima im Alten Land begünstigen dort den Anbau von Äpfeln, Süß- und Sauerkirschen. Die Obstblüte beginnt im April. Dann kommen viele Touristen ins Alte Land, um den prachtvollen Anblick der blühenden Obstbäume zu genießen.
Wenn die Blüten im Frühjahr nicht durch Nachtfröste beschädigt werden, ist eine gute Ernte möglich. Ein Großteil der Ernte wird an die vielen Einwohner der nahe gelegenen Stadt Hamburg verkauft. Auch in anderen Regionen Deutschlands und Europas ist das Obst aus dem Alten Land zu kaufen. Außerdem beziehen Betriebe der obstverarbeitenden Industrie große Mengen der Ernte.
Um ihr Obst besser verkaufen zu können, haben sich viele Bauern zu Erzeugergemeinschaften oder **Genossenschaften** zusammengeschlossen. Der Verkauf der Waren kann so zentral organisiert werden. Dadurch erhalten die Bauern die Sicherheit, dass ihre Waren einen Käufer finden. Darüber hinaus kann alles, was für den Obstanbau benötigt wird, kostengünstig über die Genossenschaft in großen Mengen eingekauft werden. Hierzu zählen beispielsweise Dünge- und Spritzmittel.

INFO

Sonderkulturen

Sonderkulturen sind landwirtschaftlich angebaute Nutzpflanzen, die mit hohem Aufwand an Arbeit, Sorgfalt und Geld meistens auf kleinen Flächen angebaut werden. Sie wachsen nur unter besonderen Bedingungen an bestimmten Standorten. Zu den Sonderkulturen gehören neben dem Obstanbau beispielsweise auch der Wein-, Hopfen-, Tabak- und Gemüseanbau.

M3 Industriell verarbeitetes Obst

M4 Ernte auf einer Apfelplantage

M7 In Kühlhäusern gelagert, kann das Obst auch im Winter verkauft werden.

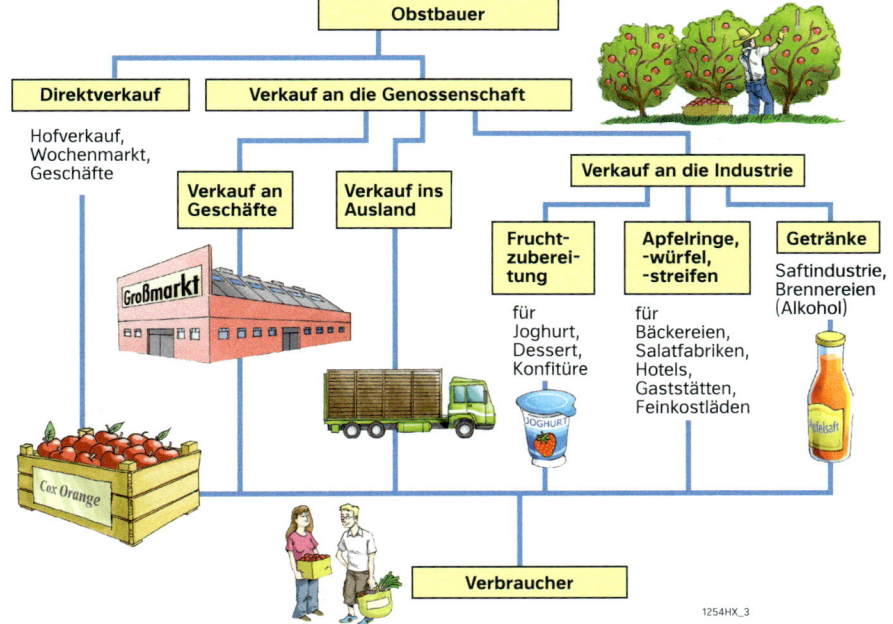

M5 Obst – vom Bauern zum Verbraucher

Jahr	Ertrag in Tonnen
2007	338 000
2008	286 000
2009	335 200
2010	260 000
2011	280 000
2012	282 200
2013	182 000
2014	374 000
2015	310 000
2016	334 000
2017	240 000
2018	302 000
2019	294 700
2020	306 000

M9 Apfelproduktion im Alten Land

„Das Alte Land ist durch den Obstbau bei Touristen sehr beliebt. Jedes Jahr im Mai kommen zum Blütenfest viele Touristen in unsere Region. Dann wird auch die Blütenkönigin gekürt. Von August bis Oktober finden die Altländer Apfeltage statt. Viele Höfe öffnen dann ihre Türen. Bei Führungen kann man sich über den Apfelanbau informieren. Auch bei Fahrradtouristen ist das Alte Land beliebt. Die Obstfahrradroute führt Fahrradfahrer an vielen schönen Orten vorbei. Viele Menschen im Alten Land verdienen ihr Geld durch den Tourismus. Sie sind in den Restaurants oder in den Beherbergungsbetrieben tätig. Für Obstbauern ist der Tourismus ein wichtiger Nebenverdienst."

M6 Interview zum Tourismus im Alten Land

M8 Festzug zum Blütenfest in Jork

Fachbegriff
- die Genossenschaft

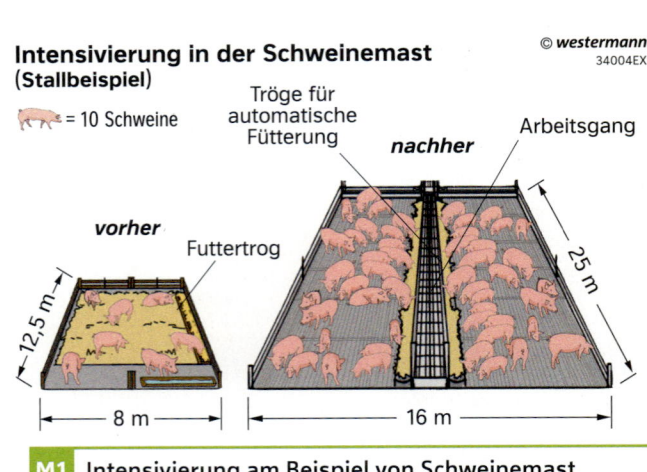

Intensivierung in der Schweinemast
(Stallbeispiel)

© *westermann*
34004EX

= 10 Schweine

Tröge für
automatische
Fütterung

nachher

Arbeitsgang

25 m

vorher

Futtertrog

12,5 m

8 m

16 m

M1 Intensivierung am Beispiel von Schweinemast

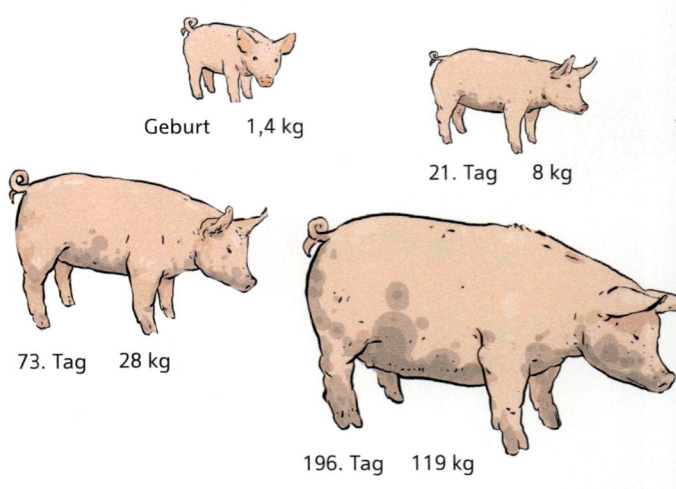

Geburt 1,4 kg

21. Tag 8 kg

73. Tag 28 kg

196. Tag 119 kg

M2 Entwicklung des Gewichts eines Schweins in der Schweinemast

33948EX_17

H.

Oldenburg

B.

Elbe

Rhein

Donau

M.

0 100 km

Ob als Schnitzel, Salami oder Leberwurst – im Supermarkt kann man viele Produkte aus Schweinefleisch kaufen.
Doch wo kommen die großen Mengen an Schweinefleisch her? Warum sind die Fleisch- und Wurstwaren so preiswert?

1. Das Gewicht von Schweinen in Mastbetrieben nimmt schnell zu. Notiere die Gewichtsveränderung (M2) in einer Tabelle. 182 85

W **2.** Wähle aus:
A Beschreibe, wie die Schweine in der Massentierhaltung leben (Text).
B Erkläre die Bezeichnung „Intensivierung in der Schweinemast" (M1).

3. Bis Schnitzel oder Wurst im Supermarkt angeboten werden können, sind viele Schritte notwendig. Beschreibe den Weg vom Ferkel zum Verbraucher (M3).

4. Schreibe eine Zeitungsnachricht mit der Überschrift: „Auswirkungen der Massentierhaltung" (M5, M6). Beachte die Hinweise auf dem hinteren Buchdeckel. 85

Z **5.** Die Betriebe mit Massentierhaltung werden von Tierschützern als „Tierfabriken" bezeichnet. Erkläre diesen Begriff.

Schweinefleisch aus Mastbetrieben

In Fachgeschäften und Supermärkten findet man eine Fülle von Fleisch- und Wurstwaren. Im Durchschnitt isst jede Person in Deutschland 39 Kilogramm Schweinefleisch im Jahr. Damit ist Schweinefleisch die beliebteste Fleischsorte.

Die großen Mengen an Schweinefleisch werden überwiegend in Schweinemastbetrieben produziert. In den Ställen steuern Computer die Fütterungsanlagen. Die Schweine haben deshalb einen Chip im Ohr. Dieser sorgt dafür, dass die Fütterungsanlage jedes Schwein erkennt. Die Tiere bekommen so die richtige Futtermenge ausgeschüttet. Die Schweine nehmen dadurch schnell an Gewicht zu (siehe M2). Die Betonböden in den Ställen haben Spalten. Durch diese kann die **Gülle** (Kot und Urin) direkt in die Güllebehälter fallen.

Im westlichen Niedersachsen, südlich der Stadt Oldenburg, gibt es sehr viele Mastbetriebe. Dort sind teilweise über 50 000 Schweine in Großställen untergebracht. Wenn eine große Zahl von Nutztieren auf engem Raum gehalten wird, spricht man von **Massentierhaltung**. Durch Massentierhaltung wird Fleisch schnell und günstig produziert. Deshalb können Verbraucher Fleisch- und Wurstwaren preiswert einkaufen.

In der Landwirtschaft werden immer mehr Hilfsmittel eingesetzt: zum Beispiel Maschinen, Computer und Dünger. Damit erzeugt die Landwirtschaft immer mehr Nahrungsmittel. Das nennt man **Intensivierung** der Landwirtschaft.

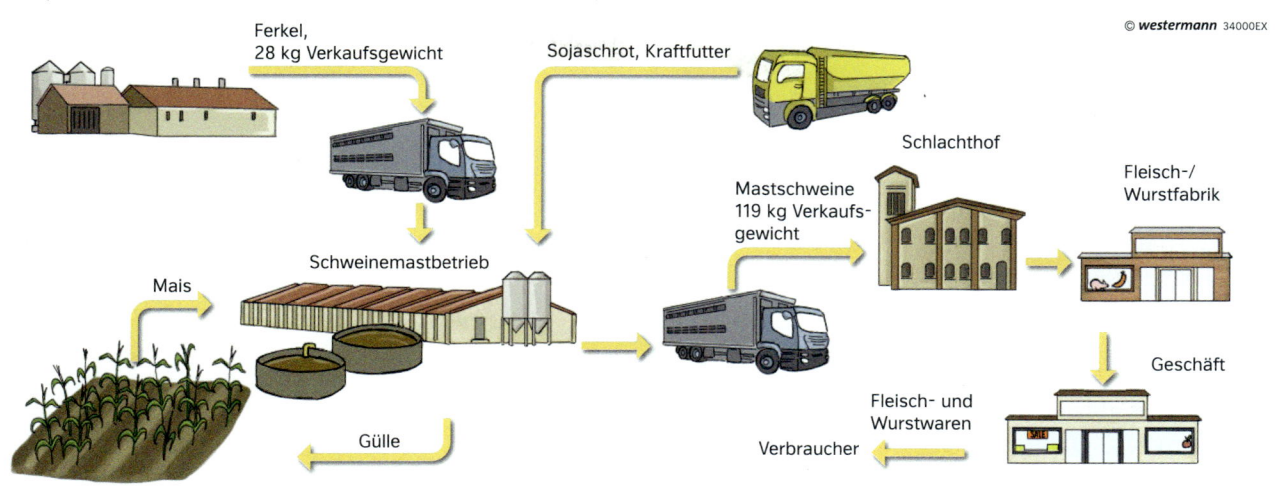

M3 Auf dem Weg vom Ferkel zum Verbaucher hängen viele Betriebe voneinander ab.

M4 Computergesteuerte Fütterung in einem Stall

Die Massentierhaltung bringt Probleme mit sich. Durch die intensive Tierhaltung auf engem Raum können sich Krankheiten schnell ausbreiten. Aus diesem Grund behandelt man Schweine vorbeugend mit Medikamenten. Gülle fällt in Mastbetrieben in großen Mengen an. Die Landwirte nutzen die Gülle als Dünger beim Anbau von Nutzpflanzen. Da die Pflanzen im Winter keine Nährstoffe aufnehmen können, darf von November bis Ende Januar keine Gülle auf die Felder gebracht werden. Zu viel Gülle auf den Feldern kann das Trinkwasser verunreinigen und die Gewässer überdüngen.

M6 Auswirkungen der Massentierhaltung

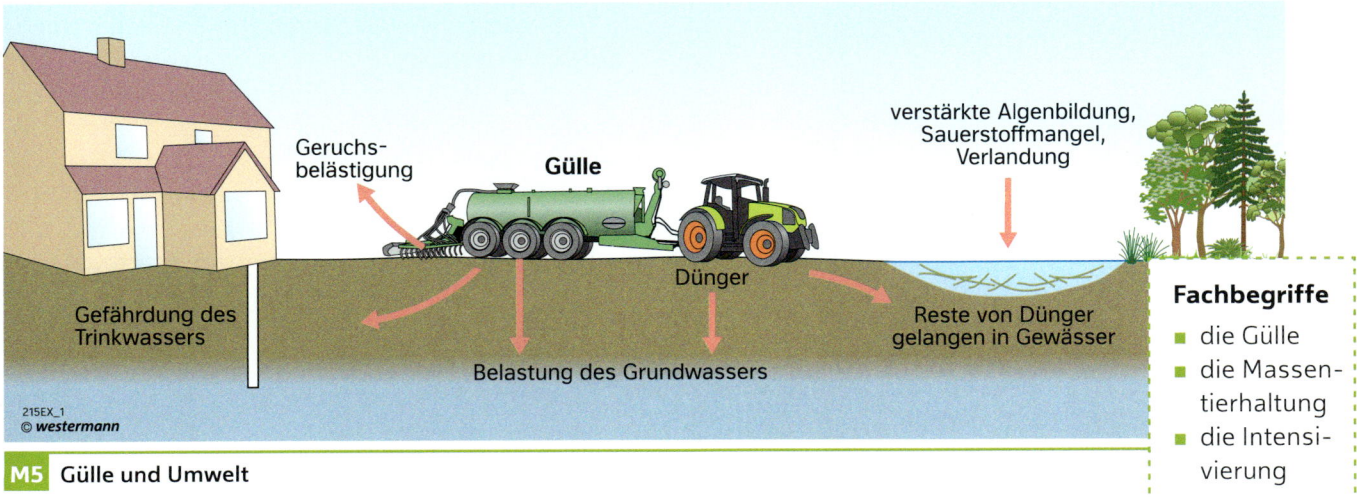

Fachbegriffe
- die Gülle
- die Massentierhaltung
- die Intensivierung

M5 Gülle und Umwelt

Ökologische Landwirtschaft – eine Alternative?

M1 In einem Hofladen

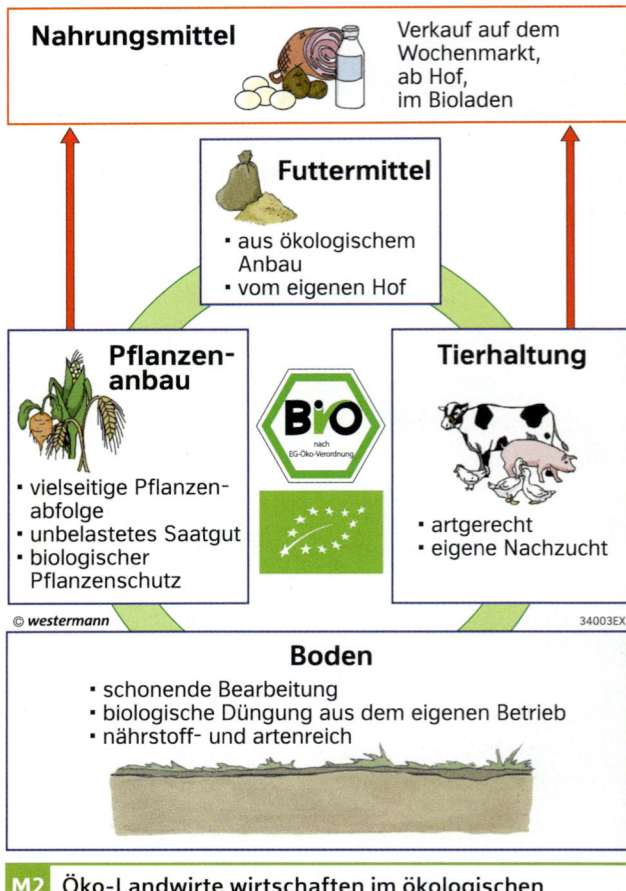

M2 Öko-Landwirte wirtschaften im ökologischen Kreislauf.

Viele Menschen kaufen Produkte aus ökologischem Anbau. Man kann diese auf den Höfen direkt, auf dem Wochenmarkt und auch in Supermärkten kaufen.
Was ist die ökologische Landwirtschaft?

1. Was weißt du bereits über die ökologische Landwirtschaft? Sprecht in der Klasse darüber.

2. Erkläre den Kreislauf der ökologischen Landwirtschaft in einem Text (M2). **85**

W 3. Öko-Landwirte arbeiten anders als Landwirte in der herkömmlichen Landwirtschaft.
Wähle aus:
A Nenne Merkmale des Ackerbaus und der Tierhaltung der Öko-Landwirte in einer Tabelle (Text, M3). **182** **85**
B Schreibe eine Zeitungsnachricht zum Ackerbau und zur Tierhaltung in der ökologischen Landwirtschaft (Text, M2, M3, M5). Beachte die Hinweise auf dem hinteren Buchdeckel. **85**

4. Preise für Bioprodukte sind höher als für Produkte aus herkömmlicher Herstellung. Warum ist das so (Text, M6)?

5. Direktverkauf oder Vermarktung über den Großhandel? Erläutere die Unterschiede (Text, M1, M4).

Z 6. Befrage deine Eltern, ob sie Produkte aus ökologischem Anbau kaufen. Frage nach den Gründen. Berichte der Klasse.

„Wo Bio draufsteht, muss auch Bio drin sein!"

Wenn wir Bioprodukte kaufen, sind das Lebensmittel aus der **ökologischen Landwirtschaft**. Im Jahr 2020 waren etwas mehr als 35 000 Landwirtschaftsbetriebe in Deutschland auf eine ökologische Wirtschaftsweise spezialisiert. Das entspricht etwa 13,5 Prozent aller landwirtschaftlichen Betriebe in Deutschland.

Betriebe mit Viehwirtschaft achten auf eine **artgerechte Tierhaltung**. Die Tiere müssen entsprechend ihren Bedürfnissen gehalten werden.

Beim Ackerbau bearbeiten Öko-Landwirte den Boden schonend, sodass die Umwelt wenig belastet wird. Öko-Landwirtschaft ist eine **nachhaltige Nutzung**.

Nur bei ökologischer Wirtschaftsweise dürfen die Produkte das sechseckige Bio-Logo tragen (siehe M2 Mitte).

In der Öko-Landwirtschaft ist der Arbeitsaufwand sehr groß. Es werden geringere Mengen produziert. Deshalb sind Bioprodukte teurer als andere.

Häufig vertreiben diese Betriebe ihre Produkte im **Direktverkauf** in Hofläden oder auf Wochenmärkten in der Nähe. Dadurch sind die Transportwege der Waren kurz.

„Frau König, Sie sind Öko-Landwirtin auf dem Lindenhof. Könnten Sie uns beschreiben, wie Sie wirtschaften?"

„Wir verwenden beim Ackerbau keinen künstlichen Dünger, sondern nur die Gülle von unseren Tieren. In der Fruchtfolge ist eine Gründüngung aus Klee enthalten. So bleibt der Boden nährstoffreich. Die Ackerfrüchte werden in einer bestimmten Reihenfolge angebaut, um Schädlinge abzuhalten. Das Unkraut bekämpfen wir ohne chemische Mittel. Wir flammen es mit großen Gasbrennern ab. Außerdem haben wir eine artgerechte Tierhaltung. Unsere Schweine haben mehr Platz als in den Betrieben der herkömmlichen Landwirtschaft. In der ökologischen Landwirtschaft ist es verboten, die Tiere nur im Stall zu halten. In den Sommermonaten verbringen die Schweine viel Zeit draußen. Sie wühlen im Sand und Schlamm. Die frische Luft und die Sonne fördern ihre Gesundheit. Die meisten Futtermittel, wie Getreide und Kartoffeln, erzeugen wir selbst auf unseren Feldern. Das zugekaufte Futter stammt aus ökologischem Anbau."

M3 Ein Interview mit Landwirtin König

Produkte aus ökologischer Herstellung sind in den letzten Jahren beliebter geworden. Deshalb bieten auch Supermärkte Öko-Waren an. Manche Restaurants verwenden nur noch Fleisch und Gemüse aus ökologischer Produktion.
Supermärkte und Restaurants kaufen die Öko-Waren meistens nicht direkt auf den Höfen. Sie kaufen sie im ökologischen **Großhandel** ein. Der Großhandel kauft von vielen Bauernhöfen die Waren auf. Großkunden wie Supermärkte oder Restaurants können vom Öko-Großhandel dann die Waren einkaufen.

M4 Öko-Produkte – nicht nur im Hofladen

Eine Stalleinheit besteht aus zwei über den Kotgang miteinander verbundenen Doppelbuchten und einem gemeinsamen Wühlareal.

 1 Futtergang, bietet Einblick in den Stall
 2 Nestareal
 3 Wühlareal
 4 Kotgang
 5 Scheuerbaum
 6 Strohraufe
 7 Tränke
 8 Fressstände mit Sichtblende
 9 Stroh
10 Rinde zum Wühlen
11 Scheuerbalken
12 Ferkelunterschlupf mit Wärmelampe
13 Weg nach draußen

A20073_5

M5 Artgerechter Schweinestall in der Öko-Landwirtschaft

Preise (in € je kg)	Supermarkt	Bioladen
Äpfel	2,49	3,99
Bananen	1,79	2,79
Rinderhackfleisch	7,99	10,99
Milch	0,70	1,09
10 Eier	2,29	4,99

M6 Preise für Waren aus herkömmlicher Landwirtschaft und für Bioprodukte im Vergleich (2020)

Fachbegriffe
- die ökologische Landwirtschaft
- die artgerechte Tierhaltung
- die nachhaltige Nutzung
- der Direktverkauf
- der Großhandel

„Welche Maschinen kommen auf dem Hof zum Einsatz?"

„Wie viele Personen arbeiten auf dem Hof?"

„Wie funktioniert die Biogasherstellung?"

„Gibt es eine Zusammenarbeit mit anderen Landwirten?"

„Welche Tiere gibt es auf dem Hof? Wie werden sie gehalten?"

M1 Mögliche Fragen an die Bäuerin oder an den Bauern

Überall in Niedersachsen gibt es Bauernhöfe, sicherlich auch in eurer Umgebung. Eine Hoferkundung ist interessant. Hier sieht man einen Betrieb einmal aus der Nähe. Bevor es losgeht, solltet ihr euch Fragen überlegen. Diese stellt ihr dann vor Ort der Bäuerin oder dem Bauern.

1. Vorbereitung
   • Sucht nach der Adresse eines Bauernhofes in eurer Nähe. Fragt bei dem Hof an, ob ihr zu einer Erkundung kommen dürft.
   • Sprecht Erkundungsthemen ab (M2).
   • Bildet Expertenteams.
   • Überlegt in den Expertenteams Fragen, die für euer Thema wichtig sind (M1, M2).
   • Besorgt die Arbeitsmittel für die Befragung, zum Zeichnen eines Planes oder für sonstige Notizen.
   • Bringt ein Handy für die Aufnahme eines Interviews oder das Fotografieren der Hofanlage mit.
   • Legt fest, wer für das Fotografieren, wer für das Befragen und wer für Notizen zuständig ist.

2. Durchführung vor Ort
   • Besichtigt die Hofanlage.
   • Interviewt die Kontaktpersonen auf dem Bauernhof.
   • Fertigt Fotos und Skizzen an, sodass ihr euer Thema später anschaulich präsentieren könnt.

3. Auswertung und Präsentation
   • Besprecht die Ergebnisse und legt die wichtigsten Informationen gemeinsam fest.
   • Für die Präsentation könnt ihr eine Wandzeitung erstellen. Nutzt vorhandene Texte, Fotos, Skizzen usw. 190 191

- Lage des Betriebes
- Naturraum (z.B. Boden, Niederschlag, Temperatur)
- Art des Betriebes (Ackerbau, Viehhaltung, Energiegewinnung, Tourismus-Angebote)
- Größe des Betriebes (z. B. Fläche in Hektar, Anzahl der Arbeitskräfte)
- anfallende Arbeiten zu welchen Jahreszeiten
- Maschinen und ihre Verwendung
- Mittel, um Erträge zu steigern (z. B. Dünger, besondere Pflanzen, Kraftfutter)
- Entwicklung des Betriebes (z. B. Spezialisierung, Intensivierung)
- mögliche Belastung der Umwelt (z. B. Gülle)
- Verkauf der Erzeugnisse (z. B. Hofladen)

M2 Interessante Themen für Fragen

M3 Auf einem Bauernhof bei Oldenburg in Niedersachsen

BETRIEBSSPIEGEL

Ort: _____

Straße, Haus-Nr.: _____

Anzahl der Gebäude: _____

Nutzung der Gebäude: _____

Arbeitskräfte: _____

Größe des Betriebs in ha: _____

Nutzung der Ackerflächen: _____

Tierbestand: _____

Maschinenbestand: _____

Biogasproduktion pro Jahr: _____

Stromerzeugung pro Jahr: _____

Wärmeerzeugung pro Jahr: _____

M4 Betriebsspiegel mit Energieerzeugung

M7 Gülle wird unter den Spaltenböden gesammelt.

M5 Im Gärtank entsteht Biogas.

M8 Im Bio-Heizkraftwerk verbrennt man das Biogas. Strom und Wärme werden dadurch erzeugt.

M6 Skizze einer Schülerin zur Biogas-Nutzung auf einem Bauernhof

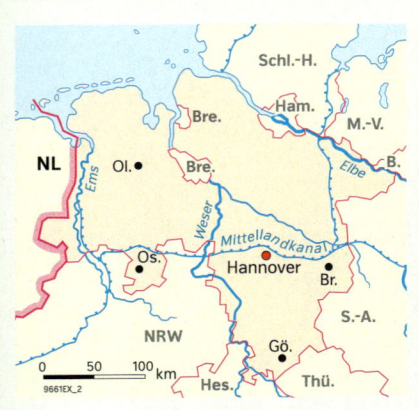

Hannover ist die größte Stadt Niedersachsens. Die Stadt wird auch als Zentrum Niedersachsens bezeichnet. Welche Bedeutung hat Hannover für die Region und für das gesamte Bundesland Niedersachsen?

1. Beschreibe die Lage Hannovers in Niedersachsen (Pilotkarte, Atlas). 85

2. Hannover wird als politisches Zentrum Niedersachsens bezeichnet. Erkläre (Text, M1, M3).

3. Nenne die verschiedenen Ministerien in Hannover (M1).

4. Begründe, warum eine gute Verkehrsanbindung für die Menschen in der Region Hannover wichtig ist (Text, M2, M4). 187

5. Nenne S-Bahn-Linien und S-Bahn-Stationen der Fahrten der Schülerinnen und Schüler (M4, M6). 85

Z 6. Recherchiere. Wähle vier Ministerien aus (M1) und erkläre, welche Aufgaben sie haben. 189

M3 Sitz des Landtags im Leineschloss in Hannover

Landeshauptstadt Hannover

Hannover ist die **Landeshauptstadt** von Niedersachsen. Hier liegt das politische Zentrum des **Bundeslandes**.

Die von den Bürgern gewählte Landesregierung tagt im **Landtag** (M3). In verschiedenen Ministerien werden wichtige politische Entscheidungen für das Land Niedersachsen getroffen (M1).

Das Innenministerium ist beispielsweise für die Sicherheit und somit für die Organisation der Polizei verantwortlich.

Das Kultusministerium ist unter anderem für die Schulen zuständig.

   Staatskanzlei und Ministerien
1 Staatskanzlei
2 Inneres und Sport
3 Finanzen
4 Soziales, Gesundheit und Gleichstellung
5 Wissenschaft und Kultur
6 Kultusministerium
7 Wirtschaft, Arbeit, Verkehr und Digitalisierung
8 Ernährung, Landwirtschaft und Verbraucherschutz
9 Justiz
10 Umwelt, Energie, Bauen und Klimaschutz
11 Bundes- und Europaangelegenheiten und Regionale Entwicklung

1265HX_1

M1 Lage von Staatskanzlei (Amtssitz des Ministerpräsidenten) und der Ministerien

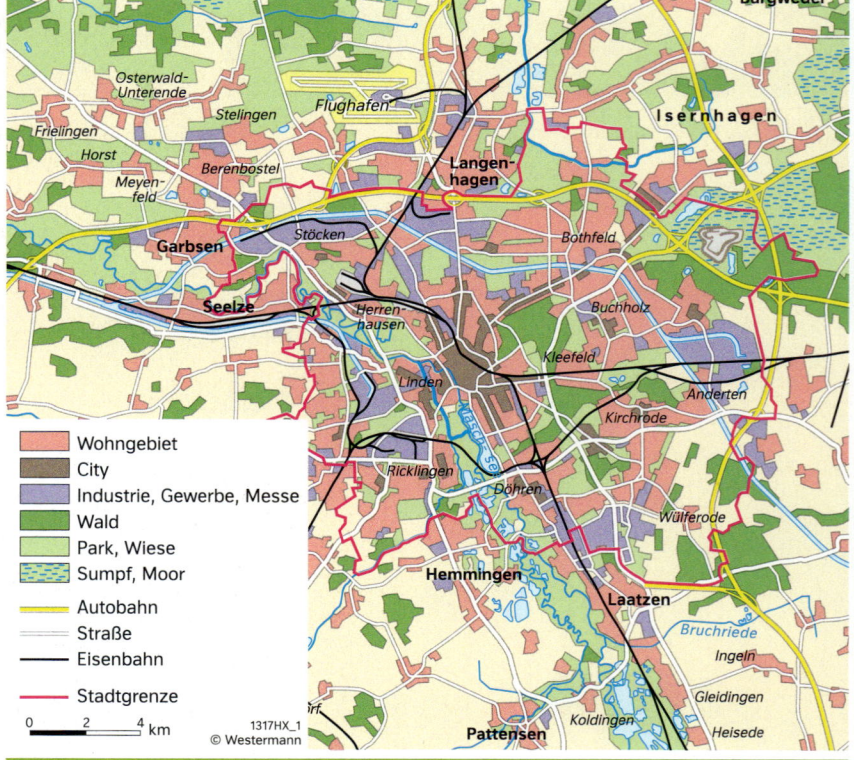

   Wohngebiet
   City
   Industrie, Gewerbe, Messe
   Wald
   Park, Wiese
   Sumpf, Moor
   Autobahn
   Straße
   Eisenbahn
   Stadtgrenze

0   2   4 km

1317HX_1
© Westermann

M2 Umland von Hannover

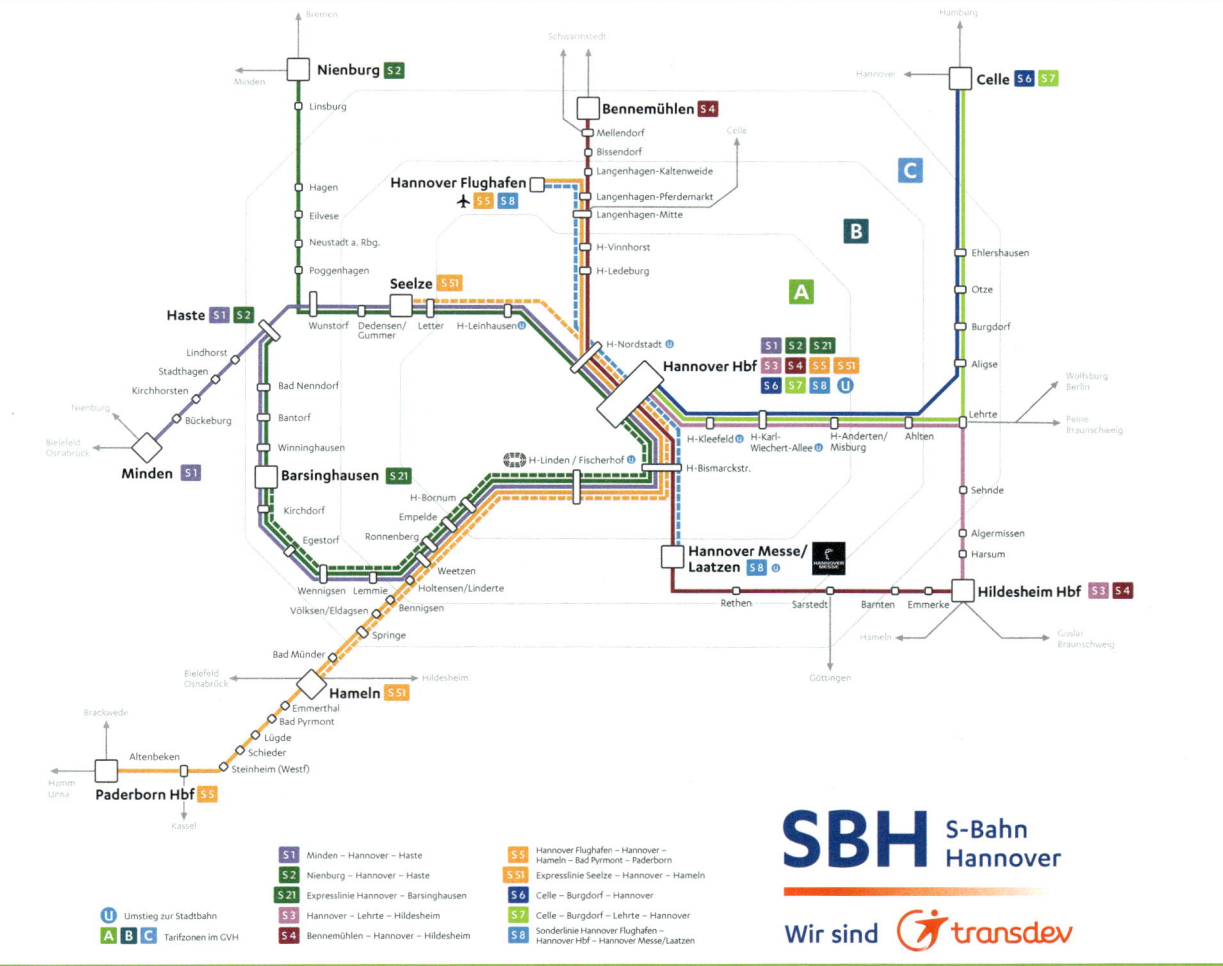

M4 S-Bahn-Netz der Region Hannover

In der Region Hannover leben über eine Million Menschen. Um die vielfältigen Einkaufs- und Freizeitmöglichkeiten nutzen zu können, fahren viele von ihnen in das Zentrum der Stadt. Deshalb ist ein gute Verkehrsanbindung aller Teile der Region Hannover sehr wichtig.

Hannover hat ein gut ausgebautes Straßennetz mit vielen Schnellstraßen. So können Pkws die Innenstadt bequem erreichen. Der öffentliche Personennahverkehr mit Bus und S-Bahn verfügt in Hannover über ein engmaschiges Streckennetz. Mit der S-Bahn ist Hannover sogar aus Städten wie Hildesheim oder Celle erreichbar. Aufgrund der guten Anbindung der Stadt wohnen viele Menschen im grünen Umland von Hannover und pendeln täglich zu ihren Arbeitsplätzen in der Stadt.

M5 Verkehrsanbindung des Umlandes

M7 S-Bahn-Haltestelle in Hannover

„Ich fahre von Langenhagen-Kaltenweide nach Sarstedt."

„Ich fahre von Harsum nach Hannover-Leinhausen."

„Ich fahre von Lehrte zum Flughafen Hannover."

M6 S-Bahn-Fahrten von Schülerinnen und Schülern

Fachbegriffe
- die Landeshauptstadt
- das Bundesland
- der Landtag

M1 Das Volkswagenwerk Wolfsburg, im Vordergrund links die „Autostadt", ein Erlebnispark

Der Wirtschaftsraum Hannover-Braunschweig hat eine große Bedeutung in Niedersachsen. Warum ist der Wirtschaftsraum so bedeutend? In welchen Bereichen arbeiten die Menschen hier?

1. Arbeite mit dem Schaubild in M4. Ordne die Fotos M1, M6 und M7 jeweils einem der Wirtschaftsbereiche in M4 zu.

2. Frau Rolf beschreibt im Interview, warum der Wirtschaftsraum Hannover-Braunschweig bedeutend ist. Schreibe die Gründe auf, die sie nennt (Text, M1, M2, Internet).

Ⓦ 3. Wähle aus:
   A Erstelle mithilfe der Karte M3 eine Tabelle zur Wirtschaft in Hannover, Braunschweig und Wolfsburg. `182` `85 ▸`
   B Schreibe mithilfe von M3 einen kurzen Bericht zur Wirtschaft in Salzgitter und Hildesheim. `85 ▸`

4. Werte das Säulendiagramm M5 aus. `183 ▸`

„Frau Rolf, warum ist der Wirtschaftsraum Hannover-Braunschweig so bedeutend?"
„Hier gibt es große Unternehmen: Bahlsen, New Yorker oder TUI. Sie sind international bekannt. Volkswagen mit seinem Hauptwerk in Wolfsburg ist einer der größten Autobauer der Welt."

„Dann kann man hier auch gut einen Arbeitsplatz finden?"
„Ja, hier gibt es viele Arbeitsplätze, zum Beispiel in der Industrie oder in Handwerksbetrieben. Die Menschen stellen zum Beispiel Autoteile oder Maschinen her. Andere verarbeiten Getreide zu Mehl. Die meisten Menschen arbeiten aber im Dienstleistungsbereich. Das sind Arbeitsplätze in Geschäften, Banken oder in Verwaltungsbüros."

„Ist dieser Wirtschaftsraum gut zu erreichen?"
„Ja, denn der Raum hat eine gute Lage. Es gibt viele Autobahnen und es fahren zahlreiche Züge und Schiffe nach Hannover. Die Fabriken bekommen auf diese Weise schnell ihr Material und die hergestellten Waren kommen schnell zu den Kundinnen und Kunden."

INTERNET

WES-115715-082

Auf der folgenden Webseite gibt es eine Übersichtskarte mit großen Unternehmen, die im **Wirtschaftsraum** Hannover-Braunschweig liegen.

M2 Eine Schülerin interviewt eine Wirtschaftsexpertin.

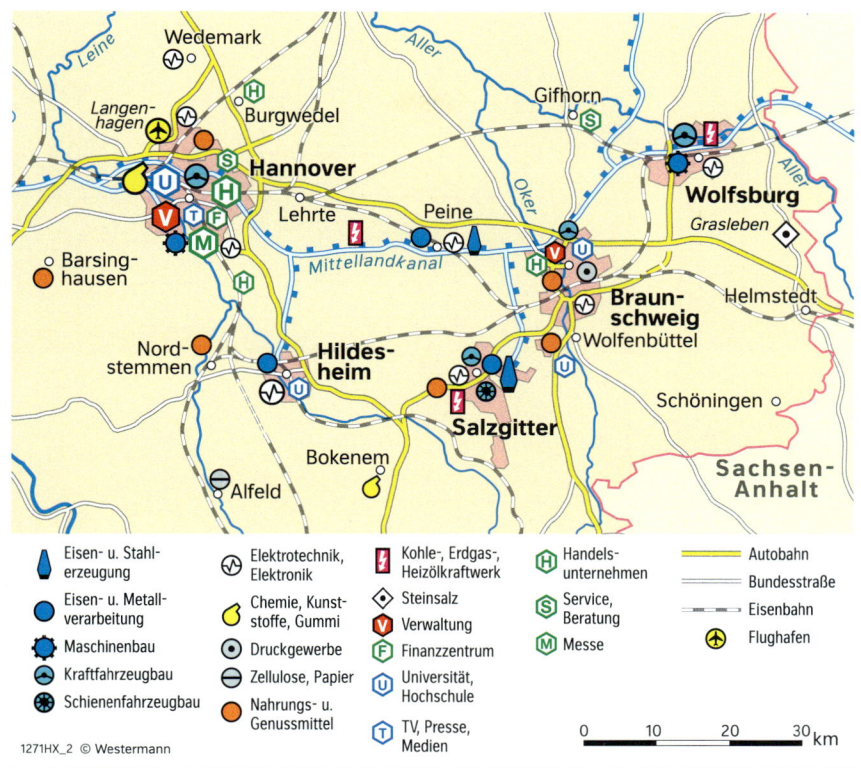

M3 Wirtschaft in der Region Hannover-Braunschweig

Legende:

- Eisen- u. Stahlerzeugung
- Eisen- u. Metallverarbeitung
- Maschinenbau
- Kraftfahrzeugbau
- Schienenfahrzeugbau
- Elektrotechnik, Elektronik
- Chemie, Kunststoffe, Gummi
- Druckgewerbe
- Zellulose, Papier
- Nahrungs- u. Genussmittel
- Kohle-, Erdgas-, Heizölkraftwerk
- Steinsalz
- V Verwaltung
- F Finanzzentrum
- U Universität, Hochschule
- T TV, Presse, Medien
- H Handelsunternehmen
- S Service, Beratung
- M Messe
- Autobahn
- Bundesstraße
- Eisenbahn
- Flughafen

0 10 20 30 km

1271HX_2 © Westermann

M6 Steinsalzgewinnung in Grasleben

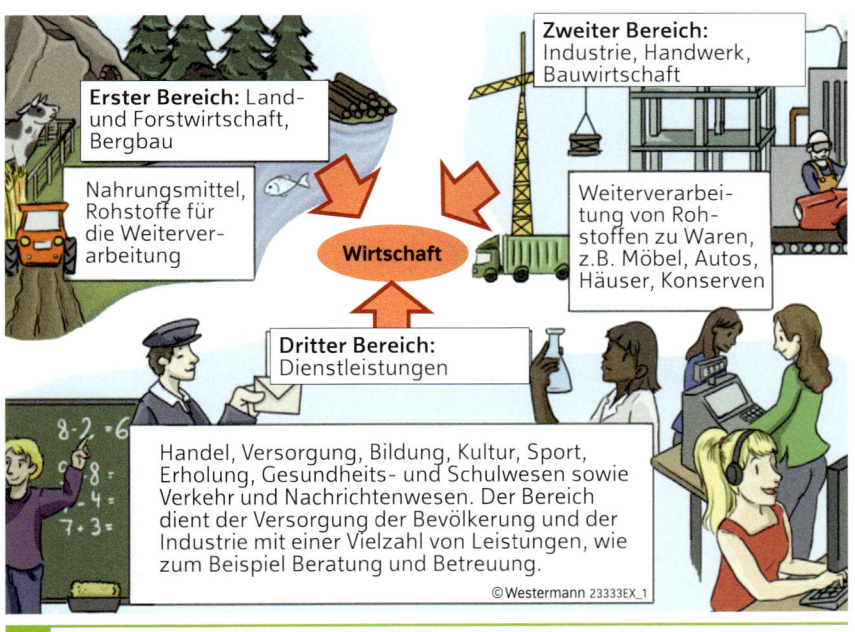

Erster Bereich: Land- und Forstwirtschaft, Bergbau

Nahrungsmittel, Rohstoffe für die Weiterverarbeitung

Zweiter Bereich: Industrie, Handwerk, Bauwirtschaft

Weiterverarbeitung von Rohstoffen zu Waren, z.B. Möbel, Autos, Häuser, Konserven

Wirtschaft

Dritter Bereich: Dienstleistungen

Handel, Versorgung, Bildung, Kultur, Sport, Erholung, Gesundheits- und Schulwesen sowie Verkehr und Nachrichtenwesen. Der Bereich dient der Versorgung der Bevölkerung und der Industrie mit einer Vielzahl von Leistungen, wie zum Beispiel Beratung und Betreuung.

© Westermann 23333EX_1

M4 Wirtschaftsbereiche

M7 Die Messe in Hannover ist international bedeutend.

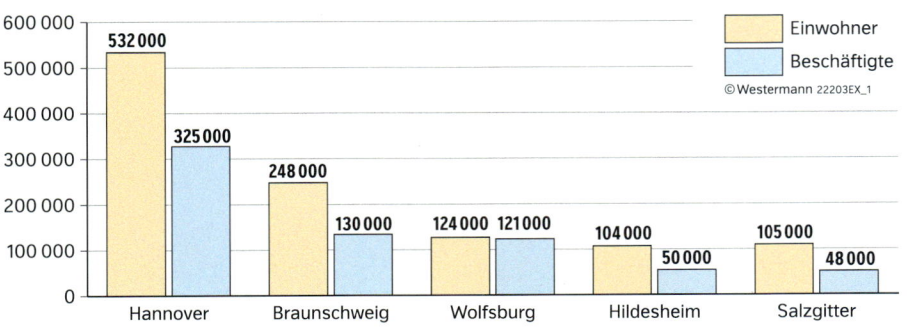

M5 Einwohner und Beschäftigte (einschließlich Pendler) in ausgewählten Städten des Wirtschaftsraumes (2018)

Werte:
- Hannover: Einwohner 532 000, Beschäftigte 325 000
- Braunschweig: Einwohner 248 000, Beschäftigte 130 000
- Wolfsburg: Einwohner 124 000, Beschäftigte 121 000
- Hildesheim: Einwohner 104 000, Beschäftigte 50 000
- Salzgitter: Einwohner 105 000, Beschäftigte 48 000

Legende: Einwohner / Beschäftigte
© Westermann 22203EX_1

Fachbegriffe

- der Wirtschaftsraum
- der Wirtschaftsbereich

M1 Die Landschaften in Niedersachsen

I: Ruhezone
II: Zwischenzone
III: Erholungszone
Staatsgrenze

© **westermann**
33943EX_1

E Zu dieser Zone gehören Seehundbänke und Brutgebiete der Vögel.

D Hier darf man auf Wegen spazieren gehen. Man darf aber andere Bereiche nicht betreten.

A Hier dürfen die Tiere nicht gestört werden. Touristen dürfen diesen Bereich nicht betreten.

B Hier darf man baden gehen. Den Strand können Besucher in diesem Bereich nutzen.

C Hier dürfen Hotels und Restaurants für die Touristen gebaut werden.

M2 Schutzzonen im Nationalpark Niedersächsisches Wattenmeer

Geschäft

Schlachthof
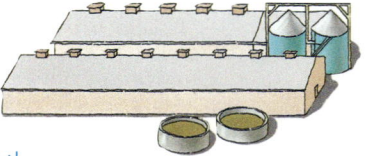

Schweinemastbetrieb

Verbraucher

Fleisch-/Wurstfabrik

Ferkelzuchtbetrieb

M3 Schweinefleisch – vom Ferkel zum Verbraucher

M4 Bei der Zuckerrübenernte 1975 und heute

Wissen und sich orientieren

1. Wähle fünf Fachbegriffe aus der Liste und erkläre sie.

2. Ordne die Fotos in M1 jeweils einer Landschaftsform in Niedersachsen zu. Begründe deine Entscheidung. *(S. 56)*

3. Das Leben an der Nordsee wird durch die Vorgänge Ebbe und Flut beeinflusst. Erkläre. *(S. 60)*

4. a) Nenne verschiedene Küstenschutzmaßnahmen. *(S. 62/63)*
   b) Beschreibe den Aufbau eines Deiches. *(S. 62)*

5. Beschreibe Maßnahmen in der Landwirtschaft, um die Fruchtbarkeit des Bodens zu erhalten. *(S. 68/69)*

6. Warum ist der Wirtschaftsraum Hannover-Braunschweig bedeutend? *(S. 82/83)*

Können und anwenden

7. Ordne die Textboxen A–E in M2 den richtigen Zonen im Nationalpark Niedersächsisches Wattenmeer zu. *(S. 65)*

8. Die Landwirtschaft in Niedersachsen hat sich in den letzten Jahrzehnten gewandelt. Erläutere mithilfe von M4. *(S. 70/71)*

9. Bringe die Abbildungen in M3 in die richtige Reihenfolge. Schreibe einen Text mit der Überschrift „Vom Ferkel zum Verbraucher". *(S. 74/75)*

10. a) Nenne Unterschiede zwischen herkömmlicher und ökologischer Landwirtschaft. *(S. 76/77)*
    b) Ökobauern wirtschaften im ökologischen Kreislauf. Stelle diesen Kreislauf in einer beschrifteten Zeichnung dar. *(S. 76)*

11. a) Erkläre die drei Wirtschaftsbereiche.
    b) Erstelle eine Tabelle zu den drei Wirtschaftsbereichen. Ordne die folgenden Begriffe richtig zu: Ackerbau, Verkäufer, Autoproduktion, Fischerei, Polizist, Möbelhersteller. *(S. 83)*

Sich austauschen, beurteilen und handeln

12. Nimm Stellung zu der Aussage „Schutz des Wattenmeeres bedeutet Erhalt hoher Touristenzahlen". *(S. 64/65)*

13. Die Spezialisierung in der Landwirtschaft hat Vor- und Nachteile. Erläutere. *(S. 70/71)*

14. a) Stelle Vor- und Nachteile der Massentierhaltung in einer Tabelle zusammen. *(S. 74/75)*
    b) Begründe deine Meinung zur Massentierhaltung. *(S. 74/75)*

15. Produkte aus ökologischer Landwirtschaft sind teurer als Produkte aus herkömmlicher Landwirtschaft. Würdest du sie trotzdem kaufen? Stelle deine Meinung dar. *(S. 76/77)*

Fachbegriffe

- die Heide
- das Moor
- die Warmzeit
- die Kaltzeit
- der Gletscher
- das Urstromtal
- der Sander
- die Moräne
- die Ebbe

- die Flut
- die Gezeiten
- die Fliehkraft
- der Tidenhub
- die Warft
- der Deich
- das Watt
- der Löss
- die Börde
- der Fruchtwechsel
- die Spezialisierung

- die Genossenschaft
- die Gülle
- die Massentierhaltung
- die Intensivierung
- die ökologische Landwirtschaft
- die artgerechte Tierhaltung
- die nachhaltige Nutzung
- der Direktverkauf

- der Großhandel
- die Landeshauptstadt
- das Bundesland
- der Landtag
- der Wirtschaftsbereich

WES-115715-085

Deutschland – Leben in Stadt und Land

Auf dem Luftbild siehst du die Stadt Hildesheim mit ihrem Umland.
Wie unterscheidet sich das Leben in der Stadt von dem Leben auf dem Land?

M1 Die Großlandschaften Deutschlands

M2 Norddeutsches Tiefland

Deutschland kann man nach unterschiedlichen Landschaftsformen gliedern.
Wo befinden sich das Radfahrland, das Wanderland und das Kletterland?

1. Ordne den Großlandschaften Deutschlands (M1) folgende Städte zu:
   Rostock, Reutlingen, Münster, München
   (Atlas, Register und Karte: Deutschland – Physische Übersicht).

2. Finde zu jedem Gebirge den richtigen Berg und die richtige Höhe des Berges (Atlas).
   Gebirge: Schwarzwald, Eifel, Harz
   Berg: Brocken, Feldberg, Hohe Acht
   Höhe des Berges: 747 m, 1493 m, 1142 m

3. Finde in M3 die Namen der Städte (①–③) und der Gebirge (Ⓐ, Ⓑ) mithilfe des Atlas.

4. Ermittle
   a) die Nord-Süd-Ausdehnung von Deutschland (M3),
   b) die West-Ost-Ausdehnung von Deutschland (Atlas, Karte: Deutschland – Physische Übersicht).

Ⓦ 5. Wähle aus:
   Vergleiche anhand der Fotos M2, M4 und M5.
   Nenne bis zu drei Unterschiede, die auf den Fotos deutlich werden (Texte).
   A Norddeutsches Tiefland mit dem Mittelgebirge 115 ▷
   B Mittelgebirge mit dem Hochgebirge 115 ▷

Die **Großlandschaft** im Norden Deutschlands heißt Norddeutsches **Tiefland**. Diese Großlandschaft ist tief gelegen und hat nur geringe Höhenunterschiede. Die Landhöhen liegen etwa zwischen dem Meeresspiegel und 200 Meter Höhe. Diese Landschaft erstreckt sich von der Küste im Norden bis etwa 200 Kilometer nach Süden.

„Radfahrland!"

Ella

M3 Von der Küste bis zu den Alpen – ein Landschaftsquerschnitt

M4 Mittelgebirge

M5 Alpenvorland und Alpen

Fachbegriffe

- die Großlandschaft
- das Tiefland
- das Mittelgebirge
- das Alpenvorland
- das Hochgebirge

In der Mitte Deutschlands befindet sich die Großlandschaft der **Mittelgebirge**.
Es sind Bergländer mit abgerundeten, bewaldeten Höhenzügen und lang gestreckten Tälern. Die Berge sind bis zu 1 500 Meter hoch. Sehr hohe Berge und steile Felswände gibt es in dieser Großlandschaft nicht.

Dann folgt nach Süden: das **Alpenvorland**. Es steigt von 300 Metern südlich der Donau auf 800 Meter am Beginn der Alpen an.
Die Alpen sind ein **Hochgebirge**. Sie erreichen in Deutschland Höhen von 1 500 bis fast 3 000 Metern. In den Alpen gibt es hohe Gipfel und steile Felswände. Dazwischen liegen oft enge Täler.

„Wander-land!"

Emin

„Kletter-land!"

Lea

Deutschland – gewusst wo

M1 Materialien für das Zeichnen einer Kartenskizze

M2 Zeichnen einer Kartenskizze

In Deutschland gibt es viel zu entdecken. Durch das Anfertigen einer Kartenskizze kann man sich besser orientieren.
Wo liegen die wichtigsten Städte, Flüsse/Kanäle bzw. Gebirge und wie heißen sie?

1. Suche mithilfe des Atlas die Namen in M5.
   a) Benenne die Gebirge und Berge.
   b) Benenne die Gewässer, Inseln und Land-schaften.
   c) Benenne die Städte und die Nachbar-länder Deutschlands.

2. Nimm ein DIN-A4-Blatt. Zeichne eine Karten-skizze von Deutschland (Text, M3).
   Zeichne darin ein:
   • Flüsse: Rhein, Main, Donau, Elbe, Weser.
   • Gebirge: Harz, Rothaargebirge, Erzgebir-ge, Thüringer Wald, Hunsrück, Taunus, Schwarzwald, Alpen.
   • Städte: Hamburg, Berlin, Leipzig, Frankfurt / Main, Köln, Bremen, Hannover, München, Stuttgart, Nürnberg.
   Lege eine Legende an (siehe M3 rechts).

3. a) Löse die Rätsel in den Sprechblasen mit-hilfe der Karte M5 und fülle die Lücken mit den richtigen Angaben (M4).
   b) Erfinde weitere Rätsel mithilfe der Karte M5 und führe diese mit einem Partner oder einer Partnerin durch. 179

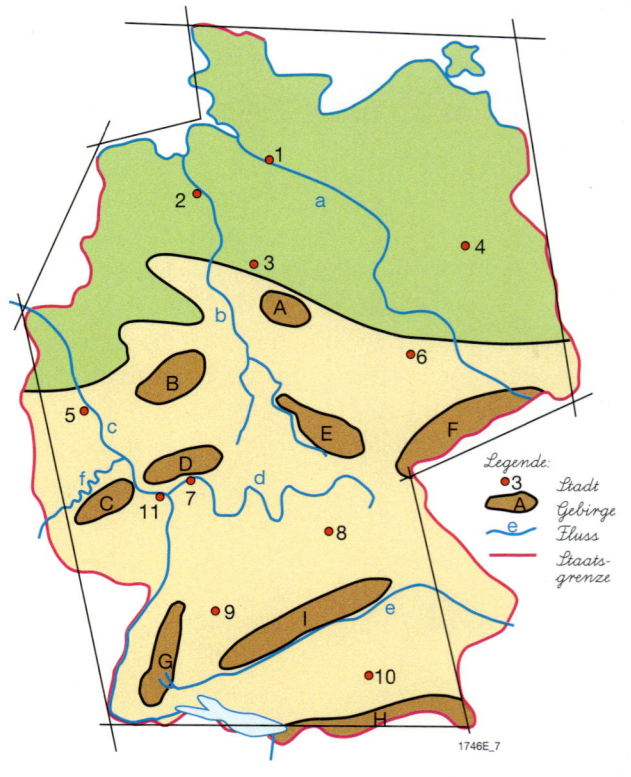

M3 Kartenskizze von Deutschland

Eine Kartenskizze zeichnen

1 - Zeichnet zuerst den groben Umriss des Rau-mes, zum Beispiel die Grenzen Deutschlands. Gerade Hilfslinien erleichtern die Arbeit.

2 - Legt nun für jede Region Folgendes fest: einige große Gebirge, einige Städte und einige große Flüsse.
   - Zeichne sie in deine Skizze ein.

3 - Beschrifte anschließend alle eingezeichneten Gebirge mit großen Buchstaben, Flüsse mit kleinen Buchstaben und Städte mit Zahlen.

4 - Erstelle dann zu den Buchstaben und Zahlen eine Namensliste.

5 - Durch Farben erkennt man die Eintragungen besser: zum Beispiel Gebirge braun, Tiefland grün, Alpenvorland hellbraun und übriges Land gelb. Male die Karte farbig aus. Markie-re die Städte als rote Punkte.

6 - Lege eine Legende an (siehe M3 rechts).
   - Gib der Skizze eine Überschrift.

„Meine Heimat-
stadt kann man von
Hamburg mit dem Schiff erreichen. Man muss von Hamburg aus
auf dem Fluss ... in Richtung Nordsee
fahren. Über den ... - ...kanal erreicht
man meine Heimatstadt .... Sie liegt am
Ende des ... - ...kanals. Weißt du,
wo ich wohne?"

„Ich komme
aus einem Mit-
telgebirge. Die Flüsse
Rhein und ... liegen in der
Nähe des Gebirges. Südlich
des Gebirges liegt die
Großstadt Frankfurt.
Woher komme ich?"

M4 Gewusst wo

M5 Übungskarte Deutschland

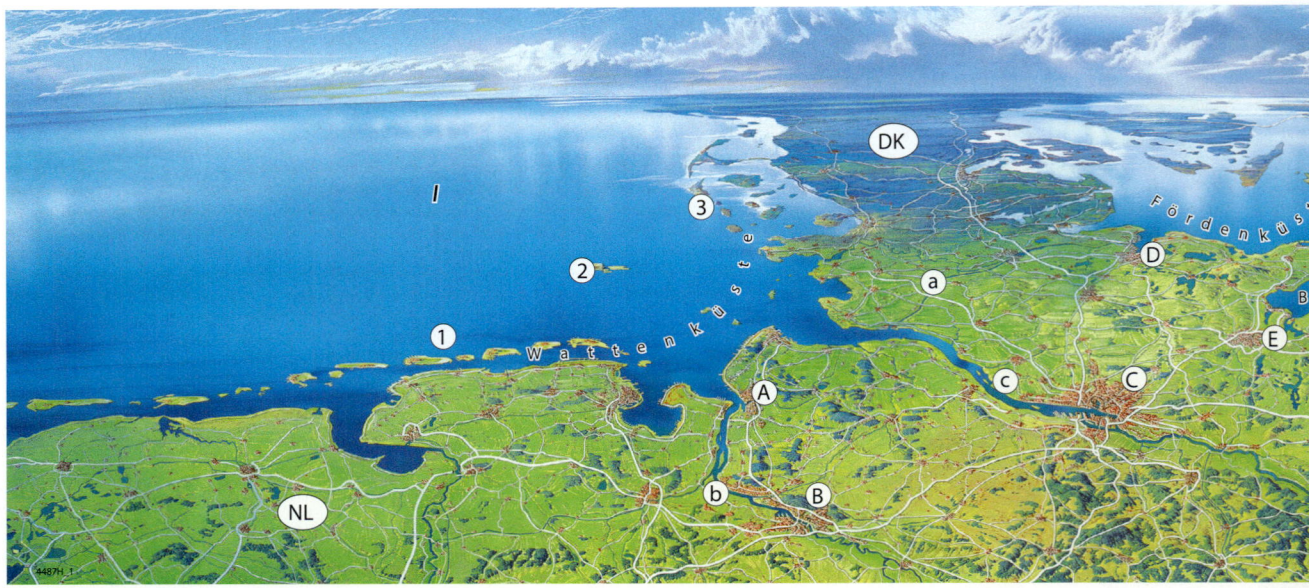

M1 Der deutsche Küstenraum

Der deutsche Küstenraum umfasst die Nordseeküste und die Ostseeküste.
Welche Unterschiede gibt es zwischen Nordseeküste und Ostseeküste? Welche Küstenformen
gibt es? Welche Rolle spielt der Wechsel der
Gezeiten an Nord- und Ostsee?

1. a) Bearbeite die Übungskarte zum deutschen
  Küstenraum (M1, Atlas).
  b) Nenne die Bundesländer, die zum deutschen Küstenraum gehören (M1, Atlas).

Ⓦ **2.** a) Wähle aus:
  A Beschreibe die Gliederung der Wattenküste
  (Text, M1, Info). 115 ▶
  B Beschreibe die Lage der verschiedenen
  Küstenformen an der Ostseeküste (Text,
  M1, M4).
  b) Tauscht euch über eure Ergebnisse aus.

3. Ordne M2 und M3 einer Küstenform zu.
  Begründe deine Entscheidung.

4. Erkläre, wieso die Ostsee ein Binnenmeer ist
  (Text).

5. Begründe, warum die Gezeiten an der Ostseeküste kaum wahrzunehmen sind (Text).

6. Recherchiere. Nenne Buchten und Bodden an
  der Ostseeküste. 189 ▶

INFO

Halligen
Halligen sind kleine Inseln. Da sie bei Flut über-
spült werden, stehen ihre Häuser auf Erdhügeln,
die man Warften nennt.

Die Nordseeküste

Die Nordsee ist ein Randmeer des Atlantischen
Ozeans. Der Meeresspiegel steigt und fällt alle
sechs Stunden um mehrere Meter. Diesen Wechsel nennt man Gezeiten. Große Teile des Wattenmeeres fallen dadurch regelmäßig trocken. Die
Wattenküste erstreckt sich über den gesamten
deutschen Nordseeküstenraum. In den Wattbe-
reichen liegen vor dem Festland Inseln, Halligen
und große Sandbänke. Die Inseln und Halligen
sind aufgrund der einzigartigen Landschaft beliebte Urlaubsziele. Sie sind teilweise Reste des
ehemaligen Festlandes.
In die Nordsee mündet der größte Fluss Norddeutschlands, die Elbe. Auch die Weser mündet
in die Nordsee. Die Hafenstädte Hamburg und
Bremen können von der Nordsee aus über die
Elbe und die Weser auch von großen Schiffen erreicht werden.

M2 Hallig Hooge

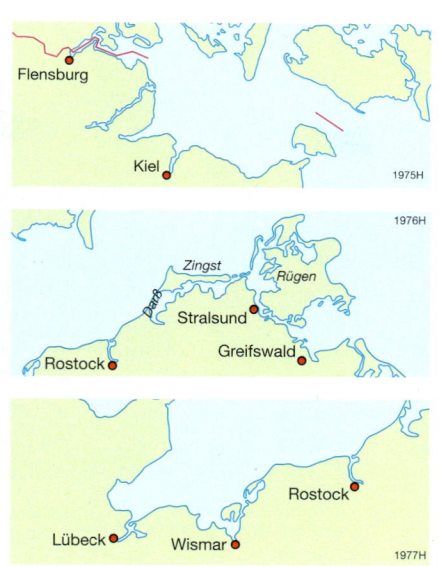

Förden sind schmale Meeres-buchten, die weit ins Landesin-nere reichen. Kiel liegt an einer Förde.

Bodden sind flache Meeres-buchten mit einer geringen Wassertiefe. Sie haben oft nur einen kleinen Zugang zum Meer.

Eine *Bucht* ist ein Meeresteil, der zum Teil in das Landes-innere hineinragt.

M4 Küstenformen an der Ostseeküste

Die Ostseeküste

Die Ostsee ist ein Binnenmeer. Sie ist fast voll-ständig von Landflächen umgeben. Nur über eine schmale Verbindung ist sie mit dem Atlantischen Ozean verbunden.

Durch den geringen Einfluss des Atlantischen Ozeans steigt und fällt der Meeresspiegel an der Ostsee nur um Zentimeter. Anders als an der Nordsee müssen sich Badetouristen von daher nicht an festgelegte Badezeiten halten.

An der Ostsee gibt es unterschiedliche **Küsten-formen**. Zwischen Flensburg und Lübeck liegt die Fördenküste. Weiter in Richtung Osten schließt sich bei Lübeck die Buchtenküste an. Östlich von Rostock wird diese Küstenform von der Bodden-küste abgelöst. An der Ostseeküste gibt es viele große Häfen. In den Häfen der Städte Kiel, Ros-tock und Lübeck können auch große Schiffe ein-laufen.

M5 Insel Koos im Greifswalder Bodden

Fachbegriff
- die Küstenform

M3 Küstenform an der Ostsee in Kiel

M6 Bucht bei Sehlendorf

M1 Der Brocken – der höchste Berg im Harz

M2 Sommerrodelbahn und Seilbahn am Erlebnisbocksberg bei Hahnenklee

Der Harz ist das nördlichste Mittelgebirge Deutschlands. Das Gebirge ragt bis auf über 1100 Meter Höhe aus dem Umland heraus. Was ist am Naturraum des Harzes besonders? Warum gilt der Harz als Regenfänger?

1. Beschreibe die Fotos M1 und M2. `115 ▶`

2. Beschreibe den Wandel des Naturraumes Harz (Text, M2, M3).

3. Nenne Aufgaben der Nationalparkverwaltung Harz (Text).

4. Warum ist der Harz bei Touristen beliebt (Text, M1, M2, Brockenhexe)? `115 ▶`

Ⓦ 5. Wähle aus: Erkläre die Aussage „Der Harz ist ein Regenfänger" ...
A mithilfe des Textes M6.
B mithilfe von M4 und der Info.

6. Liste die Vorteile von Talsperren auf (M5, M6).

Ⓩ 7. Recherchiere. Erstelle eine Präsentation zu einer Talsperre im Harz. Stelle dabei ihre Nutzung vor. `189 ▶` `190 ▶`

Naturraum im Wandel

Die meisten Mittelgebirge haben eine sehr lange Entstehungsgeschichte. Schon vor ca. 350 Millionen Jahren wurden beispielsweise die ersten Erhebungen des Harzes herausgebildet.

Im westlichen Teil des Harzes ist fast die gesamte Fläche bewaldet. Ursprünglich herrschten im Harz Buchen- und Mischwälder vor. Diese wurden gerodet und stattdessen wurden schnellwachsende Fichten für die Stollen im Bergbau angepflanzt. Diese sind besonders anfällig für Schädlinge wie den Borkenkäfer und können durch ihr flaches Wurzelsystem bei Stürmen schnell umstürzen.

Daher soll der Harz heute wieder in seinen ursprünglichen, naturnahen Zustand versetzt werden. Die Mitarbeiter der Nationalparkverwaltung Harz haben sich das Ziel gesetzt, die Landschaft mit Mooren, Fließgewässern und seltenen Tieren, wie dem Luchs, langfristig zu erhalten. Gleichzeitig soll der Harz aber auch für den Tourismus zugänglich bleiben. Zu den weiteren Aufgaben der Nationalparkverwaltung zählen die Festlegung von Schutzbereichen und die Anlage eines Wanderwegenetzes. Tourismus und Naturschutz werden so gleichermaßen berücksichtigt.

„Der Brocken gilt als sagenumwoben. Er wird häufig auch als Blocksberg bezeichnet. In der Walpurgisnacht vom 30.04. zum 01.05. tanzen die Brockenhexen am Blocksberg."

M3 Durch Borkenkäfer abgestorbene Bäume im Harz

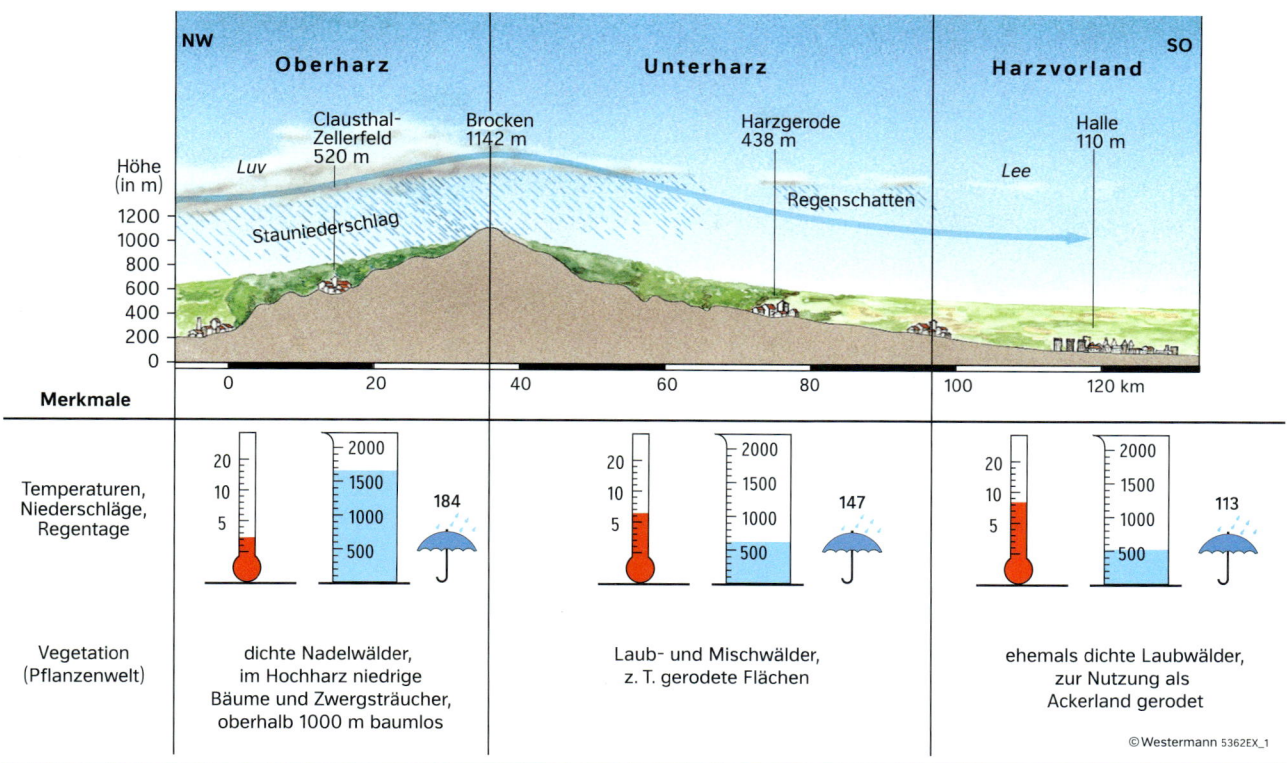

M4 Der Harz – ein Regenstauer

M5 Die Okertalsperre nördlich von Altenau

Luv und Lee

Treffen Luftmassen auf ein Gebirge, werden sie zum Aufstieg gezwungen. Die Luft kühlt sich ab, es bilden sich Wolken und es fällt Niederschlag. Dieser wird auch als **Stauniederschlag** bezeichnet. Die dem Wind zugewandte Seite eines Gebirges nennt man auch Luvseite.

Das Gebiet, das auf der vom Wind abgewandten Seite eines Gebirges liegt, bezeichnet man als Lee. In diesem Gebiet fallen wesentlich geringere Niederschlagsmengen als auf der gegenüberliegenden Seite des Gebirges. Es befindet sich im Regenschatten.

Die Niederschläge sind im Oberharz etwa dreimal so hoch wie im östlichen Harzvorland. Aus diesem Grund entspringen im Harz auch sehr viele Flüsse, wie die Oker, die Innerste oder die Bode. Die hohen Niederschläge werden über die Flüsse in das umliegende Tiefland geleitet. Im Harzvorland bestand früher die Gefahr von Überschwemmungen. Besonders dann, wenn zur Zeit der Schneeschmelze auch hohe Niederschläge auftraten. Häufig wurden Felder überflutet und Siedlungen zerstört.

Heute halten **Talsperren** das Wasser zurück und speichern es. Das schützt die gefährdeten Siedlungen. Das Wasser aus den Talsperren wird auch zur Trinkwasserversorgung genutzt. Über ein Leitungssystem erhält sogar die Stadt Bremen „Harzwasser".

Die Stauseen sind zudem beliebte Erholungsgebiete und Ausflugsziele.

Fachbegriffe

- der Stauniederschlag
- die Talsperre

M6 Der Harz als „Regenfänger"

M1 Schneebedeckte Alpengipfel im Sommer

M4 Wanderer in den Alpen

Hochgebirge wie die Alpen haben Berghöhen von über 2000 Metern. Der Naturraum der Alpen ist besonders.
Wie verändert sich mit zunehmender Höhe die Landschaft? Was wird als Almwirtschaft bezeichnet?

1. Arbeite mit dem Atlas. In welchen Ländern liegen die Alpen?

2. Beschreibe, wie sich die Landschaft und Vegetation verändern, wenn eine Bergwanderung in den Alpen vom Tal auf den Gipfel unternommen wird (Text, M1, M4, M5, M8).

3. Nenne die Höhenstufen der Vegetation in den Alpen. Gib jeweils an, in welchen Berghöhen sie liegen und wie sich die Temperaturen ändern (M8). `115` ▶

Ⓦ 4. Wähle aus:
   A Erkläre die Bezeichnung Almwirtschaft mithilfe von M3 und M7.
   B Beschreibe die Almwirtschaft im Jahresverlauf mithilfe von M6 und M7.

Höhenstufen in den Alpen

Der höchste Berg der Alpen ist der Mont Blanc mit einer Höhe von 4810 Metern. Er liegt an der französisch-italienischen Grenze. Aufgrund des Klimas mit niedrigen Temperaturen, ist der Gipfel des Mont Blanc ganzjährig mit Schnee bedeckt. Mit zunehmender Höhe nimmt die Temperatur auf den Bergen ab. Dadurch ändert sich auch die Vegetation. Die Pflanzen haben sich an die veränderten klimatischen Bedingungen angepasst. Bei einer Bergwanderung kann man die Veränderungen der Vegetation beobachten. In den Alpentälern gibt es überwiegend Wiesen und Felder. Wandert man vom Tal aus in die Höhe, folgen Laub- bzw. Mischwälder und anschließend Nadelwälder. Weiter in der Höhe wachsen nur noch kleine Bäume und Sträucher. Die Jahresdurchschnittstemperaturen sind hier für das Wachstum vieler Pflanzen zu niedrig. Je weiter man hinaufwandert, umso weniger Pflanzen sind zu sehen. Es gibt immer mehr Geröll. In größeren Höhen kann man nur noch Felsen sehen, die häufig mit Schnee bedeckt sind. Teilweise gibt es hier auch Gletscher. Die sich mit zunehmender Höhe verändernden Pflanzenbedeckungen werden als Höhenstufen der Vegetation bezeichnet.

*„Bei uns wird **Almwirtschaft** betrieben. Das Milchvieh bleibt vom Herbst bis zum Frühjahr in den Ställen auf den Höfen im Tal. Mit den steigenden Temperaturen ab Mai werden die Tiere auf die Bergweiden, die sogenannten Almen, getrieben. Hier bleiben sie in den Sommermonaten. Die Luft, viel Bewegung und das frische Gras machen das Milchvieh besonders widerstandsfähig. Auf den Almen gibt es oft Hütten und Viehunterstände. Hier werden die Tiere gemolken und teilweise auch aus der Milch Käse hergestellt. Einige Almhütten werden touristisch genutzt. Wanderer und Mountainbiker können sich hier versorgen und die schöne Aussicht genießen. Wenn die Durchschnittstemperaturen ab September wieder sinken, erfolgt der Almabtrieb. Die Tiere werden dann wieder hinunter ins Tal geführt.*

M2 Bergbäuerin Miriam auf einer Alm

M3 Bergbäuerin Miriam erklärt die Almwirtschaft in den Alpen.

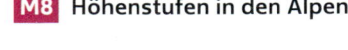

M5 Höhenstufen der Vegetation am Eiger bei Grindelwald (Schweiz)

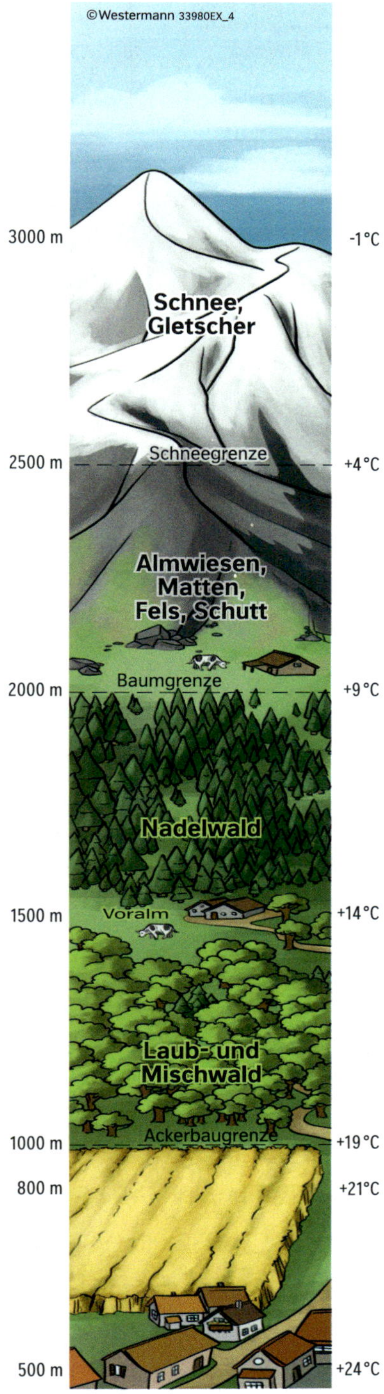

©Westermann 33980EX_4

3000 m	-1 °C
	Schnee, Gletscher
2500 m	Schneegrenze +4 °C
	Almwiesen, Matten, Fels, Schutt
2000 m	Baumgrenze +9 °C
	Nadelwald
1500 m	Voralm +14 °C
	Laub- und Mischwald
1000 m	Ackerbaugrenze +19 °C
800 m	+21 °C
500 m	+24 °C

M8 Höhenstufen in den Alpen

© Westermann 1979HX_5

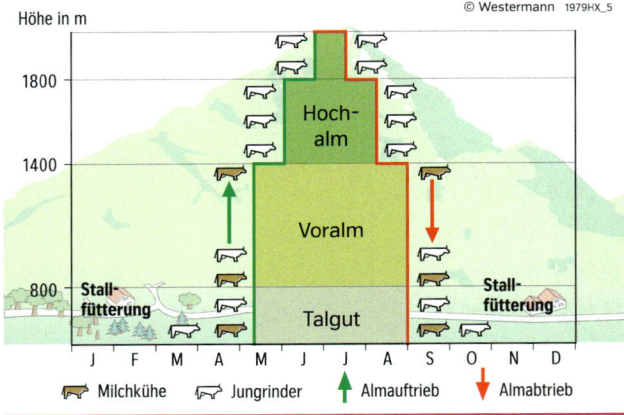

Höhe in m

1800

1400

Hoch-alm

Voralm

800 Stall-fütterung

Stall-fütterung

Talgut

J F M A M J J A S O N D

🐄 Milchkühe 🐄 Jungrinder ⬆ Almauftrieb ⬇ Almabtrieb

M6 Almwirtschaft im Jahresverlauf

M7 Im Juli auf der Hochalm

Fachbegriff
- die Alm-wirtschaft

Deutschlands Länder – die Bundesländer

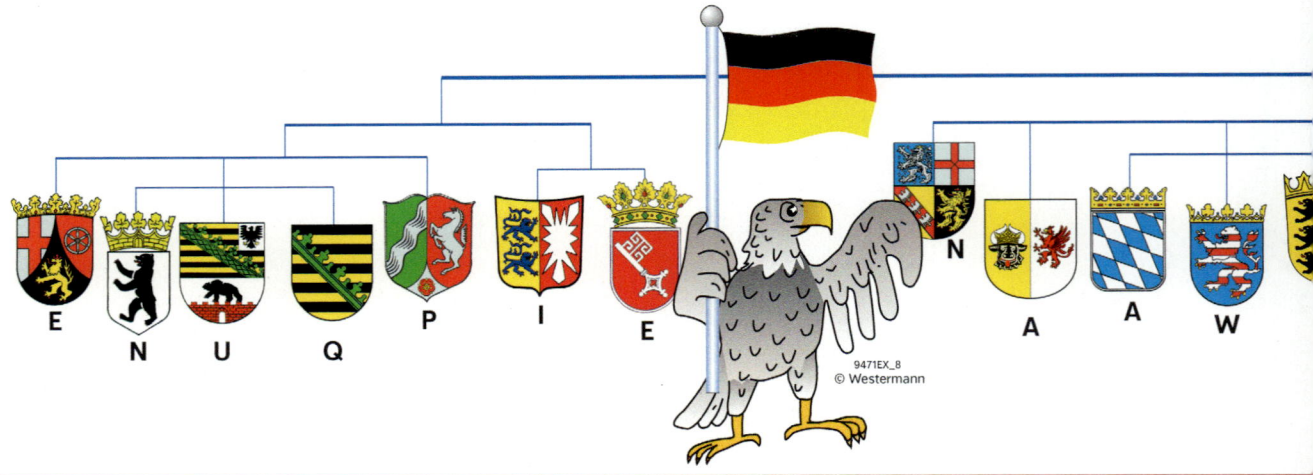

M1 Landeswappen der Bundesländer

Die Bundesrepublik Deutschland kann man nach Bundesländern unterteilen.
Welches ist das größte und welches das kleinste Bundesland? Warum sind die Bundesländer Berlin, Hamburg und Bremen besonders?

1. Ordne den Bundesländern Deutschlands (M2) das richtige Wappen (M1) zu (Atlas, Internet). Die Buchstaben, die unter dem jeweiligen Wappen stehen, ergeben in der Reihenfolge der Tabelle M2 ein Lösungswort.

2. Wähle aus: Nenne jeweils die drei größten und die drei kleinsten Bundesländer (M2)
A nach ihrer Fläche.
B nach ihrer Einwohnerzahl.

3. Ordne den Buchstaben A bis P in M3 die Namen der Bundesländer und deren jeweilige Landeshauptstädte zu (Atlas).

4. Erkläre, warum die Bundesländer Berlin, Hamburg und Bremen besonders sind (Text, Info).

5. a) Ordne jedem Fußballverein in M6 das Bundesland und seine Hauptstadt zu.
b) Aus welchem Bundesland kommen die meisten Vereine?
c) Welche Bundesländer sind nicht vertreten?

Der Bundesstaat und die Bundesländer

Die Bundesrepublik Deutschland besteht aus 16 Bundesländern. Vergleichbar mit einem großen Puzzle verteilen sich die Bundesländer auf einer Gesamtfläche von 357 000 Quadratkilometern. Jedes Bundesland hat eine eigene Landeshauptstadt und ein eigenes Landeswappen (M1). In Niedersachsen ist Hannover die Landeshauptstadt. Besonders sind die Bundesländer Berlin, Hamburg und Bremen. Sie sind Bundesland und Stadt zugleich. Zudem ist Berlin die Hauptstadt der gesamten Bundesrepublik Deutschland.
Die Landeshauptstädte sind die politischen Zentren der Bundesländer. Politiker treffen hier wichtige Entscheidungen für die jeweiligen Bundesländer. Jedes Bundesland legt beispielsweise fest, wie viele Feiertage es im Jahr gibt. Auch die Lehrpläne in den Schulen unterscheiden sich von Bundesland zu Bundesland.

INFO

Flächenstaaten und Stadtstaaten
Die 16 Bundesländer Deutschlands sind unterschiedlich groß. 13 Bundesländer bezeichnet man als **Flächenstaaten** mit einer großen Landesfläche, einer Landeshauptstadt und vielen weiteren Städten. Weiterhin gibt es drei **Stadtstaaten**: Berlin, Hamburg und Bremen mit Bremerhaven. Sie sind Stadt und Bundesland zugleich.

Land	Einwohner (Mio.)	Fläche (km²)	Land	Einwohner (Mio.)	Fläche (km²)
Baden-Württemberg	11,1	35 747	Niedersachsen	8,0	47 709
Bayern	13,1	70 541	Nordrhein-Westfalen	18,0	34 112
Berlin	3,6	891	Rheinland-Pfalz	4,1	19 858
Brandenburg	2,5	29 654	Saarland	1,0	2 571
Bremen	0,7	419	Sachsen	4,0	18 449
Hamburg	1,8	755	Sachsen-Anhalt	2,2	20 459
Hessen	6,3	21 115	Schleswig-Holstein	2,9	15 804
Mecklenburg-Vorpommern	1,6	23 295	Thüringen	2,1	16 202

M2 Fläche und Bevölkerung der Bundesländer (Quelle: Bundesamt für Statistik, Stand: 31.12.2020)

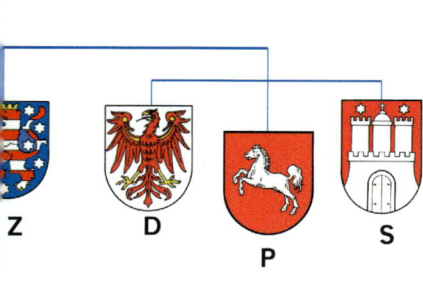

Z   D   P   S

M4 Reichstag in Berlin – politisches Zentrum Deutschlands

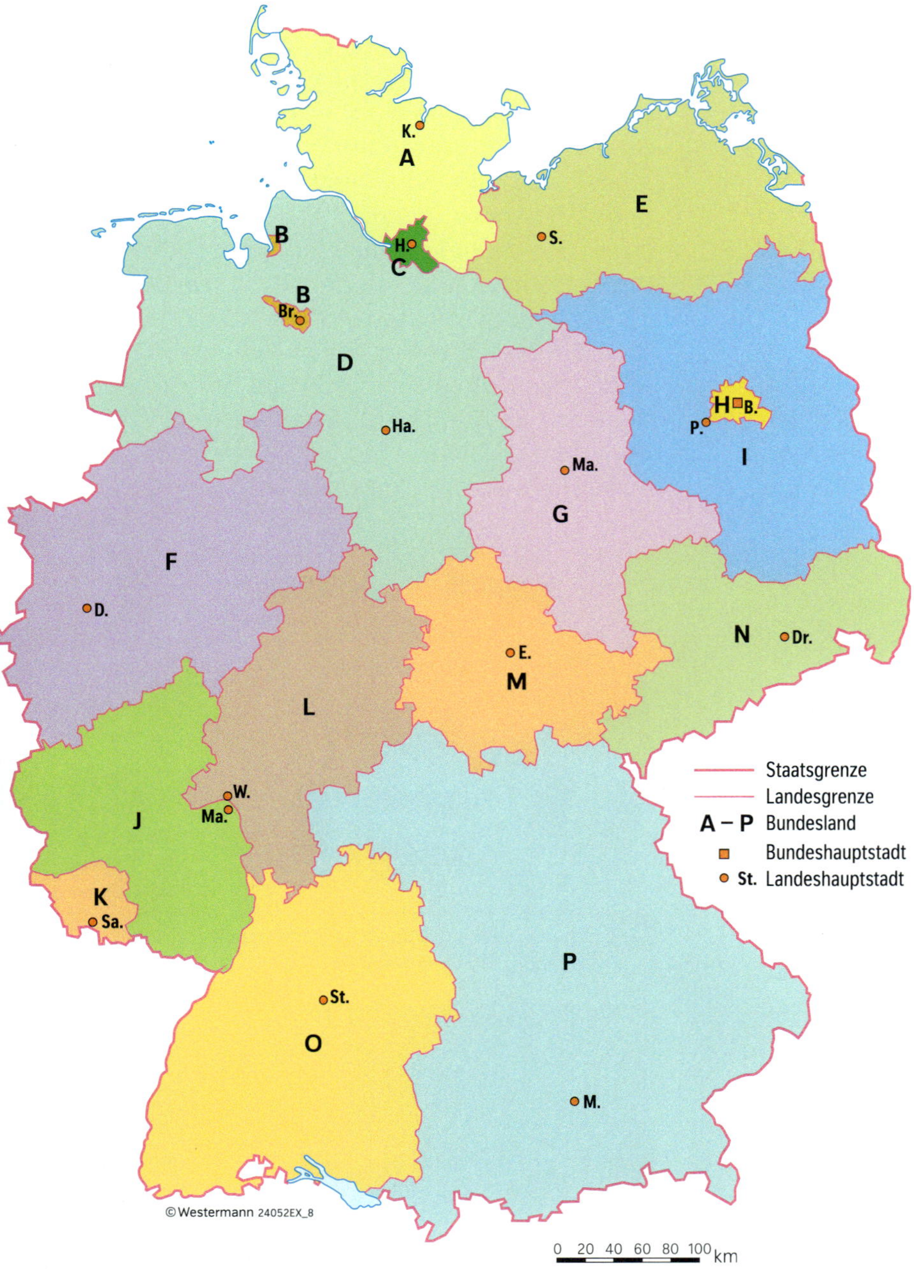

1. FC Bayern München
2. Borussia Dortmund
3. SV Werder Bremen
4. Hamburger SV
5. VfB Stuttgart
6. Borussia Mönchen-
   gladbach
7. FC Schalke 04
8. Eintracht Frankfurt
9. 1. FC Köln
10. Bayer 04 Leverkusen
11. 1. FC Kaiserslautern
12. Hertha BSC Berlin
13. VfL Bochum
14. 1. FC Nürnberg
15. Hannover 96
16. VfL Wolfsburg
17. MSV Duisburg
18. Fortuna Düsseldorf
19. Karlsruher SC
20. Eintracht Braun-
    schweig

Karte mit Beschriftungen:
K., A, B, H., C, E, S., Br., D, Ha., H, B., P., I, Ma., G, F, D., N, Dr., E., M, L, W., Ma., J, K, Sa., P, St., O, M.

—— Staatsgrenze
—— Landesgrenze
A – P Bundesland
▨ Bundeshauptstadt
St. Landeshauptstadt

M5 Die ewige Bundesliga-
tabelle (Quelle: www.fuss-
balldaten.de, 12/2021)

© Westermann 24052EX_8

0 20 40 60 80 100 km

Fachbegriffe

■ der Flächenstaat
■ der Stadtstaat

M3 Deutschland – politische Gliederung

Berlin ist mit etwa 3,5 Millionen Einwohnern die größte deutsche Stadt. Die Stadt gilt als das politische Zentrum Deutschlands. Auch bei Touristen ist die Stadt beliebt. Berlin wird jährlich von Menschen aus vielen Teilen der Welt besucht.
Was macht Berlin so besonders?

1. Beschreibe die Lage Berlins in Deutschland mit Hilfe des Atlas.

2. Berlin gilt als politisches Zentrum Deutschlands. Erkläre (Text).

3. Warum ist Berlin bei Touristen sehr beliebt? `187`

4. Das Leben in Berlin ist durch eine Vielfalt an Bevölkerungsgruppen geprägt. Erkläre mithilfe des Textes und M1.

5. Verfolge die Busroute der Stadtrundfahrt (M3, Internet) im Stadtplan M2. Ordne dabei die im Text genannten Sehenswürdigkeiten (①–⑪) den Fotos Ⓐ–Ⓚ richtig zu. `115`

Ⓦ **6.** Wähle aus:
  A Recherchiere. Halte ein Kurzreferat über eine Sehenswürdigkeit. `189` `190`
  B Recherchiere. Erstelle ein Plakat zu einer Sehenswürdigkeit. `189` `191`

Berlin – das Zentrum Deutschlands

Berlin ist der Sitz der Bundeskanzlerin oder des Bundeskanzlers. Im so genannten Regierungsviertel werden im Reichstag oder in verschiedenen Ministerien wichtige politische Entscheidungen für das Leben in Deutschland getroffen. Auch der Bundespräsident hat seinen Sitz in Berlin.
Berlin ist eine international bedeutende Weltstadt. Sie gilt als Touristenmagnet. Über 13 Millionen Menschen aus dem In- und Ausland besuchen jährlich Berlins Museen, Kinos, Theater oder die historischen Gebäude. Auch die vielfältigen Einkaufsmöglichkeiten und Veranstaltungen sind bei Touristen beliebt. Berlin gilt als weltoffene Stadt. Hier leben etwa 780 000 Menschen ohne deutsche Staatsangehörigkeit aus über 190 Ländern der Erde. Das Leben ist durch vielfältige Bevölkerungsgruppen geprägt.

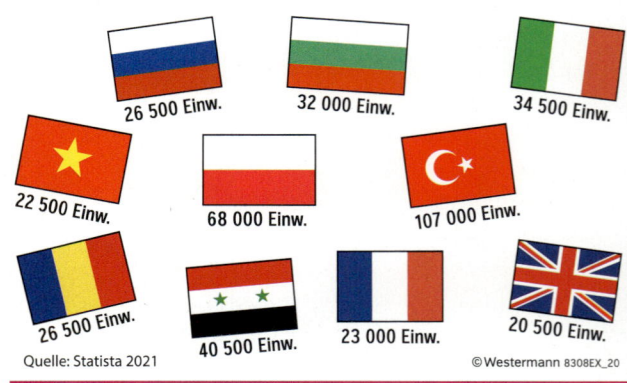

Quelle: Statista 2021 © Westermann 8308EX_20

M1 Bevölkerungsgruppen in Berlin nach Herkunftsländern (2020, Auswahl)

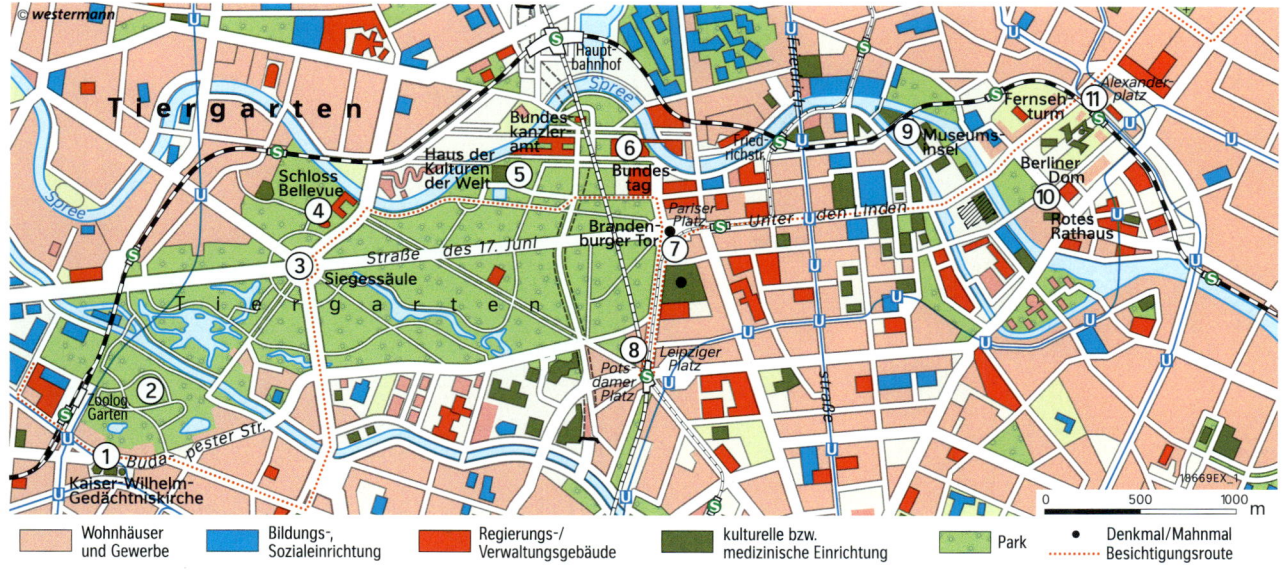

Legende:

Wohnhäuser und Gewerbe	Bildungs-, Sozialeinrichtung	Regierungs-/ Verwaltungsgebäude	kulturelle bzw. medizinische Einrichtung	Park	• Denkmal/Mahnmal ········· Besichtigungsroute

M2 Die Busroute mitten durch Berlin: Ausschnitt aus einem Stadtplan

Wenn du Berlin besuchst, kannst du mit einem Bus fahren, der an vielen Sehenswürdigkeiten vorbeifährt. Am Bahnhof Zoo (Zoologischer Garten) geht es los. Die *Gedächtniskirche* wurde im Zweiten Weltkrieg zerstört; sie ist heute eine Ruine.

Gleich in der Nähe ist der Eingang zum ältesten *Zoo* Deutschlands. Schon von Weitem kann man dann die *Siegessäule* sehen. Berlinerinnen und Berliner nennen sie liebevoll „Gold-Else".

Im weißen Gebäude *Schloss Bellevue* wohnt der Bundespräsident oder die Bundespräsidentin.

Das *Haus der Kulturen der Welt* sieht aus wie eine Muschel und bietet Platz für Kunstausstellungen und Konzerte.

Jetzt sind wir auch schon mitten im Regierungsviertel. Es geht am *Bundestag* (dem Reichstagsgebäude) mit der Glaskuppel vorbei. Dann folgt das *Brandenburger Tor*.

Gleich in der Nähe liegt der Potsdamer Platz, ein großes Geschäfts- und Veranstaltungszentrum. Auf dem Potsdamer Platz ist auch das *Sony-Center* mit seinem tollen Dach.

Hinter dem Brandenburger Tor beginnt die Allee „Unter den Linden". Sie gehört zum östlichen Zentrum Berlins. Dazu gehört auch die *Museumsinsel*.

In der Mitte Berlins liegt der *Alexanderplatz mit dem Fernsehturm*. In der Nähe befindet sich das *Rote Rathaus*. Hier endet die Stadtrundfahrt.

M3 Eine Stadtrundfahrt durch Berlin

M1 Paderborn ist eine Großstadt mit rund 151 500 Einwohnern.

M2 Das Dorf Grundsteinheim südöstlich von Paderborn hat nur knapp 500 Einwohner.

Jeder von uns hat Freunde und Verwandte, die in der Stadt wohnen und andere, die auf dem Land wohnen.
Was sind die Unterschiede zwischen Stadt und Land? Zwischen Städten und Dörfern? Aus der Luft kann man schon vieles gut erkennen …

1. Lea und Max nennen viele typische Merkmale von Dörfern und Städten (Text).
   a) Fasse die Merkmale in einer Tabelle zusammen. `182`
   b) Nenne ein Beispiel für eine Stadt oder ein Dorf aus deiner Umgebung und beschreibe die Stadt oder das Dorf.

W 2. Wähle aus:
   A Beschreibe das Luftbild von Paderborn in einem Text (M1). `115`
   B Überprüfe die Merkmale von Städten am Beispiel von Paderborn. Notiere in Stichworten (M1).

3. Zeichne drei Säulen in dein Heft. Nimm dafür die Einwohnerzahl einer Kleinstadt, einer Mittelstadt und einer Großstadt. Wähle dazu die entsprechenden Werte aus M4 aus. `183`

Z 4. Vergleiche, wie Paderborn und seine Umgebung in der Panoramakarte M3 und in einer physischen Karte im Atlas dargestellt sind. Erstelle eine Tabelle mit den Unterschieden.

Eine Ballonfahrt über Stadt und Land

Lea aus Grundsteinheim hat zum Geburtstag eine Fahrt mit einem Heißluftballon geschenkt bekommen. (Man sagt beim Heißluftballon nicht „er fliegt", sondern man sagt „er fährt".) Sie nimmt auf die Fahrt ihren Freund Max mit.
Lea und Max haben für ihre Klasse einen Bericht auf dem Smartphone aufgenommen:
„Wir sind auf 350 Meter gestiegen. Wir treiben im Wind. Unter uns sehen wir Felder, Wiesen, Wälder und Weiden mit Kühen. Und da: ein Reiterhof mit Pferden! Manche **Dörfer** bestehen nur aus einzelnen Bauernhöfen, andere aus vielen Wohnhäusern. Manche Bauernhöfe liegen mitten im Dorf, andere weiter draußen in den Feldern. Fast alle Dörfer haben Neubaugebiete. Die neuen Häuser mit ihren Garagen und Gärten sind gut zu sehen.
Man erkennt schon von Weitem: Jetzt kommt eine **Stadt**. Erste Industriegebiete, immer mehr Verkehr, große Einkaufsmärkte, Bau- und Möbelmärkte! Davor sind riesige Parkplätze, auf denen die Autos dicht an dicht stehen. Viele Wohnhäuser haben mehrere Stockwerke. Die Häuser stehen immer enger. Es gibt kaum noch Gärten. Auf den Straßen zwischen Kaufhäusern und Geschäften strömen Menschen. Aus der Luft wirken sie wie Ameisen."

M3 Städte und Dörfer im Raum Paderborn (Panoramakarte; Blick nach Norden)

INFO 1

Dorf und Stadt – mit Unterschieden
Ein Dorf ist ein kleiner Ort. Die Bevölkerung lebte früher meistens von der Landwirtschaft. Eine Stadt ist ein größerer Ort mit vielen Einwohnern. Hier gibt es auch zahlreiche Einkaufsmöglichkeiten und Industriebetriebe.

INFO 2

Städte kann man nach ihrer Einwohnerzahl einteilen:

Kleinstadt:	weniger als 20 000 Einwohner
Mittelstadt:	20 000 bis 100 000 Einwohner
Großstadt:	über 100 000 Einwohner

Großstädte		Mittelstädte		Kleinstädte	
Köln	1 073 500	Düren	91 500	Marsberg	19 500
Düsseldorf	618 000	Detmold	74 000	Kalkar	14 000
Dortmund	586 000	Arnsberg	73 500	Lichtenau	10 500
Münster	315 000	Kleve	52 000	Nettersheim	8 000
Paderborn	151 500	Steinfurt	34 500	Hallenberg	4 500

Fachbegriffe
- das Dorf
- die Stadt

M4 Städte in Nordrhein-Westfalen (Auswahl; Einwohnerzahl Stand 30. Juni 2021, gerundet)

M1 Die Busverbindungen werden vor allem von Schülerinnen und Schülern genutzt.

M2 „Rollendes" Lebensmittelgeschäft (Verkauf direkt im Fahrzeug)

Leben in einem Dorf – wie muss man sich das vorstellen? Dörfer sind nicht mehr so, wie sie früher einmal waren. Sie haben sich verändert und sie sind attraktiv für Menschen aus den Städten geworden. Warum ziehen Menschen aus der Stadt in ein Dorf?

1. Nenne Gründe, warum Menschen in ein Dorf ziehen (M3). `115`

2. Notiere, wie heute in Grundsteinheim die ehemaligen landwirtschaftlichen Gebäude genutzt werden (M5, M6).

Ⓦ 3. Wähle aus:
   A Stelle in einer Tabelle zusammen, welche Gewerbebetriebe und welche öffentlichen Gebäude es in Grundsteinheim gibt (M6). `182`

   B Zeichne eine Kartenskizze mit den Gewerbebetrieben und den öffentlichen Gebäuden (M6). `90`

4. Das Wohnen in einem Dorf hat auch Nachteile. Vergleiche mit dem Leben in einer Stadt. Welche Daseinsgrundfunktionen sind nicht oder nur bedingt erfüllt (M1 – M4, M7)? `187`

Ⓩ 5. Beurteile das Leben in Grundsteinheim aus deiner Sicht. Was gefällt dir? Was sollte verbessert werden?

Vom Bauerndorf zur Wohngemeinde

Dörfer in Deutschland waren früher reine Bauerndörfer. Die meisten Einwohner des Dorfes lebten von der Landwirtschaft. Außerdem gab es Handwerksbetriebe im Dorf. Das war auch in Grundsteinheim so. In den letzten Jahrzehnten fand jedoch ein Wandel statt. Grundsteinheim wurde zunehmend zur **Wohngemeinde**. Die meisten Bauern haben ihre Höfe aufgegeben. Die Gebäude wurden umgebaut. Sie werden heute anders genutzt. Auch der Lebensmittelladen wurde geschlossen. Seit 1975 ist der Ort ein Stadtteil von Lichtenau.
Am Ortsrand entstanden Neubaugebiete mit Einfamilienhäusern. Viele Menschen aus der Stadt zogen zu. Für sie ist das Wohnen in einem Dorf besonders reizvoll und interessant.

„Wir sind nach Grundsteinheim gezogen, weil hier die Grundstückspreise niedriger sind als in der Stadt. Wir haben in der Stadt viel Geld für die hohe Miete ausgegeben. Hier konnten wir uns ein Haus bauen. Ich muss zwar jeden Tag zur Arbeit nach Paderborn fahren, doch ich freue mich immer auf meinen Feierabend im Garten."

„Leider gibt es in Grundsteinheim keine Schule. Ich muss mit dem Bus zur Schule in die Stadt fahren. Jeden Morgen muss ich früh aufstehen, um rechtzeitig an der Bushaltestelle zu sein. Aber hier ist es schön. Ich fahre oft mit meiner Freundin durch die Felder oder wir spielen auf der Straße."

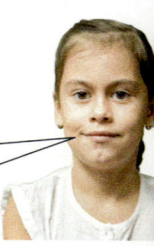

M3 Familie Lehmann wohnt in Grundsteinheim.

M4 Grundsteinheim 2020 – im Hintergrund ist der Windpark Lichtenau zu sehen.

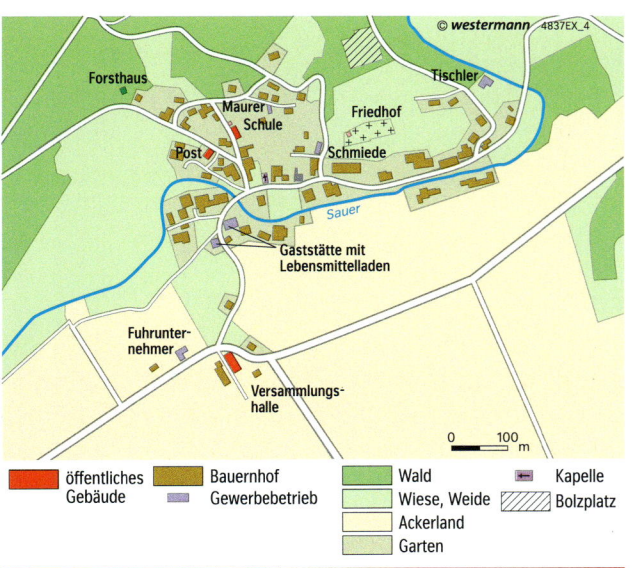

Forsthaus
Tischler
Maurer
Schule
Friedhof
Post
Schmiede
Sauer
Gaststätte mit
Lebensmittelladen
Fuhrunter-
nehmer
Versammlungs-
halle
0 100 m

öffentliches Gebäude	Bauernhof		Wald		Kapelle	
Gewerbebetrieb			Wiese, Weide	Bolzplatz		
			Ackerland			
			Garten			

M5 Grundsteinheim 1955

Möbelmarkt
Friedhof
Schreiner
Jugendtreff
P
Architekt
Sauer
Gaststätte
Mast-
betrieb
Mehrzweckhalle
Busunter-
nehmer
Elektro-
installateur
Neubau-
gebiet
Futter-
handlung
Fahrzeugtechnik
0 100 m

Wohnhaus	Bauernhof		Wald		Kapelle	
öffentliches Gebäude	Gewerbe-betrieb		Wiese, Weide	Parkplatz		
Leerstand			Ackerland	Bolzplatz		
			Garten	alter Dorfkern		

M6 Grundsteinheim heute

„...ie Ruhe hier ist herrlich. Ich liebe die ...rtenarbeit und mit meiner Nachbarin ...nn ich ein Schwätzchen halten. Ich habe ...e Halbtagsstelle in einer Futterhandlung ...Grundsteinheim gefunden. Meine Arbeit ...d meine Einkäufe muss ich mit den Plänen ...einer Kinder abstimmen. Der Bus fährt nur ...e Stunde. Lea muss ich vom Musik-...terricht in der Stadt abholen. Mark hat ...m Glück hier einen Sportverein gefunden."

Grundsteinheim	1955	2020
Zahl der Einwohner	326	463
Zahl der Bauernhöfe	58	14
Zahl der Gaststätten	2	1
Zahl der Vereine	3	8
Zahl der Schulen	1	0
Zahl der Gewerbebetriebe	6	8

M7 Grundsteinheim hat sich verändert.

„Hier können wir supergut spielen: auf der Straße, auf dem Bolzplatz, im Wald. Durch den Fußballverein kenne ich viele Jungen hier im Dorf."

Fachbegriff
■ die Wohngemeinde

M1 Der Marktplatz von Bremen mit dem Roland

Bremen ist eine Groß-
stadt im Nordwesten
Deutschlands. In Groß-
städten kann man ver-
schiedene Viertel un-
terscheiden.
Wie werden die unter-
schiedlichen Viertel in-
nerhalb der Großstadt
genutzt? Welche Un-
terschiede gibt es?

1. Erkläre, warum jeden Tag viele Menschen in die Bremer Innenstadt fahren.

2. Begründe, warum die Industriegebiete und großen Einkaufszentren am Rande von Bremen liegen.

3. Beschreibe die Lage der Stadtviertel in der Karte in M3. **115** ▶

4. Ordne den Bildern ① bis ⑤ jeweils einen der folgenden Begriffe zu: Innenstadt, Wohnviertel, Erholungsgebiet, Gewerbegebiet oder In-
dustriegebiet.

Eine Stadt – verschiedene Viertel

Die Innenstadt von Bremen, auch City genannt, ist das Geschäfts-, Kultur- und Verwaltungszentrum. Hier gibt es zahlreiche Kaufhäuser, Büros, Banken und wichtige Behörden.

In der großen **Fußgängerzone** kann man nach Herzenslust einkaufen gehen oder einfach nur bummeln. Während des Tages halten sich Tau-
sende von Menschen in der Innenstadt auf. Viele von ihnen stammen nicht aus Bremen. Sie sind mit dem Auto oder der Bahn gekommen, um dort zu arbeiten oder einzukaufen. In der Innenstadt bieten viele Spezialgeschäfte zum Beispiel Mar-
kenbekleidung oder Sportgeräte an.

In den Industrie- und **Gewerbegebieten** haben sich Fabriken und große Einkaufszentren ange-
siedelt. Sie liegen am Stadtrand von Bremen. Dort sind die Grundstückspreise niedriger als in der Innenstadt. Außerdem gibt es gute An-
schlussmöglichkeiten an die Autobahn.

Die Menschen leben in **Wohnvierteln**. Diese unterscheiden sich voneinander. In einigen Wohn-
vierteln findet man vor allem Einfamilienhäuser, in anderen viele Mehrfamilienhäuser. Wegen des beschränkten Platzangebots wird oftmals nicht mehr in die Breite, sondern auch in die Höhe gebaut. So wurden in einigen Wohnvierteln Hoch-
häuser errichtet.

Parks und Grünanlagen bilden die Erho-
lungsgebiete. Am Wochenende zieht es viele Bremer ins Grüne. Sie können sich dort von den Anstrengungen der Woche erholen.

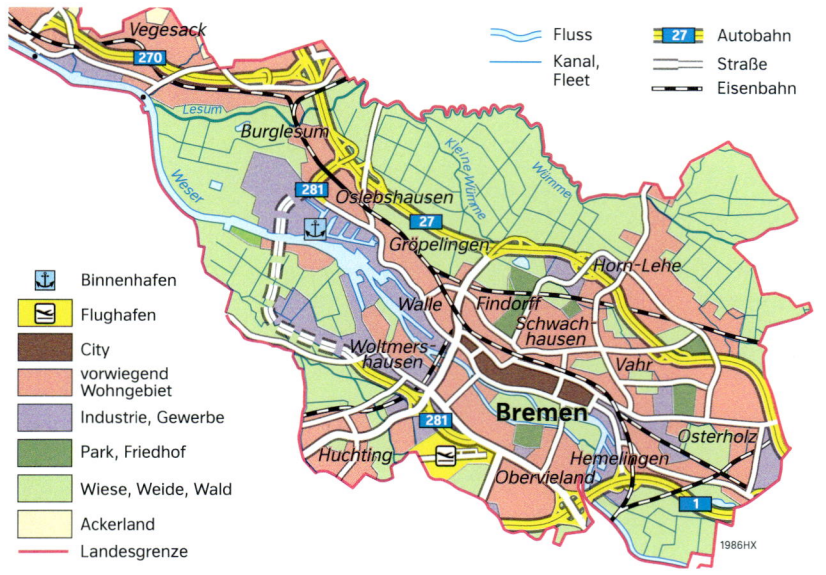

Fluss
Kanal, Fleet
27 Autobahn
Straße
Eisenbahn

⚓ Binnenhafen
🛬 Flughafen
City
vorwiegend Wohngebiet
Industrie, Gewerbe
Park, Friedhof
Wiese, Weide, Wald
Ackerland
Landesgrenze

1986HX

M3 Karte von Bremen und Bilder aus verschiedenen Stadtvierteln

Fachbegriffe

- die Fußgängerzone
- das Gewerbegebiet
- das Wohnviertel

Wir stellen ein Wohnviertel vor

Wohnen in unterschiedlichen Wohnvierteln

Drei Kinder der Klasse 5a wohnen in Braunschweig im Stadtteil Gliesmarode. Sie stellen ihr Wohngebiet vor.

Sie haben Texte geschrieben über die Straßen, in denen sie wohnen. Und sie haben Fotos gemacht. Zunächst befestigen sie einen Stadtplan auf einer Pinnwand. Auf dem Stadtplan haben sie die Straßen farbig nachgezeichnet.

Dann heften sie die Fotos an die Pinnwand und lesen die Texte vor.

Die folgenden Arbeitsschritte helfen dir bei der Erkundung deines Wohnviertels. Lies dir die einzelnen Schritte aufmerksam durch und erkunde anschließend dein Wohnviertel.

1. Vorbereitung:
Besorge dir eine Kopie von einem Stadtplan. Markiere darin die Straße, in der du wohnst (bei langen Straßen reicht auch ein Straßenabschnitt). Mache ein Foto von der Straße.

2. Durchführung:
Verfasse den Text:

1. Beschreibe die Wohnhäuser.
   a) Welche Hausformen gibt es (Mehrfamilienhäuser mit wie vielen Stockwerken, Reihenhäuser, Ein- oder Zweifamilienhäuser)?
   b) Grenzen die Häuser direkt an den Bürgersteig oder gibt es Vorgärten?

2. Beschreibe die Straße oder den Straßenabschnitt.
   a) Ist die Straße ruhig oder gibt es viel Verkehr?
   b) Gibt es Bäume?

3. Beschreibe das Wohnumfeld.
   a) Gibt es in der Nähe Grünanlagen oder Parks?
   b) Gibt es einen Spielplatz?
   c) Gibt es Geschäfte? Welche?

4. Beschreibe, wie gut bestimmte Häuser/ Plätze erreichbar sind.
   a) Wie weit ist es zum nächsten Supermarkt?
   b) Wie weit ist es zur nächsten Schule?
   c) Wie erreichst du den nächsten Sportplatz, das nächste Schwimmbad?
   d) Wie erreicht man die City?

3. Auswertung:
Stelle dein Wohnviertel deinen Mitschülerinnen und Mitschülern vor.
Gehe dabei so vor, wie die Schülerinnen und der Schüler aus Gliesmarode.

„Die Straße ist ruhig. Autos fahren nur selten. Die Häuser sind ein- bis zweistöckig und haben einen Garten. Wir können überall spielen. Es gibt auch einen Platz zum Fußballspieler Das Naturschutzgebiet ist nicht weit. Zur Hallenbad sind es nur zehn Minuten mit dem Fahrrad. Aber es gibt kaum Geschäfte zum Einkaufen. Wenn ich ein Eis essen will, muss ich sehr weit laufen."

M1 Nele aus der Wilhelm-Börker-Straße

„Wir wohnen in einem Altbau im vierten Stock. Es gibt keinen Aufzug. Ein paar Häuser weiter ist die Hauptstraße. Dort ist es sehr laut. Regelmäßig fährt die Straßenbahn vorbei. Spielen darf man auf unserer Straß nicht, weil es zu gefährlich ist. Mit dem Fahrrad brauche ich nur fünf Minuten bis zum nächsten Supermarkt. Bis in die Stadt brauche ich 15 Minuten."

M2 Malik aus der Mittelriede

„Das Haus hat 14 Stockwerke. Wir wohnen im zwölften Stock und haben einen tollen Blick. Wir können ins Naturschutzgebiet und auch in Richtung City gucken. Es gibt zwei Aufzüge. Direkt gegen über ist ein Supermarkt. Spielen können wi auf dem Spielplatz am Haus. Zur Schule fahre ich mit der Straßenbahn. Zu Fuß ist es zu weit, und mit dem Fahrrad müsste ich auf der Hauptstraße fahren."

M3 Elif in der Querumer Straße

M4 Wilhelm-Börker-Straße in Gliesmarode

M7 Mittelriede in Gliesmarode

M5 Querumer Straße in Gliesmarode

M8 Ortsschild von Gliesmarode

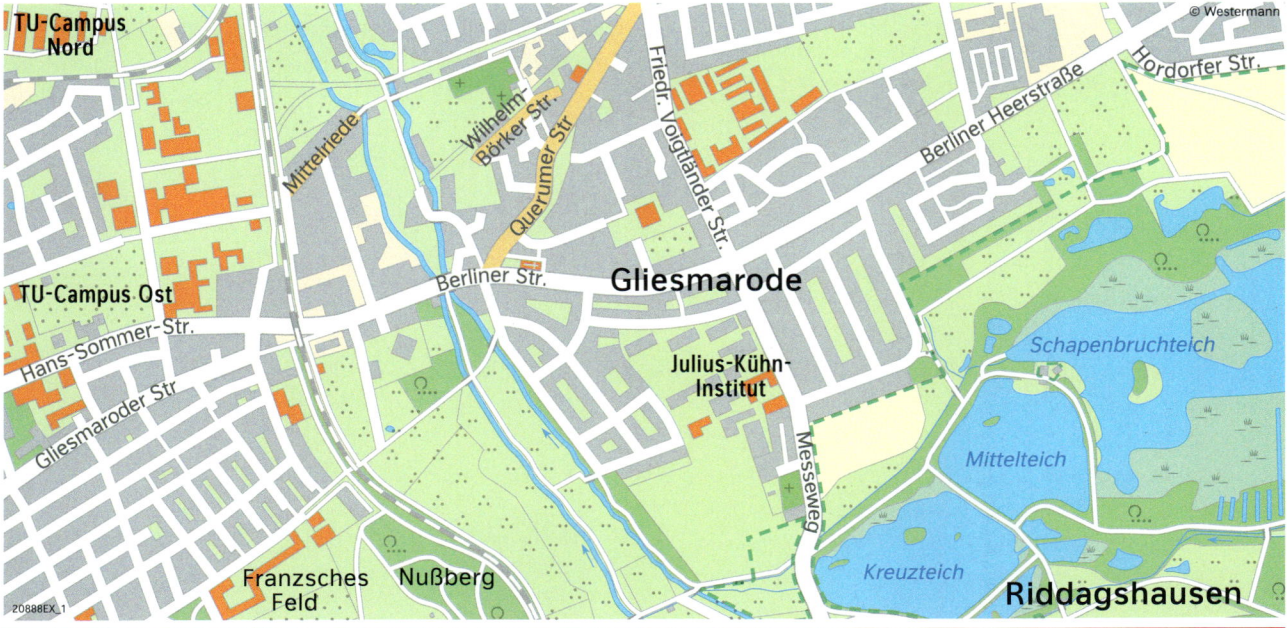

M6 Stadtplan von Braunschweig (Ausschnitt); die Straßen in M4, M5 und M7 sind orange gekennzeichnet.

Viele Menschen, die in den Dörfern wohnen, fahren regelmäßig in die Stadt. Aber andererseits gibt es auch viele Menschen, die häufig aus der Stadt ins Umland fahren.
Was kann das Umland den Städtern bieten?

1. a) Beschreibe die Pendlerströme zwischen Umland und Stadt am Morgen und am Abend (M2).
   b) Notiere die Gründe für diese Pendlerströme (M2, Text). 115 ▶
   c) Was bietet das Umland für die Pendler (M1)?

Ⓦ 2. Wähle aus:
   A Zeichne ein allgemein zutreffendes Modell für die Pendlerströme zu den Schulen in der Stadt in der Art wie M2.
   B Zeichne ein allgemein zutreffendes Modell für die Pendlerströme zu den Unterhaltungsangeboten in der Stadt am Abend in der Art wie M2.

3. Warum und wann fahren Menschen aus der Stadt ins Umland (M2)? Zeichne ein Modell.

4. M4 ist ein Modell, das den Einzugsbereich einer Stadt zeigt. Notiere die Namen der Dörfer, die im Einzugsbereich von bis zu sieben Kilometer um Lichtenau liegen (M3).

5. Ein Modell stellt einen Sachverhalt vereinfacht dar. Nimm Stellung zu dieser Aussage. 188 ▶ 115 ▶

Ⓩ 6. Je größer die Stadt, desto größer ist ihr Einzugsbereich. Wende diese Aussage auf Lichtenau und Paderborn an (M5).

M1 Radeln im Umland von Paderborn

Zum Arbeiten und Einkaufen in die Stadt – zur Erholung ins Umland

Herr Lehmann aus Grundsteinheim und seine Kinder sind **Pendler**. Sie fahren in die Stadt, um dort zu arbeiten oder zur Schule zu gehen. Das **Umland** der Städte mit den Dörfern bietet den Wohnraum, die Städte bieten Arbeitsplätze und Ausbildungsmöglichkeiten.

Aber auch zum Einkaufen müssen die Bewohner der Dörfer in die Stadt fahren. In den nahe gelegenen Kleinstädten können sie Lebensmittel und Bekleidung kaufen, zur Apotheke, zum Arzt, zur Bank und zur Post gehen. Für Einkäufe in Spezialgeschäften, Kaufhäusern und Einkaufszentren oder Besuche bei Fachärzten müssen sie in eine größere Stadt fahren.

Umgekehrt bietet das Umland den Städtern Erholungsmöglichkeiten in der Natur. Dies nutzen die Bewohner der Städte vor allem an den Wochenenden. Sie unternehmen zum Beispiel Radtouren und essen in einem Gasthof in einem der Dörfer. So ergänzen sich Stadt und Umland.

Pendler
Viele Menschen müssen regelmäßig von einem Ort zum anderen fahren: zwischen ihrer Wohnung und ihrer Arbeitsstelle oder der Schule oder zum Einkaufen. Dabei kann die Fahrt einige Minuten, aber auch Stunden dauern.
Pendler benutzen alle Arten von Verkehrsmitteln, zum Beispiel den Bus, der zum ÖPNV (öffentlicher Personennahverkehr) zählt. Viele fahren aber auch mit dem Fahrrad oder mit dem Auto. Da Pendler häufig denselben Weg zum Arbeitsplatz haben, schließen sich viele zu Fahrgemeinschaften zusammen.

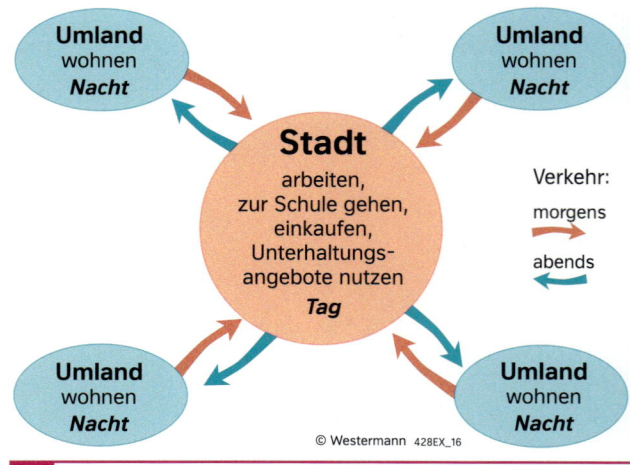

M2 Das Pendler-Modell zeigt die Pendlerströme zwischen Umland und Stadt.

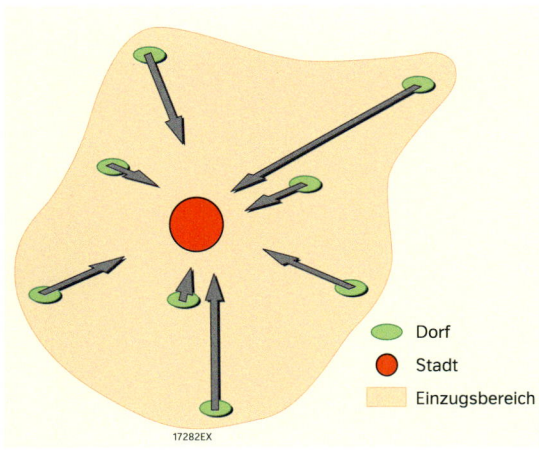

Paderborn 14 Kilometer

Lichtenau 6 Kilometer

Grundsteinheim

M3 Städte und Dörfer im Raum Paderborn (Panoramakarte, Blick nach Norden)

● Dorf
● Stadt
Einzugsbereich

17282EX

M4 Einzugsbereich einer Stadt

Lichtenau – 15 Dörfer, eine Stadt. So steht es auf der Homepage der Stadt. Grundsteinheim ist eines der Dörfer, die zur Stadt Lichtenau gehören. In Lichtenau befindet sich das Rathaus mit der Stadtverwaltung. Hier musste sich Familie Lehmann anmelden, als sie nach Grundsteinheim zog. Und hierhin müssen die Bewohner der Dörfer auch fahren, wenn sie zum Beispiel einen Ausweis benötigen. Ihr Auto musste Familie Lehmann in Paderborn anmelden. Paderborn hat einen sehr großen **Einzugsbereich**.

M5 Der Einzugsbereich von Lichtenau und Paderborn

Fachbegriffe
■ der Pendler
■ das Umland
■ der Einzugsbereich

Der Hamburger Hafen

M1 Containerterminal im Hamburger Hafen

In großen Seehäfen wie Hamburg kommen täglich verschiedene Güter und Waren an. Hier werden sie umgeladen, gelagert und ihr Weitertransport organisiert.
Was wird dabei als Stückgut oder Massengut bezeichnet? Welche Vorteile hat der Containertransport?

1. a) Nenne Güter, die als Massengut und Güter, die als Stückgut bezeichnet werden (Text, M4).
b) Beschreibe, wie der Stückgut-, Massengut- und Containerumschlag erfolgt (Text, M4).
115 ▶
c) Getreide, Teddybären und Druckmaschinen sollen mit dem Schiff transportiert werden. Ordne diese Güter einem der Bilder in M4 zu.

2. Stelle in einem Säulendiagramm dar, wie viel Tonnen Güter in wichtigen deutschen Häfen pro Jahr umgeschlagen werden (M2). 183 ▶

3. Berichte über Vorteile des Containertransports (Text, M3, M5).

4. a) Ostseehafen oder Nordseehafen? Ordne die in M2 genannten Häfen mit Hilfe des Atlas richtig zu.
b) Liegen die Häfen mit den größten Frachtumsätzen an der Ostsee oder an der Nordsee (M2, Atlas)?

5. Die Verkehrsanbindung Hamburgs gilt für den Warentransport als günstig. Erkläre mithilfe des Atlas und der Karte M6.

6. Stelle Unterschiede zwischen See- und Binnenhäfen dar (Info).

Im Hamburger Hafen

Täglich werden mehr als 350 000 Tonnen Güter umgeschlagen, das heißt, sie werden aus- oder eingeladen. Bei den umgeschlagenen Gütern unterscheidet man zwischen **Massengütern** und **Stückgütern**. Erdöl, Kohle, Erze oder Getreide sind Massengüter, die auch als Greifgut bezeichnet werden. Sie werden unverpackt in den Laderäumen der Schiffe transportiert. Große Schaufelbagger oder Kräne entladen die Schiffe von Kohle oder Erzen. Getreide wird mithilfe von Getreidehebern in Silos befördert. Flüssige Güter wie Erdöl pumpt man in Tanks. Bei den Stückgütern handelt es sich zum Beispiel um Möbel, Maschinen, Bananenstauden oder Kaffeesäcke. Sie werden meistens in Kisten, Säcken oder **Containern** transportiert. Riesige Kräne auf Schienen, Katzbrücken genannt, be- und entladen die Schiffe.
Das Be- und Entladen erfolgt so schnell wie möglich, denn ein Containerschiff verursacht täglich Kosten von rund 60 000 Euro.

Hafen	Güter (in Mio. Tonnen)
Hamburg	109,2
Bremerhaven	46,6
Wilhelmshaven	22,8
Rostock	20,1
Lübeck	15,3
Bremen	10,4
Brunsbüttel	8,7
Stade	6,2

M2 Jährlicher Güterumschlag in wichtigen deutschen Häfen (2020)

M3 Containertransport mit einem Lkw

M6 Hamburgs Verkehrsanbindung

Ⓐ Löschen von Bananenkisten (Stückgut)

Ⓑ Löschen von Holzschnitzeln (Massengut)

Ⓒ Containerterminal

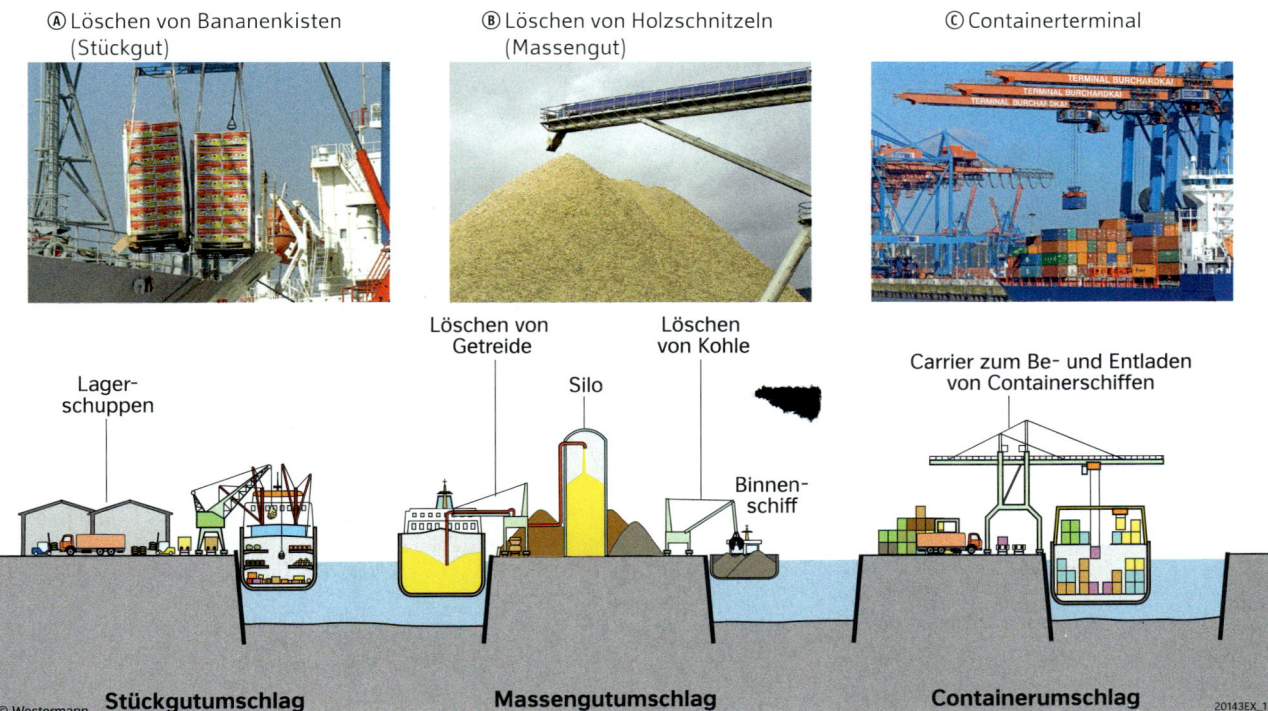

M4 Der Güterumschlag im Hamburger Hafen

INFO

See- und Binnenhäfen
Seehäfen liegen meistens an der Küste. Sie können von großen Seeschiffen angelaufen werden. Im Gegensatz dazu liegen **Binnenhäfen** an Flüssen und Kanälen, häufig im Hinterland großer Seehäfen.
Für die Waren- bzw. Güterverteilung sind See- und Binnenhäfen bedeutend. Waren und Güter werden oft von großen Seehäfen zu Binnenhäfen im Hinterland mit Binnenschiffen weitertransportiert. Von hier aus erfolgt der Transport mit Lkw oder Eisenbahn zu den Zielorten.

Vorteile: leicht stapelbar, untereinander verbindbar, weltweit für Schiff, Bahn und Lkw genormt, Lagerung unter freiem Himmel spart Lagerhallenkosten. Große Schiffe können bis zu 20 000 Container laden.

M5 Container

Fachbegriffe
- das Massengut
- das Stückgut
- der Container
- der Seehafen
- der Binnenhafen

M1 Die Großlandschaften in Deutschland

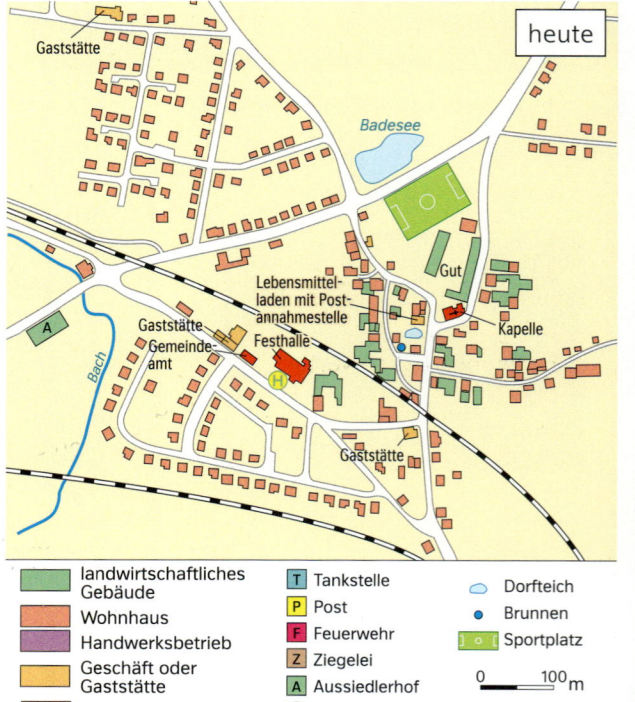

M2 Ein Dorf verändert sich.

A Hier gibt es genügend Ärzte. Auch ein großes Krankenhaus ist in der Nähe. Die medizinische Versorgung ist sehr gut.

D Zur Schule muss ich 40 Minuten mit dem Bus fahren.

B Hier kann man günstig wohnen. Die Mieten für Wohnungen sind nicht so teuer.

E Hier ist es sehr ruhig. In den Wäldern kann man Tiere beobachten. In der frischen Luft kann man sich gut erholen.

C Hier gibt es viele Geschäfte. Man kann sehr gut einkaufen, zum Beispiel auch Computer oder Bekleidung.

F Wir wohnen in einem Hochhaus mit vielen anderen Menschen. Hier ist nicht viel Platz.

M3 Das Leben in der Stadt und auf dem Land

GART	DAM	BURG	MÜN	DEN
DORF	CHEN	WIES	SCHWE	BA
DE	DEN	SAAR	VER	POTS
ER	SEL	DÜS	STUTT	CKEN
MAG	BRÜ	FURT	RIN	MAINZ
NO	DRES	HAN	KIEL	

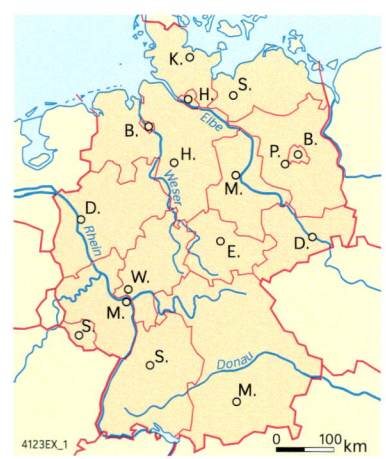

M4 Die Bundesländer und ihre Hauptstädte

Wissen und sich orientieren

1. Wähle fünf Fachbegriffe aus der Liste und erkläre sie.

2. a) Ordne die Fotos A–C in M1 jeweils einer Großland-schaft in Deutschland zu. Begründe deine Entschei-dung. *(S. 88/89)*
b) Nenne in Stichworten wichtige Merkmale der jeweiligen Landschaft.

3. Der Harz wird als Regen-fänger bezeichnet. Erkläre. *(S. 94/95)*

4. Die Stadt Berlin wird als Zentrum Deutschlands bezeichnet. Nenne Gründe. *(S. 100/101)*

5. Beschreibe verschiedene Viertel in einer Großstadt. *(S. 106/107)*

6. Erkläre die Begriffe Stück-gutumschlag, Massengut-umschlag und Container-umschlag im Hamburger Hafen. *(S. 112/113)*

Können und anwenden

7. Erkläre die Höhenstufen in den Alpen mit einer beschrif-teten Zeichnung. *(S. 96/97)*

8. a) Bilde die Namen der Landeshauptstädte aus den Silben. *(S. 98/99)*
b) Ordne sie den Bundes-ländern richtig zu. Welche Landeshauptstädte fehlen?

9. a) Die Fotos 1 und 2 in M3 zeigen das Leben in der Stadt und auf dem Land. Ordne die Aussagen A–F jeweils dem Stadt- oder Landleben richtig zu. *(S. 102/103)*
b) Leben in der Stadt und auf dem Land. Nenne weitere Merkmale in einer Tabelle.

10. Das Leben im Dorf hat sich in den letzten Jahrzehnten gewandelt. Vergleiche die Karten in M2 und beschreibe den Wandel. *(S. 104/105)*

11. a) Stadt und Umland ergän-zen sich. Erkläre. *(S. 110/111)*
b) Zeichne ein Modell der Pendlerströme zwischen Stadt und Umland. *(S. 110)*

Sich austauschen, beurteilen und handeln

12. Tourismus und Naturschutz sollen im Harz gleicher-maßen berücksichtigt werden. Tauscht euch in der Gruppe über Möglichkeiten aus. *(S. 94)*

13. Leben in der Stadt und Leben auf dem Land. Wo möchtest du später leben? Begründe. *(S. 102/103)*

14. Beurteile das Leben in einem Dorf wie Grund-steinheim aus der Sicht eines älteren Menschen und eines Jugendlichen. *(S. 104/105)*

15. Stelle dein Wohnviertel in einem Kurzvortrag vor. *(S. 108/109)*

16. Beurteile die folgende Aussage: „Ohne den Warenumschlag in den großen Seehäfen könnten wir nur wenige Dinge kaufen". *(S. 112/113)*

Fachbegriffe

- die Großlandschaft
- das Tiefland
- das Mittelgebirge
- das Alpenvorland
- das Hochgebirge
- die Küstenform
- der Stauniederschlag
- die Talsperre
- die Almwirtschaft
- der Flächenstaat
- der Stadtstaat
- das Dorf
- die Stadt
- die Wohngemeinde
- die Fußgängerzone
- das Gewerbegebiet
- das Wohnviertel
- der Pendler
- das Umland
- der Einzugsbereich
- das Massengut
- das Stückgut
- der Container
- der Seehafen
- der Binnenhafen

WES-115715-115

Wetter und Klima

Das Wetter bei uns wechselt oft und schnell. Es hat großen Einfluss auf uns.

Beschreibe das Wettergeschehen auf dem Bild.
Überlege, wie das Wetter unser Leben täglich beeinflusst.

M1 02. Juli, 16.00 Uhr: „Tolles Ausflugswetter heute!"

M2 02. Juli, 16.00 Uhr: „Mistwetter!"

Cem und Dana hören morgens im Radio, dass heute die Schule ausfällt. Es hat über Nacht stark geschneit. Die Schulbusse können nicht mehr fahren. Auch das Gehen ist schwierig. Auch im Sommer fallen manchmal die letzten Stunden aus, wenn es in den Räumen zu heiß wird. Es gibt dann „hitzefrei".
Warum spielt das Wetter manchmal verrückt? Wie entsteht das Wetter?

1. a) Erkläre, wie es zu den Aussagen zum Wetter in M1 und M2 kommt.
   b) Beschreibe das heutige Wetter an deinem Schul- oder Wohnort.

2. Nenne Gründe, warum bei Cem und Dana die Schule wegen des Wetters ausfällt (Text, M3).

3. a) Nenne jeweils ein Beispiel, wie die Wetterelemente (M4) das Wetter beeinflussen.
   b) Liste wichtige Wetterelemente (M4) auf, die zu dem Wetter in M1 und M2 führen.

Ⓦ 4. Wähle aus:
   A Beschreibe das Wetter, das sich folgende Personen wünschen: ein Urlauber am Meer, eine Radfahrerin, ein Gärtner, der gerade Rasen ausgesät hat.
   B Liste Berufe auf, die vom Wetter abhängen. Begründe.

5. Wähle drei Orte aus der Wetterkarte M5 aus und bestimme das Wetter. 185 ▶

6. a) Erkläre die Bauernregeln zum Wetter (M6). 137 ▶
   b) Welche Bauernregel in M6 kannst du auf das Foto M7 anwenden? Sage auf dieser Grundlage das Wetter voraus.

Wetterelemente

Der Ablauf des **Wetters** ist für viele Menschen wichtig. Wenn wir zum Beispiel einen Ausflug planen, hoffen wir auf schönes Wetter mit Sonnenschein. Landwirte brauchen dagegen möglicherweise Regen für ihre Pflanzen. Im Winter ist Autofahren besonders gefährlich, wenn die Straßen gefroren und spiegelglatt sind.

Man spricht vom Wetter, wenn es regnet oder hagelt, es schneit oder ein Gewitter aufzieht, wenn es windig ist oder die Sonne scheint. Am Wettergeschehen sind immer Sonne, Luft und Wasser beteiligt.

Die Sonne ist der Motor des Wettergeschehens. Sonnenstrahlen erwärmen die Luft über der Erdoberfläche. Dadurch verändern sich die **Wetterelemente** Bewölkung, Wind, Luftdruck, Lufttemperatur und Niederschlag. Als Wetter wird das Zusammenwirken der Wetterelemente zu einem bestimmten Zeitpunkt an einem Ort bezeichnet. Von Wetterdiensten werden Wettervorhersagen erstellt, damit die Menschen sich über das Wetter der nächsten Stunden und Tage informieren können. Diese werden in Zeitungen, Radio und Fernsehen und in besonderen Apps veröffentlicht.

M3 Schulfrei!

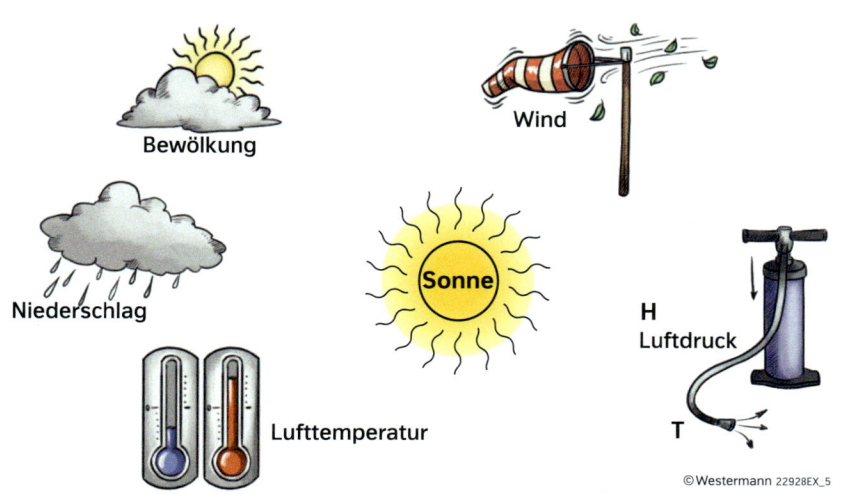

Bewölkung

Niederschlag

Lufttemperatur

Wind

Sonne

H Luftdruck

T

© Westermann 22928EX_5

M4 Die Wetterelemente

| -9 bis -5 | -4 bis 0 | 1 bis 5 | 6 bis 10 | 11 bis 15 | 16 bis 20 | 21 bis 25 | 26 bis 30 |

in °C

sonnig

heiter

wolkig

bedeckt

Schauer

Regen

23328EX_6
© Westermann

M5 Wettervorhersage mithilfe einer Wetterkarte in einer Tageszeitung

„Abendrot Gutwetterbot' –
Morgenrot mit Regen droht."

„Der Nordwind ist ein rauher Vetter,
doch bringt er beständig's Wetter."

„Wenn die Sonne scheint sehr bleich,
ist die Luft an Regen reich."

„Wenn der Himmel gezupfter Wolle gleicht,
das schöne Wetter bald dem Regen weicht."

„Wenn Schäfchenwolken am Himmel stehen, kann
man ohne Schirm spazieren gehen."

M6 Bauern haben das Wetter über viele Jahre beobachtet und Wetterregeln aufgestellt.

M7 Himmel am Morgen

Fachbegriffe
- das Wetter
- das Wetterelement

Das Wetter kann sich bei uns ständig verändern oder über Tage und Wochen gleichbleiben. Dafür sind die Wetterelemente (S. 119) verantwortlich. Wetterelemente können wir beobachten, messen und aufschreiben.
Versuche zeigen, wie die Wetterelemente zusammenwirken.

So geht ihr vor:

1. Wähle eines der Teilthemen
   - Lufttemperatur (S. 120/121),
   - Bewölkung und Niederschlag (S. 122/123),
   - Luftdruck und Wind (S. 124/125).

2. Bilde mit anderen Schülerinnen und Schülern zusammen eine Themengruppe.

3. Bearbeitet gemeinsam die Aufgaben.

4. Verfasst ein Referat zu eurem Teilthema. 190

5. Tragt das Referat mit elektronischer Medienunterstützung vor. 190

„Muss ich mir heute einen Pullover überziehen oder reicht ein T-Shirt?"
Wärme und Kälte empfinden wir durch unterschiedliche Lufttemperaturen.
Wie erwärmt sich die Luft? Wie kann ich das Wetterelement Lufttemperatur untersuchen?

1. Erklärt, wie sich Luft in der Atmosphäre erwärmt (Text, M2). 137

2. a) Berechnet die Tagesmitteltemperaturen für die Orte A, B, C und D in M5 nach der Anleitung in M3.
   b) Messt an eurem Wohnort die Temperaturen zu den in M5 angegebenen Zeiten. Berechnet die Tagesmitteltemperatur nach der Anleitung von M3.

3. a) Erstellt ein Temperaturtagebuch nach dem Muster von M6. Messt dafür täglich die Temperatur zu den angebenen Zeiten.
   b) Errechnet jeweils die Tagesmitteltemperatur.
   c) Stellt diese Tagesmitteltemperaturen in einem Liniendiagramm dar (M3). 183

4. Führt den Versuch M4 durch. 188
   Was beobachtet ihr? Welche Bedeutung in der Natur haben die Teile im Versuch?

5. Listet jeweils fünf Fragen zum Wetterelement Lufttemperatur auf. Beantwortet die Fragen in der Gruppe.

M1 Sonnenstrahlen treffen auf die Erde.

Energie von der Sonne

So wie jedes Auto Kraftstoff oder Elektrizität benötigt, so braucht auch unser Wetter eine Energiequelle. Diese Energie liefert die Sonne. Die Sonnenstrahlen erwärmen die Erd- und Wasseroberflächen. Die aufgenommene Wärme geben Land und Wasser an die Luft in der Atmosphäre ab.

Die Lufttemperatur misst man mit einem Thermometer. Sie wird in Grad Celsius (°C) angegeben. Temperaturen werden im Schatten gemessen. Man kann Temperaturen von verschiedenen Orten (M5) oder an verschiedenen Tagen (M6) vergleichen. Dafür muss man immer zur gleichen Zeit messen (zum Beispiel um 7:00 Uhr, 14:00 Uhr und 21:00 Uhr, wie in M3 – M6).

Aus den drei gemessenen Werten an einem Ort zu verschiedenen Tageszeiten errechnet man die Tagesmitteltemperatur. Um die Tagesmitteltemperatur zu erhalten, werden die gemessenen Werte addiert. Der Wert um 21:00 wird dabei doppelt gezählt. Abschließend dividiert man die Summe durch vier.

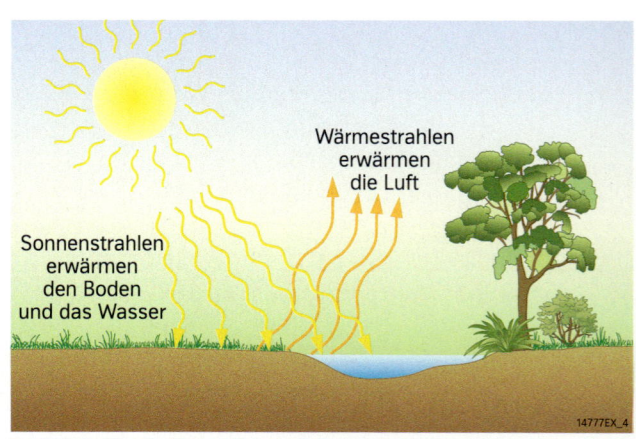

M2 Sonnen- und Wärmestrahlen

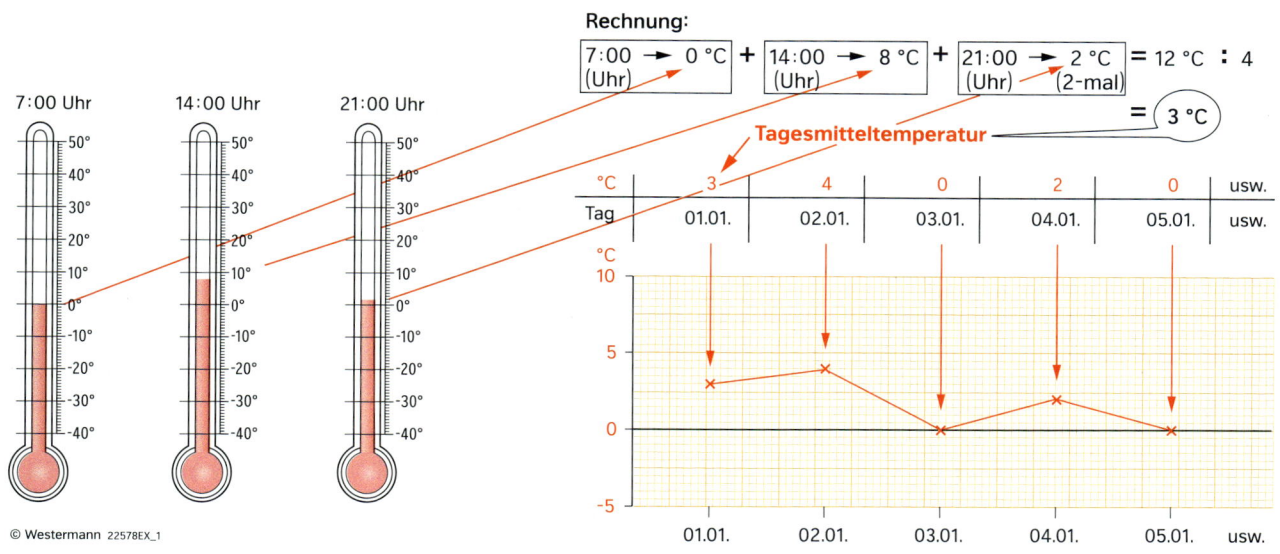

Rechnung:

7:00 (Uhr) → 0 °C	+	14:00 (Uhr) → 8 °C	+	21:00 (Uhr) → 2 °C (2-mal)	= 12 °C : 4

= **3 °C**

Tagesmitteltemperatur

°C	3	4	0	2	0	usw.
Tag	01.01.	02.01.	03.01.	04.01.	05.01.	usw.

M3 Ablesen, Berechnen und Zeichnen von Tagesmitteltemperaturen

Das benötigt ihr:
- Kühlschrank
- Plastikflasche
- Luftballon
- Schüssel
- warmes Wasser

So geht ihr vor:
1. Lasst eine leere Plastikflasche eine Stunde lang im Kühlschrank abkühlen.
2. Streift über den Flaschenhals der kalten Flasche einen Luftballon.
3. Füllt eine Schüssel mit heißem Wasser und stellt die Flasche hinein.
4. Stellt die Flasche mit dem Luftballon für 15 Minuten zurück in den Kühlschrank.
5. Notiert eure Beobachtungen und erklärt sie.

Erklärung:
Die Teilchen der Luft nennt man Moleküle.

Je wärmer die Luft ist, desto schneller bewegen sich die Luftmoleküle über größere Entfernungen. Die Luft dehnt sich aus.

In der Natur erwärmt sich die Luft durch die Sonnenstrahlung. Erwärmte Luft steigt auf.

M4 Versuch: Warme Luft dehnt sich aus.

Zeit	Ort A	Ort B	Ort C	Ort D
7:00 Uhr	7 °C	8 °C	11 °C	2 °C
14:00 Uhr	13 °C	18 °C	29 °C	8 °C
21:00 Uhr	10 °C	13 °C	18 °C	3 °C

M5 Temperaturmesswerte an verschiedenen Orten

Monat: Juni	1. Juni	2. Juni	30. Juni
Temperatur um 7:00 Uhr	10 °C	12 °C	9 °C
Temperatur um 14:00 Uhr	22 °C	24 °C	25 °C
Temperatur um 21:00 Uhr	16 °C	18 °C	17 °C
Tagesmitteltemperatur	16 °C	18 °C	17 °C

M6 Temperaturmesswerte an einem Ort zu verschiedenen Zeiten (Beispiel für ein Temperaturtagebuch)

ERSTAUNLICH
- höchste gemessene Temperatur der Erde: 56,7 °C im Death Valley (USA)
- höchste gemessene Temperatur Europas: 48,8 °C auf Sizilien (Italien)
- höchste gemessene Temperatur Deutschlands: 41,2 °C in Duisburg und in Viersen (Nordrhein-Westfalen)
- niedrigste gemessene Temperatur der Erde: -89,2 °C auf der Station Wostok (Antarktis)

Wir untersuchen die Wetterelemente Bewölkung und Niederschlag

Ⓐ Warme Luft weht einen Berg hinauf. Sie kühlt ab, es entstehen zunächst Wolken, dann kommt es zu Niederschlägen.
36905EX_4

Ⓑ Warme und kalte Luft treffen aufeinander. Das ist in Deutschland die häufigste Ursache für Niederschlag.
36908EX_2

Ⓒ Warme Luft steigt auf, zum Beispiel an einem Sommertag. So entstehen auch die meisten Gewitter.
36906EX_2

M1 Niederschlag kann auf drei Arten entstehen.

„Muss ich einen Regenschirm mitnehmen oder haben die dunklen Wolken nichts zu bedeuten?" Wir befürchten, durch den Regen nass zu werden.
Warum regnet es? Wie bilden sich Wolken?

1. a) Wie entstehen Wolken? Verwendet dabei die Begriffe Wasserdampf, Verdunstung, Kondensation, Wassertröpfchen, Abkühlung der Luft, Höhe (Text, M3).
   b) Wie kommt es zu Niederschlag (Text, M1)?

2. Ordnet die Niederschlagsarten den Zeichnungen ① bis ⑥ in M2 zu.

3. a) Beschreibt die Wolken in M4. Geht dabei auf Form, Farbe und Größe ein.
   b) Ordnet folgende Begriffe einer Wolkenart zu (M4): Schleierwolken, Wolkenturm, Schönwetterwolken, Unwetter, Eiswolken, dunkelgrau. **137** ▶

4. Führt die Versuche in M5 durch. Erklärt die Vorgänge. **188** ▶

5. a) Messt über einen längeren Zeitraum mit einem Messbecher täglich den Niederschlag (M6).
   b) Stellt die Werte in einem Diagramm dar (M6).

Niederschläge – warum regnet es?

Feuchtigkeit in der Luft führt zu Wolkenbildung und **Niederschlag**. Niederschlag ist also Feuchtigkeit, die in verschiedenen Formen die Erdoberfläche erreicht. Wolken sind kleine sichtbare Wasserteilchen in der Luft.

Die Sonne erwärmt Wasser- und Landflächen. Wasser trocknet ab und verdunstet. Bei **Verdunstung** nimmt Luft unsichtbares Wasser aus dem Meer, den Seen, den Flüssen, den Blättern oder dem Boden auf. Den Anteil des Wasserdampfs in der Luft bezeichnet man als **Luftfeuchtigkeit**.

Die warme Luft steigt auf. Beim Aufstieg kühlt sie sich ab. Kalte Luft kann weniger Wasserdampf aufnehmen als warme Luft. Deshalb bilden sich kleine sichtbare Wassertröpfchen, die Wolken. Der Vorgang heißt **Kondensation**. Wolken werden nach Höhe, Art und Aussehen in Gruppen eingeteilt (M4).

Werden die Wassertropfen größer, fallen sie als Niederschlag zur Erde. Es regnet. Im Winter gefrieren die Tropfen zu Schneeflocken. Es schneit. Wenn sich Wassertropfen auf Pflanzenblättern bilden, heißt der Niederschlag Tau. Gefrorener Tau heißt Raureif. Andere Niederschlagsformen sind Hagel oder Nebel (M2).

Niederschlag fängt man mit einem Behälter auf. Er wird in Millimetern (mm) gemessen (M6).

© Westermann 1910HX_3

M2 Niederschlagsarten

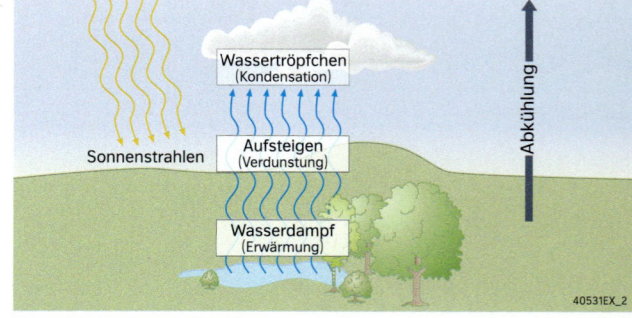

40531EX_2

M3 Entstehung von Wolken

Federwolken: Vorboten schlechten Wetters

Wolken in großer Höhe (7–12 km)

Haufenwolken: schönes Wetter

Wolken in mittlerer Höhe (2–7 km)

Schichtwolken: Regenwetter

Wolken in niedriger Höhe (Bodennähe bis 2 km)

Gewitterwolken: Gewitter mit Starkregen/ Blitz/Donner

M4 Stockwerke des „Wolkenhauses" in der Troposphäre (siehe S. 31, M6)

Das braucht ihr: Ⓐ
- Kühlschrank
- Handspiegel

So geht ihr vor:
1. Legt einen Handspiegel in den Kühlschrank.
2. Nehmt ihn heraus und haucht auf die kalte Spiegeloberfläche.
3. Notiert eure Beobachtungen und erklärt sie.

Das braucht ihr: Ⓑ
- heißes Wasser
- Metallschale
- Eiswürfel
- Glas

So geht ihr vor:
1. Füllt eine Metallschale mit Eiswürfeln.
2. Stellt sie auf ein Glas mit heißem Wasser.
3. Notiert eure Beobachtungen und erklärt sie.

Erklärung:

Die Luft enthält immer Wasser in Form von unsichtbarem Wasserdampf: die Luftfeuchtigkeit.

Warme Luft kann mehr Feuchtigkeit aufnehmen und halten als kalte Luft. Wenn Wasserdampf abkühlt, wird er flüssig und sichtbar: er kondensiert.

Es entstehen kleine Wassertröpfchen. Sie werden als weißer Nebel sichtbar. In der Höhe sind es Wolken.

M5 Zwei Versuche (Ⓐ, Ⓑ): Wasser in der Luft

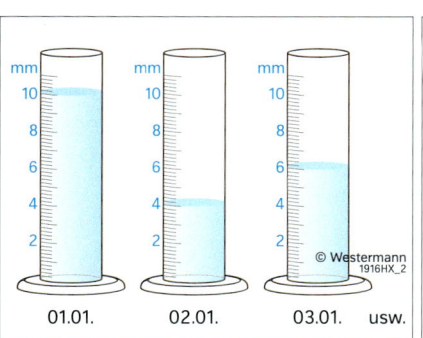

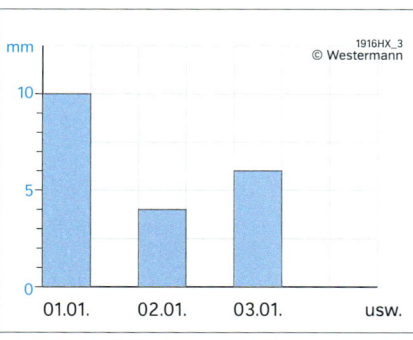

M6 Zeichnung von Tagesniederschlägen

Fachbegriffe
- der Niederschlag
- die Wolke
- die Verdunstung
- die Luftfeuchtigkeit
- die Kondensation

M1 Heißluftballons – warme Luft steigt auf.

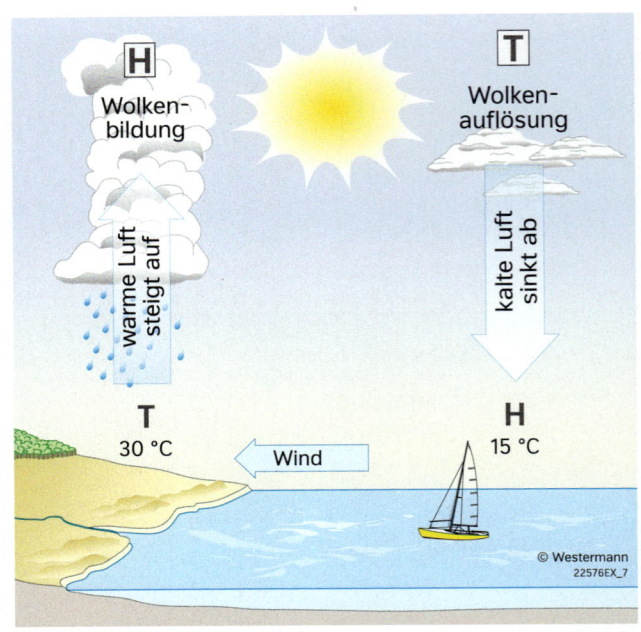

M2 Entstehung von Tiefdruck, Hochdruck und Wind

Du musst mit dem Fahrrad zur Schule fahren. Deine Mutter ruft: „Fahre rechtzeitig los. Du hast heute Gegenwind. Bei dem Sturm kommst du kaum voran!"
Warum weht der Wind?
Warum weht er unterschiedlich stark?

1. Heißluftballons machen sich warme Luft zunutze (M1). Erklärt den Vorgang. 137▸

2. Die Luft hat ein Gewicht. Erklärt den Luftdruck (Text).

3. Schreibt einen Bericht darüber, wie Wind entsteht mit der Überschrift: „Die Sonne treibt den Wind an" (Text, M2, M7).

4. Stellt zusammen,
   a) wie wir Windkraft nutzen (Text, M3).
   b) wie der Wind Schäden anrichtet (Text, M5).

5. Bestimmt jeweils das Wetter und die Windbewegungen in Tiefdruck- und Hochdruckgebieten (M7).

6. a) Erläutert, wovon die Windstärke abhängt (Text, M2).
   b) Fertigt einfache Zeichnungen an: Sie sollen die Folgen der Windstärken 0, 7–8 und 11–12 zeigen.

7. Bestimmt die Himmelsrichtungen im Foto M6 (Text). Achtet auf die Hauptwindrichtung in Deutschland. 137▸

8. Führt den Versuch M4 nach der Anleitung durch. Erklärt die Vorgänge. 188▸

Luft ist in Bewegung

Wind ist bewegte Luft. Luft ist zwar ein unsichtbares Gas, hat aber ein Gewicht. Eine riesige Luftsäule lastet auf jedem Punkt der Erde. Das ist der **Luftdruck**.
Auf einer Fläche von einem Quadratzentimeter (cm^2) wiegt die Luft im Durchschnitt 1013 Gramm. Man misst den Luftdruck in Hektopascal (hPa) mit einem **Barometer**.
Der Luftdruck ändert sich. Verantwortlich dafür ist die Sonnenstrahlung. Die Sonne erwärmt die Luft nicht überall gleich. Über Landflächen wird es zum Beispiel wärmer als über Meeresflächen. Wenn sich Luft erwärmt, strömt sie nach oben, dann verringert sich an der Erdoberfläche der Luftdruck. Es herrscht niedriger Luftdruck, Tiefdruck oder **Tief** (T) genannt. Tiefer Luftdruck lässt Wolken entstehen und es regnet häufig.
Wenn kalte Luft nach unten sinkt, entsteht dort hoher Luftdruck, Hochdruck oder **Hoch** (H) genannt. Hoher Luftdruck sorgt meistens für Sonnenschein und wolkenlosen Himmel.
Luft strömt immer von einem Gebiet mit hohem Luftdruck zu einem Gebiet mit niedrigem Luftdruck. Diese Luftbewegung nehmen wir als Wind wahr. Der Wind weht umso stärker, je größer der Luftdruckunterschied zwischen Hoch und Tief ist. Winde werden nach Himmelsrichtungen benannt, aus denen sie kommen. In Deutschland gibt es am häufigsten Westwinde. Windfahnen oder Windsäcke zeigen die Windrichtung an. Die Windstärke wird nach Beaufort in zwölf Abstufungen unterteilt, von der Windstille bis zum Orkan. Die Windstärke wird mit einem Windmesser (Anemometer) gemessen.
Wind kann große Schäden anrichten, wenn er zu stark weht. Wind kann uns aber auch helfen (M3).

M3 Nutzung von Windkraft zur Stromerzeugung

M6 Vom Wind verformte Bäume in Norddeutschland

Das braucht ihr:

- einen dünnen Stab
- zwei Luftballons
- Schere
- Schnur
- Klebeband
- Nadel

So geht ihr vor:

1. Bindet ein Stück Schnur in der Mitte eines dünnen Stabes fest. Er muss anschließend waagerecht an der Schnur hängen.
2. Blast zwei Luftballons auf und verknotet sie einzeln.
3. Klebt je einen Luftballon an jedes Ende des Stabes. Der Stab sollte waagerecht hängen bleiben. Verändert deshalb, falls nötig, die Schnurbindung.
4. Klebt dann auf einen der Luftballons ein Stück Klebeband.

5. Stecht mit einer Nadel durch das Klebeband in den einen Ballon, sodass die Luft langsam entweichen kann.
6. Notiert eure Beobachtungen und erklärt sie.

Erklärung:

Die Lufthülle um die Erde hat ein Gewicht. Dieses Gewicht der Luft nennt man Luftdruck. Der Luftdruck beträgt in Meereshöhe im Durchschnitt 1013 hPa. Je höher man kommt, desto geringer ist das Gewicht bzw. der Luftdruck.

M4 Versuch zum Luftdruck

Windsack

Windstärke	Bezeichnung	Auswirkung
0	Windstille	Rauch steigt senkrecht auf.
1–2	Zug	Blätter bewegen sich.
3–4	Brise	Zweige bewegen sich.
5–6	Wind	Äste bewegen sich.
7–8	stürmischer Wind	Bäume werden gebogen.
9–10	Sturm	Bäume werden entwurzelt.
11–12	Orkan	Zerstörung und Verwüstung

M5 Windstärken und ihre Auswirkungen

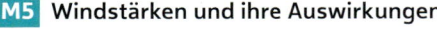

M7 Wetter und Luftströmungen bei Tiefdruck und Hochdruck

Fachbegriffe

- der Wind
- der Luftdruck
- das Barometer
- das Tief
- das Hoch

M1 Wettersatellit mit Tiefdruckwirbel auf der Erde

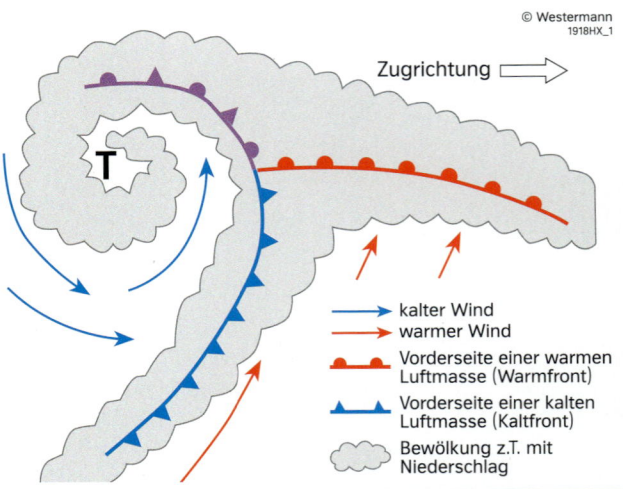

© Westermann
1918HX_1

Zugrichtung ⇨

→ kalter Wind
→ warmer Wind
Vorderseite einer warmen Luftmasse (Warmfront)
Vorderseite einer kalten Luftmasse (Kaltfront)
Bewölkung z.T. mit Niederschlag

M3 Tiefdruckgebiet mit Zugrichtung von West nach Ost

Eure Klasse plant einen Wandertag. Deshalb wollt ihr wissen, wie das Wetter wird. Dabei kann euch eine Wettervorhersage in der Zeitung, im Radio, im Fernsehen oder auf einer App helfen.
Woher kommen die Informationen für das zukünftige Wetter? Wie hilft eine Wetterkarte?

1. a) Berichte, wie Wetterdaten ermittelt werden (Text, M1, M2).
b) Erkläre, wie eine Wettervorhersage entsteht.

2. Erstelle eine Wettervorhersage für deinen Wohnort, wenn ein Tiefdruckgebiet von West nach Ost hinwegzieht (M3, Info 1, Info 2). Erkläre die Abläufe. 137▸

Ⓦ **3.** Wähle aus: 185▸
A Liste in verschiedenen Spalten einer Tabelle Orte auf, in denen es bedeckt ist, in denen es zu Niederschlägen kommt, die Temperaturen über 20°C aufweisen (M4).
B Beschreibe die Wetterlage in Warschau, London, Madrid und München (M4).

4. Besucht eine Wetterstation in eurer Nähe. Notiert vorher Themen, die ihr erfragen wollt (M5–M7).

M2 Ablesen von Wetterdaten in einer Wetterstation

Dem Wetter auf der Spur

Unzählige über die Erde verteilte Wetterstationen beobachten das Wetter und zeichnen es auf. Auch Wettersatelliten und Wetterballone helfen dabei, Wetterdaten zu ermitteln. Neben der Temperatur werden Niederschlag, Sonnenstunden, Windgeschwindigkeit, Windrichtung und Luftdruck gemessen. Die Ergebnisse werden in zentralen Wetterämtern weltweit zusammengefasst. In Deutschland ist das der Deutsche Wetterdienst (DWD) in Offenbach. Dort werten Wetterkundler, auch **Meteorologen** genannt, die Daten mithilfe von Computern aus. Sie erstellen daraus eine **Wettervorhersage** für verschiedene Regionen.
Oft wird das zukünftige Wetter auf einer **Wetterkarte** dargestellt. Sie zeigt die Wetterlage an einem bestimmten Tag in einem ausgewählten Gebiet. Temperatur, Niederschlag, Bewölkung oder Luftdruckverhältnisse werden mit Farben oder bestimmten Symbolen gekennzeichnet.

INFO 1

Warmfront
Die Warmfront ist Teil eines Tiefdruckgebiets (Tiefs). Sie ist die vordere Grenze von warmer Luft. Warme Luft schiebt sich über kalte Luft. Eine Warmfront kündigt sich in der Regel mit Federwolken (Cirrus) an. Anschließend folgt oft gleichmäßiger, lang andauernder Landregen.

INFO 2

Kaltfront
Die Kaltfront ist Teil eines Tiefdruckgebiets (Tiefs). Sie ist die vordere Grenze von kalter Luft. Sie ist durch rasch sinkende Temperaturen und sich hoch auftürmende Wolken zu erkennen. Kalte Luft schiebt sich unter die warme Luft. Dieses führt oft zu Gewittern und heftigem Niederschlag.

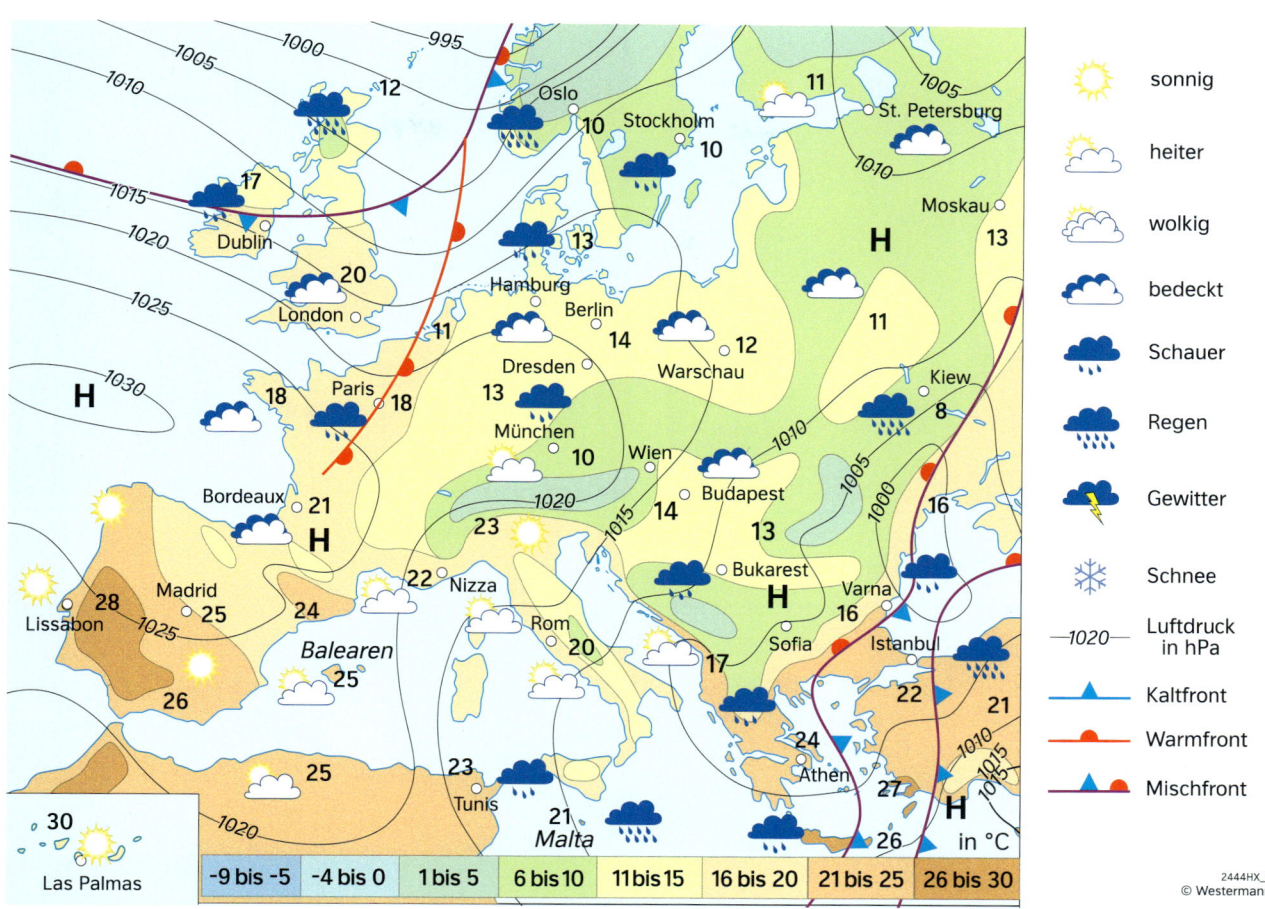

☀	sonnig	
🌤	heiter	
☁	wolkig	
☁	bedeckt	
🌧	Schauer	
🌧	Regen	
⛈	Gewitter	
❄	Schnee	
—1020—	Luftdruck in hPa	
▲	Kaltfront	
●	Warmfront	
▲●	Mischfront	

-9 bis -5	-4 bis 0	1 bis 5	6 bis 10	11 bis 15	16 bis 20	21 bis 25	26 bis 30

2444HX_3
© Westermann

M4 Wetterkarte von Europa für einen Tag im September

M5 Auswahl von Wetterstationen in Niedersachsen

M6 Beim Deutschen Wetterdienst (DWD) in Offenbach

Tägliche Arbeit einer Meteorologin/ eines Meteorologen

Ausbildung zur Meteorologin/ zum Meteorologen

Messinstrumente für die einzelnen Wetterelemente

Wetterrekorde der Station (z. B. heißester und kältester Tag)

Auswertung von Wetterdaten

Wetterkarten und Wettervorhersagen

Tipps für den Bau einer eigenen Wetterstation

M7 Mögliche Themen für einen Besuch in einer Wetterstation

Fachbegriffe
- der Meteorologe/die Meteorologin
- die Wettervorhersage
- die Wetterkarte

Nach starken Regenfällen überflutet die Ahr viele Ortschaften im Flusstal (Juli 2021).

M2 Die Wassermassen richten im Ahrtal große Zerstörungen an (Juli 2021).

Unwetter in Deutschland

Das Zusammenspiel der Wetterelemente führt manchmal zu extremen **Wetterlagen**. Eine Wetterlage ist das Wettergeschehen an einem Tag in einem größeren Gebiet. Extreme Wetterlagen können für Menschen gefährlich werden.

Im Sommer kann es bei Gewittern zu starken Regenfällen kommen. Innerhalb von Stunden regnet es so viel, wie sonst in einem Monat. In kurzer Zeit schwellen dann kleine Bäche zu reißenden Strömen an. Sie treten über die Ufer und können große Schäden anrichten.

Bestimmte Wetterlagen führen zu tagelangem Dauerregen. In den Flüssen entsteht Hochwasser. Es kann über die Ufer treten und ganze Dörfer und Städte in den Fluten versinken lassen.

An schwülen Sommertagen können auch in Deutschland **Tornados** entstehen. 20 bis 30 Tornados gibt es jährlich in Deutschland. Ein Tornado ist eine stark rotierende Luftsäule. Ein Wolkenschlauch reicht dabei bis zum Erdboden. In diesem „Rüssel" des Tornados gibt es Windgeschwindigkeiten von mehreren 100 km/h. Wie ein Riesenstaubsauger saugt er alles auf und wirbelt es durch die Luft. Auf ihren Zugbahnen hinterlassen Tornados eine Schneise der Verwüstung.

Im Herbst und Winter treten häufig Stürme mit hohen Windgeschwindigkeiten auf. Diese richten oft große Schäden an Gebäuden, Fahrzeugen und in Wäldern an.

Hohe Schneemengen im Winter bringen oft den Verkehr zum Erliegen. Auch kann sich Nebel verdichten, sodass die Sicht nur wenige Meter beträgt. Schwere Autounfälle können die Folge sein.

„Der Wetterdienst warnte schon am Nachmittag vor Unwettern. Am Abend ging es dann los: Gewitter, Starkregen und Sturmböen. Innerhalb kurzer Zeit waren Straßen überflutet, Keller und Unterführungen liefen voll. Die Feuerwehr war pausenlos im Einsatz."
Wann und warum kann Wetter so gefährlich werden?

1. Berichte über gefährliche Wettersituationen, die du schon erlebt hast.

2. Beschreibe die Folgen von Starkniederschlägen (M1, M2).

3. a) Beschreibe einen Tornado (M3).
   b) Übertrage die Zeichnung in M6 auf ein Blatt. Beschrifte die Zeichnung mithilfe des Textes.
   c) Erkläre, wie ein Tornado entsteht (M6). 137

W 4. Wähle aus:
   A Eine bestimmte Wetterlage (M4) hatte katastrophale Folgen. Erkläre.
   B Bestimme die Ursachen, die 2013 zu gefährlichem Hochwasser an Donau und Elbe führten (M4).

W 5. Wähle aus:
   A Gestalte ein Plakat zum Thema „Gefährliche Wetterlagen". 191
   B Recherchiere zu einer Wetterlage mit gefährlichen Folgen. Präsentiere das Ergebnis mit Medienunterstützung. 189 190

6. Extreme Wetterlagen können für Menschen gefährlich werden.
   Fertige eine Tabelle an, aus der hervorgeht, welche Wetterlagen den Menschen welche Probleme bereiten können (Text, M1–M7). 182

ERSTAUNLICH

22 750 000 000 000 Liter (= 22,75 Billionen Liter) Regen fielen 2013 in vier Tagen in Deutschland. Zum Vergleich: Der größte deutsche See, der Bodensee, fasst 48 Billionen Liter Wasser.

M3 Tornado in der Nähe eines Bauernhofs

Der Wetterbericht warnte 2013: „Ein Tief bringt in den kommenden zwei bis drei Tagen lang anhaltende, unwetterartige Regenfälle." Und das geschah: In wenigen Tagen prasselte in Ost- und Süddeutschland die doppelte Regenmenge als sonst in einem Monat auf die Erde (bis zu 300 Liter pro m²). Das führte zu extremem Hochwasser an Donau und Elbe. Die Deiche brachen. Dörfer und Städte versanken in den unvorstellbaren Wassermassen.

M4 Wetterlage, die an Elbe und Donau Hochwasser auslöste.

M5 Sturmschaden

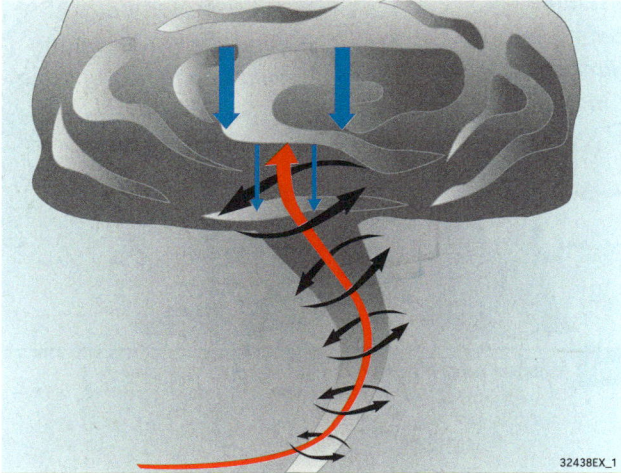

Tornados entstehen immer über Land.

1. Über dem Erdboden befindet sich feuchtwarme Luft. Sie steigt schnell auf und kühlt sich ab.

2. Der Wasserdampf kondensiert in der Höhe. Es bilden sich riesige, über zehn Kilometer hohe Gewitterwolken.

3. Die feuchte warme Luft trifft auf trockene kalte Luft in der Höhe. Es entsteht ein heftiger Windwirbel.

4. Die kalte Luft stürzt als Fallwind nach unten.

5. Gleichzeitig strömt neue feuchtwarme Luft mit einer Geschwindigkeit von etwa 150 km/h spiralförmig nach oben.
   Sie kondensiert an der kalten herabstürzenden Luft. Dabei wird die Drehbewegung des Luftschlauches immer schneller. Es bildet sich ein Tornadorüssel.

M6 So entsteht ein Tornado.

M7 Schneechaos auf der Autobahn im Winter

Fachbegriffe
- die Wetterlage
- der Tornado

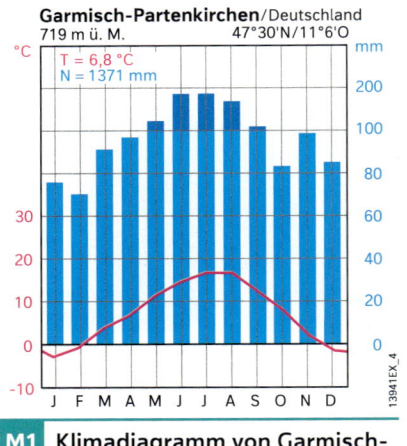

Garmisch-Partenkirchen/Deutschland
719 m ü. M.   47°30'N/11°6'O
T = 6,8 °C
N = 1371 mm

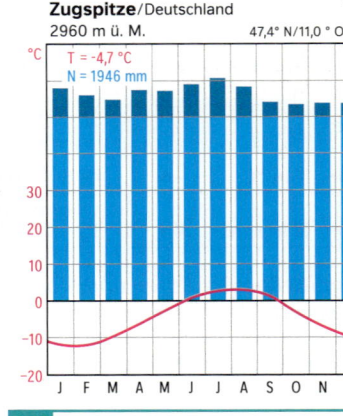

Zugspitze/Deutschland
2960 m ü. M.   47,4° N/11,0 ° O
T = -4,7 °C
N = 1946 mm

| M1 | Klimadiagramm von Garmisch-Partenkirchen |

| M2 | Auf der Zugspitze bei Garmisch-Partenkirchen im Sommer |

| M3 | Klimadiagramm von der Zugspitze |

Mia und Elias machen Urlaub in Garmisch-Partenkirchen. Sie wollen mit der Bahn auf Deutschlands höchsten Berg, die Zugspitze, fahren. „Zieht euch warm an!", sagt die Mutter. „Aber warum denn? Es ist doch warm!", antwortet Mia.
Warum sollen sich Mia und Elias warm anziehen? Wodurch wird das Klima eines Ortes bestimmt?

1. Begründe, warum Mia und Elias sich für den Ausflug auf die Zugspitze auch im Sommer warme Sachen anziehen müssen (M1–M3). `184` ▸

2. a) Erkläre, warum es in Äquatornähe warm und im Polbereich kalt ist (Text, M5).
b) Meere sind Temperaturspeicher. Begründe diese Aussage (Text, Info).

3. a) Erläutere die unterschiedliche Erwärmung des Bodens in M7.
b) Begründe, warum am Südhang im Flusstal Wein angebaut werden kann (M7).

Ⓦ **4.** Wähle aus:
A Begründe, warum die Lage eines Ortes auf der Erde sein Klima bestimmt.
B Erläutere, welche Faktoren das Klima beeinflussen. `137` ▸

5. a) Ordne den Klimastationen A–F (M6) die Klimadiagramme in M4 zu. Begründe deine Entscheidungen. `184` ▸
b) Vergleiche die Klimadiagramme von Valentia, Berlin und Kiew (M4). Erkläre die Unterschiede. `184` ▸

Klimafaktoren

Auch in Mitteleuropa gibt es Gebiete mit ewigem Eis und Schnee: in den Alpen. Je höher man hinaufkommt, desto kälter wird es. Die Luft über der Erde wird von unten erwärmt. Am wärmsten ist es in den unteren Luftschichten. Nach oben wird es kühler. In den Bergen fällt auch mehr Niederschlag als im Tal. Auf den Bergen herrscht ein **Gebirgsklima**.

Sonnenstrahlen erwärmen die Erdoberfläche. Aber nicht alle Gebiete der Erde erhalten die gleiche Energiemenge. Das liegt an der Kugelgestalt der Erde. Am Äquator steht die Sonne senkrecht über der Erde. Hier wird die Erdoberfläche stark erwärmt. Je weiter man nach Norden oder Süden kommt, desto flacher treffen die Sonnenstrahlen auf die Erde. Wenn die Sonnenstrahlen flacher auftreffen, bleibt es auf der Erde kälter. Also bestimmt die geographische Breite die Temperaturen an der Erdoberfläche.

Wasser ist ein Temperaturspeicher. Es erwärmt sich langsam, hält aber die gespeicherte Wärme länger. Die erwärmten Wassermassen der Meere geben nach und nach ihre Wärme ab. So bleiben die Winter an den angrenzenden Landflächen, den Küsten, mild. Allerdings bleibt es an den Küsten auch im Sommer kühler. Es herrscht **Seeklima**.

Je weiter die Landflächen vom Meer weg liegen, desto weniger kann das Wasser die Temperaturen im Sommer und Winter ausgleichen. So ist es im Binnenland im Sommer heißer und im Winter kälter als an der Küste. Es herrscht **Landklima**.

INFO

Golfstrom

Der Golfstrom ist eine warme Meeresströmung im Atlantik. Er fließt vom Golf von Mexiko in den Nordatlantik. Sein warmes Wasser hat Einfluss auf das Klima in Europa. Er ermöglicht Landwirtschaft bis weit nach Nordeuropa.

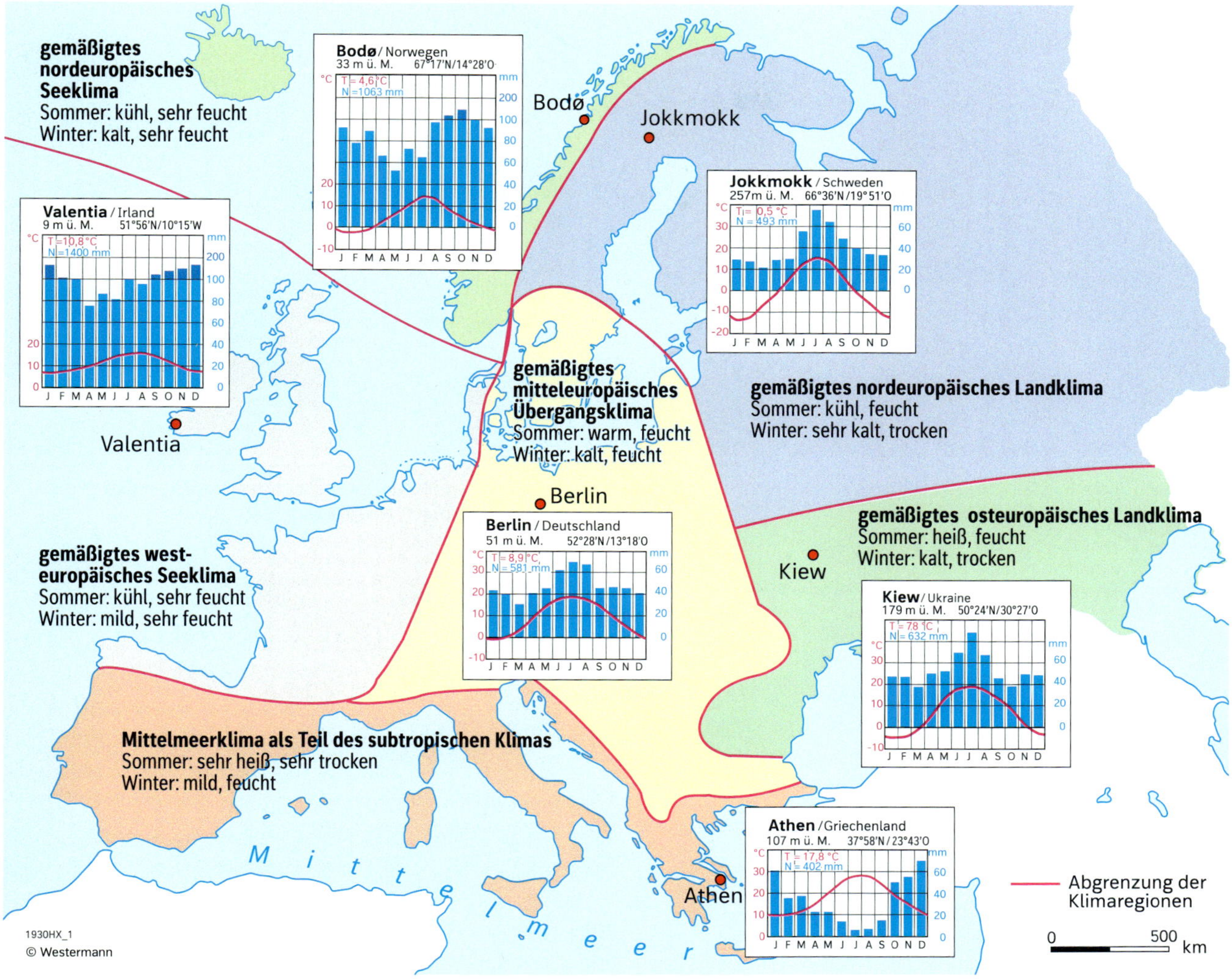

gemäßigtes nordeuropäisches Seeklima
Sommer: kühl, sehr feucht
Winter: kalt, sehr feucht

Bodø / Norwegen
33 m ü. M. 67°17'N/14°28'O
°C T = 4,6°C
N = 1063 mm
mm

Bodø

Jokkmokk

Jokkmokk / Schweden
257 m ü. M. 66°36'N/19°51'O
°C T = 0,5°C
N = 493 mm
mm

Valentia / Irland
9 m ü. M. 51°56'N/10°15'W
°C T = 10,8°C
N = 1400 mm
mm

Valentia

gemäßigtes mitteleuropäisches Übergangsklima
Sommer: warm, feucht
Winter: kalt, feucht

gemäßigtes nordeuropäisches Landklima
Sommer: kühl, feucht
Winter: sehr kalt, trocken

Berlin

Berlin / Deutschland
51 m ü. M. 52°28'N/13°18'O
°C T = 8,9°C
30 N = 581 mm
mm

gemäßigtes osteuropäisches Landklima
Sommer: heiß, feucht
Winter: kalt, trocken

Kiew

gemäßigtes westeuropäisches Seeklima
Sommer: kühl, sehr feucht
Winter: mild, sehr feucht

Kiew / Ukraine
179 m ü. M. 50°24'N/30°27'O
°C T = 78°C
N = 632 mm
mm

Mittelmeerklima als Teil des subtropischen Klimas
Sommer: sehr heiß, sehr trocken
Winter: mild, feucht

M i t t e l m e e r

Athen / Griechenland
107 m ü. M. 37°58'N/23°43'O
°C T = 17,8°C
30 N = 402 mm
mm

Athen

Abgrenzung der Klimaregionen

0   500 km

1930HX_1
© Westermann

M4 Klimaregionen Europas

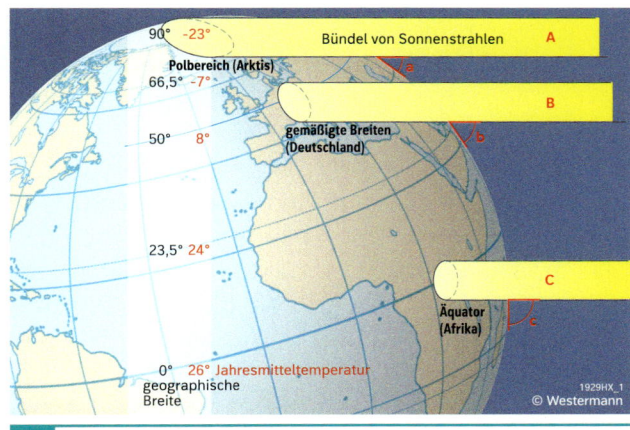

M5 Unterschiedliche Sonneneinstrahlung auf der Erde

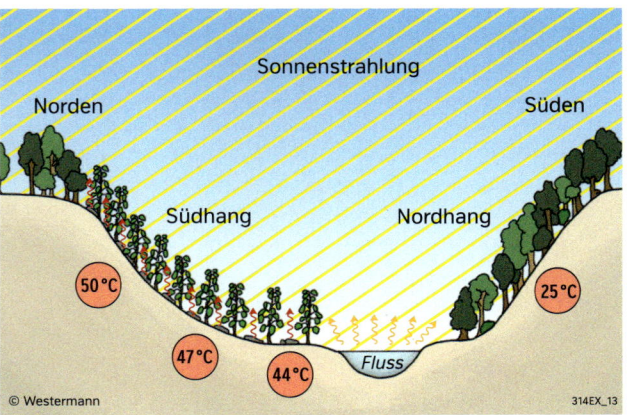

M7 Bodentemperaturen bei 30 °C Lufttemperatur in einem Flusstal

Klimastationen	A	B	C	D	E	F
Temperatur des wärmsten Monats im Sommer in °C	15	28	19	15	20	13
Temperatur des kältesten Monats im Sommer in °C	-14	9	-1	7	-13	-2
Jahresniederschlag in mm	493	402	581	1400	435	1063

M6 Klimawerte verschiedener Klimastationen

Fachbegriffe
- das Gebirgsklima
- das Seeklima
- das Landklima

M1 Fehlende Niederschläge führen zu Dürre und bedrohen die Landwirtschaft.

M2 Tauende Eismassen erhöhen den Meeresspiegel und bedrohen Naturräume.

Viele junge Menschen demonstrieren für mehr Klimaschutz. Sie haben Angst vor den Folgen einer schnellen Erwärmung der Lufthülle, sie haben Angst vor den Folgen des Klimawandels.
Aber warum wird es weltweit wärmer? Welche Folgen hat das?

W 1. Wähle aus:
   A Stelle Ursachen und Wirkungen zusammen, die zum Treibhauseffekt führen (M4, M6). 137

   B Schreibe einen Lexikonbeitrag, der den Treibhauseffekt erklärt (Text, M4, M6).

2. Bildet Gruppen zum Thema Folgen des Klimawandels. Jede Gruppe beschäftigt sich mithilfe der Placemat-Methode mit einer Folge (M1–M3, M7). 179

W 3. Wähle aus:
   Zeige auf, wie Menschen den Treibhauseffekt verstärken.
   A Erstelle dafür eine Präsentation mit Medienuntertützung. 190
   B Erstelle dafür ein Plakat. 191

4. Vielen Menschen ist es wichtig, das Klima zu schützen. Gestalte Schilder für den Klimaschutz (M5).

5. Recherchiere im Internet nach Wetterrekorden in Europa oder in der Welt: zum Beispiel Temperatur, Niederschlag, Windgeschwindigkeit. Präsentiere deine Ergebnisse mithilfe einer Karte. 189   190

Treibhaus Erde

Es wird wärmer auf der Erde. Das hat Folgen für das Klima und die Lebensbedingungen. Höhere Temperaturen führen zu einem **Klimawandel**.
Die Eisberge an den Polen schmelzen ab. Dort verändern sich die Naturräume. Der Meeresspiegel steigt dadurch weltweit. Es drohen Überflutungen der niedrig gelegenen Gebiete. Oft kommt es zu extremen Wetterlagen. So können starke Regenfälle katastrophale Überschwemmungen und große Zerstörungen anrichten. Wenn dagegen Niederschläge lange Zeit ausbleiben, vertrocknen die Pflanzen auf den Feldern und es kommt zu Ernteausfällen. Auch werden durch hohe Temperaturen die Stürme heftiger und können größere Schäden verursachen.
Aber warum wird es wärmer auf der Erde? Du hast sicher schon einmal festgestellt, dass es in einem Gewächshaus, auch Treibhaus genannt, auch ohne eine Heizung wärmer ist als in der Umgebung. Das liegt an dem Glas des Treibhauses. Die Sonnenstrahlen können zwar durch das Glas hinein, aber die Wärmestrahlung nicht mehr hinaus. Genauso heizt sich die Lufthülle der Erde auf. Gase in der Atmosphäre, wie zum Beispiel Kohlenstoffdioxid (CO_2), wirken wie das Glas eines Treibhauses. Diese Treibhausgase fangen die Wärmestrahlung der Sonne ein. Dieser **Treibhauseffekt** führt zum Anstieg der Temperaturen auf der Erde.
Menschen verstärken den Treibhauseffekt, weil sie zum Beispiel durch Verbrennung in Motoren, in Heizungen, in Fabriken oder in Kraftwerken immer mehr Treibhausgase in die Atmosphäre ausstoßen.
Die Folgen des Klimawandels können nur vermieden oder gemildert werden, wenn der Ausstoß an Treibhausgasen weltweit verringert wird. Deshalb setzen sich viele Menschen für den Klimaschutz ein.

schueler.diercke.de | 100870-016-03, 100870-016-04

M3 Stärkere Stürme verursachen hohe Sturmschäden an Gebäuden und in Wäldern.

M7 Starke Niederschläge lassen Flüsse über die Ufer treten und ganze Landstriche im Hochwasser versinken.

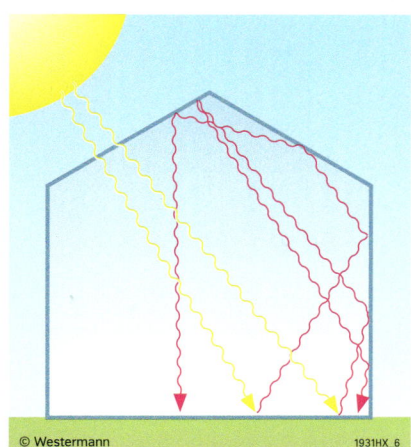

© Westermann   1931HX_6

Sonnenstrahlung kann Glas durchdringen. Vom Boden und den Wänden zurückgestrahlte Wärmestrahlung kann Glas nicht durchdringen.

M4 Wie sich ein Gewächshaus (Treibhaus) aufheizt.

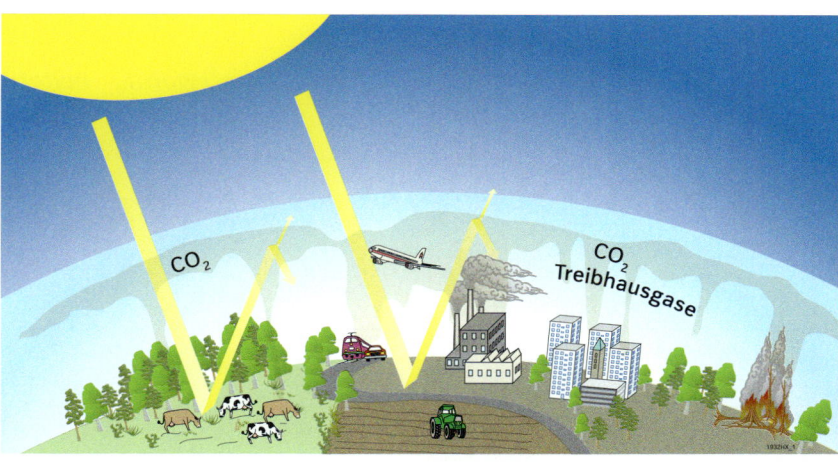

Sonnenstrahlen erwärmen die Erdoberfläche. Kohlenstoffdioxid (CO_2) und andere Gase lassen die Wärmestrahlung von der Erde nicht ins Weltall entweichen. Die Luft erwärmt sich. Je mehr Treibhausgase sich in der Lufthülle (Atmosphäre) der Erde befinden, desto wärmer wird es.

M6 Der Treibhauseffekt

M5 Demonstration für mehr Klimaschutz

Fachbegriffe

- der Klimawandel
- der Treibhauseffekt

GEWUSST – GEKONNT # Wetter und Klima

M1 Verschiedene Ereignisse im Wettergeschehen

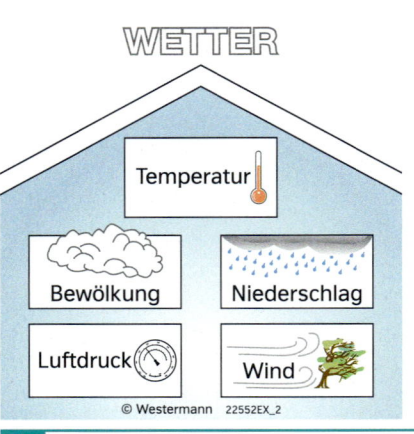

M2 Die Wetterelemente

kühl | bedeckt | bewölkt

kalt | Schneefall | schwül

Luftströmung | warm | heiter

Sprühregen | wolkenlos

Orkan | eisig | Hagel

Tau | Sturm | Raureif

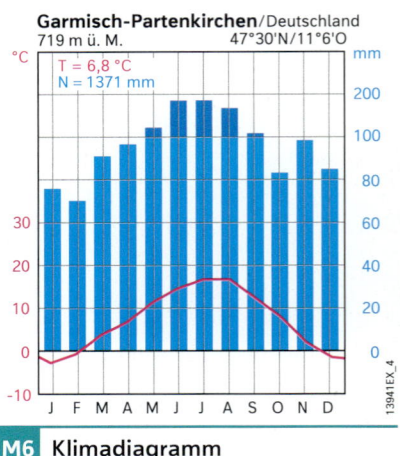

M6 Klimadiagramm

Wetterelemente, die mit einem Instrument messbar sind:

a) Windrichtung
b) Windstärke
c) Luftfeuchtigkeit
d) Niederschlagsmenge
e) Lufttemperatur
f) Wolkenart
g) Luftdruck

Über die Luft:

a) Luftdruck ist das Gewicht der Luft.
b) Luft ist unsichtbar.
c) Bei aufsteigender Luft lösen sich Wolken auf.
d) Die Lufthülle der Erde heißt Atmosphäre.
e) Erwärmte Luft steigt auf.
f) Kalte Luft sinkt ab.

Begriffe, die den Kreislauf des Wassers beschreiben:

a) Niederschlag
b) Verdunstung
c) Wolken
d) Kondensation
e) Gewässer
f) Wind
g) Luftdruck

Messwerte:
7 Uhr: 12 °C
14 Uhr: 24 °C
21 Uhr: 16 °C
Tagesmitteltemperatur?

Messwerte:
7 Uhr: 5 °C
14 Uhr: 13 °C
21 Uhr: 1 °C
Tagesmitteltemperatur?

Messwerte:
7 Uhr: 19 °C
14 Uhr: 31 °C
21 Uhr: 17 °C
Tagesmitteltemperatur?

M3 Falsche Aussage gesucht!

M7 Tagesmitteltemperatur

Sommer kühl

Winter mild | Winter kalt

Osteuropa | Westeuropa

Sommer heiß

M4 Seeklima – Landklima

A   B   C   D   E   F

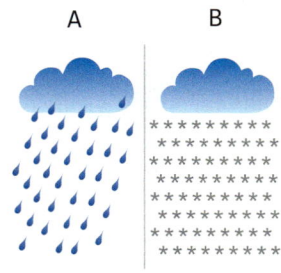

M5 Niederschlagsarten

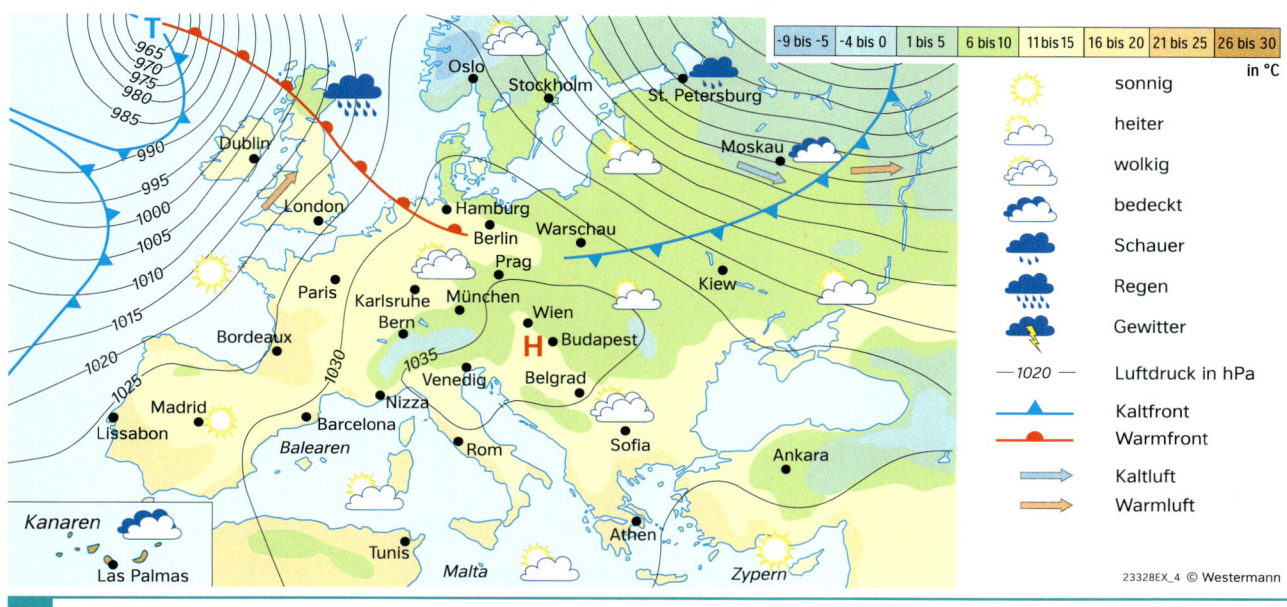

M8 Wetterkarte

Wissen und sich orientieren

1. Wähle fünf Fachbegriffe aus der Liste und erkläre sie.

2. Notiere, um welche Niederschlagsarten es sich handelt (M5). *(S. 122)*

3. a) Benenne die eingezeichneten Wetterelemente in M2.
   b) Ordne die in M2 genannten Begriffe jeweils einem Wetterelement zu.

4. Ordne die Begriffe in M4 dem Seeklima oder dem Landklima zu. *(S. 133/134)*

5. a) Beschreibe die Bilder in M1 und erkläre das Wettergeschehen.
   b) Notiere, welche Gefahren von den Wetterlagen in M1 ausgehen können. *(S. 128/129)*

6. Beschreibe den Unterschied zwischen Wetter und Klima. *(S. 130)*

Können und anwenden

7. a) Ermittle die Monate mit den höchsten Temperaturen und niedrigsten Niederschlägen in Garmisch-Partenkirchen (M6).
   b) Lies das Klimadiagramm M6. **184**

8. Bestimme die Tagesmitteltemperaturen in M7. *(S. 121)*

9. a) Nenne zwei Wetterelemente, die in der Wetterkarte M8 dargestellt sind.
   b) Werte die Wetterkarte M8 aus. *(S. 126/127)*

10. Unterscheide zwischen einem Tief und einem Hoch. Beschreibe jeweils das Wettergeschehen. *(S. 124/125)*

11. Eine Aussage in M3 ist jeweils falsch. Suche sie und begründe deine Wahl.

Sich austauschen, beurteilen und handeln

12. Gestalte mithilfe der Wetterkarte M8 eine Wettervorhersage für einen Ort deiner Wahl.

13. Du interessierst dich für den Beruf eines Wetterkundlers. Notiere mindestens fünf Fragen, die du einem Meteorologen oder einer Meteorologin stellen würdest. *(S. 126/127)*

14. „Gefährliche Unwetter treten vor allem im Sommer auf." Nimm Stellung zu dieser Aussage. *(S. 128/129)*

15. Entscheide, welche Kleidung du für eine Fahrt mit der Seilbahn im Hochgebirge mitnehmen willst. Begründe deine Wahl. *(S. 132)*

Fachbegriffe

- das Wetter
- das Wetterelement
- der Niederschlag
- die Wolke
- die Verdunstung
- die Luftfeuchtigkeit
- die Kondensation
- der Wind

- der Luftdruck
- das Barometer
- das Tief
- das Hoch
- der Meteorologe/ die Meteorologin
- die Wettervorhersage
- die Wetterkarte
- die Wetterlage

- der Tornado
- das Klima
- die Durchschnittstemperatur
- der Jahresniederschlag
- das Klimadiagramm
- das Gebirgsklima
- das Seeklima

- das Landklima
- der Klimawandel
- der Treibhauseffekt

WES-115715-137

Unser Kontinent Europa

Schotte in traditioneller Kleidung

Eiffelturm in Paris

Weinernte in Spanien

Durch Gletscher geprägte Meeresbuchten in Norwegen

Basilius-Kathedrale in Moskau

Brücke über den Bosporus (Türkei)

Satellitenbild von Europa – Europa aus dem Weltraum gesehen.
Beschreibe die Form und die Oberfläche des Kontinents Europa.
Welche Besonderheiten erkennst du?

ORIENTIERUNG **Der Kontinent Europa im Überblick**

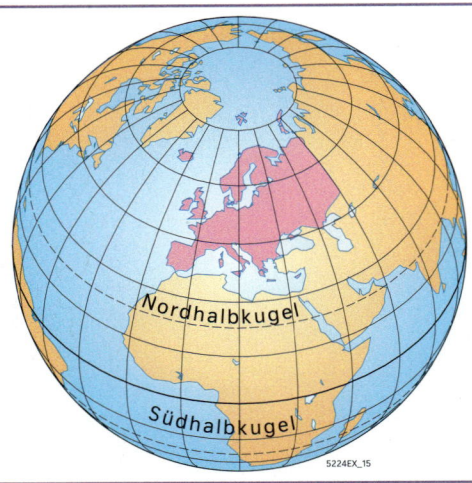

M1 Europa im Gradnetz

M3 Der Harz – ein Mittelgebirge in Deutschland

Europa ist eigentlich eine große Halbinsel im westlichen Teil Eurasiens. Daher ist es auch nicht ganz einfach, die Grenze zu Asien festzulegen. In Europa gibt es viele Landschaften und Städte.
Geh mit auf eine Rundreise durch Europa.

1. Verwende den Atlas:
a) Erstelle eine Liste mit den Großlandschaften Europas (M5).
b) Beschreibe jeweils die Lage und Ausdehnung (M5). 159 ▶

2. Ordne die Fotos M2–M4 einer Großlandschaft Europas in M5 zu. Begründe die Zuordnung.

3. Ermittle mithilfe von M5 oder des Atlas:
a) die Nord-Süd-Ausdehnung Europas (vom Nordkap bis nach Kreta),
b) die Südwest-Nordost-Ausdehnung Europas (von Gibraltar bis zum Ural).

4. Bearbeite die Übungskarte M5. Ordne den Ziffern und Buchstaben die korrekten Bezeichnungen zu.

Z 5. Recherchiere zu einer Großlandschaft deiner Wahl (M5) und stelle die Ergebnisse deiner Klasse vor. 189 ▶

Großlandschaften in Europa

Europa, der zweitkleinste Kontinent der Erde, hat viele unterschiedliche Gesichter. Besonders auffällig sind die zahlreichen Inseln und **Halbinseln**. Ebenso wie in Deutschland gibt es auch in Europa verschiedene Oberflächenformen. Mittelgebirge und weite Tiefländer wechseln sich ab. Mehr als die Hälfte des Kontinents nimmt das Tiefland ein. Es reicht von der französischen Atlantikküste bis zum Ural. Der Kontinent Europa wird zudem durch zahlreiche Flüsse wie der Donau, dem Rhein oder der Wolga durchzogen.

Anhand der unterschiedlichen Formen kann man Europa in Großlandschaften unterteilen. Diese Großlandschaften sind nach Inselgruppen, Halbinseln, Tiefländern und Gebirgsräumen benannt. Die Grenzen Europas sind im Norden, Süden und Westen eindeutig. Es sind die Meere: das Europäische Nordmeer, das Mittelmeer und der Atlantische Ozean. Schwieriger ist die Abgrenzung Europas nach Osten. Das liegt daran, dass die Kontinente Europa und Asien eine gemeinsame Landmasse bilden. Man nennt sie **Eurasien**. Daher wurde die Ostgrenze Europas folgendermaßen festgelegt: Sie verläuft entlang des Uralgebirges, entlang des Flusses Ural, durch das Kaspische Meer, durch die Manytschniederung zum Schwarzen Meer und über den Bosporus ins Mittelmeer.

M2 Das russische Tiefland

M4 Das Hochgebirge der Alpen

Landhöhen
(in Meter)

Senke

Berghöhe
4807▲

Hochgebirge
2 000
1000
500 200
100 0

Mittelgebirge

Tiefland

Küste

Meeresspiegel

Meerestiefe

-5121

© Westermann 5222EX_8

Rekorde Europas

größte Insel: Großbritannien (228 269 km²)
höchster Berg: Mont Blanc (4810 m)
längster Fluss: Wolga (3530 km)
größter See: Ladogasee (17 770 km²)
höchster aktiver Vulkan: Ätna (3323 m ü.M.)
höchste Düne: Pyla (bei Arcachon, >100 m)
tiefster Punkt: Kaspische Senke (- 26 m u.M.)

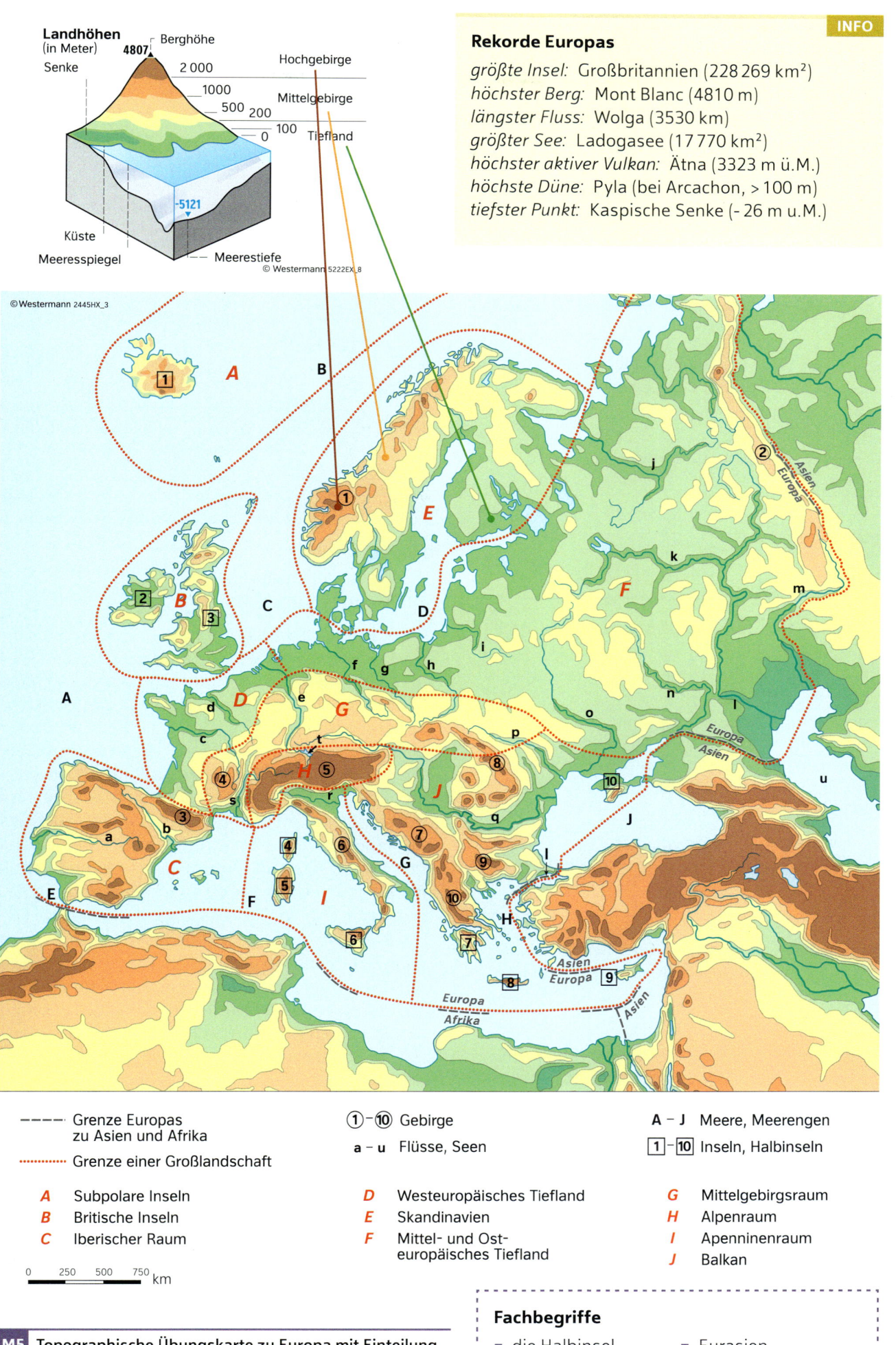

© Westermann 2445HX_3

---- Grenze Europas
    zu Asien und Afrika

········ Grenze einer Großlandschaft

①-⑩ Gebirge

a – u Flüsse, Seen

A – J Meere, Meerengen

1-10 Inseln, Halbinseln

A Subpolare Inseln
B Britische Inseln
C Iberischer Raum

D Westeuropäisches Tiefland
E Skandinavien
F Mittel- und Ost-
   europäisches Tiefland

G Mittelgebirgsraum
H Alpenraum
I Apenninenraum
J Balkan

0 250 500 750 km

M5 Topographische Übungskarte zu Europa mit Einteilung
der Landhöhen

Fachbegriffe
■ die Halbinsel   ■ Eurasien

M2 Stadtzentrum von Riga (Lettland)

Mehr als 70 verschiedene Sprachen werden in Europa gesprochen. Viele von ihnen sind aus einem gemeinsamen Sprachstamm hervorgegangen. Heute kannst du beispielsweise bei einem Spaziergang durch die Fußgängerzone einer Stadt eine Vielzahl an europäischen Sprachen hören.

M1 Sprachen in Europa

Die Länder Europas

Die Karte der Länder Europas (M3) zeigt ein vielfältiges Bild. Denn in Europa leben schon seit langem viele Völker. Diese gründeten nach und nach Länder, in denen vielen verschiedene Sprachen gesprochen werden (M1).

Heute besteht Europa aus 48 Ländern, die sich in ihrer Größe und Bevölkerungszahl deutlich voneinander unterscheiden. Der europäische Teil Russlands nimmt zum Beispiel fast die Hälfte des Kontinents ein. Es gibt aber auch sehr kleine Länder wie Andorra, die nur über eine kleine Landfläche und geringe Bevölkerungszahl verfügen.

Auf Seite 141 hast du die Großlandschaften Europas kennengelernt. Europa lässt sich aber auch nach **Großräumen** unterteilen. Hierzu werden die Länder Europas nach ihrer Lage zu Großräumen zusammengefasst. Man unterscheidet zwischen Nordeuropa, Westeuropa, Mitteleuropa, Südeuropa, Südosteuropa und Osteuropa.

Daneben haben sich viele Länder in Europa zu einem Bündnis zusammengeschlossen: Sie gründeten die **Europäische Union (EU)**. Dieser Zusammenschluss soll eine gemeinsame und friedliche Entwicklung der europäischen Länder unterstützen (M3).

Ein Ziel ist zum Beispiel, dass die Bevölkerung und die Unternehmen in allen Mitgliedsländern der Europäischen Union einkaufen und ihre Waren verkaufen können, ohne dafür Abgaben (Zölle) bei der Ein- oder Ausfuhr (Import und Export) der Waren zu bezahlen.

Oft ist in den Nachrichten von der Europäischen Union, kurz EU, die Rede. Die EU ist ein Länderbündnis in Europa, das unser Leben in vielen Bereichen beeinflusst.
Wie kam es zu diesem Bündnis?

1. Erstelle für einen frei wählbaren Großraum Europas eine Tabelle (M3). 182▶

Beispiel: Großraum Südeuropa		
Name des Landes	Hauptstadt	Flächennummer
Spanien	Madrid	14
...	...	...

2. Liste die vier größten Flächenländer, die vier kleinsten Länder, vier Binnen- und vier Küstenländer Europas auf (Atlas, Internet).

W 3. Wähle aus:
A Jährlich findet der „Eurovision Song Contest" statt. Recherchiere, welche europäischen Länder daran teilnehmen. 189▶
B Welche Länder nehmen an der Qualifikation zur Europameisterschaft im Fußball teil? Was fällt dir auf? Recherchiere. 189▶

4. Ergänze deine Europa-Tabelle aus Aufgabe 1 um die Spalte EU-Mitglied.

Z 5. Dokumentiere mit einem Foto, wo die EU-Flagge in deinem Heimat- oder Schulort zu sehen ist, und recherchiere, warum sie dort erscheint.

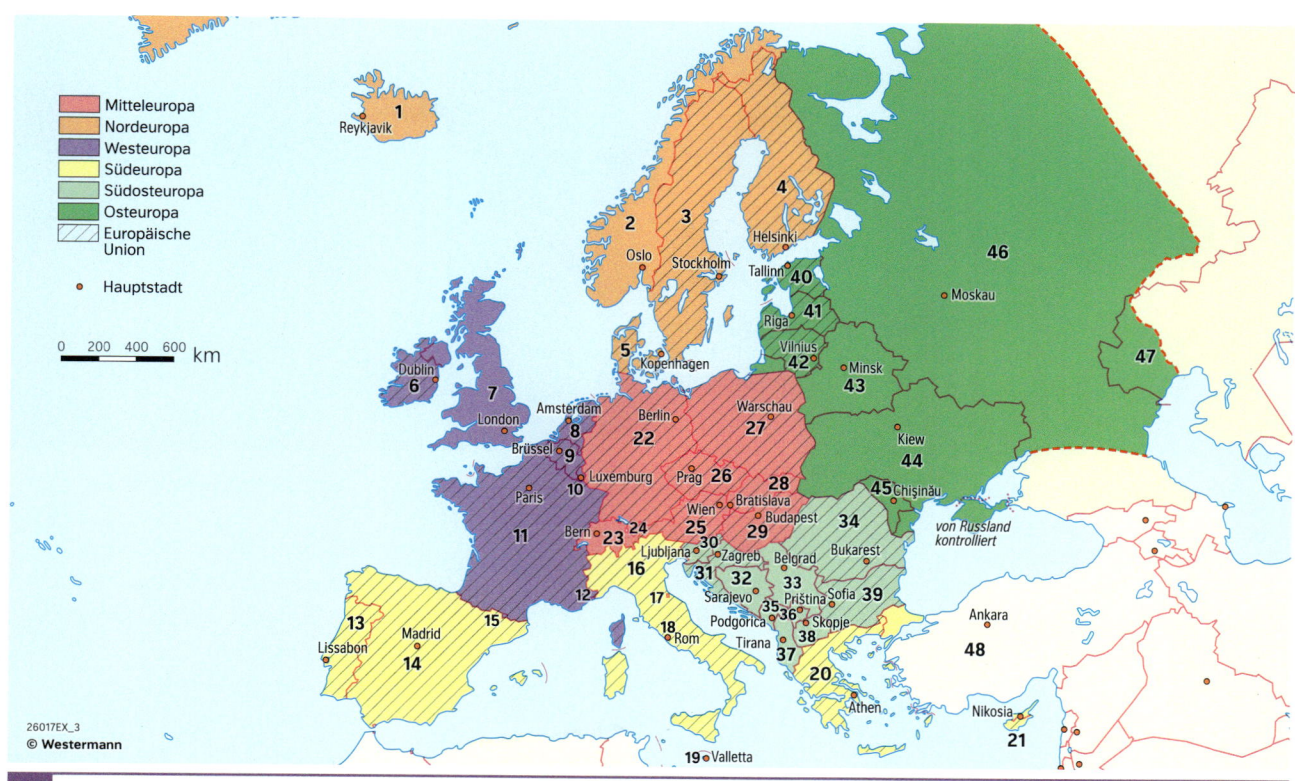

Legende:
- Mitteleuropa
- Nordeuropa
- Westeuropa
- Südeuropa
- Südosteuropa
- Osteuropa
- Europäische Union
- Hauptstadt

0 200 400 600 km

26017EX_3
© Westermann

M3 Politische Karte Europas (48 Länder und 6 Großräume, Stand: Februar 2022)

Flächen- und Bevölkerungsrekorde Europas

größtes Land (ohne Russland):
Ukraine (603 700 km²)

kleinstes Land:
Vatikanstadt (0,44 km²)

bevölkerungsreichste Stadt:
Moskau (12,6 Mio. Einw., mit Umland 14,6 Mio.)

höchste Bevölkerungsdichte:
Monaco (19737 Einw. / km²)

(Stand: 2020)

Die Europaflagge wurde im Jahr 1955 zum ersten Mal vorgestellt. Der Kreis aus zwölf goldenen Sternen soll die Einheit und die Geschlossenheit der europäischen Völker darstellen. Die Zahl zwölf ist ein Symbol für die Vollkommenheit und die Vollständigkeit. Der blaue Hintergrund steht für den Himmel.

Erklärung 1:
Der Name Europa kommt vermutlich aus Asien und stammt von dem Wort „ereb" (= dunkel) ab. Von Asien aus gesehen, liegt Europa im Westen. Da dort abends die Sonne untergeht, haben die Menschen Europa als Abendland bezeichnet.

Erklärung 2:
Im Altertum (ca. 1800 bis 300 v. Chr.) glaubten die Griechen an Götter. Der Göttervater Zeus verliebte sich in eine schöne Königstochter namens Europa. Als sie eines Tages am Strand des Mittelmeeres spielte, verwandelte sich Zeus in einen Stier und entführte die hübsche Europa auf die griechische Insel Kreta. Seitdem trägt der Kontinent, auf dem die Königstochter nun lebt, den Namen Europa.

Fachbegriffe
- der Großraum
- die Europäische Union (EU)

M4 Europa – woher kommt der Name?

Skandinavische Halbinsel

- Ein Viertel der Fläche der Skandinavischen Halbinsel liegt nördlich des Polarkreises.
- Form eines Tigers

Iberische Halbinsel

- sieben mal so groß wie Österreich
- Form einer Faust
- zu Spanien gehören: Balearen, Kanarische Inseln
- zu Portugal gehören: Madeira, Azoren

Apenninen-Halbinsel

- Küstenlänge: ca. 4000 km
- 80 Prozent des Festlandes sind weniger als 100 km vom Meer entfernt.
- Form eines Stiefels
- zu Italien zählen: Sizilien, Sardinien, Elba, Capri

M1 Spielkarten zu europäischen Halbinseln

Zum Kontinent Europa gehören viele Inseln und Halbinseln und der Kontinent wird von zahlreichen Flüssen durchzogen.
Hast du selbst schon einmal einige der Inseln und Flüsse kennengelernt?

1. a) Beschreibe die Gliederung des Küstenraumes in Inseln und Halbinseln (M2).
   b) Nenne je vier Inseln und Halbinseln Europas (M2, Atlas).

2. a) Beschreibe die Lage und Abgrenzung der europäischen Halbinseln (M1).
   b) Lokalisiere die in den Spielkarten genannten Gewässer (M3, Atlas). 159
   c) Erstelle weitere Spielkarten zu Halbinseln, Inseln und Gewässern in Europa (M1, M3).

3. a) Nenne das Meer, in das folgende Flüsse münden: Rhein, Tajo, Ural (Atlas).
   b) Beschreibe den Verlauf folgender Flüsse: Themse, Po, Seine (Atlas).

4. a) Nenne die Länder, die die Donau durchfließt (M4, Atlas).
   b) Erläutere die Bedeutung der Donau (M4).

5. Hast du schon einen bestimmten Fluss oder eine bestimmte Insel oder Halbinsel in Europa besucht? Berichte darüber.

Europas vielfältig gegliederte Küste

Die Europa begrenzenden Meere reichen weit in das Festland hinein. Europas Küste ist stark in Inseln und Halbinseln gegliedert. Sie nehmen rund ein Viertel des Kontinents ein. Die Länge der Küste beträgt rund 40 000 Kilometer. Die größte Inselgruppe Europas, die Britischen Inseln, wird durch den Ärmelkanal vom Festland getrennt. Die zweitgrößte Insel Island liegt im Atlantik, nordwestlich der Britischen Inseln.

M2 Europas Inseln und Halbinseln

Onegasee

Länge: 245 km
Breite: 91,6 km
Fläche: 9700 km²
maximale Tiefe: 120 m
• zweitgrößter See Europas
• befindet sich in Nordwest-
  russland

Nord-Ostsee-Kanal

Länge: 98 km
• Verlauf: verbindet Nordsee
  (Elbmündung) mit Ostsee
  (Kieler Förde)
• meist befahrene künstliche
  Wasserstraße weltweit
• 1887 – 1895 erbaut

Wolga

Länge: 3531 km
Quelle: in den Waldai-Höhen
Mündung: Kaspisches Meer
• größter und wasserreichster
  Fluss Europas
• wichtiger Transportweg

M3 Spielkarten zu europäischen Gewässern

Gewässernetz

Europa ist reich an Flüssen und Seen. Die längsten und wasserreichsten Flüsse befinden sich im
Osten des Kontinents. Flüsse entspringen meist
im Gebirge und münden in andere Flüsse oder in
an Europa grenzende Meere. Die Fließrichtung
der Flüsse steht eng im Zusammenhang mit der
Oberflächengestalt. So fließen die großen Flüsse
Europas entsprechend ihrem Gefälle in Richtung
Norden oder Süden.

M5 Die Donau fließt durch die Wachau in Österreich.

Mit einer Länge von 2850 Kilometern ist die Donau der zweitlängste Fluss Europas. Auf ihrem Weg vom
Schwarzwald bis zum Schwarzen Meer durchquert sie zehn Länder und viele unverwechselbare Landschaften. Der Fluss ist ein wichtiger Handelsweg, Lebensgrundlage für viele Tierarten und bietet Erholung
und Entspannung für die Menschen. Auf den letzten rund 75 Kilometern bis zur Mündung verzweigt sich
der Fluss und bildet ein sumpfiges **Flussdelta**, das Donaudelta. Das mitgeführte Material, feiner Sand
und Schlamm, lagert die Donau an der Mündung ab. So wächst das Delta jährlich 40 bis 50 Meter in das
Schwarze Meer hinein.
Das Donaudelta ist die
größte Schilflandschaft
der Erde. Das Schilf wird
zur Herstellung von Papier,
Pappe und von Haus-
dächern in der Region
genutzt.

Flussabschnitt
in einem Staat
Staatsgrenze
Hauptstadt
Stadt

0   100   200   300 km

M4 Die Donau

Fachbegriff
▪ das Flussdelta

M1 Verschiedene Verkehrsmittel

Die Länder Europas sind im Laufe der Zeit immer mehr zusammengewachsen. Das liegt auch daran, dass der Austausch mit Waren und das Reisen innerhalb Europas durch den Ausbau des Verkehrsnetzes immer einfacher geworden ist.

1. Nenne Verkehrsmittel zum Transport von Personen und Gütern (M1).

2. Beschreibe die Lage der benannten europäischen Verkehrsprojekte (M3–M7, Atlas).

3. a) Benenne wichtige Merkmale des europäischen Verkehrsnetzes (M2).
   b) Erläutere Vor- und Nachteile des europäischen Verkehrsnetzes (M2).

W 4. Stelle ein konkretes europäisches Verkehrsprojekt vor (M3–M7). Wähle aus:
   A Erstelle eine Mindmap. 186
   B Gestalte ein Poster. 191

In Europa unterwegs

Vor 150 Jahren hätte eine Reise von Berlin nach Paris mehrere Tage gedauert. Heute sind es nur noch rund neun Stunden mit dem Zug. Die Verkehrsmittel sind heute schneller und bequemer sowie die Verkehrswege besser ausgebaut. Jeder nutzt täglich unterschiedliche Verkehrsmittel. Dabei stehen verschiedene Verkehrswege zur Verfügung. Straßen, Eisenbahnlinien, Wasserwege und der Luftraum werden aber nicht nur für den Transport von Personen, sondern auch für den Güterverkehr genutzt. Jedes Verkehrsmittel hat Vor- und Nachteile. Wenn genügend Zeit für den Transport zur Verfügung steht, werden die Waren per Schiff transportiert, da dies kostengünstig und umweltfreundlich ist. Leicht verderbliche Waren hingegen müssen schnell geliefert werden. Daher werden diese per Lkw oder Flugzeug befördert. Schnelle Transportmittel sind allerdings teurer und führen oft zu einer größeren Umweltbelastung.

Viele europäische Länder arbeiten beim Ausbau eines gemeinsamen Verkehrsnetzes zusammen. Ziel dieses Transeuropäischen Netzes ist es, Personen schneller zu befördern sowie den Transport der Waren von der Straße auf die Schiene oder Wasserstraßen zu verlagern.
Europa verfügt über ein Hochgeschwindigkeitsnetz der Bahn mit 35 000 Kilometern Länge. Fernstraßen, sogenannte Europastraßen, durchziehen Europa auf einer Länge von rund 50 000 Kilometern. Beim Bau neuer Verkehrswege sind Eingriffe in die Natur unausweichlich. Pro Kilometer Hochgeschwindigkeitsstrasse der Bahn werden rund drei Hektar Fläche verbraucht. Das entspricht etwa der Größe von drei Fußballfeldern.

Seit dem 1. Juli 2000 verbindet eine große Brücke die skandinavischen Länder Dänemark und Schweden miteinander. Sie ist mit einer Länge von 7845 Metern d längste Schrägseilbrücke der Welt.
Oben befindet sich die vierspurige Autobahn für den Fahrzeugverkehr. Darunter verläuft die Bahntrasse, denn auch Züge fahren über die Brücke.
Mit dem Bau wurde die erste Anbindung Schwedens au dem Landweg an das zentraleuropäische Festland geschaffen. Seither nutzen zahlreiche Schweden-Urlaube die Brücke für die Anreise zum Urlaubsort.
Während man bei der Nutzung der Fährverbindungen abhängig von Abfahrtzeiten ist, kann die Brücke zu jed Tages- und Nachtzeit überquert werden.

M2 Europäisches Verkehrsnetz

M3 Die Öresundbrücke

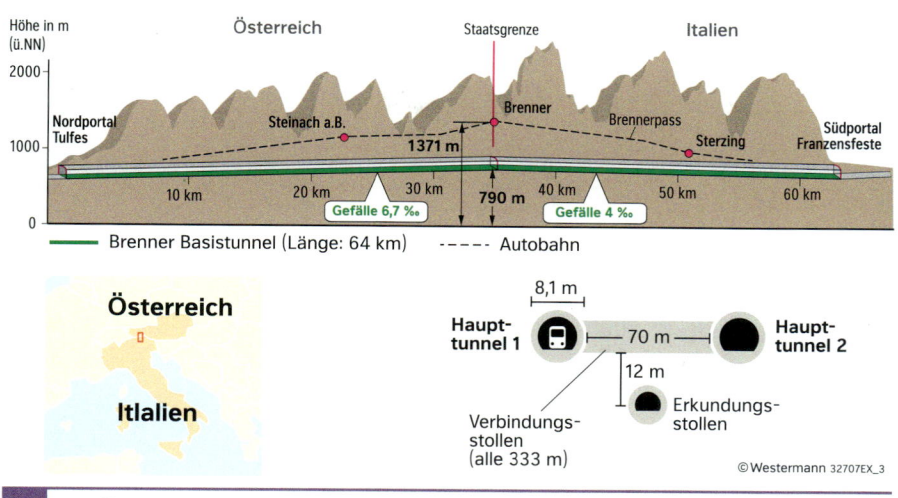

M4 Profil und Querschnitt des Brenner Basistunnels

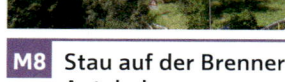

M8 Stau auf der Brenner Autobahn

Der Brennerpass ist die am stärksten befahrene Verkehrsverbindung zwischen Österreich und Italien. Sie umfasst eine vierspurige Autobahn, eine Bundesstraße und eine Eisenbahnlinie. Da der Brenner so stark befahren wird und die große Steigung vielen Fahrzeugen Probleme bereitet, soll ein Tunnel gebaut werden.
Der Brenner Basistunnel ist ein Gemeinschaftsprojekt von Österreich und Italien. Er verbindet die Orte Innsbruck in Österreich und Franzensfeste in Italien. Im Jahr 2026 soll der Tunnel eröffnet werden.

Für den Tunnelbau muss viel Gestein gesprengt werden.

M5 Der Weg über den Brenner

Der Main-Donau-Kanal ist eine etwa 171 Kilometer lange Wasserstraße, die den Main bei Bamberg mit der Donau bei Kelheim verbindet. Der Kanal wurde zwischen 1960 und 1992 erbaut. Mit ihm entstand ein durchgehender Schifffahrtsweg zwischen der Nordsee bei Rotterdam und dem Schwarzen Meer bei Constanța (Rumänien). Diese Wasserstraße verläuft über Rhein, Main und Donau und wird daher als Rhein-Main-Donau-Kanal bezeichnet. Da so eine Verbindung zwischen Nordsee und dem Schwarzen Meer entstanden ist, wird der Kanal auch Europakanal genannt.

M6 Der Main-Donau-Kanal

Der Eurotunnel wurde 1994 eröffnet. Durch ihn sind Großbritannien und das europäische Festland enger aneinandergerückt.
Mit 160 km/h unterqueren die Züge die Straße von Dover (Kanal).
Der Tunnel ist rund 50 Kilometer lang, davon verlaufen etwa 38 Kilometer unter dem Meer.

M7 Der Eurotunnel

Sprache	Anteil	als Mutter-sprache	als Fremd-sprache
Englisch	51 %	13 %	38 %
Deutsch	32 %	18 %	14 %
Französisch	26 %	12 %	14 %
Italienisch	16 %	13 %	3 %
Spanisch	15 %	9 %	6 %

Das Wort „Vater"...

in der romanischen Sprachfamilie
- lateinisch: pater
- spanisch: padre
- portugiesisch: pai
- französisch: père

In der germanischen Sprachfamilie
- englisch: father
- schwedisch: fader

In der slawischen Sprachfamilie
- russisch: otez
- tschechisch: otec
- polnisch: ojciec

M1 Sprachfamilien in Europa

In einem internationalen Ferienlager treffen sich mehrere Kinder: Ein Mädchen aus Estland berichtet stolz, dass ihre Eltern sehr mit ihr zufrieden sind, weil sie auf ihrem letzten Zeugnis nur Fünfen als Zensuren bekommen hat. Was ist anders als in Deutschland?

1. Welche Wörter aus anderen Sprachen kennst du und dein Sitznachbar oder deine Sitznachbarin (M1)?

2. Vergleiche deinen Schulalltag mit dem anderer Kinder in Europa (M2).

3. Die Samen – ein alteingesessenes Volk in Europa:
   a) Beschreibe die Lebensweise der Samen (M3).
   b) Recherchiere, warum die Samen als indigenes Volk bezeichnet werden (M3, Internet).
   189 ▸

4. Ermittle mithilfe deines Atlas Regionen in Europa mit sehr hoher und mit sehr niedriger Bevölkerungsdichte. Nenne mögliche Ursachen für die Unterschiede (M4, Atlaslink).

Eine Schülerin aus Estland berichtet:

„Die beste Zensur, die ich erhalten kann, ist eine 5, die schlechteste ist eine 1. Ich bin eine gute Schülerin, dies können meine Eltern jederzeit im Internet verfolgen, denn unsere Schule ist digital vernetzt. Nicht nur die Noten sind einsehbar, sondern auch Hausaufgaben und Kommentare der Lehrer. Sogar unsere Schulbücher sind online. Nach der neunten Klasse muss ich mich entscheiden, ob ich von der Schule gehen will, einen Abschluss der Sekundarstufe I mache oder das Gymnasium besuchen möchte. Obwohl ich gern zur Schule gehe, freue ich mich immer auf die drei Monate Sommerferien."

Ein Schüler aus Frankreich berichtet:

„Ich besuche eine Ganztagsschule: Die erste Stunde beginnt um 8:45 Uhr, wir haben eine lange Mittagspause, meistens mit einem 4-Gänge-Menü. Danach geht der Unterricht weiter. Mit einer Hausaufgabenbetreuung und verschiedenen Freizeitangeboten endet mein Schultag immer erst um 17:00 Uhr. Ich erhalte drei Zeugnisse pro Jahr, die Lehrer erteilen Noten, die von 0 bis 20 reichen."

Eine Schülerin aus Griechenland berichtet:

„Ich lerne auf einem staatlichen Gymnasium, das ist hier die übliche Schulform. Jedes Jahr, am vorletzten Freitag im Juni, beginnen für alle Schüler die Sommerferien und diese gehen bis zum ersten Montag im September. Wir haben zwar lange Ferien, aber auch einen anstrengenden Stundenplan: vormittags durchschnittlich sieben Unterrichtsstunden und nachmittags täglich zwei Stunden Fremdsprachenunterricht. Dazu kommt privat bezahlte Nachhilfe, weil Schulen oft nicht gut ausgestattet sind, aber Prüfungen und Hausaufgaben eine große Rolle spielen."

M2 Gespräche im Ferienlager

Die Samen sind die Urbevölkerung Nordskandinaviens. Schon vor über 10000 Jahren bewohnte das Volk mehrere Regionen in Nordeuropa, vor allem im Norden von Norwegen, Schweden und Finnland. Heute leben noch etwa 70000 Samen in Nordskandinavien. Die Hälfte der Samen spricht neben der jeweiligen Landessprache in Skandinavien eine eigene Sprache, das Samisch. Viele Samen arbeiten in modernen Berufen, beispielsweise im Bereich Touristik.

Ⓐ Same in traditioneller Kleidung

Ⓑ Goathi – die traditionelle Behausung der Samen

Joik – der traditionelle Gesang der Samen

Joik ist ein spezieller Gesang der Samen, der mit dem Jodeln Ähnlichkeit hat. Er ist traditioneller Bestandteil der samischen Kultur. Thematisch wird oft die Natur besungen, um sich dieser näher zu fühlen. Seit 1990 gibt es mit dem Sámi-Grand-Prix jährlich einen musikalischen Wettbewerb speziell für das Joiken.

M3 Die Samen

In Europa lebt ungefähr ein Zehntel der Bevölkerung der gesamten Welt. Bei der Verteilung der Bevölkerung gibt es nicht nur Unterschiede zwischen den einzelnen Ländern, sondern auch zwischen **Ballungsgebieten** und ländlichen Räumen.

Bevölkerungsdichte ausgewählter Länder:

 EU-27 2020: 112 Einwohner pro km²

 Lettland (2020): 29 Einwohner pro km² (*Küstenland*)

 Malta (2020): 1 641 Einwohner pro km² (*sehr kleines Land*)

Ⓐ Port Hercule im Fürstentum Monaco

Ⓑ Eine Gasse in Italien

Ⓒ Ein Dorf in der Ukraine

Ⓓ An der Küste Norwegens

Fachbegriffe
- das Ballungsgebiet
- die Bevölkerungsdichte

M4 Bevölkerungsdichte ausgewählter Länder

M1 Das Nordkap in Norwegen

M3 Stockholm in Schweden

Im Sommer fliegt Lennart mit seiner Familie nach Tromsø. Die Familie möchte die landschaftliche Schönheit dieser Region kennenlernen.

1. Benenne die Länder, Hauptstädte Meere und Fjorde im Norden Europas (M6).

W 2. Wähle aus:
   A Ordne die Länder Nordeuropas nach Flächengröße und Einwohnerzahl (M4).
   B Vergleiche die Daten zu den Ländern Nordeuropas mit den Daten von Deutschland (M4).

3. Überlege und begründe, warum in Nordeuropa viele Menschen ihren Urlaub verbringen wollen (Text, M1–M3, M5, M7). 187 159

4. Benenne die Oberflächenformen im Norden Europas (M2).

Im Norden Europas

Zu den Ländern Nordeuropas gehören die Länder **Skandinaviens** sowie Island, Dänemark und die Länder Estland, Lettland und Litauen. Im Sommer ist es in vielen Orten Nordeuropas um Mitternacht taghell, im Winter zeigt sich die Sonne dagegen vielerorts nur selten (siehe S. 34/35). Die Bevölkerungsdichte ist im Norden Europas wesentlich geringer als in vielen anderen Ländern Europas. In den weitflächigen Landschaften mit vielen Wäldern und Seen liegen nur vereinzelt Orte und Städte. Viele Touristen kommen Jahr für Jahr nach Nordeuropa, um sich von den steilwandigen Fjorden oder den dichten Nadelwäldern begeistern zu lassen. Ein bekannter und häufig besuchter Ort ist das **Nordkap**, der nördlichste auf dem Straßenweg erreichbare Punkt Europas. Die Landschaften Nordeuropas wurden durch die Eiszeiten geprägt. Das Eis hat unterschiedliche Oberflächenformen gebildet.

INFO 1

Fjord
Ein **Fjord** ist ein vom Gletschereis geformtes U-förmiges Tal. Als die Eismassen abschmolzen, kam es zu einem Anstieg des Meeresspiegels und die Täler wurden überflutet.

INFO 2

Fjell
Fjell nennt man die Gebirgsoberflächen in Nordeuropa. Kennzeichnend ist eine waldlose, wellige bis hügelige Landschaft mit nur wenig Pflanzenwuchs.

W • Norwegen • Skandinavisches Gebirge mit Fjell • Schweden
Europäisches Nordmeer • Sognefjord
Schären

M2 Landschaftsquerschnitt durch Skandinavien

Europas Mittelpunkt

INFO 3

Wissenschaftler haben festgelegt, dass sich der Mittelpunkt Europas in Litauen befindet. Sie zogen dazu zwei Linien, eine von Gibraltar zum Ural und eine vom Nordkap nach Kreta. Der Schnittpunkt der beiden Linien bestimmt die europäische Mitte.

	Fläche (km²)	Einwohner (Mio.)
Dänemark	43 100	5,8
Estland	45 200	1,3
Finnland	338 100	5,5
Island	103 000	0,4
Lettland	64 600	1,9
Litauen	65 300	2,8
Norwegen	323 800	5,4
Schweden	450 000	10,4
(Deutschland)	357 100	83,2

M4 Nordeuropa in Zahlen (2020)

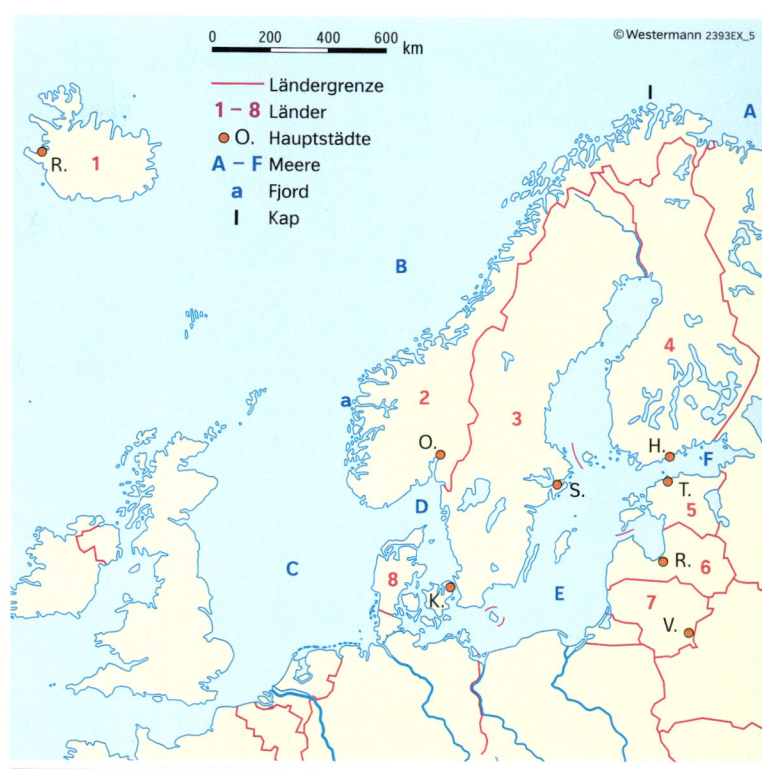

M6 Übungskarte Nordeuropa

Die Schiffe der Hurtigruten-Linie fahren entlang der Fjorde Norwegens. Sie wurden traditionell als Postschiffe eingesetzt. Heute werden sie überwiegend als Fracht-, Passagier- und Kreuzfahrtschiffe genutzt. Täglich legt ein Hurtigruten-Schiff in Bergen im Südwesten Norwegens ab.

M5 Kreuzfahrtschiff in einem Fjord in Norwegen

Die Rundhöcker stellen von Gletschern abgeschliffene Felsen dar. An der skandinavischen Küste liegen etwa 150 000 Felseninseln, sie werden **Schären** genannt. Diese sind meist kahl und ragen heute, nachdem der Meeresspiegel angestiegen ist, als Felsinseln aus dem Wasser.

M7 Schären

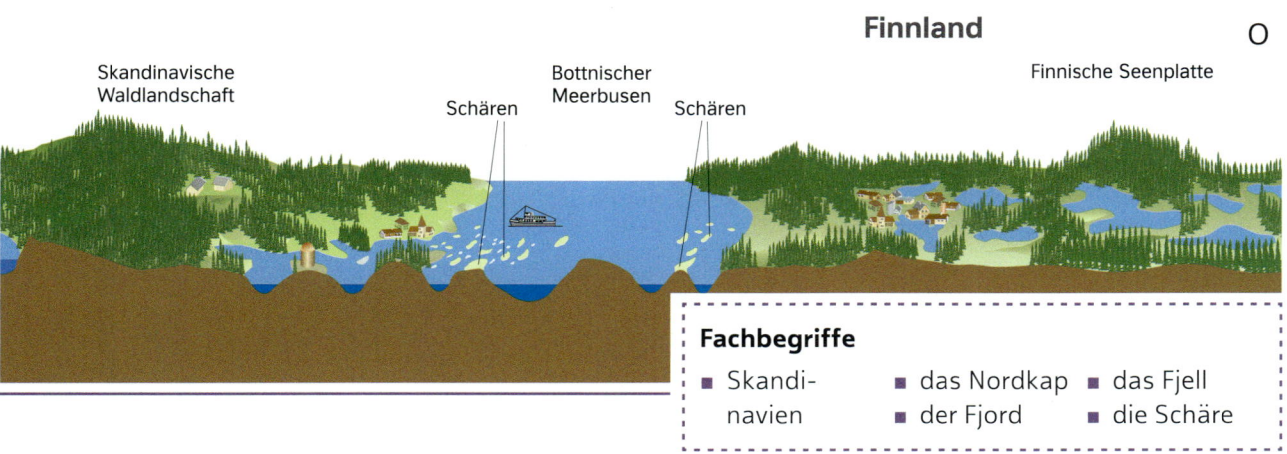

Fachbegriffe

- Skandinavien
- das Nordkap
- der Fjord
- das Fjell
- die Schäre

Kreta hat eine sehr abwechslungsreiche Landschaft. Es gibt hohe Bergmassive mit langen, tiefen Schluchten, aber auch grüne Täler. Die Insel bietet ausgedehnte Sand- und Kiesstrände an einer stark zerklüfteten Felsküste. Es können kleine Bergdörfer, reizvolle Hafenstädte und viele Zeugnisse aus der langen Geschichte der Insel an antiken Ausgrabungsstätten und in Museen besichtigt werden.

M1 Ab in den Süden – ein Reiseunternehmen wirbt für ein Reiseziel in Südeuropa.

M2 Kolosseum in Rom

Wenn vom Mittelmeerraum gesprochen wird, denken die meisten Menschen an strahlenden Sonnenschein, tiefblaues Meer und weiße Sandstrände.
Was sind weitere Gründe, die Südeuropa als Reiseziel attraktiv machen? Bist du selbst schon einmal in Südeuropa gewesen?

1. Erkläre, weshalb Südeuropa ein beliebtes Reiseziel für Touristen ist (M1, M2, M5). `159`

2. Beschreibe Besonderheiten, die Urlaubern auf Kreta begegnen können (M1, Internet).

3. Bearbeite die Übungskarte (M4, Atlas).

4. a) Löse das Fotorätsel in M5.
   b) Beschreibe die Lage der Städte (Atlas).

5. a) Werte das Klimadiagramm M3 aus. `184`
   b) Vergleiche die Klimadiagramme von Athen und Hannover (S. 184) und berichte.

Leben am Mittelmeer

Viele Länder rund um das Mittelmeer sind beliebte Urlaubsziele. Das Thermometer erreicht im Sommer fast täglich über 30 °C und Niederschläge sind selten. Das Sommerwetter ist bei Urlaubern sehr beliebt. Die Menschen, die hier ständig leben, haben gelernt, ihren Alltag dem Verlauf der Temperaturen anzupassen. Wenn die Hitze in den Mittagsstunden am größten ist, ziehen sie sich in ihre kühlen Häuser zurück.
Im Herbst und Winter gibt es häufiger Niederschläge. Aber auch in diesen Jahreszeiten sind die Temperaturen mild. Minustemperaturen oder Schnee sind selten. Dieses Klima nennt man **Mittelmeerklima**.
Die Pflanzen am Mittelmeer haben sich an die extreme Trockenheit der Sommermonate gewöhnt. Ihre harten, ledrigen Blätter sind mit einer Wachsschicht überzogen, die sie vor dem Austrocknen schützt. Da es im Sommer sehr trocken ist, kommt es immer wieder zu Waldbränden.
Bereits in der Antike entstanden bedeutende Bauwerke. Besonders bekannt sind die Akropolis in Athen und das Kolosseum in Rom. Ausgrabungsstätten wie Pompeji, das im Jahr 79 durch einen Ausbruch des Vulkans Vesuv unter einer Ascheschicht begraben wurde, zeugen von der frühen Kunst und Kultur am Mittelmeer.

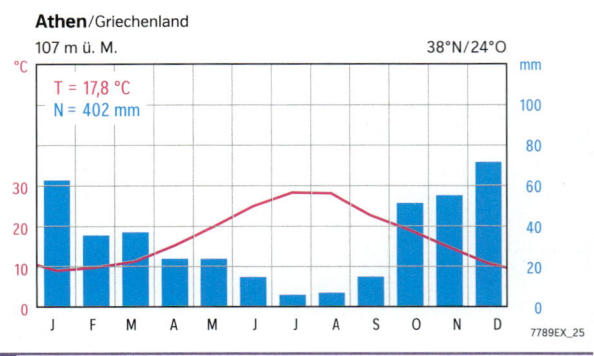

Athen/Griechenland
107 m ü. M.   38°N/24°O
T = 17,8 °C
N = 402 mm

M3 Klimadiagramm von Athen

© Westermann 1820HX_2

Schwarzes Meer

Bosporus

Adriatisches Meer

Korsika

Dardanellen

Balearen

Sardinien

Str. v. Gibraltar

Tyrrhenisches Meer

Sizilien

V. Malta **4**

Kreta

Zypern

Mittelmeer

Südeuropa	a – c Flüsse
A – C Gebirge	1 – 6 Staaten
▲ Vulkan	V.● Hauptstädte mit Anfangsbuchstaben

0 100 200 300 400 500 km

M4 Orientierung in Südeuropa – Übungskarte

Ⓐ Das sehr kleine Land befindet sich rund 90 Kilometer südlich von Sizilien. Mit einer Fläche von 316 km² ist das Inselland im Mittelmeer kleiner als die Stadt Bremen.

Ⓑ Die europäische Hauptstadt liegt am Atlantik. Hier befindet sich das Grab des berühmten Seefahrers Vasco da Gama. Er entdeckte im 15. Jahrhundert den Seeweg nach Indien.

Ⓒ Die Stadt ist seit rund 5000 Jahren besiedelt und damit eine der ältesten Städte Europas. Ein Wahrzeichen des Ortes ist die Akropolis.

Fachbegriff

■ das Mittelmeerklima

M5 Fotorätsel zu Reisezielen in Südeuropa

M1　Fotos aus London

Fluss Themse und Tower Bridge

London Eye

Parlament mit Big Ben

Die Städte London und Paris gehören zu den größten Städten Europas. Wie ein Magnet ziehen diese beiden Hauptstädte Menschen aus der ganzen Welt an.
Was macht die beiden Städte so attraktiv und bedeutend?

1. Beschreibe die Lage von London und Paris in Europa (Atlas).

2. a) Zeichne ein Säulendiagramm zur Bevölkerungsentwicklung von London (M2). 159 ▶
   b) Zeichne ein Säulendiagramm zur Bevölkerungsentwicklung von Paris (M5). 183 ▶

Ⓦ 3. Wähle aus:
   A Beschreibe die Fotos aus London in M1. 180 ▶
   B Beschreibe die Fotos aus Paris in M3. 180 ▶

4. Nenne Gründe, warum jährlich viele Menschen Paris und London besuchen (Text, M1, M3).

5. Warum sind Paris und London Metropolen (Info)? 159 ▶

Ⓩ 6. Arbeitet in Gruppen: Erstellt eine Wandzeitung über London oder Paris. 191 ▶

London – Metropole an der Themse

London ist die Hauptstadt Großbritanniens. Es ist eine der größten Städte Europas und es ist eine **Metropole**. Hier lebten im Jahr 2021 etwa neun Millionen Menschen.

Ein Teil des Stadtzentrums ist die „City of London". Hier arbeiten täglich etwa 300 000 Menschen. Meist kommen sie aus den Vororten. Sie arbeiten in den Banken, bei Versicherungen oder in einem der vielen anderen Büros. In London treffen Banken und Versicherungen Entscheidungen von weltweiter Bedeutung. Ein weiterer Teil des Stadtzentrums ist die „City of Westminster". Sie ist das politische Zentrum des Landes.

London gilt auch als eine der aufregendsten Städte Europas. Über die Hälfte der Bewohner sind jünger als 35 Jahre. In Sachen Mode und Musik spielt London eine bedeutende Rolle. Ebenso gibt es zahlreiche Theater und Museen. In London leben Menschen aus vielen verschiedenen Nationen der Erde zusammen. In den Straßen kann man mehr als 300 verschiedene Sprachen hören. Diese Vielfalt macht sich auch im Stadtbild bemerkbar. Wenn man nur ein paar Stationen mit der U-Bahn in einen anderen Stadtteil fährt, so fühlt man sich wie auf einem anderen Kontinent.

Jahr	Großraum London
1800	1 100 000
1900	6 500 000
1950	8 200 000
1990	6 700 000
2020	9 000 000

M2　Bevölkerungsentwicklung von London

Fluss Seine und Eiffelturm

Louvre

Sacré-Cœur

M3 Fotos aus Paris

Paris – Metropole an der Seine

Paris ist die Hauptstadt und die wichtigste Stadt Frankreichs. Sie ist das Zentrum von Wirtschaft und Politik. Da die Stadt mitten in Frankreich liegt, ist sie der Knotenpunkt des französischen Straßen- und Eisenbahnnetzes.

Anders als in Deutschland, wo es viele einzelne Bundesländer mit eigenen Landeshauptstädten gibt, wird Frankreich zentral von Paris aus regiert. Hier befinden sich die Regierungsgebäude, in denen alle wichtigen Entscheidungen getroffen werden. Die meisten großen Banken, Versicherungen und viele bedeutende Firmen wie Michelin, Peugeot, Renault oder Siemens haben sich hier niedergelassen.

Paris hat ebenso eine große kulturelle Bedeutung. Es gibt zahlreiche Museen, Theater, Zeitungsverlage und Universitäten. Das heißt, die Stadt hat ein großes kulturelles Angebot. Ebenso ist Paris bekannt für die Herstellung von Kleidung, Parfüm und Schmuck. Auch im Umland von Paris hat sich ein Gebiet mit einer Vielzahl von Wohn- und Arbeitsstätten entwickelt. In diesem Großraum leben mittlerweile über 13 Millionen Menschen. Fast ein Drittel der Fabriken Frankreichs befinden sich hier.

Jahr	Großraum Paris
1800	1 400 000
1900	4 000 000
1960	8 500 000
1990	9 300 000
2020	12 200 000

M5 Bevölkerungsentwicklung von Paris

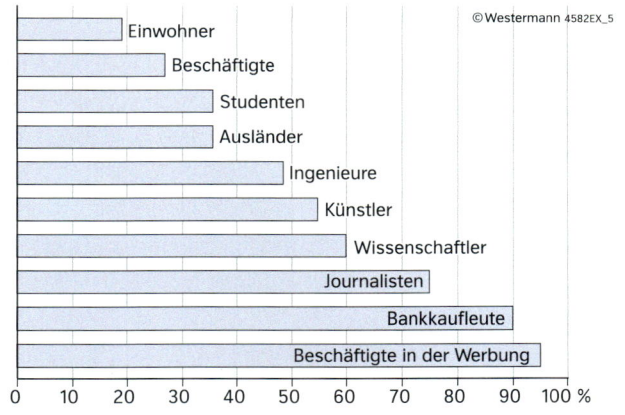

© Westermann 4582EX_5

Einwohner
Beschäftigte
Studenten
Ausländer
Ingenieure
Künstler
Wissenschaftler
Journalisten
Bankkaufleute
Beschäftigte in der Werbung

0 10 20 30 40 50 60 70 80 90 100 %

M6 Bedeutung von Paris in Frankreich (Lesebeispiel: Von 100 Einwohnern in Frankreich wohnen 19 in Paris)

M4 Oft besuchte Attraktionen in Paris – Disneyland und der Triumphbogen

ERSTAUNLICH

Der Eiffelturm ist ein 324 Meter hoher Eisenturm in Paris. Er wurde von 1887 bis 1889 erbaut. Mit rund sieben Millionen Besuchern pro Jahr, ist er eine der weltweit meistbesuchten Sehenswürdigkeiten.

Fachbegriff

■ die Metropole

„Was sollen denn europäische Einflüsse überhaupt sein?"

„Um das Eis zu gewinnen, werden wir aber mehr als nur Dönerbuden und Eisdielen finden müssen."

„Na Dönerbuden und Eisdielen, halt!"

M1 Ben, Samira und Emilia auf Exkursion

Die Klasse 5b ist auf Exkursion in Hannover. Auch Emilia, Ben und Samira sind mit ihren Handys unterwegs, um Fotos zu machen. Einen Stadtplan haben die drei auch dabei. Frau Bauer, ihre Lehrerin, hat ihnen eine Aufgabe mit auf den Weg gegeben: „Findet so viele verschiedene europäische Einflüsse in der Stadt wie möglich." Den Gewinnern winkt eine Kugel Eis.

Daher sind unsere drei Freunde voll motiviert. Und so machen sie sich auf den Weg. Niemals hätten sie geahnt, wie viele Spuren europäischer Einflüsse sich in einer niedersächsischen Stadt finden lassen.

Mittags trifft sich die Klasse wieder am Bus. Die Schüler der Klasse 5b waren fleißig. Sie haben viele Fotos gemacht – unter anderem von griechischen Feinkostspezialitäten, türkischen Restaurants und Klingelschildern von Familien mit fremd klingenden Namen (M3).

Doch Emilia, Ben und Samira haben sich wohl am meisten ins Zeug gelegt. Ihre Fotos findet Frau Bauer richtig klasse. Neidisch schauen die Mitschüler auf der Heimfahrt zu den dreien, die sich sichtlich über ihr Eis freuen.

M2 Exkursion nach Hannover

Europa wächst immer mehr zusammen. Auf einer Spurensuche in deiner Stadt kannst du viele Anzeichen für das Zusammenwachsen finden. Welche europäischen Einflüsse gibt es in deiner Stadt?

1. a) Nenne Länder in Europa, in denen wenigstens ein Teil der Bevölkerung Deutsch im Alltag spricht.

    b) Ermittelt gemeinsam, in wie vielen Sprachen eure Klasse Hallo sagen kann.

Ⓦ **2.** Wähle aus:

    A Nenne Beispiele europäischer Einflüsse in Hannover, die Emilia, Ben und Samira auf ihrer Exkursion entdeckt haben (M1–M3). Ergänze deine Ergebnisse mithilfe von M4 und M5. Stellt das Ergebnis in einer Wandzeitung dar. **191** ▸

    B Begebt euch auf Spurensuche in eurer Heimatstadt und findet dort europäische Einflüsse. Stellt das Ergebnis in einer Wandzeitung dar. **191** ▸

Ⓩ **3.** Hannover wird oft auch als die „Messehauptstadt Deutschlands" bezeichnet. Erkläre diese Bezeichnung (M5, Internet).

Auf Spurensuche in der Stadt

Es ist nicht schwierig, in einer Stadt wie Berlin oder München die Spuren europäischer **Kultur** zu finden. Das liegt daran, dass in den großen Städten viele Menschen aus dem europäischen Ausland stammen. Solche Menschen bringen ihre traditionellen Gewürze, Gerichte, Religionen, Bräuche sowie Sprachen und Fähigkeiten mit.

Über das ausländische Essen freuen sich viele Menschen. Wer hat schon etwas gegen Pizza und Döner einzuwenden? Auch in vielen Supermärkten werden mittlerweile verschiedene Spezialitäten und weitere Waren aus europäischen Ländern angeboten. Über manche kulturelle oder religiöse Eigenheiten wird allerdings oft diskutiert. Die Spuren findest du auch in deiner Stadt.

M3 Fotos der Schülerinnen und Schüler während der Exkursion

Perpignan ist mit etwa 122.000 Einwohnern eine Stadt im Süden Frankreichs. Die Stadt ist etwa 35 Kilometer von der spanischen Grenze entfernt. Sie wurde im Jahr 1960 Partnerstadt von Hannover. Schnell entwickelte sich eine Freundschaft zwischen den Menschen der beiden Städte. Durch Begegnungen unter anderem zwischen Jugendlichen und Vereinen wird diese auch heute aufrechterhalten.

Poznań liegt im Westen von Polen am linken Flussufer der Wartha. Poznań ist mit 540.000 Einwohnern die fünftgrößte Stadt Polens. Heute ist Poznań ein wichtiges Zentrum für Bildung, Kultur, Handel und Industrie. Die Universitätsstadt ist zudem größter Verkehrsknotenpunkt zwischen Berlin und Warschau. Die Städtepartnerschaft mit Hannover begann im Jahr 1979.

M4 Partnerstädte von Hannover

Hannover hat das größte Messegelände der Welt und zählt zu den wichtigsten Messestandorten. Dementsprechend finden in der Stadt an der Leine zahlreiche Fachmessen, Tagungen und Kongresse statt. Hierzu zählt auch die Hannover-Messe. Sie ist eine Industriemesse mit internationaler Bedeutung. Sie findet jedes Jahr im Frühjahr statt. Außerdem finden jedes Jahr viele weitere Messen wie z.B. die Messe für Freizeit, die Messe für Sport oder die Messe für Bildung in Hannover statt. Zu diesen Messen kommen Menschen aus ganz Europa um sich über die neuesten Entwicklungen zu informieren. Aussteller aus ganz Europa stellen ihre Waren aus und erläutern und verkaufen diese. Dadurch ist regelmäßig ein breites europäisches Publikum in Hannover zu Gast.

M5 Messehauptstadt Hannover

INTERNET

Auf den folgenden Webseiten erhältst du weitere Informationen zur Stadt Hannover und ihren kulturellen Angeboten.

WES-115715-157

Fachbegriff
- die Kultur

START CORNWALL · E
NIEDER-LANDE · A
PARIS · O
MOSKAU · E
BRÜSSEL · P
KIEW · I

POLEN · E
RUSSLAND · S
LONDON · U
BERLIN · R
EURO-TUNNEL · R
ZIEL PERM (URAL) · N
EUROPAEXPRESS

M1 Domino – mit dem Zug quer durch Europa

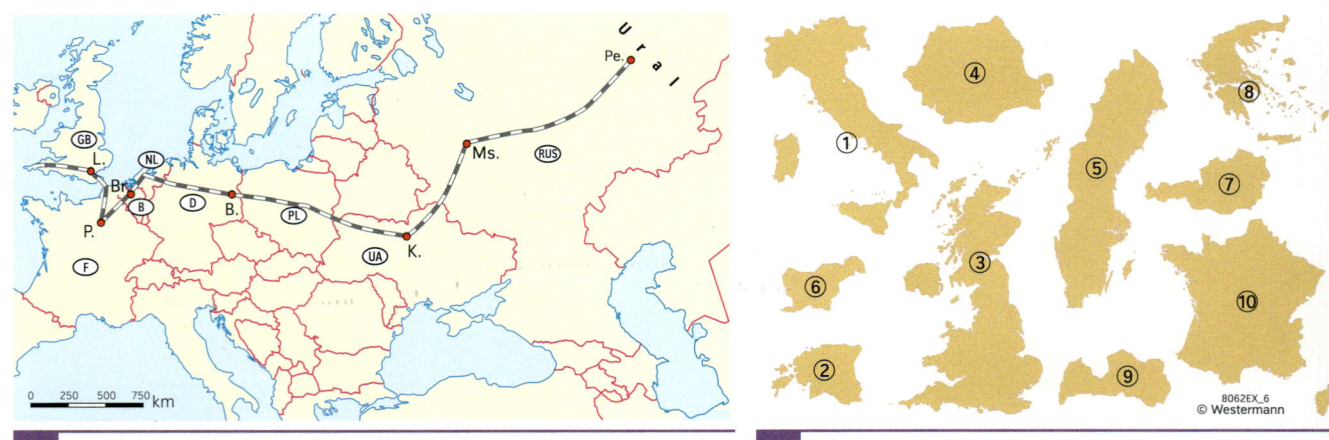

M2 Mit dem Zug von Cornwall nach Perm

M5 Umrisse europäischer Länder

8062EX_6
© Westermann

Ⓐ Öresund-brücke

Ⓒ Main-Donau-Kanal

Ⓑ Brenner Basistunnel

Ⓓ Eurotunnel

M3 Verkehrsprojekte in Europa

Schäre

Fjord

Ⓑ

Ⓐ

Ⓒ

Fjell

M4 Bilderrätsel

Ⓐ

Ⓑ

M6 Metropolen in Europa

a) London – Paris – Moskau – Oldenburg – Hamburg
b) Wangerooge – Korsika – Malta – Sardinien
c) Atlantik – Mittelmeer – Ostsee – Indischer Ozean – Nordsee
d) Dänemark – Schweden – Estland – Portugal – Polen
e) Irland – Norwegen – Schweden – Finnland – Deutschland

M7 Das schwarze Schaf

Wissen und sich orientieren

1. Wähle fünf Fachbegriffe aus der Liste und erkläre sie.

2. a) Bringe die Zugwaggons (M1) für eine Reise von Cornwall nach Perm (M2) in die richtige Reihenfolge.
   b) Nenne das Lösungswort.

3. a) Nenne die Namen der Länder in M5 (Beachte: Die Größenverhältnisse der Länder stimmen nicht.)
   b) Bestimme die Hauptstädte der Länder.
   c) Ordne die Länder einem Großraum Europas zu. *(S. 142/143)*

4. Ordne folgende Landschaften den Großlandschaften Europas zu: *Nordrussisches Tiefland – Hohe Tatra – Französisches Zentralmassiv – Alpen – Finnische Seenplatte – Karpaten – Sudeten – Pyrenäen.* *(S. 140/141)*

5. Ordne die Fotos Ⓐ–Ⓒ in M4 den passenden Begriffen zu. *(S. 150/151)*

Können und anwenden

6. Bestimme mithilfe des Atlas eine große Stadt, die auf den beiden Kontinenten Europa und Asien liegt.

7. Ermittle den Namen des heutigen Staates, auf dem die Königstochter Europa nach ihrer Entführung ankam. *(S. 142/143)*

8. a) Bestimme die Namen der Städte in M6.
   b) Erläutere, warum es sich um Metropolen handelt. *(S. 154/155)*

9. Finde jeweils das schwarze Schaf (= den Begriff, der nicht in die Reihe passt) in M7 und begründe deine Auswahl.

10. Präsentiere deine Kenntnisse zum Thema Großlandschaften in Europa mithilfe digitaler Medien. Berücksichtige die unterschiedlichen Oberflächenformen Europas. `190 ▷`

11. Erläutere die Bedeutung der Verkersprojekte in M3.

Sich austauschen, beurteilen und handeln

12. „Europa ist durch verschiedene Verkehrsprojekte immer mehr zusammengewachsen". Beurteile diese Aussage. *(S. 146/147)*

13. Hasan fährt in den Sommerferien mit seinen Eltern im Auto zu Verwandten in die Türkei. Sie durchqueren dabei Österreich, Ungarn, Rumänien und Bulgarien. Notiere die Länder, in denen sie nicht mit dem Euro zahlen können.

14. Begründe, warum die Europäische Union (EU) viele Vorteile für die Mitgliedsländer und deren Einwohner hat. *(S. 142/143)*

15. „Europa fängt im Kopf an." Was bedeutet dieser Satz? Frage dich dazu, woher du kommst und wer du bist. *(S. 156/157)*

Fachbegriffe

- die Halbinsel
- die Großlandschaft
- Eurasien
- der Großraum
- die Europäische Union (EU)
- das Flussdelta

- das Ballungsgebiet
- die Bevölkerungsdichte
- Skandinavien
- das Nordkap
- der Fjord
- das Fjell

- die Schäre
- das Mittelmeerklima
- die Metropole
- die Kultur

WES-115715-159

Leben in Trockenheit und Kälte

Menschen leben auch in lebensfeindlichen Gebieten. Dort herrscht große Hitze oder bittere Kälte. Es können keine oder nur wenige Pflanzen wachsen.
Beschreibe die Bilder. Überlege, wie Menschen dort leben können.

M1 Wüstenwanderung über Sanddünen

M2 Ein Sandsturm nähert sich.

„Ich fühle keinen Hunger, nur Durst. Der Durst ist allmächtig. Ich bringe keinen Speichel mehr hervor. Die Sonne hat alles ausgetrocknet." So schildert Antoine de Exupéry in einem Buch die Leiden eines Verunglückten nach einem Flugzeugabsturz in der Wüste.

Warum müssen die Verunglückten so leiden? Was ist eine Trockenwüste?

1. a) Erkläre, warum die Trockenwüste Sahara lebensfeindlich ist (Text, M1, M2).
b) Erstelle ein Infoblatt für Wüstenreisende, auf dem steht, was sie in der Wüste unbedingt beachten müssen. Berücksichtige dabei die möglichen Gefahren (Text, M1, M2).

2. Beschreibe das Klimadiagramm M3 und werte es aus. **184**

3. Erläutere, warum erfahrene Wüstenreisende niemals in Trockentälern übernachten (Text).

4. Erkläre, warum Felsen in der Wüste immer kleiner werden (Text, M7, M8).

Ⓦ **5.** Wähle aus:
A Beschreibe, wie eine Sandwüste entsteht (Text, M4). **177**
B Erstelle eine Präsentation zum Thema „Entstehung der verschiedenen Gesichter der Wüste" (Text, M4). **190**

6. Nenne die Länder, die Anteil an den Wüsten in M5 haben (Atlas).

7. Begründe, warum das Kamel als Überlebenskünstler in der Wüste gilt (M6).

Die Wüste Sahara

Wüsten sind Regionen, in denen gar nichts oder wenig wächst, da es entweder zu kalt oder zu trocken ist. Die größte **Trockenwüste** der Erde liegt im Norden des Kontinents Afrika: die Sahara.

In der Sahara fällt kaum Niederschlag. Manchmal kommt es aber zu heftigen Regenfällen. In kurzer Zeit füllen sich dann die Trockentäler (**Wadis**) mit Wasser. Sie verwandeln sich urplötzlich in reißende Ströme. Aber das Wasser versickert schnell oder verdunstet durch die hohen Lufttemperaturen. Am Tage kann es über 50 °C heiß werden. Nachts kühlt es teilweise bis unter 0 °C ab.

Die Trockenheit und die starken Temperaturschwankungen erschweren das Leben in der Wüste. Bei der Trockenheit und den hohen Temperaturen verliert der Körper sehr viel Flüssigkeit. Menschen müssen täglich bis zu acht Liter trinken, um zu überleben.

Die Wüste hat viele „Gesichter". Die Felswüste ist besonders lebens- und siedlungsfeindlich. Durch die großen Temperaturunterschiede zwischen Tag und Nacht zerspringt der Fels. Es entsteht der Kies und scharfkantige Schutt der Kieswüste. Schließlich werden die Steine so weit zerkleinert, dass Sand entsteht. Die feinen Sandkörner bilden die Sandwüste. Der Wind hält die feinen Körner in Bewegung und schichtet sie zu **Dünen** auf.

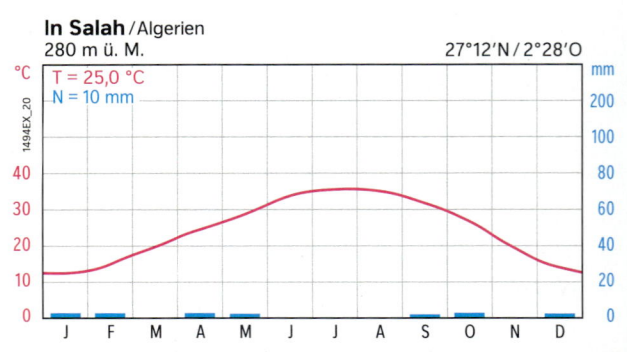

M3 Klimadiagramm

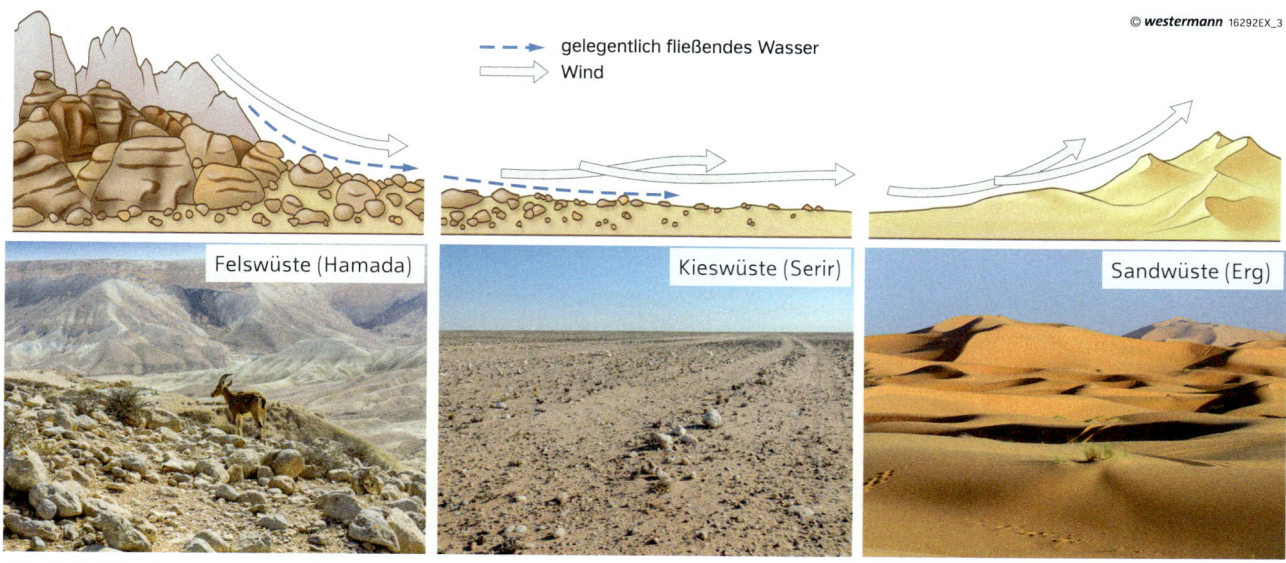

© **westermann** 16292EX_3

gelegentlich fließendes Wasser
Wind

Felswüste (Hamada) Kieswüste (Serir) Sandwüste (Erg)

Starke Temperaturschwankungen zwischen Tag und Nacht lassen Felsen und Steine zerfallen. Der Wind bläst den Sand aus. Seltene, aber starke Niederschläge transportieren im fließenden Wasser auch größere Steine.

M4 Wüstenformen und ihre Entstehung

Wüste	Fläche in km²
Sahara	9 200 000
Arabische Wüste	2 330 000
Gobi	1 295 000
Kalahari	900 000
Australische Wüsten	736 000
Patagonische Wüste	673 000
Great Basin Wüste	542 000
Syrische Wüste	500 000
Chihuahua Wüste	363 000

M5 Die größten Trockenwüsten der Erde

M7 Durch starke Temperaturunterschiede zwischen Tag und Nacht kann ein Stein zerbrechen.

- Seine Füße sind so groß wie ein Teller. Sie verteilen das Gewicht des Tieres (400 bis 500 kg). Es sinkt deshalb nicht im weichen Sand ein.
- Dicke Hornschwielen schützen die Füße vor der heißen Erde.
- Ein Kamel bildet Körperwasser ohne zu trinken. Durch die Verbrennung von 100 Gramm Fett aus den Höckern erhält der Körper des Tieres 107 Gramm Wasser.
- Bei Flüssigkeitsmangel erhöht das Tier seine Körpertemperatur von 37 °C auf 42 °C. Es fängt später an zu schwitzen und spart dadurch viel Wasser.

Uhrzeit	Temperatur in °C
0.00 Uhr	5
04.00 Uhr	-1
08.00 Uhr	12
12.00 Uhr	21
16.00 Uhr	26
20.00 Uhr	14

M8 Temperaturen an einem Tag im Dezember in In Salah (Algerien)

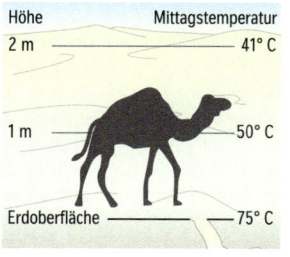

Höhe Mittagstemperatur
2 m 41° C
1 m 50° C
Erdoberfläche 75° C

Fachbegriffe
- die Wüste
- die Trockenwüste
- das Wadi
- die Düne

M6 Das Kamel – ein Überlebenskünstler in der Wüste

In der Wüste – Leben mit der Trockenheit

Oase mit Dattelpalmen

Siedlung in der Wüste

M1 El Menia (Algerien) – eine Grundwasseroase in der Wüste Sahara

El Menia
Nördl. Wendekreis
Sahara
Äquator
Südl. Wendekreis
1881EX_33

Die Wüste Sahara ist die größte Trockenwüste der Erde. Sie ist ein lebensfeindlicher Raum. Dennoch leben etwa fünf Millionen Menschen dort.
Wie haben sich die Menschen an den Naturraum angepasst? Wie können sie mit der Trockenheit leben?

1. a) Beschreibe die in M1 abgebildete Oase.
   b) Werte das Klimadiagramm M7 aus. 184
   c) Die Häuser in der Oase haben nur wenige und sehr kleine Fenster. Begründe, warum diese Bauweise eine Anpassung an das Klima ist.

2. Begründe, wie mit heutiger Technik die landwirtschaftliche Fläche in Oasen vergrößert werden kann (M2).

3. Erläutere, wie die Oasenbauern landwirtschaftlichen Anbau betreiben (M2, M3).

W 4. Wähle aus:
   Berichte über die Nutzung der Dattelpalme (M6), indem du
   A einen Text schreibst. 177
   B eine Tabelle anlegst. 182

5. a) Beschreibe die Unterschiede der Oasentypen M2 und M5.
   b) Führe den Versuch zum artesischen Brunnen durch (M4). Führe dazu ein Versuchsprotokoll. 188

Bewässerung schafft Leben

Wo Wasser in der Wüste vorkommt, können Menschen dauerhaft leben. Wasser gibt es in den **Oasen**. Sie bilden kleine grüne Inseln im riesigen Meer der pflanzenlosen Wüste.
In den Oasen nutzen die Menschen das Grundwasser zur Bewässerung oder auch das Wasser von Flüssen, wie zum Beispiel am Nil.
In allen Oasen wächst die **Dattelpalme**, eine sehr robuste und vielseitig verwendbare Pflanze. Unter dem Blätterdach der Palmen bauen Oasenbauern verschiedene Nutzpflanzen an. Sie gedeihen im Schatten der Palmenblätter, müssen aber bewässert werden. Durch diesen Stockwerk-Anbau verdunstet weniger Wasser und der Boden trocknet nicht so schnell aus.
Die Häuser der Bewohner stehen außerhalb der Oase, weil die Bewässerungsfläche zu kostbar ist, um darauf zu bauen.

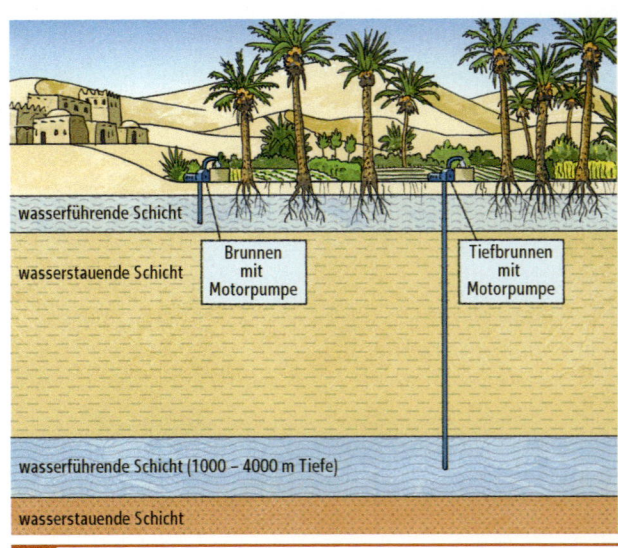

wasserführende Schicht
wasserstauende Schicht
Brunnen mit Motorpumpe
Tiefbrunnen mit Motorpumpe
wasserführende Schicht (1000 – 4000 m Tiefe)
wasserstauende Schicht

M2 Grundwasseroasen entstanden dort, wo Grundwasser nahe der Oberfläche vorhanden war. Heute sind Tiefbrunnen nötig.

Dattelpalmen als Schattenspender, werden über 100 Jahre alt, vertragen leichten Frost und salzhaltiges Wasser

Obstbäume: Pfirsich, Orange, Zitrone, Apfel, Mandel, Feige

Getreide, Futterpflanzen

Gemüse

M3 Stockwerk-Anbau in Oasen

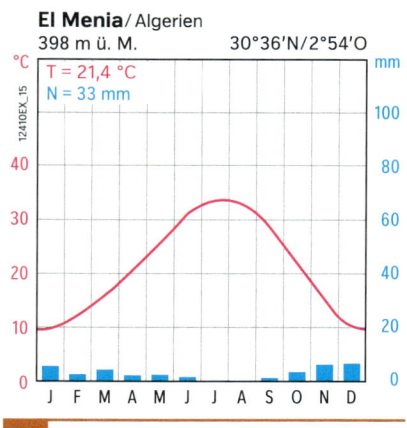

El Menia / Algerien
398 m ü. M.   30°36'N / 2°54'O
T = 21,4 °C
N = 33 mm

M7 Klimadiagramm

Das brauchst du:

- Einen Schlauch (0,5 Meter lang)
- Trichter, Nadel, Holzstäbchen oder Nagel

So gehst du vor:

1. Bohre in der Mitte des Schlauches mit der Nadel ein Loch.
2. Verschließe es mit einem Holzstäbchen oder einem Nagel.
3. Gieße Wasser in den Trichter, bis der Schlauch gefüllt ist.
4. Ziehe das Holzstäbchen heraus.
5. Beschreibe deine Beobachtungen.

M4 Versuch zum artesischen Brunnen

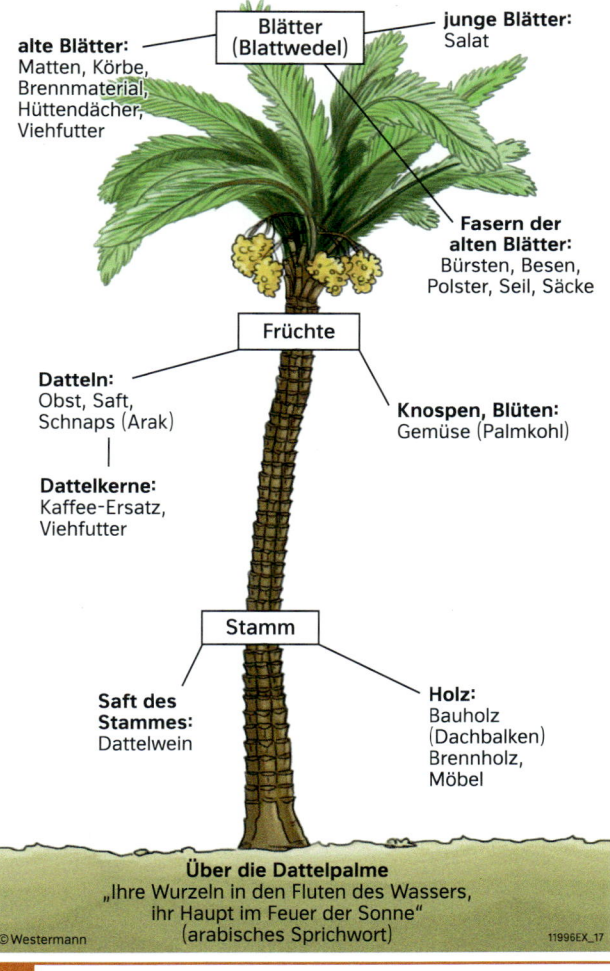

Blätter (Blattwedel)

alte Blätter: Matten, Körbe, Brennmaterial, Hüttendächer, Viehfutter

junge Blätter: Salat

Fasern der alten Blätter: Bürsten, Besen, Polster, Seil, Säcke

Früchte

Datteln: Obst, Saft, Schnaps (Arak)

Dattelkerne: Kaffee-Ersatz, Viehfutter

Knospen, Blüten: Gemüse (Palmkohl)

Stamm

Saft des Stammes: Dattelwein

Holz: Bauholz (Dachbalken) Brennholz, Möbel

Über die Dattelpalme
„Ihre Wurzeln in den Fluten des Wassers, ihr Haupt im Feuer der Sonne"
(arabisches Sprichwort)

© Westermann

11996EX_17

M6 Nutzung der Dattelpalme

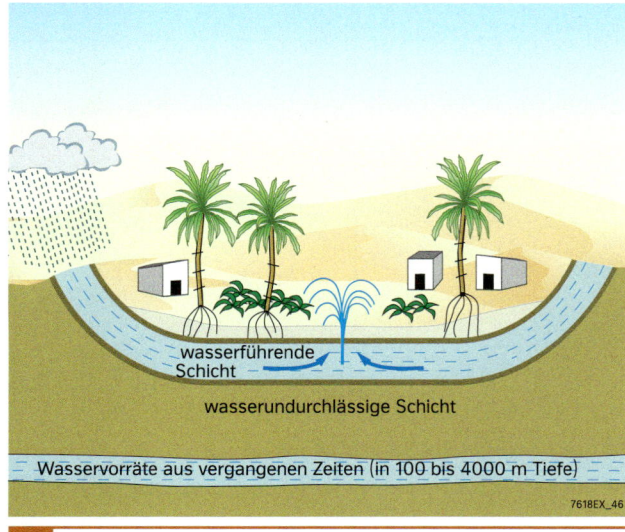

wasserführende Schicht

wasserundurchlässige Schicht

Wasservorräte aus vergangenen Zeiten (in 100 bis 4000 m Tiefe)

7618EX_46

M5 Artesische Brunnenoase – aufgrund des natürlichen Drucks gelangt das Wasser an die Oberfläche.

INTERNET

Informationen zu El Menia findest du bei Google Maps, Satellit: El Menia

WES-115715-165

Fachbegriffe

- die Oase
- die Dattelpalme

Bewässerungsarm

M1 Bewässerte Felder mitten in der Wüste Sahara bei El Menia (Algerien) im Satellitenbild

2240 m

Seitdem in der Sahara Wasser in großer Tiefe gefunden wurde, haben sich die Oasen verändert und neue Oasen sind entstanden.
Auch andere Quellen sprudeln, nämlich die Ölquellen. Auch die tägliche Sonnenstrahlung soll genutzt werden.
Wie verändert sich dadurch die Wüste?

1. a) Beschreibe den Bewässerungsfeldbau bei El Menia (M1).
   b) Zur Bewässerung wird viel Wasser benötigt. Erläutere, wie das Wasserproblem gelöst wurde (M3, Info). **185** ▶
   c) Beurteile die Chancen, die diese Lösung in der Zukunft hat (Info).

Ⓦ 2. Wähle aus:
   Stelle die Veränderungen in den Oasen durch den Tourismus dar, indem du
   A die Veränderungen der Oasen durch den Tourismus beschreibst (M2).
   B aus der Sicht eines Oasenbauern zum Tourismus Stellung nimmst.

3. Untersuche die Veränderungen der Sahara durch die Erschließung der Erdöl- und Erdgasfelder.
   a) Beschreibe die Veränderungen der Naturlandschaft (M6). **177** ▶
   b) Beschreibe die Veränderungen für die Wüstenbewohner (M4, M6). **177** ▶

4. Solarkraftwerke brauchen nicht nur Sonnenstrahlung, sondern auch viel Platz. Überprüfe, ob sich die Sahara als Standort für Solarkraftwerke eignet (M4, M5).

Ⓩ 5. Ein Reiseunternehmen bietet einen Urlaub in einem komfortablen Hotel in einer Oase an. Nimm Stellung, ob du dieses Angebot annehmen würdest.

Menschen verändern den Naturraum Wüste

In der Wüste Algeriens bei El Menia wurden riesige, kreisrunde Felder angelegt. Das Wasser für die Bewässerung gewinnt man aus **Tiefbrunnen**. Es wird aus Wasserbecken in großer Tiefe hochgepumpt. Das Brunnenwasser wird in der Mitte des Feldes in einen 1120 Meter langen Bewässerungsarm geleitet. Dieser bewegt sich wie ein Karussell im Kreis über das Feld und versprüht das Wasser. Das wird Karussellbewässerung genannt. Die kreisrunden Felder sind so groß, dass man sie sogar vom Weltraum aus sehen kann.
In den letzten 30 Jahren ist allerdings der Grundwasserspiegel um 60 Meter abgesunken.
In vielen Oasen in der Sahara sind moderne Hotelanlagen gebaut worden. Sie haben eigene Swimmingpools, damit die Touristen auf nichts verzichten müssen. Durch den Tourismus hat sich das Leben der Oasenbauern verändert. Viele haben ihre Palmengärten aufgegeben und arbeiten in den Hotelanlagen.

M2 Hotelanlage mit Swimmingpool in einer Oase

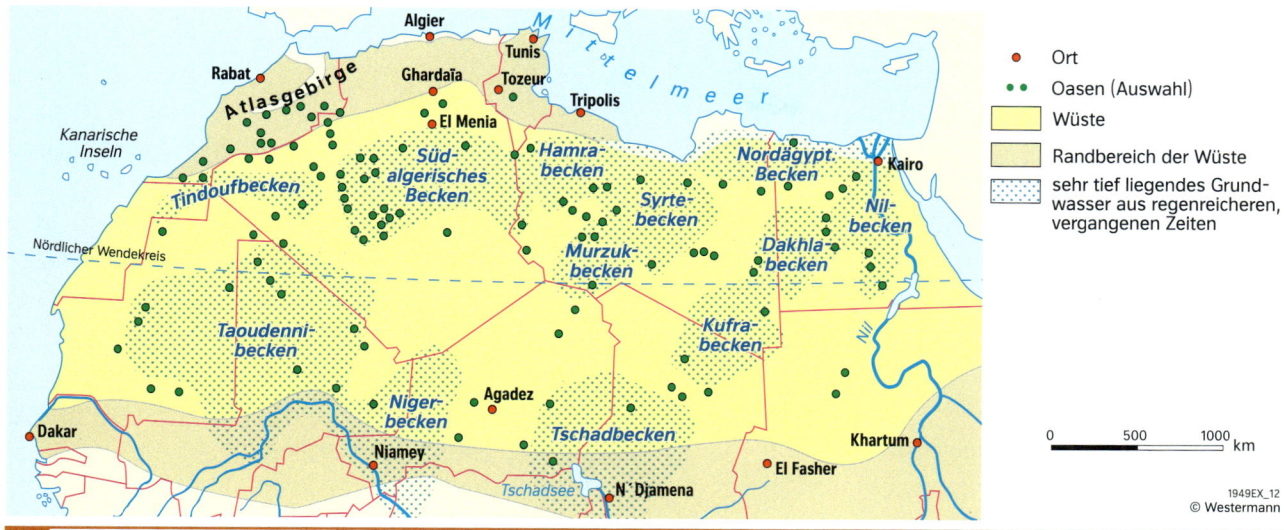

M3 Oasen in der Sahara (Auswahl) und Wasserbecken in der Tiefe

Um 1960 wurden in Algerien, Tunesien, Libyen und Ägypten riesige Lagerstätten von Erdöl und Erdgas entdeckt. Sie liegen in der Sahara. „Neue Oasen", sogenannte Industrie-Oasen, entstanden. Fördertürme, Werkstätten, Tankstellen, Wassertanks und Wohn- und Büro-Container sind ihre Kennzeichen. Das geförderte Erdöl und Erdgas wird in Pipelines an die Küste transportiert. Viele Oasenbauern gaben ihre Felder auf und nahmen einen gut bezahlten Arbeitsplatz auf den Ölfeldern an.

Die Sonne als Energiequelle könnte in Zukunft verstärkt genutzt werden. Die Sonne scheint mit wenigen Ausnahmen täglich. Das sind ideale Bedingungen für **Solarkraftwerke**. Das erste Solarkraftwerk ist in Marokko entstanden, weitere sind geplant. Riesige Flächen sind mit Solaranlagen bedeckt, die Strom erzeugen.

M4 Ölfelder und Solarkraftwerke verändern die Wüste.

M6 Förderanlagen im Erdölfeld Hassi-Messaoud (Algerien)

M5 Solarkraftwerk in der Wüste Marokkos

Tiefbrunnen

Vor einigen Jahren wurden in der Sahara in einer Tiefe von 1000 bis 4000 Metern riesige Wasservorräte entdeckt. Dieses Wasser ist etwa 20 000 Jahre alt. Es stammt aus der Zeit, als die Sahara noch keine Wüste war. Um es nutzen zu können, werden Tiefbrunnen gebaut. Motorpumpen fördern das Wasser nach oben. Aber auch dieses Wasser steht nicht unendlich zur Verfügung.

Fachbegriffe

- der Tiefbrunnen
- das Solarkraftwerk

M1 In der Arktis – Eisbärin mit ihrem Jungen

M3 In der Antarktis – Kaiserpinguine

„Nautilus Ninety North" (Nautilus auf 90° N), lautete der Funkspruch, den das U-Boot Nautilus am 2. August 1958 absetzte. Es war unter dem Eis der Arktis hindurchgetaucht und hatte den Nordpol erreicht.
Wie sieht der Lebensraum in den Polargebieten aus? Was macht die Polargebiete so besonders?

1. „Eisbären auf Pinguinjagd!" Erkläre, warum diese Überschrift unwahrscheinlich ist (M1, M3).

2. Stelle Unterschiede zwischen Arktis und Antarktis gegenüber (Text, M1, M3, M5, M8). 177

W 3. Wähle aus:
   A Erkläre, wie die Naturerscheinungen Polartag und Polarnacht entstehen. Beschreibe die Situation am 21.06. und am 21.12. eines Jahres (Text, M4, M7).
   B Berichte über die Besonderheiten im Leben von Kirima im Sommer und im Winter (M6).
   177

4. Begründe, warum der Polartag auch Mitternachtssonne genannt wird (M4).

5. a) Beschreibe das Leben der Menschen in Ilulissat (M6, M9).
   b) Werte das Klimadiagramm M10 aus. 184
   c) Anbaufrüchte können erst wachsen, wenn die Temperaturen über 10 °C liegen. Stelle fest, wann dies in Ilulissat ist (M10). 184

6. Zeichne ein Klimadiagramm von Wostok nach den Werten von M2. 131

Lange Zeit dunkel – lange Zeit hell

Die größten Wüsten der Erde liegen in den Polargebieten. Es sind Kältewüsten. Die Polargebiete dehnen sich rund um den Nordpol und den Südpol aus. Das nördliche Polargebiet heißt **Arktis**, das südliche **Antarktis**. Den größten Teil der Arktis bildet das Nordpolarmeer, das rund um den Nordpol ganzjährig zugefroren ist. Die nördlichen Teile Amerikas, Asiens und Europas liegen am Rand der Arktis (M5).

Der Südpol liegt auf der Landmasse der Antarktis (M8). Das Festland ist fast vollständig von einer dicken Eis- und Schneedecke bedeckt, Gletscher genannt.

In den Polargebieten der Erde gibt es **Polarnacht** und **Polartag**. Während der Polarnacht erscheint die Sonne nicht über dem Horizont. Dann ist es entweder dunkel oder es herrscht Dämmerung. Dagegen geht während des Polartages die Sonne nicht unter. An den Polarkreisen dauern Polartag und Polarnacht 24 Stunden. Je näher man den Polen kommt, desto länger dauern sie. Am Nord- und Südpol scheint die Sonne durchgängig ein halbes Jahr lang und es ist ein halbes Jahr lang dunkel.

	Jan.	Feb.	März	April	Mai	Juni
N (mm)	0	0	1	1	0	1
T (°C)	-32	-44	-58	-65	-66	-65
	Juli	Aug.	Sept.	Okt.	Nov.	Dez.
N (mm)	1	1	0	0	0	0
T (°C)	-67	-68	-66	-57	-43	-32

M2 Klimadaten von Wostok/Antarktis (78° 28' S / 106° 40' O)

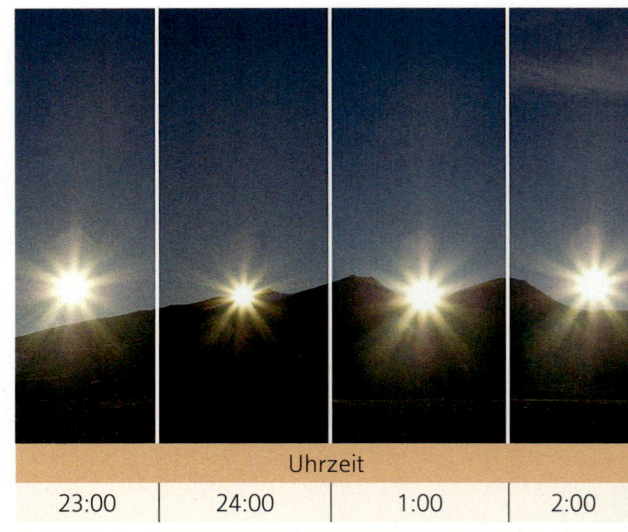

Uhrzeit			
23:00	24:00	1:00	2:00

M4 Sonnenstände um Mitternacht am 21./22.06. in Ilulissat (Grönland)

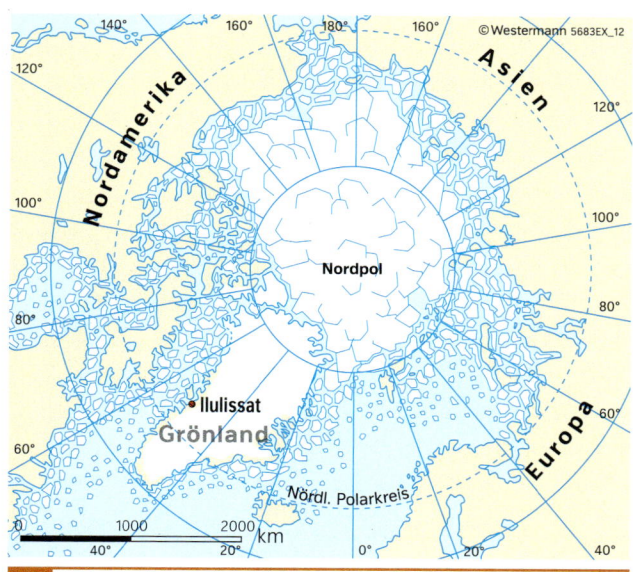

M5 Karte der Arktis

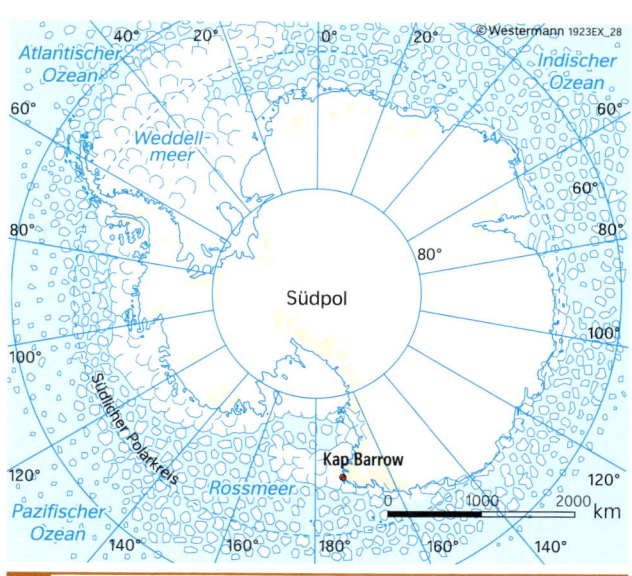

M8 Karte der Antarktis

1. Januar: Seit Tagen liegen die Temperaturen bei -20 °C und darunter. Die Straßenlampen brennen ununterbrochen.

17. Januar: Es ist 12 Uhr mittags. Die ganze Klasse läuft ins Freie, denn die Sonne erscheint zum ersten Mal seit Wochen wieder für einige Minuten am Horizont. Die Zeit der Polarnacht, der andauernden Dunkelheit, ist endlich vorbei.

27. Mai: Heute waren wir um Mitternacht Schlittschuh laufen. Die Sonne wird jetzt fast zwei Monate lang nicht mehr untergehen, denn wir haben Polartag.

1. Juni: Endlich Sommerferien! Das Wetter ist richtig toll und wir sind viel draußen. Am Nachmittag zeigte das Thermometer 4 °C.

30. November: Gestern Mittag sahen wir die Sonne das letzte Mal für lange Zeit. Jetzt beginnt die Polarnacht. Es wird wieder sehr kalt.

M6 Aus einem Tagebuch von Kirima aus Grönland

M9 Ilulissat (Grönland) im Sommer

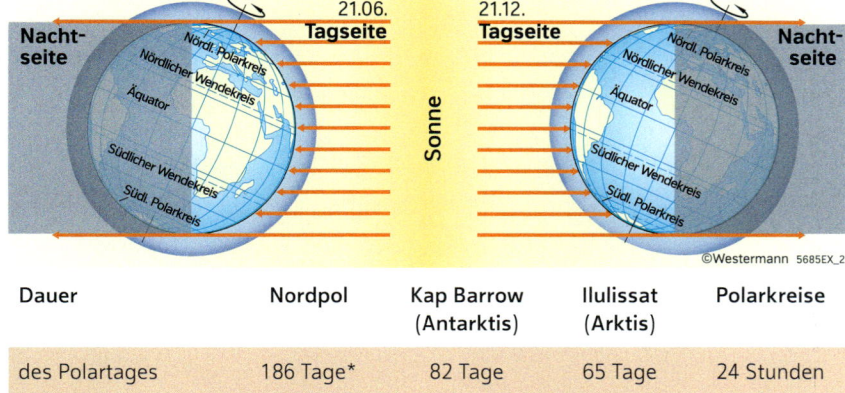

Dauer	Nordpol	Kap Barrow (Antarktis)	Ilulissat (Arktis)	Polarkreise
des Polartages	186 Tage*	82 Tage	65 Tage	24 Stunden
der Polarnacht	179 Tage*	64 Tage	43 Tage	24 Stunden

*Aufgrund der unterschiedlichen Entfernung der Erde zur Sonne (Erdbahn) ist es nicht genau ein halbes Jahr.

M7 Polartag und Polarnacht in den Polargebieten der Erde

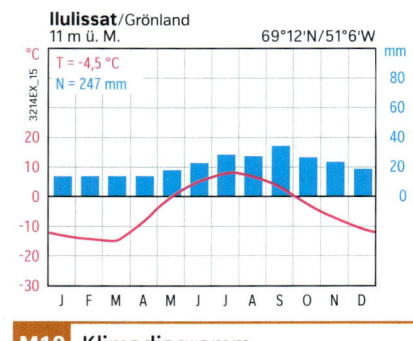

M10 Klimadiagramm

Fachbegriffe

- die Arktis
- die Antarktis
- die Polarnacht
- der Polartag

In der Arktis – Leben mit der Kälte

M1 Das Iglu – traditionelle Wohnstätte der Inuit während der Jagdzeit

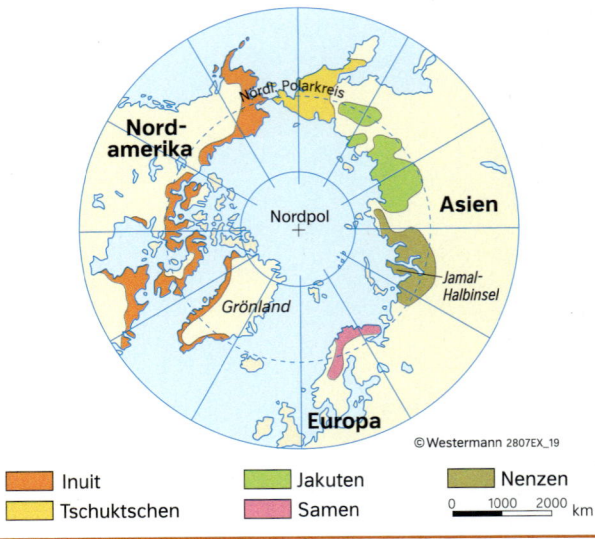

Inuit	Jakuten	Nenzen
Tschuktschen	Samen	0 1000 2000 km

M3 Völker der Arktis

Grönland ist eine große Insel im Nordpolarmeer. Sie ist fast vollständig mit Eis bedeckt. An den Küsten lebt das Volk der Inuit. Sie nennen ihr Land „Kataallit Nunaat", das heißt Land der Menschen.
Wie lebten die Menschen in einer lebensfeindlichen Umwelt früher? Wie leben sie heute?

1. Beschreibe, wo das Volk der Inuit lebt (M3).

2. a) Erkläre den Begriff Selbstversorger.
b) Ordne das Foto M1 einem Monat in M2 zu.
c) Beschreibe das Leben eines Inuit-Jägers als Selbstversorger (Text, M1, M2).

3. Beschreibe das Leben der Inuit heute (M4 – M8). 187

W 4. Wähle aus:
A Stelle gegenüber, was sich am Leben der Inuit verändert hat. Bewerte die Veränderungen. 177
B Erstelle eine Präsentation zum Leben der Inuit früher und heute. 190

Überleben in der Kältewüste

Das Wort **Inuit** bedeutet Mensch. Als Inuit wird die ursprüngliche Bevölkerung der nördlichen Gebiete Alaskas, Kanadas und Grönlands bezeichnet.

Die Inuit lebten früher als **Selbstversorger** unabhängig von der Außenwelt. Die Männer jagten und fischten, die Frauen sammelten Beeren, Wurzeln und Kräuter. Fast alles von den gejagten Tieren wurde verwendet. Das Fleisch wurde gegessen, aus Häuten und Fellen Kleidung genäht, aus Knochen wurden Werkzeuge und Waffen gefertigt. Die Jungen lernten von ihren Vätern, die Mädchen von ihren Müttern.

Zum Schutz gegen die Kälte bauten die Inuit aus Eisblöcken sogenannte **Iglus**. Das Innere der Iglus wurde durch die Wärme der Körper und der Öllampe bis auf 15 °C erwärmt.

Viele Männer gingen mit Harpunen auf Walfang. Das sind Speere an Seilen. Das war gefährlich, denn sie mussten sehr nah an die Beutetiere herankommen. Erst Schusswaffen und andere neue Geräte erleichterten die Jagd.

Monat	J	F	M	A	M	J	J	A	S	O	N	D
Durchschnittstemperaturen (°C) von Inuvik (Kanada)	-28,8	-28,5	-24,1	-14,1	-0,7	10,6	13,8	10,5	3,3	-8,2	-21,5	-26,1
und Hannover (Deutschland)	0,6	1,1	4,0	7,8	12,6	15,8	17,2	16,9	13,7	9,7	5,0	1,9
Wohnverhältnisse			feste Hütten aus Torf und Stein oder Holzhäuser an der Küste									
	Iglu auf Wanderungen					Zelte auf Wanderungen					Iglu auf Wanderungen	
Fischerei, Robbenfang	Heilbutt						Heilbutt und Dorsch					
	Robbenfang mit Netzen vom Eis aus					Robben- und Walfang im offenen Wasser					Robbenfang vom Eis aus	
Jagd	Eisbär Polarfuchs Schneehase					Rentiere, Moschusochsen, Vögel (z.B. Schneehühner)						
Verkehrsmittel	Hundeschlitten					Kajak					Hundeschlitten	
Lichtverhältnisse	Polarnacht		Wechsel von Tag und Nacht			Polartag (Mitternachtssonne)			Wechsel von Tag und Nacht		Polarnacht	
Eisverhältnisse	Packeis			Treibeis	offenes Wasser				Treibeis		Packeis	

8287EX_11

M2 Leben der Inuit-Jäger früher

M4 Moderne Häuser In Ilulissat (Grönland)

M7 Kreuzfahrtschiff läuft in den Hafen von Ilulissat ein.

„Ich heiße Smilla und lebe mit meinen Eltern und meinem Großvater in Ilulissat auf Grönland. Der Ort hat 4500 Einwohner. Wir sind Inuit und wohnen in einem roten Haus. Von meinem Großvater weiß ich, dass sich im Leben der Menschen hier viel verändert hat.

Heute jagen wir Inuit nur noch selten. Wir kaufen unsere Lebensmittel im Supermarkt und kleiden uns mit Daunenjacken und Thermohosen. Viele Waren kommen aus dem fernen Dänemark. Wir wohnen in Häusern mit Strom und Heizung. Wir Kinder gehen täglich zur Schule.

Mein Vater arbeitet in einer der beiden modernen Fischfabriken im Ort. Hier werden vor allem Krabben und Heilbutt verarbeitet. Einige Nachbarn arbeiten im Hafen oder auf Fischkuttern. Andere verdienen ihr Geld mit Führungen für Touristen, die zum Beispiel die Landschaft oder Eisbären fotografieren wollen. Allerdings sind heute auch viele Menschen arbeitslos. Sie sind auf die Unterstützung der Regierung angewiesen."

M5 Smilla aus Ilulissat in Grönland berichtet.

M8 Mit dem Motorschlitten zum Supermarkt

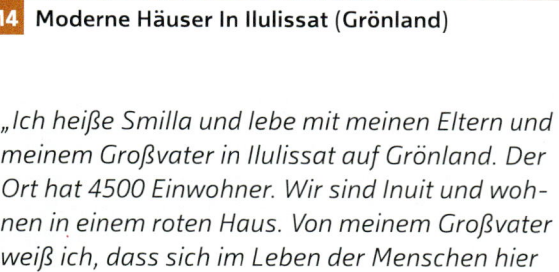

M6 Arbeit in einer Fischfabrik

INFO

Grönland
Die Insel Grönland gehört zu Dänemark, wird aber selbstverwaltet. Das heißt, Grönland hat ein eigenes Parlament, eine Regierung und einen Ministerpräsidenten.

Fachbegriffe
- die Inuit (Mehrzahl)
- der Inuk (Einzahl)
- der Selbstversorger
- das Iglu

M1 Rentier in der baumlosen Kältesteppe, der Tundra

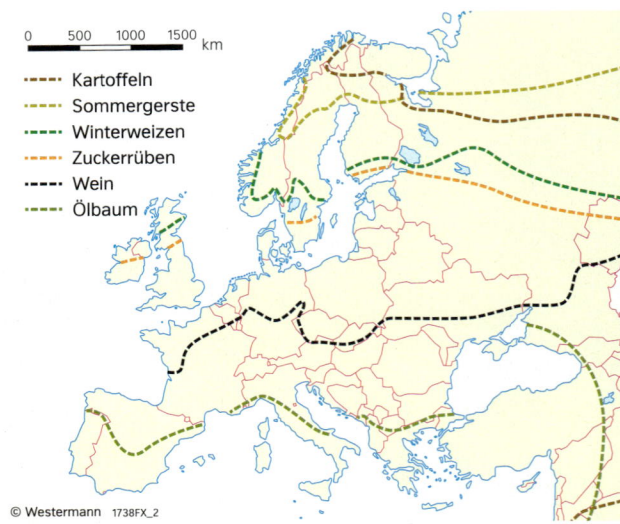

0   500   1000   1500 km

Kartoffeln
Sommergerste
Winterweizen
Zuckerrüben
Wein
Ölbaum

© Westermann 1738FX_2

M2 Anbaugrenzen in Europa. Je kälter es wird, desto ungünstiger sind die Anbaubedingungen.

Schnee und Eis im Winter, im Sommer Schlamm und Mücken, zu kalt, um etwas anzupflanzen – in der Arktis ist das Leben nicht leicht. Dennoch zieht es Menschen dorthin.
Warum ist die Arktis für viele Länder interessant? Wie verändern die Menschen den Lebensraum?

1. Beschreibe die Abbildungen M1 und M5. `180`

2. Erkläre, welche Probleme beim Bau von Häusern auftreten und wie man sie bewältigt (Text, M7).

3. a) Schildere das Transportproblem im Sommer (Text, M3).
   b) Im Winter werden in Russland die großen Flüsse als Straßen benutzt. Notiere die Namen von drei großen Flüssen in Russland, die ins Nordpolarmeer münden (Atlas).

4. Das Nordpolarmeer ist ein Streitobjekt.
   a) Welche Länder haben Gebietsansprüche (M6)?
   b) Begründe, warum diese Länder ein Interesse am Nordpolarmeer haben (M6). `185`

5. Beschreibe die verschiedenen Anbaugrenzen in Europa (Atlas, M2). `177`

Ⓦ 6. Erläutere, wie sich die Ergebnisse der Forschung mit Gewächshäusern auf die Lebensbedingungen der Menschen auswirken werden (M4). Wähle aus:
   A Berichte aus der Sicht eines Bauern.
   B Schreibe einen Zeitungsbericht.

7. Führt in der Klasse eine Pro-und-Kontra-Diskussion durch zu dem Thema: Die Rohstoffe in der Arktis sollten erschlossen/nicht erschlossen werden (Text, M3 – M6). `192`

Einsatz moderner Technik

Die Arktis ist ein lebensfeindlicher Raum und dennoch leben hier viele Menschen. Es gibt neben kleinen Siedlungen sogar Großstädte wie Murmansk. Die Stadt hat einen Hafen, der für die russische Armee von Bedeutung ist. Es ist der Hauptstützpunkt der russischen Flotte.
In anderen arktischen Gebieten sind Bergbaustädte entstanden, weil es dort Rohstoffe gibt, die abgebaut werden oder erschlossen werden sollen.
Ein Problem sind die Transportwege. Der Boden ist ganzjährig bis in große Tiefen gefroren. Dieser **Permafrostboden** (Dauerfrostboden) taut im Sommer nur oberflächlich auf. Da das Wasser nicht in den gefrorenen Boden einsickern kann, bilden sich im Sommer Sumpf- und Seenlandschaften. Fahrzeuge versinken im Schlamm. Die Sümpfe sind außerdem ein ideales Brutgebiet für Mücken, so dass es im Sommer immer wieder zu einer Mückenplage kommt.
Wohngebäude werden auf Pfählen errichtet, die tief in den gefrorenen Boden reichen, damit sie stabil sind.
Da in den letzten Jahrzehnten die Temperaturen weltweit angestiegen sind, erhöhen sich auch die Chancen für den Anbau von Feldfrüchten. Forscher sind bereits damit beschäftigt, an die Kälte angepasste Sorten zu züchten.

M3 Im Sommer versinken die Fahrzeuge im Schlamm. Im Winter frieren die Motoren ein.

Gewächshaus in der Forschungsstation Upernaviarsuk

Auf Grönland beschäftigen sich landwirtschaftliche Experten in den letzten Jahren damit, in Gewächshäusern Obst- und Gemüsesorten zu züchten, die widerstandsfähig gegen kühlere Temperaturen sind und schnell wachsen. Sie sollen dann auch draußen auf Feldern angepflanzt werden. Dies ist ein wichtiges Projekt. Es geht darum, die Selbstversorgung des Landes zu sichern. Man möchte vom Import landwirtschaftlicher Produkte weitgehend unabhängig werden.

Die weltweit ansteigenden Temperaturen könnten für Grönland von Vorteil sein. Der Frühling kommt früher und die wärmere Zeitspanne dauert länger an. Das erhöht die Chancen, Obst und Gemüse auch im Freiland anzubauen.

M4 Gute Aussichten für den Ackerbau?

M5 Murmansk (Russland)

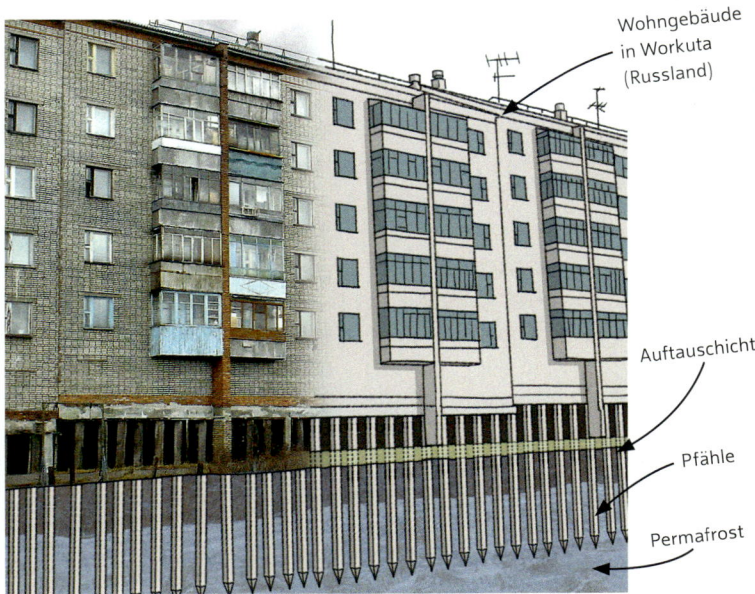

Wohngebäude in Workuta (Russland)

Auftauschicht

Pfähle

Permafrost

M7 Hausbau-Technik in Permafrostgebieten

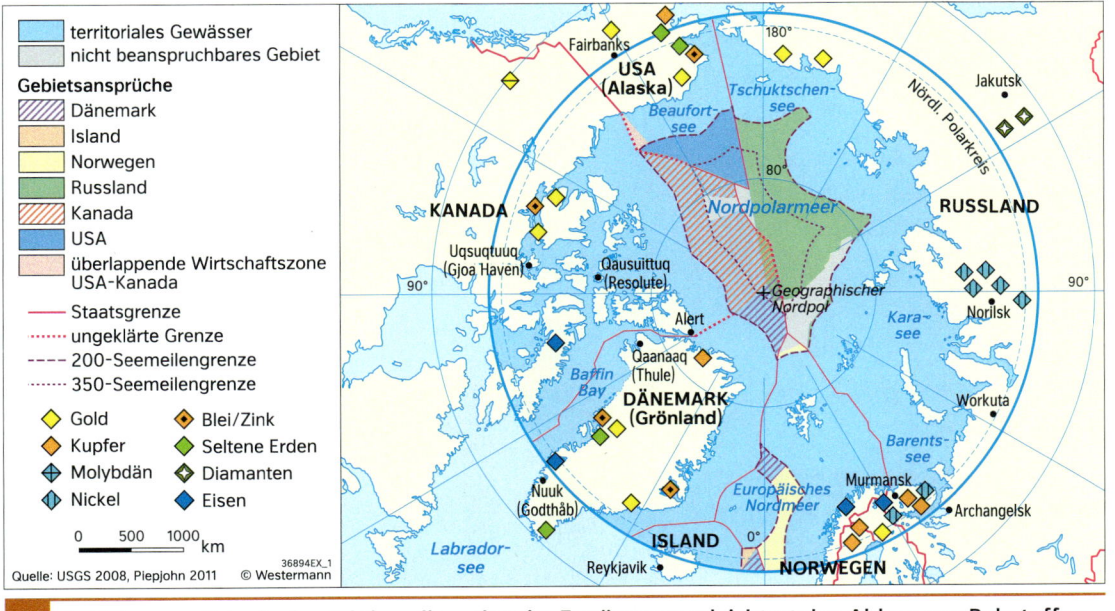

territoriales Gewässer
nicht beanspruchbares Gebiet

Gebietsansprüche
Dänemark
Island
Norwegen
Russland
Kanada
USA
überlappende Wirtschaftszone USA-Kanada

— Staatsgrenze
···· ungeklärte Grenze
--- 200-Seemeilengrenze
····· 350-Seemeilengrenze

◇ Gold   ◆ Blei/Zink
◆ Kupfer   ◆ Seltene Erden
◈ Molybdän   ◈ Diamanten
◈ Nickel   ◆ Eisen

0   500   1000 km

Quelle: USGS 2008, Piepjohn 2011   © Westermann   36894EX_1

M6 Gebietsansprüche in der Arktis – die weltweite Erwärmung erleichtert den Abbau von Rohstoffen.

INFO

Murmansk
Murmansk (Russland) ist die größte Stadt nördlich des Polarkreises. Schülerinnen und Schüler bekommen dort ab -40 °C kältefrei.

Fachbegriff
■ der Permafrostboden

M1 Kreuzfahrtschiff in der Antarktis

Die Eiswüste der Antarktis ist eine der lebensfeindlichsten Regionen der Erde. Die Jahresmitteltemperatur liegt bei -55 °C. Die niedrigste gemessene Temperatur betrug -89,2 °C. Schnee- und Eisstürme erreichen häufig Geschwindigkeiten von bis zu 200 km/h. Außer einigen Wissenschaftlern leben hier keine Menschen. Was macht die Antarktis dennoch für viele so interessant?

1. a) Die Antarktis gilt als lebensfeindlichster Kontinent. Erkläre (Text, S. 168, M2).
b) Erstelle einen Steckbrief der Antarktis: Lage, Größe, Gebirge, … (S. 168, Atlas, Internet).

2. Beschreibe, wie die Antarktis touristisch genutzt wird (Text, M1, M2).

Ⓦ **3.** Wähle aus:
A Begründe, warum die Antarktis für Touristen interessant ist.
B Gestalte einen Werbetext für eine Reise in die Antarktis.

4. a) Nenne Länder, die Forschungsstationen in der Antarktis betreiben (M5, Atlas).
b) Erkläre, warum die Antarktis für die Forschung interessant ist (Text, M3, M4, M6).

5. Liste auf, was zum natürlichen Reichtum der Antarktis beiträgt (Text, M3–M7). 177 ▶

6. Führe Gefährdungen für die Natur in der Antarktis auf (Text, M7).

7. Informiere dich über die Forschungsstation Neumayer III (M3, M4, Internet). Erstelle eine Präsentation. 189 ▶ 190 ▶

Natürlicher Reichtum und Forschung

Die Einzigartigkeit der antarktischen Landschaft zieht Touristen an. Im Südsommer fahren viele Kreuzfahrtschiffe die Antarktis an. Attraktionen sind Pinguine, Robben oder die Gletscher. Diese Zeit ist aber die Brut- und Aufzuchtphase. Darum fühlen sich viele Tiere gestört.

Das Eis der Antarktis hat sich über Jahrtausende hinweg gebildet. Viele Länder betreiben dort **Forschungsstationen**. Forscherinnen und Forscher möchten etwas über die Zusammensetzung der Luft in der Vergangenheit erfahren und so erkennen, wie das Klima in vergangenen Zeiten war.

Ein Großteil des Trinkwassers auf der Erde ist im Gletschereis der Antarktis gebunden. Da in vielen Regionen der Erde zu wenig Trinkwasser vorhanden ist, könnte das Wasser im Eis der Antarktis in Zukunft in trockene Gebiete geschafft werden. Wenn sich aber die Erwärmung der Luft durch den Klimawandel verstärkt, werden die Gletscher weiter schmelzen und ins salzige Meer fließen.

Unter dem Eis der Antarktis werden riesige Rohstoffvorkommen vermutet. Darum haben verschiedene Länder Ansprüche auf Gebiete auf diesem Kontinent erhoben. Damit kein Streit entsteht, wurde vertraglich festgelegt, dass bis 2041 keine Rohstoffe abgebaut werden dürfen.

M2 Touristen beobachten Pinguine.

M3 Die deutsche Forschungsstation Neumayer III (68 Meter lang, 24 Meter breit, 16 Meter hoch) in der Antarktis

Im antarktischen Sommer (Polartag) arbeiten rund 4000 und im antarktischen Winter (Polarnacht) rund 1000 Wissenschaftlerinnen und Wissenschaftler in über 80 Forschungsstationen. In der deutschen Neumayer-Station III zum Beispiel leben und arbeiten im antarktischen Winter nur neun und im Sommer bis zu 40 Personen.

Die Wissenschaftler können hier besser als in irgendeiner anderen Region der Erde zum Beispiel das Klima, die Atmosphäre, die Gletscher, das Eis auf dem Meer, das Verhalten der Tiere oder die Pflanzenwelt erforschen. Sie versuchen beispielsweise herauszufinden, welche Bedeutung die Antarktis für das Klima der Erde hat.

M4 Forschung in der Antarktis

M6 Eisbohrkerne helfen bei der Untersuchung des Klimas der Vergangenheit.

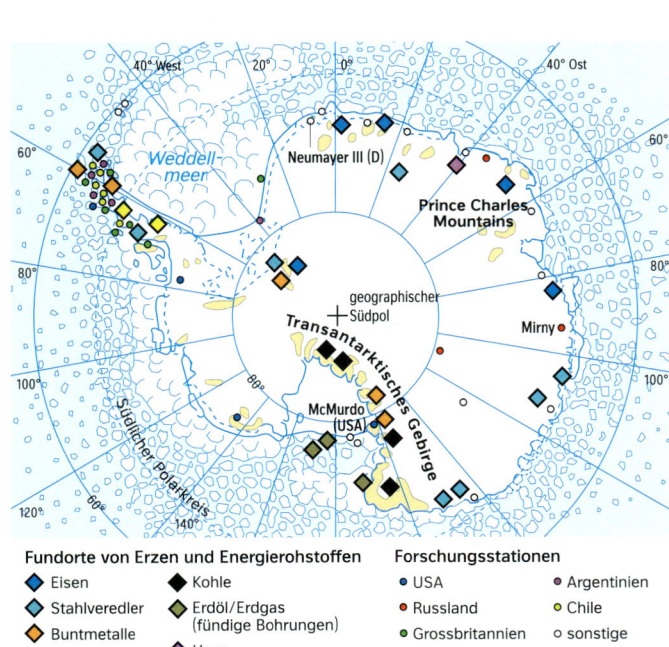

M5 Rohstoffe und Forschungsstationen in der Antarktis

Die Tier- und Pflanzenwelt im antarktischen Meer ist einzigartig. Dort findet das Plankton, mikroskopisch kleine Lebewesen, gute Lebensbedingungen.

Der Krill, ein kleiner Krebs, lebt vor allem von Plankton. Krill wiederum ist die Hauptnahrung für Wale und andere Tiere. Die Krillbestände gelten auch als Nahrungsreserve für die Menschen.

Wenn diese Bestände abgefischt werden, verlieren viele Tiere der Antarktis ihre Lebensgrundlage. Deshalb wurden Schutzzonen im antarktischen Meer eingerichtet.

M7 Schutzzonen für Tiere und Pflanzen

Fachbegriff

■ die Forschungsstation

Leben in Trockenheit und Kälte

1. Trockenes Flussbett in der Wüste
2. Große Wüste in Nordafrika
3. Wüstenart mit Dünen
4. Wasserstelle in der Wüste
5. Eine Art, Gärten in Oasen anzulegen
6. Transporttier in der Wüste

M1 Silbenrätsel aus der Trockenwüste

M2 Ein Oasenbauer klettert eine Dattelpalme hinauf.

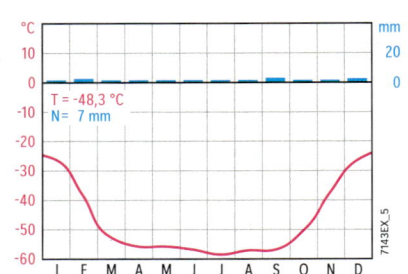

M5 Klimadiagramme

Pinguin   Inuit   Kajak
Kamel
   Grundwasser-oase
Sahara   Iglu
   Robbe   Nordpol
Dattel-palme
   Bewässerung
Karawane   Arktis   Grönland

M6 Trockenwüste oder Kältewüste?

M7 Eisbär auf Pinguinjagd?

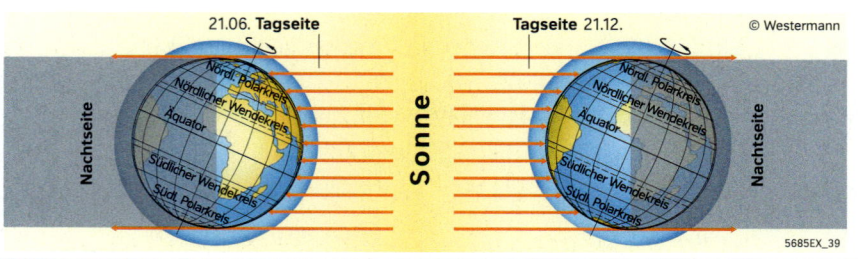

M3 Beispiele für die Nutzung der Polarräume

M4 Polartag und Polarnacht

© Westermann

Forschungsstation Neumayer III (Antarktis)

Dauer des Polartags:
25. November bis 27. Januar

Dauer der Polarnacht:
21. Mai bis 22. Juli

1. Verkehrsmittel auf Eis / Schnee heute
2. Hütte aus Eisblöcken
3. Kontinent am Südpol
4. 24 Stunden kein Sonnenuntergang
5. Mikroskopisch kleine Lebewesen im Meer
6. Eisberge aus altem Schnee

M8 Silbenrätsel aus der Kältewüste

Wissen und sich orientieren

1. Wähle fünf Fachbegriffe aus der Liste und erkläre sie.

2. a) Vergleiche die Klimadiagramme in M5. `184`
b) Ordne sie der Arktis oder Antarktis zu.

3. Erkläre, wie es zu den Erscheinungen Polartag und Polarnacht kommt (M4). *(S. 168/169)*

4. a) Löse das Silbenrätsel zur Trockenwüste (M1).
b) Löse das Silbenrätsel zur Kältewüste (M8).

5. Ordne die Begriffe in M6 den Überschriften Trockenwüste und Kältewüste zu.

6. Erläutere die landwirtschaftliche Nutzung der Oasen durch die Oasenbauern. *(S. 164/165)*

7. Erläutere, warum sich der Zeichner in M7 geirrt hat.

Können und anwenden

8. a) Erkläre anhand der Beispiele in M3, wie die Polarräume genutzt werden. *(S. 172–175)*
b) Ordne die Nutzung jeweils der Antarktis oder der Arktis zu.

9. Stelle in einem Lernplakat die Lebensweise der Inuit in der Arktis heute und früher gegenüber. `191` *(S. 170–173)*

10. Erstelle eine Mindmap zur Oasennutzung. `186`

11. Präsentiere deine Kenntnisse zum Thema Oasen mithilfe digitaler Medien. Berücksichtige, wie die Menschen Anbau betreiben und wie die Wasserversorgung geregelt ist. `190` *(S. 164–167)*

12. Unterscheide in einem Vortrag zwischen Arktis und Antarktis. Gehe darin auf die Lage, die Landschaft, die Nutzung und die Menschen ein. `190`

Sich austauschen, beurteilen und handeln

13. Die Antarktis ist ein beliebtes Reiseziel für Kreuzfahrtschiffe.
a) Begründe, warum das so ist. *(S. 174/175)*
b) Erörtere mögliche Vor- und Nachteile, die mit dem Tourismus verbunden sind. `192`

14. Gestalte eine kurze Rede zur Nutzung der Polarräume durch die Menschen aus der Sicht `192`
a) eines Befürworters oder
b) eines Gegners.

15. Der Oasenbauer in M2: „Früher lebte ich vom Verkauf von Datteln. Heute klettere ich für Touristenfotos die Stämme hoch. Da verdiene ich mehr."
a) Stelle zusammen, wie sich der Tourismus in Oasen auswirkt. *(S. 164–167)*
b) Du bist Sohn/Tochter eines Oasenbauern. Sammle Argumente für und gegen eine Übernahme der Anbauflächen deines Vaters in einer Oase. `192`

Fachbegriffe

- die Wüste
- die Trockenwüste
- das Wadi
- die Düne
- die Oase
- die Dattelpalme
- der Tiefbrunnen
- das Solarkraftwerk
- die Arktis
- die Antarktis
- die Polarnacht
- der Polartag
- die Inuit (Mehrzahl) der Inuk (Einzahl)
- der Selbstversorger
- das Iglu
- der Permafrostboden
- die Forschungsstation

Methoden für gemeinsames Lernen

Bienenkorb

1. Findet euch zu zweit oder zu mehreren zusammen.
2. Tauscht euch gemeinsam zur jeweiligen Fragestellung aus: Sammelt Ideen und Lösungsvorschläge oder vergleicht vorhandene Ergebnisse.
3. Sprecht anschließend gemeinsam in der Klasse.

Galeriegang

1. Bildet gleich große Gruppen. Innerhalb der Gruppen werden unterschiedliche Themen bearbeitet.
2. Anschließend werden die Gruppen neu zusammengesetzt: Aus jeder alten Gruppe wechselt ein Mitglied als Experte in eine neue Gruppe.
3. Dort präsentiert der Experte die Arbeitsergebnisse und beantwortet Fragen.

Gruppenpuzzle

1. Bildet Stammgruppen. Alle Stammgruppen haben so viele Mitglieder, wie es Teilaufgaben gibt. Jedes Mitglied erhält einen Buchstaben (A, B, C, D usw.)
2. Alle gleichen Buchstaben beschäftigen sich mit derselben Aufgabe. Jeder arbeitet für sich.
3. Nach einer gewissen Zeit setzen sich die gleichen Buchstaben zu Expertengruppen zusammen (A + A + A, B + B + B, C + C + C usw.).
   In der Expertengruppe besprecht ihr eure Ergebnisse. Klärt Fragen und korrigiert Fehler. Besprecht, wie ihr die Mitglieder eurer Stammgruppe über das Thema informieren wollt.
4. Zurück in der Stammgruppe tragen die „Experten" nacheinander die Ergebnisse ihrer Teilaufgabe vor. Alle Ergebnisse werden zusammengefasst, strukturiert und ggf. für eine Präsentation vorbereitet.

Kugellager

1. Teilt die Klasse in zwei gleich große Gruppen. Bildet einen inneren und einen äußeren Stuhlkreis. Je ein Schüler aus dem Innenkreis und sein Gegenüber aus dem Außenkreis sind Gesprächspartner.
2. Der Schüler aus dem Außenkreis stellt seinem Gegenüber im Innenkreis seine Fragen. Der Schüler im Innenkreis beantwortet sie.
3. Die Gesprächspartner wechseln, indem der Außenkreis sich einen Platz weiterbewegt. Jetzt stellt der Schüler im Innenkreis seine Fragen und der Partner im Außenkreis beantwortet sie.
4. Diese Wechsel werden 2 bis 3 Mal wiederholt.

Lerntempoduett

1. Jeder Schüler bearbeitet die Aufgabe zunächst in Einzelarbeit.
2. Wenn ein Schüler fertig ist, steht er auf und wartet auf den nächsten Schüler, der fertig ist.
3. Beide Schüler vergleichen ihre Ergebnisse. Sie sind nun ein Expertenpaar.
   Eine Wiederholung dieses Ablaufs mit weiteren Aufgabenstellungen ist möglich.

Lesekarussell

1. Bildet zunächst 4er-Gruppen. Jedes Gruppenmitglied übernimmt eine Aufgabe, die mithilfe von Rollenkarten zugewiesen wird:
   A: Vorleser, B Fragensteller,
   C: Fragenbeantworter, D: Zusammenfasser.
2. Jeder Schüler liest den Textabschnitt leise für sich. Dann liest A den Textabschnitt leise und deutlich vor. Die anderen hören zu. B stellt Fragen zum vorgelesenen Text. C beantwortet die Fragen. D fasst den Inhalt kurz zusammen (findet eine Überschrift oder nennt Schlüsselbegriffe). Danach notieren alle Gruppenmitglieder die Ergebnisse.
3. Für den nächsten Textabschnitt werden die Aufgaben neu verteilt. Die Rollenkarten werden hierfür im Uhrzeigersinn einen Platz weitergegeben. Nun wird wie in Schritt 2 der Text erarbeitet. Dieses Vorgehen wiederholt sich so lange, bis der gesamte Text erschlossen ist.

Marktplatz

1. Alle Schüler gehen im Klassenraum umher.
2. Bei einem bestimmten Signal bleiben alle stehen. Mit demjenigen, der euch am nächsten steht, besprecht ihr die jeweilige Frage oder Aufgabe.
3. Wenn das Signal wieder ertönt, geht ihr weiter. Beim nächsten Signal bleibt ihr wieder stehen und tauscht euch mit einem neuen Partner aus.

Partnerabfrage

1. Findet euch mit einem Partner zusammen.
2. Bearbeitet zunächst die vorgegebene Aufgabe allein. Formuliert verschiedene Fragen zu eurem Thema, und schreibt die jeweilige Lösung dazu auf.
3. Fragt euch nun mit euren Fragen gegenseitig ab. Wechselt nach jeder Frage.
   Derjenige, der die Fragen stellt, kann Hinweise und Tipps geben. Nachdem die Frage beantwortet wurde, liest derjenige, der die Frage gestellt hat, seine Antwort noch einmal vor.

Partnerpuzzle

1. Bildet 4er-Gruppen, in denen sich jeweils zwei als Partner zusammenfinden (A + A und B + B).
2. Jede Gruppe beschäftigt sich mit zwei Aufgaben, wobei A + A und B + B jeweils die gleiche Aufgabe bearbeiten. Zunächst arbeitet jeder allein an seiner Aufgabe.
3. A + A und B + B sprechen nach einer zuvor vereinbarten Zeit miteinander über ihr Thema. Dabei könnt ihr euch über offene Fragen austauschen oder Fehler korrigieren.
4. Nun arbeiten jeweils A + B und A + B zusammen. Stellt euch gegenseitig die Ergebnisse eurer vorherigen Partnerarbeit vor. Jeder ist einmal Experte und einmal Zuhörer.

Partnervortrag

1. Lest die Aufgabenstellung. Arbeitet in Einzelarbeit den Vortrag aus.
2. Setzt euch mit einem Partner zusammen. Legt fest, wer zuerst der Sprecher und wer der Zuhörer ist.
3. Der Zuhörer hört aufmerksam zu und wiederholt dann, was der Sprecher erzählt hat. Der Sprecher achtet darauf, ob sein Vortrag vollständig und richtig wiedergegeben wird.
4. Danach wechselt ihr die Rollen.

Placemat

Gruppenarbeit für 4 Schüler:

1. Ein Blatt wird in 5 Felder eingeteilt. Jeder schreibt seine Ergebnisse zum Arbeitsauftrag in ein Außenfeld.
2. Diese Ergebnisse werden in der Gruppe besprochen.
3. In der Mitte wird anschließend das übereinstimmende Arbeitsergebnis notiert, um es der Klasse vorstellen zu können.

Stühletausch

1. Alle lösen die gestellte Aufgabe. Die Lösung legt jeder an seinem Platz gut sichtbar aus.
2. Nun steht ihr auf und sucht einen neuen Platz. Dort lest ihr das ausgelegte Ergebnis und schreibt eine Rückmeldung auf.
3. Jeder geht auf seinen eigenen Platz zurück und liest die Rückmeldung zur eigenen Lösung.
4. Im Anschluss wird gemeinsam darüber gesprochen, wie euch die Rückmeldung geholfen hat und welche Lösungen ihr gefunden habt.

Think – Pair – Share

1. Nachdenken: Denkt in Einzelarbeit über die Aufgabe nach, löst sie und macht euch Notizen.
2. Austauschen: Stellt eure Lösung dem Partner vor, lernt die Lösung des anderen kennen, stellt Fragen, tauscht euch aus und notiert ein gemeinsames Ergebnis.
3. Vorstellen: Stellt die gemeinsame Lösung in der Klasse vor, lernt weitere Lösungen kennen und vergleicht sie wieder mit der eigenen Lösung.

Wie werte ich ein Foto aus?

In Zeitschriften, Büchern und im Internet – überall findet man Fotos. Auch im Erdkundeunterricht arbeiten wir regelmäßig mit Fotos. Sie liefern uns viele Informationen. Wir müssen die Bilder nur richtig auswerten. Dazu müssen wir sie genau anschauen.

M1 An der Ostseeküste: Von Stralsund aus führen ein Damm und eine Hochbrücke auf die Insel Rügen (Luftbild).

Ein Foto auswerten

① Was? Wo? Wann?
Welchen Ort zeigt das Bild? Wo und wann wurde es aufgenommen (Jahreszeit)? – oft sagt die Bildunterschrift dazu schon etwas. Wo liegt der Ort? Schau mithilfe des Registers im Atlas nach.

② Welche Einzelheiten kannst du erkennen?
Sieh dir zunächst den Vordergrund, die Mitte und den Hintergrund des Bildes genau an. Was ist besonders auffallend? Gibt es zum Beispiel Siedlungen und große Gebäude? Menschen, die etwas tun? Gibt es besonders auffällige Naturerscheinungen?

③ Was ist die Aussage des Bildes?
Fasse alle Informationen zu einer Kernaussage zusammen (ein bis zwei Sätze).

① Das Foto zeigt die Stadt Stralsund an der Ostseeküste. Es handelt sich um ein Luftbild im Sommer, da … .

② Im Vordergrund sieht man … , die auf die Insel … führen.
In der Mitte des Bildes ist die Stadt … zu sehen. Sie besteht aus größeren Wohnsiedlungen und der Altstadt. Die Altstadt erkennt man an … .
Gewässer prägen die Ansicht der Stadt: … .
Man sieht ein Hafenleben: … .
Im Hintergrund erkennt man … .

③ Zusammenfassend kann man sagen, dass das Bild die Brückenfunktion von Stralsund zwischen dem Festland und … gut zeigt. Es wird deutlich, dass der Charakter der Stadt durch … geprägt ist.

AUFGABEN

1. Werte das Bild M1 mithilfe der Anleitung und M2 aus.
2. Weitere Übungsmöglichkeiten findest du z. B. auf den Seiten 64, 82, 97, 164 und 174.

M2 Formulierungshilfen zu M1

Wie werte ich einen Fachtext aus?

Texte findest du in Zeitungen, Büchern und im Internet. Im Unterricht nutzt du sie, um dir neues Wissen anzueignen. Dazu ist es notwendig, beim Erfassen der Inhalte gezielt vorzugehen und das Wesentliche zur Lösung einer Aufgabe herauszuarbeiten.

Fachtexte enthalten die verschiedensten Informationen und sind nicht immer leicht verständlich. Die nachfolgende Schrittfolge kann dich dabei unterstützen, Texte zu verstehen, dir ihren Inhalt zu merken oder ihn für eine Präsentation aufzuarbeiten.

Einen Fachtext auswerten

① Was möchte ich wissen?
- Welche Fragen möchte ich mithilfe des Textes beantworten?

② Klärung unbekannter Begriffe
- Lies den Text und markiere oder notiere unbekannte Begriffe.
- Nutze dazu Nachschlagewerke oder das Internet.

③ Worum geht es im Text?
- Gliedere den Text in Abschnitte und formuliere Zwischenüberschriften.

④ Was ist wichtig?
- Notiere oder unterstreiche wichtige Schlüsselwörter und Schlüsselaussagen. Benutze dazu verschiedene Farben.

⑤ Was ist das Ergebnis?
- Stelle die Beantwortung deiner Fragen in wenigen Sätzen mithilfe der Schlüsselwörter und -aussagen schriftlich oder mündlich dar.

② Nachschlagen von unbekannten Begriffen, z. B. magnetischer Nordpol

③ Formulierung von Zwischenüberschriften, z. B.
1. Abschnitt: Der Aufbau des Kompasses
2. Abschnitt: Die Anwendung des Kompasses

④ Unterstreichen wichtiger Schlüsselwörter, z. B.
- Windrose
- Kompassnadel
- Grad
- Karte einnorden

M3 Arbeit mit dem Text

Der Kompass

Der Kompass besteht aus einem Gehäuse, das auf seinem Innenboden eine Windrose hat. In der Mitte der Windrose befindet sich ein Metallstift, auf dem die Kompassnadel frei beweglich ruht. Die Kompassnadel besteht aus magnetischem Material, wobei sich ein Ende immer zum magnetischen Nordpol ausrichtet. Um die Windrose herum befindet sich eine Messleiste in Form eines Kreises, der aus 360 gleichen Teilen besteht. Ein Teil dieses Kreises wird als ein Grad (1°) bezeichnet. Bei 0° liegt die Himmelsrichtung Norden. Die Bezeichnung der Gradzahlen erfolgt im Uhrzeigersinn, sodass bei 90° Osten, bei 180° Süden und bei 270° Westen ist.

Um sich mit dem Kompass zu orientieren, muss er so gehalten werden, dass sich die Kompassnadel frei bewegen kann. Dazu legt man ihn flach auf die Hand und dreht sich langsam so lange, bis die Nordspitze der Kompassnadel auf Norden, also auf 0° zeigt. Jetzt blickt man genau nach Norden. Um nach einer Karte zu wandern, muss man die Karte einnorden. Dazu legt man den Kompass an den obere Kartenrand und dreht die Karte so lange, bis die Nordspitze der Kompassnadel auf die Himmelsrichtung Norden der Windrose zeigt.

M4 Bearbeiteter Text

Wie lese und erstelle ich eine Tabelle?

Zahlen begegnen uns ständig: in Zeitungen, im Fernsehen, im Internet, in Schulbüchern und in Lexika. Zahlen geben zum Beispiel Mengen, Größen und Gewichte an. Zahlen werden häufig in Tabellen dargestellt. Dann können Zahlen für bestimmte Orte, Länder, Jahre oder andere Zeitabschnitte besser miteinander verglichen werden. Zu einer Tabelle gehört eine Überschrift. In den senkrechten Spalten und in den waagerechten Zeilen werden Angaben über Thema, Zeit oder Zeitraum, Maßeinheiten und Inhalt der Spalten und Zeilen gemacht.

Stadt (Kontinent)	Einwohner in Millionen	
	1950	2021
1. Tokio (Asien)	11	37
2. Delhi (Asien)	1	31
3. Shanghai (Asien)	4	28
4. São Paulo (Südamerika)	2	22
5. Mexiko-Stadt (Südam.)	3	22

M1 Die fünf bevölkerungsreichsten Städte der Welt im Jahr 2021 im Vergleich zu 1950

Die Tabelle zeigt die Einwohnerzahl der … in den Jahren … .
Die meisten Einwohner haben heute die Städte … und … . Die wenigsten Einwohner hat … .
Die bevölkerungsreichsten Städte liegen in … .
Das größte Wachstum seit 1950 hat …, nämlich von … auf … .
1950 hatte … die größte Einwohnerzahl von den aufgeführten Städten.

M2 Formulierungshilfen zum Lesen von M3

Tabellenkopf				
		Zeile		
Vorspalte	Spalte			

M3 Aufbau einer Tabelle

Im Jahr 1950 gab es in Deutschland 4 819 000 Menschen, die in der Landwirtschaft arbeiteten. Sie waren in 1 646 750 Betrieben tätig. 1980 waren nur noch 1 403 000 Personen auf Bauernhöfen tätig. Sie verteilten sich auf 797 380 Betriebe. Bis 2000 verringerte sich die Zahl der landwirtschaftlichen Betriebe auf 421 000. Dort arbeiteten nur noch 962 000 Personen. 2020 arbeiteten auf 262 780 Bauernhöfen 663 300 Erwerbspersonen.

M4 Entwicklung der deutschen Landwirtschaft

AUFGABEN

1. Beschreibe die Tabelle M1 mithilfe von M2.
2. Erstelle eine Tabelle mit den Zahlen von M4 mithilfe des Musters M3.

Eine Tabelle lesen

① **Thema der Tabelle klären**
Wo? Wann? Was? Im Titel, der Unterschrift, der Vorspalte und dem Tabellenkopf findest du Hinweise.

② **Genaue Inhalte erfassen**
- Lies den Tabellenkopf und die Vorspalte, um die Zahlenwerte richtig zuordnen zu können. Achte darauf, welche Maßeinheiten (z. B. Jahre oder Meter) verwendet werden.
- Schau in den Zeilen und Spalten, welches jeweils der höchste und der niedrigste Wert ist. Vergleiche die Zahlen miteinander.
- Wenn eine zeitliche Entwicklung dargestellt ist, beschreibe sie und zeige Zusammenhänge auf.

③ **Kernaussage der Tabelle zusammenfassen**
Fasse die Aussage der Tabelle in ein oder zwei Sätzen zusammen.

Eine Tabelle erstellen

① **Thema der Tabelle finden**
- Schau dir die Zahlen an, die du für die Tabelle verwenden willst. Was stellen sie dar? Für welche Region gelten sie? Von wann stammen sie?
- Gib der Tabelle daraufhin eine Unterschrift oder einen Titel.

② **Tabelle zeichnen**
- Zeichne eine Tabelle nach dem Muster M3 mit ausreichend Spalten und Zeilen.
- Trage Zeilenbezeichnungen in die Vorspalte und Spaltenbezeichnungen in den Tabellenkopf ein. Gib die Maßeinheiten (z. B. Jahre, Mengen, Größen) in den Spalten, Zeilen oder im Titel an. Setze die Zahlen in die richtigen Zellen der Tabelle.

Wie lese und zeichne ich ein Diagramm?

Wenn du selbst einen kleinen Vortrag halten willst, dann ist es sinnvoll, Zahlen oder eine Entwicklung möglichst anschaulich zu präsentieren – zum Beispiel mit einem Diagramm. Ein Säulendiagramm eignet sich besonders gut, um Zahlenwerte miteinander zu vergleichen. Je größer eine Zahl ist, desto höher ist die dazugehörige Säule. In einem Liniendiagramm können Entwicklungen anschaulich dargestellt werden. Wenn verschiedene Entwicklungslinien eingezeichnet werden, können sie miteinander verglichen werden.

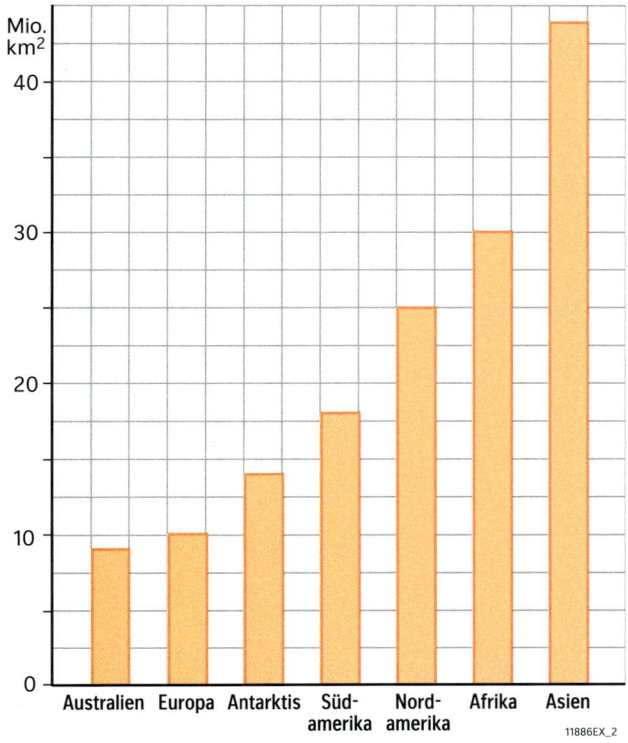

M5 Flächengröße der Kontinente im Säulendiagramm

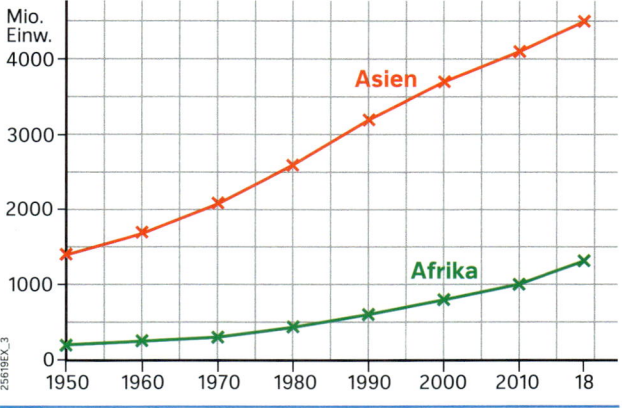

M6 Entwicklung der Bevölkerung im Liniendiagramm

Ein Diagramm lesen

1 Darstellung beschreiben
- Nenne die Art des Diagramms (z. B. Säulen- oder Liniendiagramm).
- Entnimm das Thema der Grafik der Überschrift.
- Beschreibe die angegebenen Größen (z. B. Zeitabschnitte, Längen, Höhen). Beachte dabei die Hochachse und die Rechtsachse mit ihren Bezeichnungen.

2 Informationen entnehmen
Nenne alle Informationen aus dem Diagramm. Du kannst dabei die zeitliche Reihenfolge oder eine Reihenfolge nach Größen wählen.

3 Hauptaussagen zusammenfassen
Fasse die Informationen in zwei bis drei Hauptaussagen zusammen. Beachte den Bezug zur Überschrift des Diagramms.

Ein Diagramm zeichnen

1 Achsen einzeichnen
- Zeichne auf der linken Seite eines karierten Blattes eine senkrechte Linie, die Hochachse.
- Zeichne vom unteren Ende der Hochachse eine waagerechte Linie nach rechts, die Rechtsachse.

2 Achsen beschriften
- Auf der Hochachse werden die Zahlenwerte (z. B. Fläche in Millionen km²) eingetragen. Die Achse beginnt unten immer bei Null. Sie muss so hoch sein, dass sie über den höchsten Wert hinausreicht. Die Abstände der Zahlenwerte sind gleichmäßig.
- Im Liniendiagramm wird die Rechtsachse beschriftet, zum Beispiel mit Jahreszahlen, für die du Zahlenwerte hast. Die älteste Jahreszahl ist links, die jüngste rechts.

3 Säulen oder Linien einzeichnen
- Zeichne in ein Säulendiagramm so viele Säulen ein, wie du Zahlenwerte hast. Wähle die Abstände wie in M5. Die entsprechende Höhe liest du links auf der Hochachse ab. Färbe die Säulen eventuell ein.
- In ein Liniendiagramm trage für jeden Zahlenwert ein Kreuz in der richtigen Höhe über der waagerechten Achse ein. Verbinde die Kreuze mit einer Linie (M6).

4 Überschrift finden
Gib dem Diagramm eine passende Überschrift.

Wie lese und beschreibe ich ein Klimadiagramm?

Ein Klimadiagramm veranschaulicht das Klima an einem bestimmten Ort der Erde. Es besteht aus einem Säulendiagramm und einem Liniendiagramm.

Das Säulendiagramm zeigt die durchschnittlichen Monatsniederschläge. Das Liniendiagramm zeigt die durchschnittlichen Monatstemperaturen.

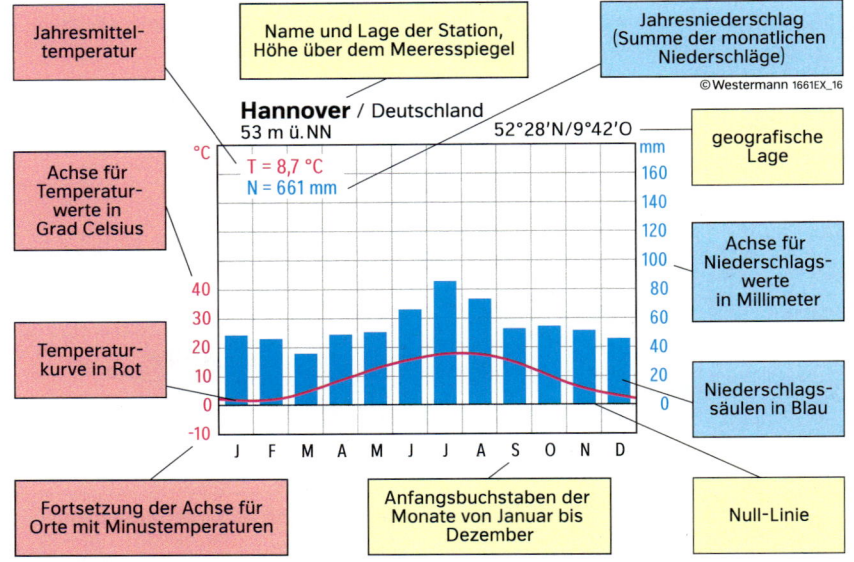

INFO

Der *durchschnittliche Monatsniederschlag* ist die Summe aller Niederschläge, die in einem Monat gefallen sind.
Die *durchschnittliche Monatstemperatur* ist der Durchschnitt aller Tagestemperaturen, die in einem Monat gemessen wurden.
Um Aussagen zum Klima an einem Ort machen zu können, werden die Temperatur und der Niederschlag 30 Jahre lang jeden Tag mehrmals gemessen.

M1 Klimadiagramm von Hannover

Das Klimadiagramm zeigt das Klima von … . Der Ort liegt in … . Dort fallen jährlich … mm Niederschlag. Der Monat mit dem geringsten Niederschlag ist … . Der Monat mit dem höchsten Niederschlag ist… . Im Sommer sind die Niederschläge … als in den anderen Jahreszeiten. Das ganze Jahr über liegen die Monatsniederschläge zwischen … und … mm. Die durchschnittliche Temperatur während des Jahres beträgt … °C. Die niedrigste Temperatur mit … °C wird im Monat … erreicht, die höchste mit … °C im Monat … .

M2 Formulierungshilfen zu M1

Ein Klimadiagramm lesen und beschreiben

① Lage des Ortes klären
Lies den Namen der Station, Land und Höhe über dem Meeresspiegel im Kopf des Klimadiagramms.

② Temperaturkurve lesen
- Lies die durchschnittlichen Temperaturen für die Monate eines Jahres auf der linken Skala ab (rot).
- Wenn du die Durchschnittstemperatur für einen Monat lesen willst, lege die Fingerspitze auf den Anfangsbuchstaben des Monats.
- Wandere mit der Fingerspitze bis zur roten Temperaturkurve. Lies den Wert für den Monat auf der Höhe der Fingerspitze an der Temperaturachse links ab.
- Wiederhole den Vorgang für die anderen Monate.
- Lies die Jahresmitteltemperatur oben links in Rot ab (T = 8,7 °C).

③ Niederschlagssäulen lesen
- Lege deinen Finger auf den Anfangsbuchstaben des Monats, den du ablesen willst.
- Wandere ans obere Ende der blauen Säule. Lies den Wert auf der Höhe der Fingerspitze an der Niederschlagsachse rechts ab.
- Wiederhole den Vorgang für die anderen Monate.
- Lies den Wert für den Jahresniederschlag oben links in Blau ab (N = 661 mm).

④ Kernaussagen zum Klimadiagramm treffen
- Nenne den wärmsten und den kältesten Monat.
- Berechne den Unterschied zwischen den Monaten.
- Nenne den Monat mit dem höchsten und den mit dem geringsten Niederschlag.
- Treffe eine Aussage über die Verteilung des Niederschlags über das Jahr.
- Nenne Jahresmitteltemperatur und die Höhe des Jahresniederschlags der Station.

Wie werte ich eine thematische Karte aus?

Thematische Karten stellen ein bestimmtes Thema in einem Raum dar. Der Name des Raumes und das Thema werden in der Unterschrift genannt. Das sind zum Beispiel Karten zu Themen wie Klima, Böden, Wirtschaft, oder Tourismus.

Im Atlas und im Schülerbuch findest du viele thematische Karten. Die Inhalte einer Karte sind durch Flächenfarben, aber auch durch Signaturen (Einzelzeichen) dargestellt. Die Legende gibt an, was die Farben und Signaturen bedeuten.

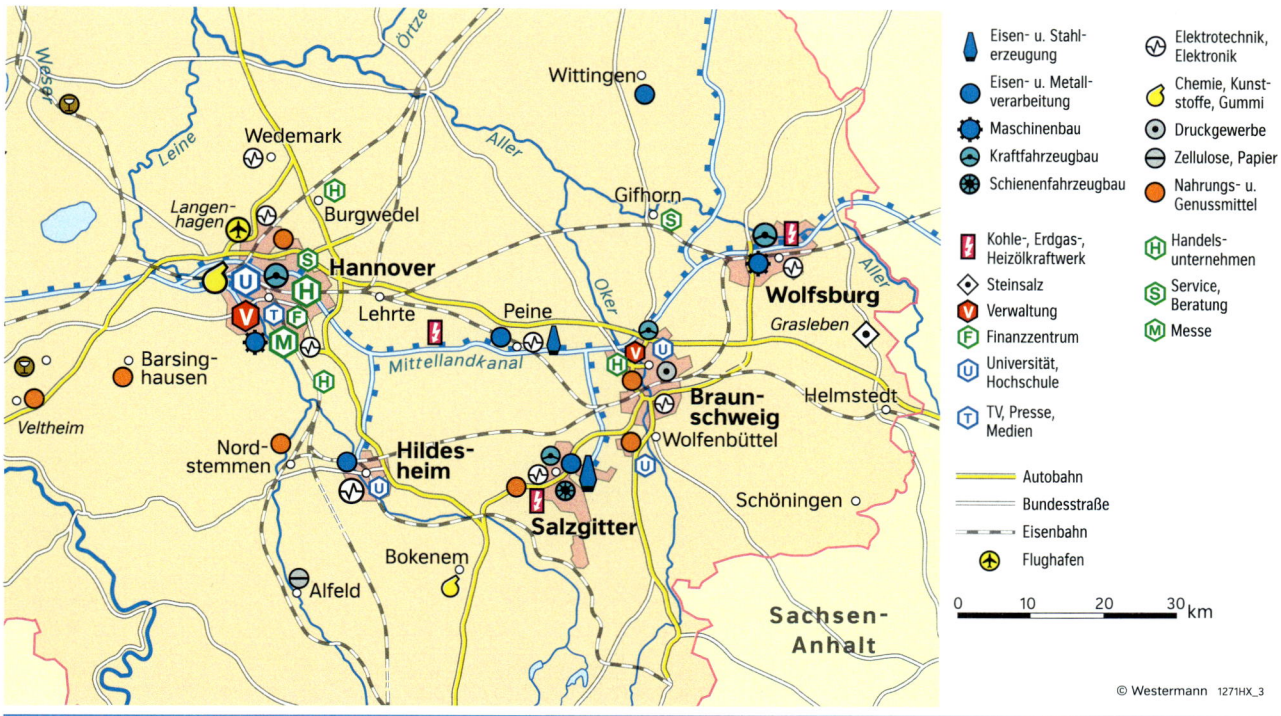

M3 Thematische Karte zum Wirtschaftsraum Hannover-Braunschweig

Eine thematische Karte auswerten

① **Lage und Größe des Gebietes bestimmen**
- Nenne das Kartenthema. Du kannst es in der Regel in der Kartenunterschrift ablesen.
- Beschreibe die Lage des Gebietes. Schlage im Atlas nach. Benutze entweder das Inhaltsverzeichnis oder das Register.
- Miss die Größe des dargestellten Gebietes. Verwende zur Berechnung die Maßstabsleiste oder die Angabe zum Maßstab.

② **Bedeutung der Farben und Signaturen klären**
- Stelle mithilfe der Legende fest, was die Flächenfarben und Signaturen bedeuten.

③ **Karteninhalt erläutern**
- Erkläre die Bedeutung der Verteilung von Farben und die Häufigkeit von Signaturen.
- Bestimme die Lage bestimmter Einrichtungen und Angaben mithilfe von Farben und Signaturen.

④ **Karte auswerten**
- Erläutere die Kartenaussagen, indem du die einzelnen Inhalte der Kategorien zueinander in Beziehung setzt. Hilfreich ist hierbei die Betrachtung der Verbreitung, Häufigkeit und Größenordnung bestimmter Signaturen.
- Um die Karteninhalte genauer auszuwerten, brauchst du Hintergrundwissen. Nutze hierfür auch zusätzliches Material, das die Kartenaussagen ergänzt (z. B. Grafiken, Fotos, Tabellen, Texte).
- Fasse die wichtigsten Aussagen schriftlich oder mündlich zusammen.

Formulierungshilfen zur Auswertung

Das Kartenthema lautet ...
Die Legende enthält ...
Die Karte zeigt ...
Die meisten Gebiete auf der Karte ... . Häufig findet man ... .
Weniger vertreten ist ...
Im Norden (Süden, Osten, Westen) findet man ...
... erstreckt sich von ... nach ...
... wenn sich ... weiter entwickelt, dann ...
Es besteht ein Zusammenhang von ... und ...

Wie ordne ich meine Gedanken? – Die Mindmap

„Man sieht den Wald vor lauter Bäumen nicht!" Diese Redensart bedeutet, dass man vor lauter Einzelheiten den größeren Zusammenhang nicht sieht. Eine klare Ordnung ist dann nicht mehr zu erkennen. Damit du bei den vielen Informationen den Überblick behältst, hilft dir eine Mindmap. Mit einer Mindmap kannst du deine Gedanken und dein Wissen über ein Thema gliedern und veranschaulichen. Die Inhalte bleiben dadurch besser im Gedächtnis.

INFO

Die **Mindmap** (englisch: mind = Gedanken, map = Karte) hat Haupt- und Nebenäste. Die „Gedankenkarte" geht von einem Hauptthema aus. Sie ordnet die Unterthemen nach ihrer Bedeutung.

- zur Vorbereitung und Gliederung eines Themas (zum Beispiel für einen Vortrag)
- zur Stoffsammlung in einer Gruppenarbeit
- zur übersichtlichen Zusammenfassung von Unterrichtsinhalten

M2 Einsatzmöglichkeiten von Mindmaps

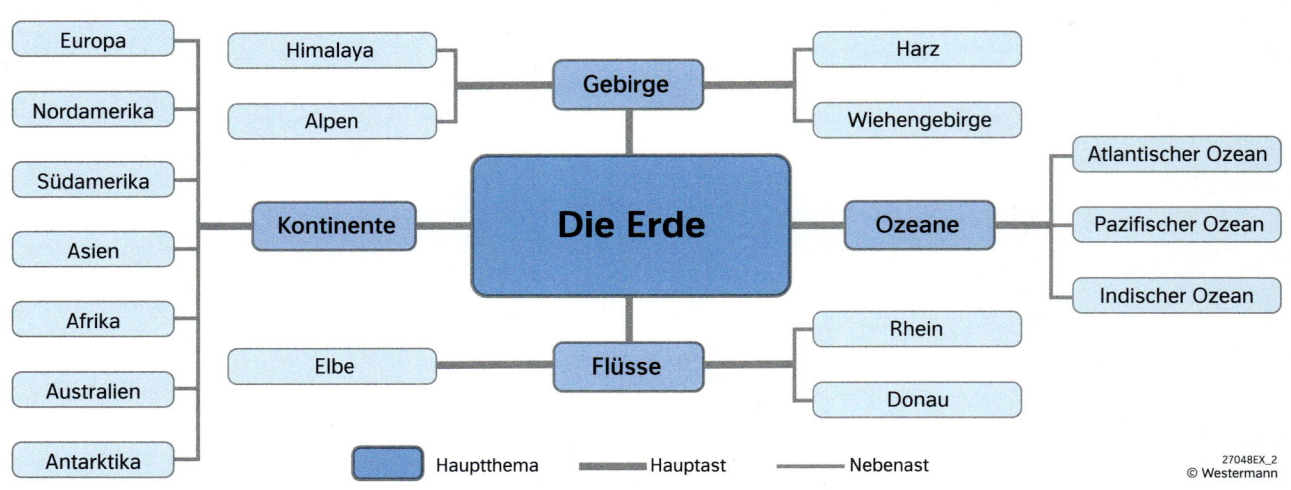

M1 Die Erde als Mindmap

Eine Mindmap erstellen

1 Hauptthema notieren
Schreibe in dicker Schrift das Hauptthema in die Mitte eines Blattes und zeichne einen Kreis oder ein Oval darum.

2 Hauptäste einzeichnen und beschriften
- Überlege dir Schlüsselbegriffe für die Hauptäste.
- Zeichne zu allen gefundenen Schlüsselbegriffen Hauptäste an den Kreis oder das Oval. Du kannst die Hauptäste auch in verschiedenen Farben zeichnen.
- Schreibe an oder in die Hauptäste die gefundenen Schlüsselbegriffe. Jeder Hauptast bildet ein zusammengehörendes Teilthema.

3 Nebenäste einzeichnen und beschriften
- Überlege dir zu jedem Schlüsselbegriff untergeordnete Begriffe.

- Trage von den Hauptästen abzweigend dünnere Nebenäste mit den untergeordneten Begriffen ein, die zum Hauptast passen.
- Schreibe die Begriffe an die Nebenäste.

4 Untergeordnete Nebenäste einzeichnen und beschriften
- Wenn dir noch Unterpunkte einfallen, kannst du an die Nebenäste noch untergeordnete Nebenäste zeichnen.
- Beschrifte die untergeordneten Nebenäste mit den Unterpunkten.

5 Gesamtbild verschönern
Trage, wenn du willst, zusätzlich Bilder und Symbole ein, damit deine Mindmap noch schöner aussieht.

Wie verknüpfe ich Informationen aus verschiedenen Materialien?

Wenn du dich über ein Thema informieren willst, nutzt du wahrscheinlich verschiedene Informationsquellen. Du kannst Informationen zum Beispiel aus Fotos, Diagrammen, Karten, Tabellen oder Texten entnehmen.

Möglicherweise liefern dir auch Befragungen und Filme Informationen zu einem Sachverhalt. Diese verschiedenen Informationen werden für ein Gesamtbild miteinander verknüpft.

① In einer Hotelanlage in Ouargla

„Früher hatte ich zehn Ziegen, drei Rinder und ein Dromedar. Mit anderen Angehörigen meines Stammes zog ich von Weideplatz zu Weideplatz. Wir hatten alles dabei, was wir brauchten. Jetzt lebe ich mit meiner Frau und meinen Töchtern in einem Haus in Ouargla. Heute pflege ich die Außenanlagen eines Hotels. Unser Sohn ist vor fünf Jahren weggezogen. Er arbeitet bei einer Erdölfirma in Hassi Messaoud, etwa 100 km östlich von hier."

② **Herr Madogou, 53 Jahre, erzählt.**

③ **Erdölfeld von Hassi Messaoud (Algerien)**

④ **Orientalischer Markt (Basar) für Touristen**

	J	F	M	A	M	J	J	A	S	O	N	D
°C	10,5	12,8	17,7	22,5	27,4	32,1	35,2	34,3	30,1	24,1	16,1	11,4
mm	10	3	5	4	2	0	0	0	3	4	4	4

⑤ **Klimatabelle Ouargla (Algerien)**

- Früher: Etappenort im Karawanenhandel, Marktort
- Heute: Verwaltungszentrum, Landwirtschaft durch artesiche Brunnen (1 Million Palmen), Staatsbetriebe undf Zulieferfirmen der Erdölindustrie, Tourismus, Universitätsstandort, Militärstandort.
- Bevölkerung: 134 000 Einwohner
- historischer Stadtkern, Medina genannt; europäisch geprägte Wohnviertel

⑥ **Steckbrief Ouargla**

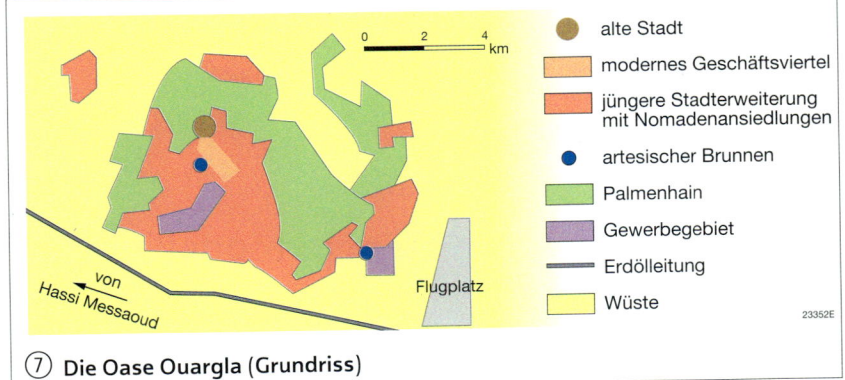

alte Stadt
modernes Geschäftsviertel
jüngere Stadterweiterung mit Nomadenansiedlungen
artesischer Brunnen
Palmenhain
Gewerbegebiet
Erdölleitung
Wüste

von Hassi Messaoud
Flugplatz
23352E

⑦ **Die Oase Ouargla (Grundriss)**

 **Materialien zur Oase Ouargla (Algerien)**

Informationen aus verschiedenen Materialien verknüpfen

① **Vorbereitung**
- Was will ich wissen? Entwickle eine Frage, die du mithilfe der Materialien beantworten kannst.
- Überlege, welche Informationen du zur Beantwortung der Frage brauchst.
- Stelle alle vorhandenen Materialien dafür zusammen und ordne sie.

② **Auswertung**
- Werte jedes Material für sich aus.
- Notiere von jedem Material die Kernaussage und die Schlüsselwörter.

③ **Zusammenfassung**
- Unterstreiche in deinen Notizen mit jeweils einer Farbe alle Informationen, die zu einem Thema oder Unterthema gehören.
- Schreibe diese auf ein leeres Blatt in sinnvoller Reihenfolge. Notiere dabei kurz das Material, aus dem du den Begriff hast.
- Fasse deine Auswertung in wenigen Sätzen zu einer Kernaussage zusammen.
- Beantworte die Fragen, die du am Anfang gestellt hast.

Wie führe ich Versuche durch?

Es gibt viele Dinge, über die man zunächst staunt, weil man sie sich nicht vorstellen kann. Manchmal hilft es, einen Versuch durchzuführen, um eine Antwort auf eine Frage zu finden.

Versuche zeigen die Beziehung zwischen Ursache und Wirkung auf. Einzelne Wirkungen natürlicher Vorgänge lassen sich durch Versuche in ihrer Entstehung nachvollziehen. Versuche veranschaulichen Vorgänge und verdeutlichen Sachverhalte.

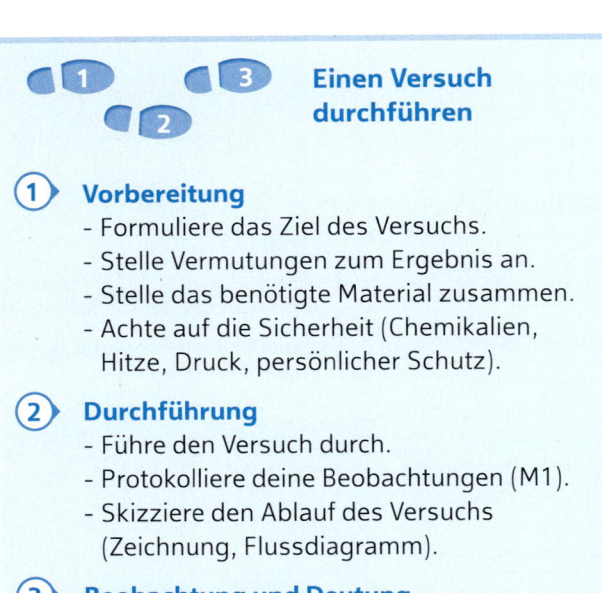

Einen Versuch durchführen

① **Vorbereitung**
- Formuliere das Ziel des Versuchs.
- Stelle Vermutungen zum Ergebnis an.
- Stelle das benötigte Material zusammen.
- Achte auf die Sicherheit (Chemikalien, Hitze, Druck, persönlicher Schutz).

② **Durchführung**
- Führe den Versuch durch.
- Protokolliere deine Beobachtungen (M1).
- Skizziere den Ablauf des Versuchs (Zeichnung, Flussdiagramm).

③ **Beobachtung und Deutung**
- Erkläre das Versuchsergebnis in einer Gedankenkette. Greife auf Gelerntes zurück.
- Argumentiere bei deiner Erklärung logisch.

Versuchsprotokoll

Thema

Vermutung

Material   Sicherheit

Durchführung

Skizze

Beobachtung

Erklärung

M1 Muster für ein Versuchsprotokoll

Wie gehe ich mit einem Modell um?

Modelle findest du überall im täglichen Leben: Modelle von Häusern und Städten, von Autos und Flugzeugen. Es gibt auch Modelle von komplizierten Gedanken. Alle Modelle haben gemeinsam, dass sie etwas vereinfachen. Sie zeigen das Typische einer Sache.

Unwichtige Dinge werden weggelassen. Daher kann man an einem Modell auch die Wirklichkeit gut und einfach erklären. Das gilt zum Beispiel für das Typische eines Autos oder auch für komplizierte Gedanken.

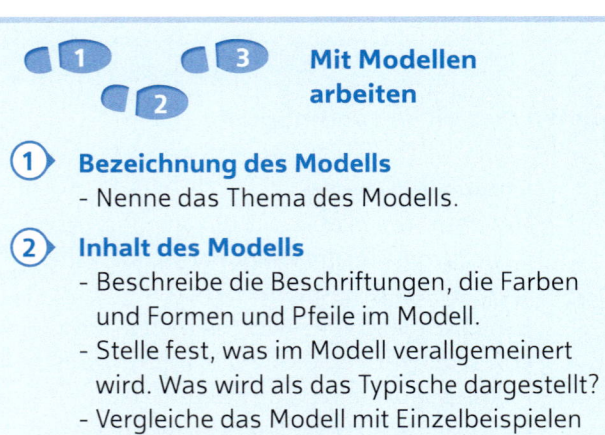

Mit Modellen arbeiten

① **Bezeichnung des Modells**
- Nenne das Thema des Modells.

② **Inhalt des Modells**
- Beschreibe die Beschriftungen, die Farben und Formen und Pfeile im Modell.
- Stelle fest, was im Modell verallgemeinert wird. Was wird als das Typische dargestellt?
- Vergleiche das Modell mit Einzelbeispielen aus der Wirklichkeit.

③ **Kernaussage des Modells**
- Fasse die Aussage des Modells in ein bis zwei Sätzen zusammen.

M2 Wirklichkeit und Modell

M3 Das Pendlermodell

Wie erhalte ich Informationen aus dem Internet?

Im Internet gibt es nicht nur Spiele, Musik und Filme, sondern auch unzählige Informationen zu allen Themen, die man sich vorstellen kann. Um an Informationen zu gelangen, ist es sinnvoll, eine Suchmaschine zu benutzen. Es gibt sehr unterschiedliche Suchmaschinen. Sie alle haben ein Suchfenster. Da hinein schreibt man die Begriffe, nach denen man sucht. In Bruchteilen von Sekunden sieht man die Suchergebnisse: die Treffer. Sie führen zu Seiten im Internet, die Informationen zum gesuchten Begriff enthalten. Diese Informationen gibt es in Form von Texten, Tabellen, Diagrammen, Fotos und Videos.

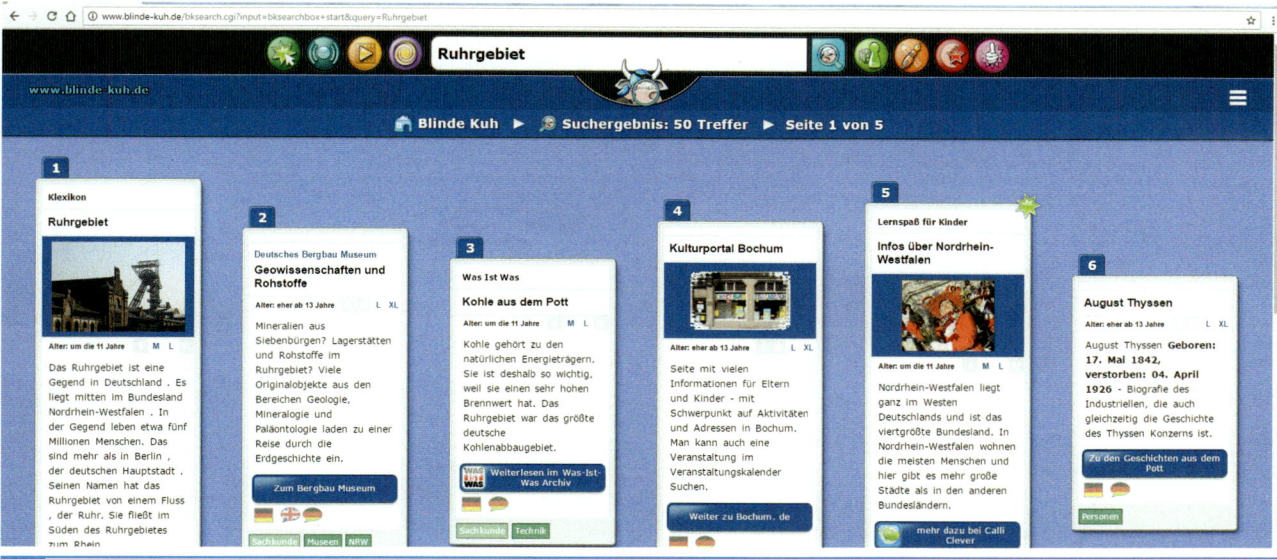

M4 Trefferliste bei der Suchmaschine „Blinde Kuh" für den Suchbegriff „Ruhrgebiet"

- Bing
- DuckDuckGo
- Ecosia
- Fireball
- Google
- Yahoo
  u. a.

WES-115715-189

Kindersuchmaschinen

- Blinde Kuh
- fragFINN
- Helles Köpfchen

  u. a.

Suchmaschinen

Neben bekannten Suchmaschinen wie Google und Bing gibt es auch Kindersuchmaschinen. Ihre Informationen sind leichter verständlich. Sie bieten einfache Nachrichtentexte, Lexikonartikel, kurze Filme und Tausende toller Fotos. Hier findet man aber auch Spiele und viele andere Möglichkeiten zum Zeitvertreib.

M5 Suchmaschinen (Auswahl)

Informationen aus dem Internet erhalten

① Was will ich wissen?
Überlege, welche Fragen du dir stellst. Nach welchen Informationen möchtest du suchen?

② Schlüsselwörter finden
Notiere die Fragen und unterstreiche darin die wichtigsten Wörter, die Schlüsselwörter.

③ Die Suchmaschine füttern
- Tippe die Schlüsselwörter in die Suchmaske der Suchmaschine ein.

- Schau dir nun die ersten 10 Suchergebnisse (Treffer) an und werte sie aus.
- Findest du hier schon die gewünschten Informationen, die Antworten auf deine Fragen?

④ Die Suche verändern
Wenn die Antworten nicht ausreichen, dann gibt es drei Möglichkeiten:
1) Verwende eine andere Suchmaschine.
2) Gib andere Schlüsselwörter in die Maske ein.
3) Gib die Schlüsselwörter in einer anderen Reihenfolge ein.

Wie kann ich meine Arbeitsergebnisse präsentieren?

Ein Vortrag ist eine gute Möglichkeit, um anderen Schülerinnen und Schülern Informationen zu einem Thema zu präsentieren. Wichtig dabei ist vor allem:

Der Vortrag muss für die Zuhörerinnen und Zuhörer so interessant sein, dass davon auch etwas im Gedächtnis haften bleibt.

Einen guten Vortrag halten

① Vorbereitung:
- Notiere auf einem Stichwortzettel oder auf Karteikarten, was du mündlich vortragen willst. Aber Achtung: keine ganzen Sätze (die liest man häufig nur ab), sondern nur Stichworte (vor allem Fachbegriffe) notieren!
- Bereite die Hilfsmittel vor, mit denen du deinen Vortrag anschaulich und einprägsam gestalten willst, zum Beispiel: Folien (M2), Plakate (M3), Fotos usw.

② Durchführung:
- Nenne das Thema deines Vortrags.
- Gib eine kurze Übersicht über den Inhalt.
- Halte dich an die Regeln der 5-A-Technik (M1).
- Nutze deine Hilfsmittel, um die Zuhörerinnen und Zuhörer zu fesseln.
- Plane am Ende Zeit ein, damit die Zuhörerinnen und Zuhörer Fragen stellen können.

Und dann: Das Feedback!
Frage deine Mitschülerinnen und Mitschüler:
Wie hat euch der Vortrag gefallen?
An was könnt ihr euch erinnern?
Welche Verbesserungsvorschläge habt ihr?
So verbesserst du deinen Vortrag jedes Mal.

Ansehen: Lies das Stichwort auf dem Stichwortzettel oder der Karteikarte.
Aufsehen: Sieh die Zuhörerinnen und Zuhörer an.
Ansprechen: Sprich erst dann zu den Zuhörerinnen und Zuhörern, wenn du deren volle Aufmerksamkeit hast.
Abwechslung: Verwende eine abwechslungsreiche Sprache, formuliere frei, lies nicht nur eintönig ab. Setze Hilfsmittel ein, die den Vortrag anschaulich und interessant machen.
Sprich langsam und mache Pausen, gib den Zuhörerinnen und Zuhörern Zeit, dir zu folgen.
Aufrecht stehen: Steh aufrecht und wende deinen Zuhörerinnen und Zuhörern nicht den Rücken zu.

M1 Die 5-A-Technik beim Vortragen

- Die Folien sollen sehr übersichtlich gestaltet sein, denn sie werden ja nur für kurze Zeit eingeblendet.
- Keine langen Texte, nur Stichworte!
- Nur einprägsame Schaubilder!

M2 Folien kann man mit einem Overheadprojektor oder mithilfe eines Computers projizieren.

- Keine langen Texte!
- Übersichtlich gestalten!
- Wichtiges durch Farben und Markierungen hervorheben!
- Zusammenhänge kann man mit Pfeilen deutlich machen.

M3 Das Plakat kann auch nach dem Vortrag noch einige Zeit in der Klasse hängen bleiben.

Wie gestalte ich eine Wandzeitung?

Zeitungen bieten ihren Leserinnen und Lesern viele interessante Nachrichten und Mitteilungen zu ganz verschiedenen Themen. Sie möchten informieren und zum Nachdenken anregen.

Ähnlich wie bei einer Zeitung, können im Unterricht Arbeitsergebnisse zu einem bestimmten Thema in Form einer sogenannten Wandzeitung präsentiert werden.

Wandzeitungen bestehen aus einer Sammlung von selbst geschriebenen Texten, aufgenommenen oder ausgeschnittenen Fotos, gezeichneten Grafiken, Tabellen, usw. Sie sollen die Betrachter über das ausgewählte Thema informieren und zu einer Diskussion anregen.

Eine Wandzeitung fertigt ihr am besten in Kleingruppen an und teilt die Arbeit untereinander auf.

M4 Schülerinnen und Schüler erstellen eine Wandzeitung.

1. Die Wandzeitung ist übersichtlich gestaltet und alle Teile sind ordentlich angeordnet.

2. Die Überschrift ist groß genug und gut lesbar.

3. Die Texte und Bilder passen zum Thema.

4. Alle Materialien haben eine Unter- oder Überschrift.

5. Die Texte sind sauber und fehlerfrei geschrieben.

M5 Checkliste

Eine Wandzeitung erstellen

① Material beschaffen und anfertigen

- Beschafft euch Materialien über das Thema, das ihr vorstellen möchtet. Informationen findet ihr zum Beispiel im Lexikon, in Zeitschriften, in Zeitungen oder im Internet.

- Stellt euch die Informationen gegenseitig vor und trefft eine Auswahl.

- Überlegt euch gemeinsam, wie ihr die Informationen klar und interessant präsentieren könnt.

- Fertigt Kopien von den Materialien an (*Tipp*: mit dem Fotokopierer kann man Darstellungen vergrößern!) oder zeichnet Grafiken, Karten und Diagramme.

- Schreibt kurze Texte zum Thema, die später auf die Wandzeitung geklebt werden. Beachtet dabei, dass ihr möglichst groß schreiben müsst.

② Beiträge erstellen

- Besorgt euch einen großen Bogen Karton oder Tapete.

- Legt die einzelnen Materialien probeweise darauf.

- Klebt die Materialien anschließend auf.

- Weitere Hinweise oder Verbindungslinien zwischen Texten und Bildern könnt ihr direkt einzeichnen.

- Kontrolliert anhand der Checkliste (M5), ob ihr alle wichtigen Punkte berücksichtigt habt.

③ Wandzeitung präsentieren

- Schreibt eure Namen auf die Wandzeitung und hängt sie an einer freien Stelle im Klassenraum oder an einer Stellwand auf.

- Präsentiert sie anderen Schülerinnen und Schülern.

Wie bereite ich eine Entscheidung vor? – Argumente pro und kontra

Soll ich meine Hausaufgaben heute Nachmittag machen oder erst heute Abend? Muss mein Taschengeld erhöht werden? Ist es sinnvoll, dass Eltern ihre Kinder mit dem Auto bis zur Schule fahren? Sollen wir im Urlaub ans Meer fahren oder in die Berge? Wohnt man als Familie besser in der Stadt oder auf dem Land? Täglich stehen wir vielen Fragen gegenüber. Es gibt immer Gründe, die für oder gegen die verschiedenen Möglichkeiten sprechen – aber man muss sich ja entscheiden.

Pro (dafür)	Kontra (dagegen)
Das Kind kommt pünktlich in der Schule an.	Das Kind wird so nicht selbstständig.
Der Schulweg ist unsicher. Das Auto ist sicherer.	Das Kind trifft keine Freunde und Freundinnen auf dem Schulweg.
…	…

M1 Pro- und Kontratabelle mit möglichen Argumenten zur Frage, ob Eltern ihr Kind morgens zur Schule fahren sollten.

Pro- und Kontra-Argumente
Pro-Argumente sind Gründe (Argumente), die für eine Sache sprechen (lateinisch: pro = für).
Kontra-Argumente sind Gründe, die gegen etwas sprechen (lateinisch: contra = gegen).

AUFGABE

1. Lege mithilfe von M1 eine Tabelle an, in der Argumente pro und kontra für den Urlaub am Meer oder in den Bergen aufgeführt sind.

Urlaub an der Nord- oder Ostseeküste

Erfrischendes Wasser, lange Sandstrände und Sonne. Hier können Sie schwimmen, surfen oder einfach in der Sonne liegen. Für Kinder und Jugendliche bieten wir ein umfangreiches Programm: Strand- und Wasserspiele, Wettschwimmen, Boccia und Beach-Volleyball. Bei uns finden Sie moderne Hotels mit Meerblick und Unterhaltungsangeboten oder kleine Pensionen und Ferienwohnungen.

Urlaub in den Bergen – das ist das Richtige für sportlich Interessierte!

Wandern Sie durch die wunderschöne Gebirgswelt oder fahren Sie mit Mountainbikes bergauf und bergab. Genießen Sie den unvergleichlichen Ausblick von den Gipfeln. Sie können auch Klettertouren unternehmen oder sich von unseren Bergbahnen zu den Höhenwanderwegen bringen lassen. Traumhafte Bedingungen gibt es auch für Drachen- und Gleitschirmflüge.

M2 Aus einem Reiseprospekt

Entscheidungen mit Pro- und Kontra-Argumenten vorbereiten

① **Gründe (Argumente) zusammenstellen**
Überlege dir Gründe, die für oder gegen eine Entscheidung sprechen. Notiere sie.

② **Argumente sortieren**
Sortiere die Argumente. Stelle dafür die Argumente, die für eine Entscheidung (pro) und dagegen (kontra) sprechen, in einer Tabelle zusammen (M1).

③ **Entscheidung fällen**
Überlege dir die für dich wichtigsten Argumente. Triff daraufhin eine Entscheidung.

Maße und Gewichte

Bei deiner Arbeit mit dem Buch wirst du öfter auf Gewichte und Maße stoßen, die dir unbekannt sind oder bei denen du gerade nicht weißt, wie du sie umrechnen kannst. Hier findest du eine Übersicht:

Längenmaße:

1 m (Meter) = 10 dm (Dezimeter)
= 100 cm (Zentimeter)
= 1000 mm (Millimeter)

1 km (Kilometer) = 1000 m (Meter)

1 mile (Meile, US-amerikanisch/ britisch)
≈ 1,6 km (Kilometer)

1 sm (Seemeile) ≈ 1,85 km (Kilometer)

Flächenmaße:

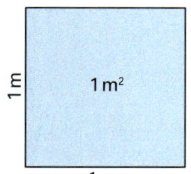

1 m² (Quadratmeter) = 1 m · 1 m

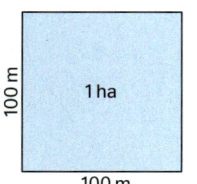

1 ha (Hektar) = 100 m · 100 m
= 10 000 m²

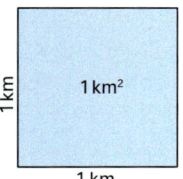

1 km² (Quadratkilometer)
= 1 km · 1 km

100 ha (Hektar) = 1 km²
= 1 000 000 m²

Raummaße:

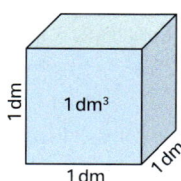

1 l (Liter) = 1 dm³ (Kubikdezimeter)
= 1 dm · 1 dm · 1 dm

100 l (Liter) = 1 hl (Hektoliter)

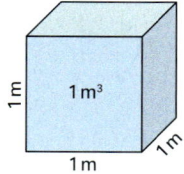

1 m³ (Kubikmeter) = 1 m · 1 m · 1 m

1 bbl (Barrel Öl) ≈ 159 l (Liter Öl)

Gewichte:

1 kg (Kilogramm) = 1000 g (Gramm)

1 dt (Dezitonne) = 100 kg

1 t (Tonne) = 1000 kg

1000 t (Tonnen) = 1 kt (Kilotonne)

Energieeinheiten:

1 kWh (Kilowattstunde) = 1000 Wh (Wattstunden)
→ damit kann man etwa 20 Stunden lang einen Laptop nutzen oder 25 Minuten staubsaugen.

ERSTAUNLICH

1859 stieß Edwin L. Drake nach mehreren erfolglosen Bohrungen im US-Bundesstaat Pennsylvania auf Erdöl. Weitere Bohrungen folgten und die Region entwickelte sich zu einem Zentrum der Ölförderung. Aus Mangel an Alternativen transportierte man das Öl in Holzfässern, die üblicherweise zum Transport von Heringen, Butter oder Alkohol genutzt wurden.

Das US-amerikanische Maßsystem weicht vom europäischen (metrischen) System ab, sodass der Inhalt eines Fasses nach dortiger Maßeinheit 42 Gallonen betrug. Das entspricht ungefähr 159 Litern. Der Inhalt heutiger Ölfässer beträgt meistens 55 Gallonen. Das entspricht etwa 208 Litern. Als Maßeinheit für Erdöl wird aber weiterhin das ursprüngliche Barrel (bbl., 159 Liter) genutzt.

Minilexikon

Äquator (Seite 34)
Der Äquator ist eine gedachte Linie um den Globus. Er ist der längste → Breitenkreis, der die Erde in zwei Hälften teilt: die Nord- und die Südhalbkugel. Der Äquator hat eine Länge von über 40 000 Kilometern.

Almwirtschaft (Seite 96)
Die Almwirtschaft ist eine besondere Form der Weidewirtschaft im Gebirge. Im Winter wird das Vieh im Stall im Tal gehalten. Den Sommer verbringt das Vieh auf den höher gelegenen Almen. Almen sind Weidegebiete im → Hochgebirge.

Alpenvorland (Seite 89)
Das Alpenvorland ist das zwischen der Donau und den Alpen gelegene Gebiet mit einer hügeligen Oberflächenform. Es steigt von etwa 300 Meter Höhe an der Donau auf etwa 800 Meter Höhe direkt am Alpenrand an.

Antarktis (Seite 168)
Die Antarktis bildet das Gebiet um den Südpol. Unter den dortigen Eismassen befinden sich im Gegensatz zur → Arktis Landmassen.

Arktis (Seite 168)
Die Arktis ist das Gebiet um den Nordpol. Hier ist das Nordpolarmeer größtenteils von Eis bedeckt. Auch Grönland und andere polnahe Inseln zählen zur Arktis. (→ Antarktis)

artgerechte Tierhaltung (Seite 76)
Diese Tierhaltung auf Bauernhöfen berücksichtigt das natürliche Verhalten der Tiere. Hühnern in Freilandhaltung wird z. B. das Scharren ermöglicht; Schweine im artgerechten Schweinestall haben Bewegungsfreiheit, können ihr Futter frei aufnehmen, dürfen im Dreck wühlen und ihre Umgebung erkunden.

Atlas (Seite 50)
Ein Atlas ist eine Sammlung von → physischen und → thematischen Karten in Form eines gebundenen Buches. Ein Atlas enthält ein Inhaltsverzeichnis und ein → Register.

Atmosphäre (Seite 30)
Die Atmosphäre ist die Lufthülle der Erde. Sie ist ungefähr 1000 Kilometer dick und besteht aus verschiedenen Gasen. Die unterste Schicht der Atmosphäre heißt Troposphäre. Sie reicht bis 10 Kilometer Höhe. In ihr findet das → Wetter statt.

Ballungsgebiet (Seite 149)
Ein Ballungsgebiet ist ein Gebiet, in dem sehr viele Menschen auf engem Raum wohnen. Hier liegen Wohnhäuser, Industrie- und Dienstleistungsbetriebe, aber auch Verkehrswege, dicht beieinander.

Barometer (Seite 124)
Ein Barometer ist ein Messgerät für den → Luftdruck. Gemessen wird in Hektopascal (hPa).

Bevölkerungsdichte (Seite 149)
Die Bevölkerungsdichte, auch Einwohnerdichte genannt, ist eine Zahl, die die durchschnittliche Anzahl der Einwohner pro Fläche für ein bestimmtes Gebiet angibt. So lässt sich z. B. die Bevölkerungsdichte einer Stadt bestimmen. Gemessen wird sie in der Regel in Einwohner pro Quadratkilometer.

Binnenhafen (Seite 113)
Im Unterschied zu einem → Seehafen liegt ein Binnenhafen an einem Fluss, Kanal oder See im Landesinneren. Er dient zur Binnenschifffahrt.

Börde (Seite 66)
Die fruchtbaren, meist mit → Löss bedeckten Landschaften am Nordrand der deutschen → Mittelgebirge heißen Börden. Hier wachsen anspruchsvolle Pflanzen wie Zuckerrüben und Weizen, die hohe Erträge bringen.

Breitenkreis (Seite 40)
Ein Breitenkreis ist Teil des → Gradnetzes der Erde. Breitenkreise, auch Breitengrade genannt, werden vom → Äquator aus nach Norden und Süden von 0° bis 90° gezählt. Sie verlaufen immer parallel zum Äquator und verbinden die Punkte auf der Erde, die die gleiche geographische Breite haben.

Bundesland (Seite 80)
Deutschland besteht aus 16 Bundesländern, von denen eines Niedersachsen ist. Jedes Bundesland besitzt eine eigene Landesregierung und eine eigene → Landeshauptstadt.

Container (Seite 112)
Ein Container ist ein Großbehälter für den Transport von → Stückgut auf Schiffen, mit der Bahn oder auf Lkw. Er hat eine einheitliche Größe und ist stapelbar.

Dattelpalme (Seite 164)
Die Dattelpalme ist eine typische Baumart, die in → Oasen wächst. Ihre Blätter, Früchte und ihr Stamm werden von Menschen vielseitig genutzt.

Deich (Seite 62)
Ein Deich ist ein von Menschen gebauter Damm am Wasser. Es gibt Seedeiche und Flussdeiche. Deiche sollen verhindern, dass das Wasser vom Meer, von Seen oder Flüssen in das dahinter liegende Land fließen kann.

Dienstleistung (Seite 18)
Dienstleistungen sind Dienste, die von Betrieben und Einrichtungen wie z. B. Gaststätten, Hotels, Banken, Versicherungen, Krankenhäusern oder Universitäten angeboten werden. Der Dienstleistungsbereich ist in Ländern Europas wie Deutschland der größte → Wirtschaftsbereich.

Direktverkauf (Seite 76)
Direktverkauf ist der Verkauf von Gütern direkt an den Endverbraucher, ohne zwischengeschaltete Händler, wie z. B. einen Supermarkt.

Dorf (Seite 102)
Ein Dorf ist ein kleiner Ort mit wenigen Einwohnern. Seine Bewohner lebten früher vor allem von der Landwirtschaft.

Heute sind viele Bewohner auch → Pendler, die z. B. zur Arbeit in die → Städte fahren.

Düne (Seite 162)
Eine Düne ist eine Erhebung aus Sand, der vom Wind angeweht und abgelagert wird. Dünen bilden sich dort, wo genügend Sand vorhanden ist und es keine geschlossene Pflanzendecke gibt.

Durchschnittstemperatur (Seite 130)
Man misst zu mehreren Zeitpunkten die Temperatur, addiert die Werte und teilt sie durch die Zahl der Messungen. Dann erhält man die Durchschnittstemperatur.

Ebbe (Seite 60)
Etwa alle zwölf Stunden weicht das Wasser an der Nordseeküste zurück. Das nennt man Ebbe. Hierbei fällt ein großer Teil des Meeresbodens trocken, der vorher bei → Flut mit Wasser bedeckt war. (→ Gezeiten)

Einzugsbereich (Seite 111)
Ein Einzugsbereich ist ein Gebiet, das durch die Einrichtungen einer → Stadt mit → Gütern und → Dienstleistungen versorgt wird. Im engeren Sinne ist es das Gebiet, in dem die Berufstätigen wohnen, die als → Pendler zu einem Ort gehören.

Erdrevolution (Seite 34)
Der Umlauf der Erde um die Sonne heißt Erdrevolution. Ein Umlauf dauert rund ein Jahr (365 Tage, 5 Stunden, 48 Minuten und 46 Sekunden).

Erdrotation (Seite 32)
Die Drehung der Erde in etwa 24 Stunden (genau: 23 Stunden, 56 Minuten und 4 Sekunden) von West nach Ost um die eigene Achse heißt Erdrotation. Dadurch wird der Wechsel von Tag und Nacht hervorgerufen.

Eurasien (Seite 140)
Die → Kontinente Europa und Asien bilden eine zusammenhängende Landmasse. Man fasst beide Kontinente unter dem Begriff Eurasien zusammen.

Europäische Union (EU) (Seite 142)
Die Europäische Union (EU) ist ein Verbund aus 27 europäischen Ländern (Stand: 02/2022), die gemeinsame politische Ziele verfolgen und auch in wirtschaftlichen und sozialen Fragen zusammenarbeiten wollen. Die EU besteht seit dem 1. November 1993. Alle Staaten in der EU sind aber politisch selbstständig und haben eigene Regierungen.

Fjell (Seite 150)
Fjell ist ein Begriff für Berge oder Hochflächen, die oberhalb der Waldgrenze in → Skandinavien liegen. Das norwegische Wort „fjell" und das schwedische „fjäll" bedeuten Gebirge.

Fjord (Seite 150)
Ein Fjord ist ein schmaler, langgestreckter Meeresarm. Er sieht aus wie ein Fluss, da er tief ins Land hinein reicht. Fjorde sind in → Kaltzeiten durch Gletscher entstanden, die durch ein Tal geflossen sind.

Flächenstaat (Seite 98)
In einem Flächenstaat leben im Vergleich zur Größe des Landes wenige Menschen. Die Einwohnerzahl pro Quadratkilometer ist gering. Die deutschen → Bundesländer sind Flächenstaaten, außer die → Stadtstaaten Berlin, Bremen und Hamburg.

Fliehkraft (Seite 61)
Die Fliehkraft glaubt man zu spüren, wenn man sich im Kreis bewegt. Man hat das Gefühl, aus dem Kreis herauszufliegen. Das liegt daran, dass sich jeder Gegenstand eigentlich geradeaus bewegen will. Damit ein Gegenstand sich trotzdem im Kreis bewegen kann, braucht es eine Kraft, die ihn dazu zwingt. Diese Fliehkraft zieht den Gegenstand in Richtung des Zentrums.

Flussdelta (Seite 144)
Flussdelta ist eine Bezeichnung für eine Flussmündung, die in ein Meer oder einen See hineinwächst. Der Fluss fließt hier sehr langsam und lagert Material ab. Durch die Aufteilung des Flusslaufes in mehrere Mündungsarme hat ein Delta meistens die Form eines Fächers.

Flut (Seite 60)
Das Ansteigen des Wassers an der Nordseeküste etwa alle zwölf Stunden bezeichnet man als Flut. Hierbei werden große Teile des Meeresbodens überflutet, die vorher bei → Ebbe trocken lagen. (→ Gezeiten)

Fruchtwechsel (Seite 68)
Fruchtwechsel bedeutet eine mehrjährige Abfolge unterschiedlicher Anbaufrüchte auf demselben Feld, um den Boden nicht einseitig zu beanspruchen. Dabei wechseln Blattfrüchte (z. B. Futterpflanzen oder Hülsenfrüchte) mit Halmfrüchten (Getreide).

Fußgängerzone (Seite 106)
Die Fußgängerzone ist Teil einer Innenstadt. Hier liegen die meisten Geschäfte und Kaufhäuser. Sie ist hauptsächlich den Fußgängern vorbehalten. Busse und Straßenbahnen sind jedoch häufig erlaubt, ebenso die Anlieferung von Waren mit Pkw und Lkw zu bestimmten Zeiten.

Galaxie (Seite 28)
Eine Galaxie ist eine Anhäufung von → Sternen im → Weltall. Es gibt etwa 100 Milliarden Galaxien, eine davon ist unsere Milchstraße, auch Galaxis genannt.

Gebirgsklima (Seite 132)
Gebirgsklima ist das durch die Höhenlage beeinflusste Klima der Gebirge. Mit zunehmender Höhe nehmen Luftdruck, Temperatur und die absolute Luftfeuchtigkeit ab, Sonneneinstrahlung und Ausstrahlung nehmen zu. Niederschläge sind im Gebirge höher als im Tal.

Genossenschaft (Seite 72)
Eine Genossenschaft ist ein Zusammenschluss von mehreren Personen, die gemeinsame wirtschaftliche Ziele verfolgen. Sie können durch den Zusammenschluss günstiger wirtschaften.

Geographie (Seite 7)
Geographie ist eine Wissenschaft und ein Unterrichtsfach. Sie beschäftigt sich mit der Entstehung und Gestaltung der Erdoberfläche. Das Wort Geographie kommt aus dem Griechischen: „geos" bedeutet Erde und „graphein" bedeutet beschreiben.

Geographisches Informationssystem (GIS) (Seite 15)
Ein Geografisches Informationssystem (GIS) ist ein computergestütztes System, mit dem raumbezogene Daten erfasst, verarbeitet, analysiert und präsentiert werden können. Google Maps ist ein Beispiel für ein bekanntes GIS.

Gewerbegebiet (Seite 106)
Gewerbegebiete sind Teile einer Stadt oder eines Ortes, in denen Fabriken, Lagerhäuser und Bürogebäude gebaut werden dürfen. Sie grenzen selten direkt an ein → Wohnviertel, weil Lärm und Geruch die Anwohner belästigen würden.

Gezeiten (Seite 60)
Das regelmäßige Heben und Senken des Meeresspiegels an der Küste nennt man Gezeiten. Das Ansteigen des Wassers wird als → Flut, das Sinken als → Ebbe bezeichnet. Ebbe und Flut bilden zusammen eine *Tide* von etwa 12 Stunden und 25 Minuten Dauer.

Gletscher (Seiten 57, 168)
Gletscher sind große zusammenhängende Eismassen, die von Bergen langsam in Richtung Tal strömen. Dabei formen sie die Landschaft, insbesondere in den → Kaltzeiten, in welchen auf der Nordhalbkugel Inlandeismassen bis in das nördliche Mitteleuropa hineinreichten.

Globus (Seite 38)
Globus (Mehrzahl: Globen) ist die Bezeichnung für das verkleinerte Abbild der kugelförmigen Erde als Modell. Der → Maßstab der üblichen Tischgloben mit einem Durchmesser von 36 cm beträgt 1:36 Millionen.

GPS-Gerät (Seite 36)
Mit einem GPS-Gerät lässt sich der Standort auf der Erde bestimmen. Die Abkürzung GPS steht ausgeschrieben für „Global Positioning System" – übersetzt: Globales Ortungssystem. Für eine Positionsbestimmung auf der Erde, wie sie bei GPS stattfindet, benötigt man mindestens vier Satelliten oder Funkstationen (Sender). Sie senden über Funkcodes permanent ihre Position und aktuelle Zeit zum GPS-Gerät, das z. B. ein Smartphone oder ein Navigationsgerät sein kann.

Gradnetz (Seite 22)
Darstellungen der Erde sind mit einem gedachten Netz von Linien überzogen. Sie verlaufen von Norden nach Süden und von Westen nach Osten. Dieses Gradnetz dient der Ortsbestimmung auf der Erde.

Großhandel (Seite 77)
Unter Großhandel versteht man Händler oder Handelsfirmen, die Erzeugnisse vom Hersteller in großen Mengen kaufen und in kleineren Mengen an Einzelhändler (z. B. Fachgeschäfte) weiterverkaufen.

Großlandschaft (Seiten 88, 140)
Eine Großlandschaft ist durch einheitliche Höhenlage und Oberflächenformen gekennzeichnet. In Deutschland gibt es zum Beispiel die vier Großlandschaften → Tiefland, → Mittelgebirge, → Alpenvorland und → Hochgebirge.

Großraum (Seite 142)
Die Länder Europas werden aufgrund ihrer geographischen Lage zu Großräumen zusammengefasst. Länder, die im Norden liegen, gehören z.B. dem Großraum Nordeuropa an. Man unterscheidet zwischen Nordeuropa, Westeuropa, Mitteleuropa, Südeuropa, Südosteuropa und Osteuropa.

Grundriss (Seite 12)
Der Grundriss ist eine Zeichnung einer verkleinerten, von oben dargestellten Grundfläche. Mit Grundrissen kann man z. B. Häuser betrachten. Mit ihnen kann man sich einen Eindruck von der Anordnung und Raumaufteilung, der Lage und der Größe der Räume machen.

Gülle (Seite 74)
Gülle ist ein mit Wasser verdünntes Gemisch aus Tierkot, Harn und feinen Streuresten. Gülle ist flüssig und kann daher auch durch Rohrleitungen transportiert werden. Sie entsteht in großen Mengen bei der → Massentierhaltung. Gülle dient zur Düngung der Felder.

Güter (Seite 18)
In der Wirtschaft sind Güter Waren, die zur Befriedigung menschlicher Bedürfnisse dienen. Auch → Dienstleistungen sind Güter.

Halbinsel (Seite 140)
Eine Halbinsel ist ein Stück Land, das nur wenig mit dem Festland verbunden ist. Der lateinische Ausdruck heißt „peninsula". „Pen" bedeutet beinahe. Es handelt sich also um eine „Beinahe-Insel".

Heide (Seite 50)
Die Heide ist eine für Niedersachsen typische Landschaft mit nährstoffarmen Böden. Typische Pflanzen sind Heidekrautgewächse, Wacholder und Kiefern (z. B. in der Lüneburger Heide).

Himmelsrichtung (Seite 10)
Himmelsrichtungen helfen bei der Orientierung auf der Erde. Es gibt vier Haupthimmelsrichtungen: Norden, Osten, Süden, Westen. Sie lassen sich mithilfe eines → Kompass bestimmen.

Hoch (Seite 124)
Hoch ist die Abkürzung für Hochdruckgebiet. Ist der Luftdruck gegenüber der Umgebung in gleicher Höhe über dem Normalwert, dann spricht man von einem Hoch. Da in einem Hochdruckgebiet die Luft absinkt und sich erwärmt, lösen sich → Wolken auf.

Hochgebirge (Seite 89)
Hochgebirge liegen mindestens 1500 Meter hoch über dem Meeresspiegel haben hohe Felswände, steil aufragende Gipfel und tief eingeschnittene Täler. Auf den höchsten Erhebungen liegen häufig Eis und Schnee. Alpen, Skanden und Karpaten sind Beispiele für Hochgebirge. (→ Mittelgebirge)

Forschungsstation (Seite 174)
Eine Forschungsstation umfasst eine Ansammlung von Behausungen, die Wissenschaftlern als Unterkunft dient. Ziel ist es, das Gebiet rund um die Forschungsstation genauer zu untersuchen. In der → Antarktis gibt es beispielsweise verschiedene Forschungsstationen, in denen Wissenschaftler aus unterschiedlichen Ländern arbeiten.

Höhenlinie (Seite 48)
Eine Höhenlinie verbindet auf einer → Karte alle Punkte in gleicher Höhe über dem Meeresspiegel. Mithilfe von Höhenlinien werden die Oberflächenformen (Berge und Täler) einer Landschaft dargestellt. Je enger die Höhenlinien nebeneinander liegen, umso steiler ist das Gelände.

Höhenschicht (Seite 48)
Wenn man die Flächen zwischen den → Höhenlinien auf → Karten farbig ausmalt, erhält man Höhenschichten. Die Oberflächenformen (Berge und Täler) werden dadurch sehr anschaulich. Die Farbe wechselt in der Regel mit zunehmender Höhe von Grüntönen über Gelbtöne zu Brauntönen.

Horizont (Seite 36)
Der Horizont ist die Grenze, die man zwischen der Erde und dem Himmel sieht. Die Form dieser Grenzlinie hängt von der Landschaft ab, sie kann z. B. in den Bergen geschwungen oder zackig sein. Beim Blick auf das Meer ist der Horizont hingegen gerade und flach.

Iglu (Seite 170)
Das Iglu ist ein Haus aus Eis und Schnee mit einer halbrunden Form. Es ist eine einfache und schnell errichtete Unterkunft, Iglus können aber auch über längere Zeiträume als Wohnung genutzt werden.

Intensivierung (Seite 74)
In der Landwirtschaft bezeichnet man alle Bemühungen, die Bodennutzung zu verbessern, als Intensivierung. Den Anbau von Pflanzen, die eine besonders gründliche (intensive) Pflege brauchen, nennt man auch Intensivkulturen. Dazu gehört der Obstanbau. Im Laufe des Jahres ist viel Handarbeit erforderlich, bis schließlich geerntet werden kann.

Inuk (Sg.), Inuit (Pl.) (Seite 170)
Als Inuit (Einzahl: Inuk) bezeichnen sich die Volksgruppen, die im arktischen Zentral- und Nordostkanada sowie auf Grönland leben.

Jahresniederschlag (Seite 130)
Der Jahresniederschlag ist die Summe des Niederschlags, der über ein ganzes Jahr lang an einem bestimmten Ort fällt und gemessen wird.

Kaltzeit (Seite 57)
Eine Kaltzeit bezeichnet einen Zeitraum mit durchschnittlich tieferen Temperaturen zwischen zwei Zeitabschnitten mit durchschnittlich höheren Temperaturen, den sogenannten → Warmzeiten.

Karte (Seite 10)
Eine Karte zeigt verkleinert die Erde oder einen Teil von ihr. Das Gebiet ist hierbei senkrecht von oben abgebildet. Die Inhalte sind stark vereinfacht und mit verschiedenen Farben und → Signaturen dargestellt. Im Atlas unterscheiden wir → physische Karten und → thematische Karten.

Kartenverzeichnis (Seite 50)
Auf den ersten Seiten im → Atlas befindet sich das Kartenverzeichnis. Hier sind alle → Karten des Atlas nach Großräumen wie Niedersachsen, Deutschland und den einzelnen Kontinenten aufgelistet.

Klima (Seite 130)
Zum Klima gehören die Erscheinungen, die auch zum → Wetter gehören, z. B. Temperatur und Niederschlag. Das Klima eines Raumes wird bestimmt, indem Wettererscheinungen über einen langen Zeitraum (ca. 30 Jahre lang) gemessen und berechnet werden.

Klimadiagramm (Seite 130)
In einem Klimadiagramm wird das → Klima eines bestimmten Ortes, über das Jahr betrachtet, grafisch dargestellt. Im Diagramm sind Name, Lage und Höhenlage des Ortes enthalten, an dem das Klima gemessen wird, sowie die monatlichen → Durchschnittstemperaturen und der → Jahresniederschlag.

Klimawandel (Seite 134)
Klimawandel ist ein Sammelbegriff für die messbaren Veränderungen des Klimas der Erde. Dabei werden insbesondere die Klimaelemente Temperatur, Niederschlag und Wind berücksichtigt. Erst eine Klimaänderung über mehrere Jahrzehnte hinweg gilt als Klimawandel.

Kompass (Seite 10)
Ein Kompass ist ein Gerät zur Bestimmung der → Himmelsrichtungen. Er enthält eine längliche Nadel, die nach Norden in Richtung → Nordpol zeigt. Unter der Kompassnadel ist eine → Windrose. Mit ihrer Hilfe kann man die übrigen Himmelsrichtungen bestimmen.

Kondensation (Seite 122)
Als Kondensation bezeichnet man den Übergang des Wasserdampfes vom gasförmigen in den flüssigen Zustand. Dies geschieht, wenn sich Wasserdampf abkühlt. Dabei bilden sich in der → Atmosphäre Nebel und Wolken.

Kontinent (Seite 38)
Ein Kontinent ist eine Festlandsmasse, die von anderen durch eine natürliche Abgrenzung (z.B. Meere) oder kulturelle Grenzen getrennt ist. Die sieben Kontinente (auch Erdteile) heißen Asien, Afrika, Nord- und Südamerika, Europa, Australien und Antarktika.

Koordinaten (Seite 41)
Koordinaten geben den Schnittpunkt eines → Breitenkreises mit einem → Meridian (Längenhalbkreis) an. Damit lässt sich die genaue Lage eines bestimmten Ortes auf der Erde bestimmen. Geographische Koordinaten werden in Grad (°) angegeben.

Kultur (Seite 156)
Kultur umfasst alles, was der Mensch geschaffen hat. Unter Kultur versteht man auch die Art und Weise, wie das Zusammenleben der Menschen gestaltet ist. Auch Sprache, Religion, Wirtschaft, der Umgang mit der Natur, Kunstgegenstände, Musik, Literatur, Traditionen und Bräuche sind Bestandteile der menschlichen Kultur.

Kulturraum (Seite 6)
Kulturraum bezeichnet ein Gebiet, das der Mensch aus einem → Naturraum umgestaltet hat. Er rodete Wälder, legte Felder an, baute Wohnhäuser, Fabriken, Verkehrswege usw.

Küstenform (Seite 93)
Eine Küste ist die Grenze zwischen Meer und festem Land. Küsten sind unterschiedlich geformt. Eine *Fördenküste* hat schmale, tiefe Meeresbuchten, die von einem → Gletscher in das Land gegraben wurden. Eine *Boddenküste* hat flache, breite Meeresbuchten, die nach dem Rückzug von Gletschern entstanden sind. Die *Buchtenküste* ist von Buchten geprägt. Das sind Einbiegungen von sehr tiefen Meereszonen, die bis an die Küste gehen.

Landeshauptstadt (Seite 80)
Die Bundesrepublik Deutschland besteht aus 16 Ländern, auch → Bundesländer genannt. Die Stadt, in der die Regierung des jeweiligen Landes ihren Sitz hat, bezeichnet man als Landeshauptstadt. Meistens ist sie auch die größte Stadt des Landes. Die Landeshauptstadt von Niedersachsen ist Hannover.

Landklima (Seite 132)
Das Landklima ist nicht durch die Nähe zu Meeren beeinflusst und daher im Vergleich zum → Seeklima durch stärkere Temperaturschwankungen im Tagesverlauf geprägt. Landklima zeichnet sich durch kalte Winter und heiße Sommer aus und der → Jahresniederschlag ist verhältnismäßig gering.

Landtag (Seite 80)
Der Landtag ist das Parlament eines Bundeslandes. Die Mitglieder werden von den Bürgerinnen und Bürgern gewählt. Sie sind die Vertreter des Volkes. Der Landtag berät und beschließt die Gesetze für das → Bundesland.

Legende (Seiten 12, 19, 48)
Eine Legende ist eine Sammlung von Informationen am Rand einer → Karte. In der Legende wird erklärt, was die in der Karte verwendeten Symbole, → Signaturen und Farben bedeuten. In der Legende ist auch der Maßstab der Karte verzeichnet.

Löss (Seite 66)
Löss ist ein feiner, gelblicher Gesteinsstaub mit hohem Nährstoffgehalt. Lössböden gehören zu den fruchtbarsten Böden. In Norddeutschland befinden sie sich am Rand der → Mittelgebirge, in den → Börden. In Süddeutschland liegen sie in den Gäulandschaften.

Luftbild (Seite 44)
Ein aus der Luft, z. B. von einem Flugzeug aufgenommenes Foto, wird Luftbild genannt. Es zeigt einen Ausschnitt der Erdoberfläche. Wenn senkrecht von

oben fotografiert wurde, spricht man von einem *Senkrechtluftbild*. Ein schräg von oben aufgenommenes Bild heißt *Schrägluftbild*.

Luftdruck (Seite 124)
Die Luft übt infolge ihres Gewichtes einen Druck auf ihre Unterlage, die Erdoberfläche, aus. Gemessen wird dieser Luftdruck mit einem → Barometer in der Einheit Hektopascal (hPa). Der Normaldruck auf Höhe des Meeresspiegels beträgt 1013 hPa, das entspricht dem Druck einer 10,13 Meter hohen Wassersäule. Mit zunehmender Höhe nimmt der Luftdruck ab.

Luftfeuchtigkeit (Seite 122)
Die Luftfeuchtigkeit, oder kurz Luftfeuchte, bezeichnet den Anteil des Wasserdampfs am Gasgemisch der Luft.

Luftlinie (Seite 10)
Die Luftlinie ist die kürzeste (mit dem Lineal) gemessene Verbindung zwischen zwei Punkten. Verkehrswege zwischen diesen beiden Punkten sind fast immer länger, da Hindernisse im Weg sind, die umfahren werden müssen.

Markt (Seite 22)
Ein Markt ist ein Ort, an dem regelmäßig Waren oder → Dienstleistungen gehandelt werden. Der Markt kann sich an einem bestimmten Ort befinden (z. B. Marktplatz) oder auch virtuell im Internet sein (z. B. eBay).

Massengut (Seite 112)
Massengüter sind z. B. Kies, Kohle, Erze, Getreide. Es sind Güter, die in großen Mengen und ohne besondere Verpackung befördert werden. Ihr Wert ist im Verhältnis zu ihrem Gewicht gering. Daher spielen die Kosten für den Transport eine große Rolle.

Massentierhaltung (Seite 74)
Bei der Massentierhaltung werden oft Tausende von Tieren (z. B. Schweine, Puten, Hühner) in einem landwirtschaftlichen Betrieb gehalten. Dieser Betrieb ist stark automatisiert, um die anfallenden Arbeiten (z. B. Füttern, Entmisten usw.) schnell erledigen zu können.

Maßstab (Seiten 10, 46)
Auf → Karten ist eine Landschaft kleiner als in Wirklichkeit dargestellt. Der Maßstab ist ein Maß für die Verkleinerung. Er gibt an, wie stark die Inhalte einer Karte gegenüber der Wirklichkeit verkleinert worden sind. Der Maßstab 1:50000 bedeutet, dass 1 cm auf der Karte 50000 cm oder 500 m (0,5 Kilometer) in der Natur sind.

Maßstabsleiste (Seiten 10, 46)
Viele → Karten enthalten eine Maßstabsleiste. Mit ihrer Hilfe kann man Entfernungen zwischen zwei Punkten auf der Karte ohne mühevolles Umrechnen direkt ablesen. (→ Maßstab)

Meridian (Seite 40)
Ein Meridian ist ein Teil des → Gradnetzes der Erde. Die Meridiane, auch Längenhalbkreise genannt, verlaufen in Nord-Süd-Richtung und schneiden die → Breitenkreise im rechten Winkel. Es gibt insgesamt 180 Längenhalbkreise.

Meteorologe/Meteorologin (Seite 126)
Meteorologen sind Fachleute für die Vorgänge in der → Atmosphäre und für die Lehre vom Wettergeschehen. Sie erstellen z. B. → Wettervorhersagen aus → Wetterkarten.

Metropole (Seite 154)
Eine Metropole ist eine große Stadt mit einer weltweit herausragenden wirtschaftlichen und politischen Bedeutung. Sie hebt sich von anderen Städten aus dem selben Land ab, häufig ist sie auch die Hauptstadt des Landes. In einer Metropole wohnen mehrere Millionen Menschen und das kulturelle Angebot ist sehr groß und vielfältig. London und Paris sind Beispiele für Metropolen in Europa.

Mittelgebirge (Seite 89)
In den Mittelgebirgen sind die höchsten Berge in der Regel nicht höher als 1500 Meter hoch. Steile Gipfel und hohe Felswände gibt es kaum. Die Berge sind abgerundet und häufig bewaldet. Beispiele in Deutschland sind: Eifel, Rothaargebirge, Schwarzwald, Taunus, Harz. (→ Hochgebirge)

Mittelmeerklima (Seite 152)
Das Mittelmeerklima umschreibt das typische → Klima, das im Bereich rund um das Mittelmeer vorherrscht. Es ist durch heiße und trockene Sommermonate mit hoher Sonnenscheindauer und milde, regenreiche Wintermonate gekennzeichnet.

Mond (Seite 28)
Allgemein ist ein Mond ein Himmelskörper, der einen → Planeten auf einer Umlaufbahn umkreist. „Unser" Mond begleitet die Erde auf ihrem Weg um die Sonne.

Moor (Seite 56)
Ein Moor ist ein Gebiet mit einem sehr nassen und weichen Boden. Da der Boden immer mit Wasser vollgesogen ist, können dort nur angepasste Pflanzen und Tiere leben.

Moräne (Seite 57)
Eine Moräne ist das von einem Gletscher transportierte und abgelagerte Material. Unter dem → Gletscher entsteht die *Grundmoräne*. Hier sammelt sich abgelagertes Material verschiedenster Art und Herkunft. Hügel und Seen prägen die Landschaft nach dem Abtauen des Gletschers. Am Ende eines Gletschers lagern sich Massen von Gesteinsmaterial ab, die der Gletscher vor sich her und zu einer Art Wall zusammengeschoben hat. Man spricht von *Endmoränen*.

nachhaltige Nutzung (Seite 76)
Nachhaltige Nutzung bedeutet, dass man etwas gebraucht und dabei auf die → Nachhaltigkeit achtgibt. Beim Verbrauch von Rohstoffen nimmt man z. B. Rücksicht auf die nachfolgenden Generationen, indem man nicht mehr verbraucht, als für die nächste Generation nachwachsen kann.

Nachhaltigkeit (Seite 16)
Nachhaltig zu leben bedeutet, immer darauf zu achten, dass keine Schäden (z. B. ökologische, gesellschaftliche oder wirtschaftliche) entstehen, welche die zukünftigen Generationen belasten. Ursprünglich stammt dieser Begriff aus der Forstwirtschaft und besagt, dass nie mehr Bäume gefällt werden dürfen als neu anpflanzt werden, sodass sich der Wald auf Dauer nicht verkleinert.

Naturraum (Seite 6)
Ein Naturraum ist ein Gebiet, in dem sich typische Landschaftsmerkmale natürlich, also ohne menschliche Einflüsse, herausgebildet haben. Naturräume werden durch das Eingreifen des Menschen zu → Kulturräumen umgestaltet.

Niederschlag (Seite 122)
Als Niederschlag bezeichnet man alles Wasser, das in flüssiger oder fester Form aus → Wolken auf die Erde fällt, zum Beispiel Regen, Schnee, Hagel und Graupel. Außerdem zählt noch das Wasser, das sich auf Oberflächen absetzt (Tau oder Reif) zum Niederschlag.

Nordkap (Seite 150)
Das Nordkap ist eine Landspitze an der Küste zum Nordmeer. Es liegt im Norden von Norwegen und ist der nördlichste vom Festland aus auf dem Straßenweg erreichbare Punkt Europas.

Nordpol (Seiten 32, 38)
Der Nordpol ist der nördlichste Punkt auf der Erde. Er ist der am weitesten entfernte Punkt vom → Äquator auf der nördlichen Halbkugel. Am Nordpol gibt es nur eine → Himmelsrichtung: Alle Wege führen nach Süden. (→ Südpol)

Oase (Seite 164)
Eine Oase ist eine Stelle in der Wüste, an der es Wasservorkommen und somit ein üppiges Pflanzenwachstum gibt. Das vorhandene Grund- oder Flusswasser nutzen die Bewohner zum Anbau von Getreide, Obst oder Gemüse. Man unterscheidet zwischen *Quell-*, *Grundwasser-* und *Flussoasen*.

ökologische Landwirtschaft (Seite 76)
Eine Art der Landwirtschaft, bei der auf die Verwendung von Mineraldünger und chemischen Pflanzenschutzmitteln zur Bekämpfung von Schädlingen verzichtet wird und eine → artgerechte Tierhaltung erfolgt. Ziel ist es, die Umwelt zu schonen und unbelastete Lebensmittel zu erzeugen.

Ozean (Seite 38)
Die gesamte Wassermasse der Erde, das Weltmeer, wird durch die Lage der → Kontinente in drei Ozeane geteilt, den Pazifischen, den Atlantischen und den Indischen Ozean. Zu den Ozeanen gehören Nebenmeere, die von den Ozeanen durch Inseln oder Halbinseln abgetrennt sind.

Pendler (Seite 110)
Ein Pendler ist eine Person, die regelmäßig ihren Wohnort verlässt, um in einem anderen Ort zu arbeiten, zur Schule zu gehen oder einzukaufen. Sie „pendelt" also (zumeist täglich) zwischen zwei Orten hin und her.

Permafrostboden (Seite 172)
Permafrostboden, auch Dauerfrostboden genannt, ist Boden, der ständig gefroren ist. Der Frost reicht teilweise bis in mehrere hundert Meter Tiefe. Im Sommer taut nur die oberste Schicht auf, die dann sehr schlammig ist. Die Böden in polnahen Gebieten sind Permafrostböden.

physische Karte (Seite 48)
Die physische Karte ist ein wichtiges Hilfsmittel, um sich zu orientieren. Sie enthält unter anderem Landhöhen (Farbgebung in Grün, Gelb und Braun), Oberflächenformen (Schummerung), Höhenangaben, Gewässer, Orte, Verkehrslinien, Grenzen sowie Einzelzeichen (Berg, Stausee, Kirche usw.). (→ thematische Karte)

Planet (Seite 28)
Ein Planet ist ein Himmelskörper, der die Sonne auf einer Umlaufbahn umkreist. Er leuchtet nicht selbst, sondern wird von der Sonne angestrahlt. Acht Planeten umkreisen die Sonne. Einer davon ist die Erde.

Planquadrat (Seite 50)
Auf → Karten (Stadtplänen, Atlaskarten) befindet sich oft ein Gitternetz aus waagerechten und senkrechten Linien. Auf diese Weise entstehen Planquadrate. Am oberen und unteren Kartenrand sind Buchstaben, an den Seiten Zahlen aufgeführt, sodass jedes Planquadrat bezeichnet werden kann (z. B. A1). Sucht man einen Ort auf der Karte, findet man ihn leicht, wenn man das Planquadrat kennt, in dem er liegt. Das Planquadrat wird hinter der Seitenzahl im → Register angegeben.

Polarnacht, Polartag (Seite 168)
Als Polarnacht wird die Zeitspanne bezeichnet, in der jenseits der Polarkreise Tag und Nacht dunkel ist. Die Sonne geht in dieser Zeit nicht auf. An einem Polartag wird es nicht dunkel. Die Sonne geht in dieser Zeit nicht unter. An den Polen dauern die Polarnacht und der Polartag jeweils ein halbes Jahr, an den Polarkreisen jeweils einen Tag lang.

Register (Seite 50)
Im → Atlas enthält das Register die Namen aller auf den → Karten vorkommenden Länder, Städte, Flüsse, Gebirge usw. Sie nach dem Alphabet geordnet. Seitenangaben und Hinweise zur Lage im Gitternetz ermöglichen das schnelle Auffinden einer gesuchten Stelle.

Sander (Seite 57)
Sander sind meistens aus Sand bestehende Ablagerungen, die beim Abtauen der → Gletscher der → Kaltzeit zwischen → Endmoränen und → Urstromtälern entstanden sind.

Satellit (Seite 36)
Ein Satellit ist ein Himmels-Begleiter. Meistens sind damit die künstlichen, von Menschen gemachten Begleiter gemeint, die unsere Erde umkreisen. Der → Mond ist hingegen ein natürlicher Satellit der Erde.

Schäre (Seite 150)
Eine Schäre ist eine durch Gletscher abgerundete kleine Felsinsel im Meer. Eine Vielzahl an Schären gibt es vor der finnischen und schwedischen Küste, aber z.B. auch an der Küste Kanadas.

Seehafen (Seite 113)
Ein Seehafen ist ein geschützter Platz, an dem Schiffe anlegen. Seehäfen liegen am Meer oder haben Zugang zum Meer.

Seeklima (Seite 132)
Das → Klima in küstennahen Gebieten wird durch den Einfluss des Meeres bestimmt. Es zeichnet sich durch milde Winter und kühle Sommer aus. Die Temperaturschwankungen innerhalb eines Tages sind meistens gering und der Jahresniederschlag ist verhältnismäßig hoch.

Selbstversorger (Seite 170)
Selbstversorger sind Menschen, die fast alles, was sie zum Leben brauchen, selbst erzeugen. Sie jagen zum Beispiel wilde Tiere, sammeln Beeren und Früchte, betreiben Ackerbau und Viehzucht. Sie stellen die von ihnen benötigten Waren selbst her.

Signatur (Seiten 19, 44)
Eine Signatur ist ein graphisches Zeichen zur Darstellung von Objekten und Sachverhalten in → Karten. Sie wird in der → Legende erklärt. Man unterscheidet drei Arten von Signaturen: Punkte, Linien oder Flächen.

Skandinavien (Seite 150)
Mit Skandinavien ist die Skandinavische Halbinsel gemeint, auf der sich die Länder Norwegen und Schweden sowie der Nordwesten Finnlands befinden. Häufig wird auch das Land Dänemark mit zu Skandinavien gezählt.

Solarkraftwerk (Seite 167)
Ein Solarkraftwerk ist ein Kraftwerk, das die Energie der Sonne zu Strom oder Wärme umwandelt. Zur Umwandlung der Sonnenstrahlen in elektrische Energie dienen Fotovoltaikanlagen.

Sonnensystem (Seite 28)
Eine Sonne mit ihren → Planeten und deren Trabanten (→ Monde) bilden ein Sonnensystem. Unser Sonnensystem umfasst die Sonne sowie acht Planeten mit ihren Monden.

Spezialisierung (Seite 70)
Spezialisierung bedeutet, dass man sich auf ein Produkt oder wenige Produkte beschränkt, z.B. in der Landwirtschaft auf einen Bereich des Ackerbaus oder die Viehwirtschaft.

Stadt (Seite 102)
Gegenüber einem → Dorf ist eine Stadt ein größerer Ort mit vielen Einwohnern und verschiedenen Einrichtungen für die Versorgung der Bevölkerung. Eine Stadt ist Handels- und Verwaltungszentrum für das → Umland.

Stadtplan (Seite 44)
Ein Stadtplan ist eine thematische → Karte einer Stadt oder von einem Teil einer Stadt. Auf ihm sind Straßen, Wege, wichtige Gebäude und weitere → Signaturen eingezeichnet. Ein Stadtplan dient zur Orientierung in einem bestimmten Stadtgebiet.

Stadtstaat (Seite 98)
Als Stadtstaaten werden in Deutschland diejenigen → Bundesländer bezeichnet, die nur aus einer Stadt bestehen. Die Einwohnerzahl pro Quadratkilometer ist im Gegensatz zu → Flächenstaaten hoch. Stadtstaaten sind Berlin, Hamburg und Bremen.

Stauniederschlag (Seite 95)
Stauniederschläge sind Niederschläge, die durch aufsteigende Luftmassen im Staubereich von Gebirgen entstehen.

Stern (Sonne) (Seite 28)
Ein Stern (auch Sonne genannt) ist eine glühende Gaskugel, die ihr Licht in den Weltraum strahlt.

Stückgut (Seite 112)
Stückgut ist ein Gut, das vor dem Transport in → Container, Fässer, Ballen, Säcke oder Kisten verpackt wird. (Gegenteil: → Massengut)

Südpol (Seiten 32, 38)
Der Südpol ist der südlichste Punkt auf der Erde. Er ist der am weitesten entfernte Punkt vom → Äquator auf der südlichen Halbkugel. Am Südpol gibt es nur eine → Himmelsrichtung: Alle Wege führen nach Norden. (→ Nordpol)

Süßwasser (Seite 30)
Süßwasser ist frei verfügbares Wasser, in dem keine oder nur geringe Mengen von Salzen gelöst sind. Süßwasser hat einen Anteil von zwei bis drei Prozent am weltweiten Wasservorkommen. Das meiste Süßwasser gibt es in Form von Eis in den Polarregionen der Erde.

Talsperre (Seite 95)
Wenn man ein Flusstal durch ein Bauwerk verschließt, dann wird das Wasser gestaut. Das Bauwerk nennt man Talsperre. Es entsteht ein künstlicher See, ein Stausee. Talsperren regulieren den Wasserpegel der aufgestauten Flüsse. Sie sollen vor Flusshochwasser schützen.

thematische Karte (Seite 48)
Dieser Kartentyp stellt immer ein spezielles Thema dar. So gibt es z.B. thematische Karten zur Bevölkerungsdichte, zum Tourismus oder zur Landwirtschaft. Der Atlas enthält eine Fülle von thematischen Karten. (→ physische Karte)

Tidenhub (Seite 61)
Tidenhub bezeichnet den Abstand in Metern zwischen dem höchsten und dem niedrigsten Wasserstand in einem Meer mit → Gezeiten.

Tief (Seite 124)
Tief ist die Abkürzung für Tiefdruckgebiet. Ist der Luftdruck gegenüber der Umgebung in gleicher Höhe unter dem Normalwert, dann spricht man von einem Tief. Da in einem Tiefdruckgebiet die Luft aufsteigt und dabei abkühlt, → kondensiert der in der Luft enthaltene Wasserdampf. Es bilden sich → Wolken, aus denen dann → Niederschlag fällt.

Tiefbrunnen (Seite 166)
Ein Tiefbrunnen ist ein viele hundert Meter tief reichender Brunnen zur Erschließung von Grundwasserreserven. Diese lagern schon lange im Untergrund. Das Wasser wird mithilfe von Motorpumpen an die Oberfläche befördert.

Tiefland (Seite 88)
Das Tiefland ist ein flaches, tief gelegenes Land mit geringen Höhenunterschieden. Es ist die vorherrschende → Großlandschaft in Norddeutschland. Die Landhöhen liegen zwischen Meeresspiegelhöhe und 200 Metern über dem Meeresspiegel.

Tornado (Seite 128)
Ein Tornado ist ein Wirbelsturm und wird auch Windhose genannt. Er bildet sich durch das Zusammentreffen warmer und kalter Luftmassen. Es sind Windwirbel, die sich sehr schnell um eine Achse rotieren. Sie haben einen Durchmesser bis zu 500 Metern. Der schlauchartige Wirbel kann mit seinen hohen Windgeschwindigkeiten eine große Zerstörungskraft erreichen.

Treibhauseffekt (Seite 134)
Der natürliche Treibhauseffekt verhindert, dass sich die Erde zu stark abkühlt. Die → Atmosphäre lässt die Strahlung der Sonne zur Erde durch. Die von der Erde zurückgestrahlte Wärme wird von der Atmosphäre jedoch zurückgehalten wie beim Glasdach eines Treibhauses.

Trockenwüste (Seite 162)
Die Trockenwüste ist eine → Wüste, die sich durch sehr geringen → Jahresniederschlag auszeichnet. Hier wachsen nur sehr wenig Pflanzen, die mit sehr wenig Wasser auskommen. Ein Beispiel für eine Trockenwüste ist die Sahara in Afrika.

Umland (Seite 110)
Das Umland ist das Gebiet um eine → Stadt herum. Von hier aus fahren viele Menschen jeden Morgen in die Stadt, um zu arbeiten, einzukaufen oder zur Schule zu gehen. Je größer eine Stadt ist, umso größer ist auch das Umland.

Urstromtal (Seite 57)
Ein Urstromtal ist ein meist breites Tal, in dem sich die Schmelzwässer beim Abtauen der → Gletscher der → Kaltzeit sammelten und abflossen.

Verdunstung (Seite 122)
Der Übergang eines Stoffes vom flüssigen in den gasförmigen Zustand heißt Verdunstung. So verdunstet Wasser beispielsweise zu unsichtbarem Wasserdampf. Die Verdunstung wird durch Erwärmung beschleunigt.

Wadi (Seite 162)
Ein Wadi ist ein Flussbett in der → Wüste oder Savanne, das den größten Teil des Jahres trocken ist. Es führt nur nach starken Regenfällen kurzzeitig Wasser.

Warft (Seite 62)
Eine Warft ist ein künstlich aufgeschütteter Hügel, auf dem ein oder mehrere Häuser stehen. Warften gibt es an der Küste und auf den Halligen. So sind die Häuser bei Sturmflut vor Überschwemmungen geschützt.

Warmzeit (Seite 57)
Eine Warmzeit ist ein Zeitraum mit durchschnittlich höheren Temperaturen zwischen zwei Zeitabschnitten mit durchschnittlich tieferen Temperaturen (→ Kaltzeiten).

Watt (Seite 64)
Watt nennt man das Übergangsgebiet zwischen festem Land zum Meer, das durch → Ebbe und → Flut wechselweise trocken oder überflutet wird.

Weltall (Seite 28)
Das Weltall bezeichnet den gesamten Raum, in dem sich alle für uns fassbaren räumlichen und zeitlichen Vorgänge abspielen.

Wetter (Seite 118)
Wetter nennt man das Zusammenwirken von den → Wetterelementen Temperatur, Luftdruck, Wind, Bewölkung und Niederschlag zu einem bestimmten Zeitpunkt. Man beobachtet und misst das Wetter in Wetterstationen. Das Wetter ändert sich bei uns nahezu täglich.

Wetterelement (Seite 118)
Als Wetterelemente bezeichnet man die natürlichen Einflüsse Bewölkung, Wind, Luftdruck, Lufttemperatur und Niederschlag, die zusammen das Wetter ausmachen. Um das Wetter verstehen und vorhersagen zu können, betrachtet und misst man die Wetterelemente einzeln.

Wetterkarte (Seite 126)
Eine Wetterkarte enthält zahlreiche Informationen, die das → Wetter in einem Gebiet zu einem gegebenen Zeitpunkt beschreiben. Dazu werden die Messwerte für Lufttemperatur, Luftdruck, Bewölkung, Niederschlag, Windrichtung und Windgeschwindigkeit in die Karte eingetragen. → Meteorologen können das voraussichtliche Wetter des kommenden Tages aus Wetterkarten ablesen.

Wetterlage (Seite 128)
Der Begriff bezeichnet den Zustand des → Wetters über einem begrenzten Gebiet während eines kurzen Zeitraums bis zu einem Tag. Extreme Wetterlagen wie Gewitter, Sturm oder Dauerregen können für Menschen gefährlich werden.

Wettervorhersage (Seite 126)
Die Wettervorhersage ist eine Prognose darüber, wie das Wetter zu einem bestimmten Tag an einem bestimmten Ort werden soll. Dazu werten → Meteorologen → Wetterkarten aus, die mit Computermodellen erstellt werden. Wetter lässt sich in der Regel nur für ein bis zwei Tage im Voraus ziemlich sicher vorhersagen.

Wind (Seite 124)
Wind ist eine Luftströmung, die einen Ausgleich zwischen hohem und tiefem → Luftdruck herstellt. Je größer die Druckunterschiede sind, umso stärker weht der Wind.

Windrose (Seite 11)
Auf der Windrose sind die Himmelsrichtungen (Haupt- und Nebenhimmelsrichtungen) eingetragen. Sie befindet sich auf dem → Kompass unter der Kompassnadel.

Wirtschaftsbereich (Seite 83)
In einem Wirtschaftsbereich sind ähnliche Wirtschaftszweige zusammengefasst. Unterschieden werden der erste Wirtschaftsbereich mit der Land- und Forstwirtschaft, der zweite Wirtschaftsbereich mit der Industrie sowie der dritte Wirtschaftsbereich mit den Dienstleistungen.

Wirtschaftsraum (Seite 82)
Ein Wirtschaftsraum ist ein zusammenhängendes Gebiet, in dem die Wirtschaft miteinander verflochten ist. Dies zeigt sich unter anderem durch ein eng verbundenes Verkehrssystem.

Wohngemeinde (Seite 104)
Eine Wohngemeinde ist ein Ort, in dem es keine Industrie und nur sehr wenige Dienstleistungsbetriebe (z. B. Geschäfte) gibt. Sie dient vor allem zum Wohnen.

Wohnviertel (Seite 106)
Ein Wohnviertel ist ein Stadtteil, in dem sich hauptsächlich Wohnhäuser befinden.

Wolke (Seite 122)
Eine Wolke ist eine Ansammlung von sichtbaren feinen Wassertröpfchen oder Eiskristallen in der → Atmosphäre.

Wüste (Seite 162)
Wüsten sind Gebiete, in denen durch Trockenheit oder Kälte keine oder nur sehr geringer Pflanzenwuchs vorherrscht. Dabei kann man unterschiedliche Wüstenformen unterscheiden. In einer *Sandwüste* ist die Wüstenlandschaft mit Sand bedeckt. Zum Teil ist der Sand durch den Wind zu hohen Dünen aufgeweht. In der *Kieswüste* hingegen ist die Landschaft mit kleinen Steinen (Kies) übersät. Das Gelände ist flach. In einer *Felswüste* ist die Landschaft von größeren, kantigen Steinen übersät. Einzelne Berge ragen heraus.

Zeitzone (Seite 32)
Auf der Erde sind 24 Zeitzonen festgelegt, die jeweils 15 Längengrade umfassen. Innerhalb einer Zone gilt die gleiche Uhrzeit. Der Zeitunterschied von einer zur nächsten Zone beträgt eine Stunde. Aus praktischen Gründen erfolgt die Abgrenzung der Zonenzeit jedoch häufig nicht nach den Längengraden, sondern entlang der Ländergrenzen.

Bedeutung der Operatoren (Aufforderungsverben) in den Aufgaben

• **Wer?**
• **Was?**
• **Wann?**
• **Wo?**
• **Wie**
• **Warum?**
• **Wozu?**

M1 Häufige W-Fragewörter

Was soll ich hier machen? – Aufgaben verstehen und richtig bearbeiten!

Dein Erdkundebuch „Durchblick Erdkunde" möchte dich beim Lernen unterstützen. Dafür werden dir verschiedene Aufgaben gestellt.

1. Einige Aufgaben beginnen mit Fragewörtern. Diese Fragesätze sind offene Fragen. Sie können nicht nur einfach mit Ja oder Nein beantwortet werden. Die Fragewörter beginnen mit „W" (M1). In W-Fragen wird nach einem Ort, nach einer Zeitdauer oder nach bestimmten Gründen oder Ursachen gesucht. Was genau gesucht wird, erkennst du durch das Fragewort am Anfang der Aufgabe. Bei Aufgaben mit W-Fragewörtern musst du bestimmte Informationen aus einem Text, einer Tabelle oder einer Grafik herausarbeiten.

2. Andere Aufgaben beginnen mit einem Operator. Operatoren sind Signalwörter, die dir zeigen, was bei der Aufgabe zu tun ist. Wenn du die Aufgaben erfolgreich bearbeiten willst, musst du die Operatoren entschlüsseln. Die nachfolgende Auflistung hilft dir, die Operatoren zu verstehen. Sie verdeutlicht, was bei jedem Operator von dir erwartet wird.

Du führst etwas aus:

Zeichne ...
Du fertigst eine Zeichnung an. Die Zeichnung kann zum Beispiel eine Skizze, eine Grafik oder ein Schaubild sein.

Befrage ...
Du holst dir Informationen zu einem bestimmten Thema von anderen Menschen ein.

Erstelle ... / Stelle dar ...
Du fertigst etwas an (z. B. eine Tabelle, ein Diagramm oder einen Text).

Ermittle ...
Du findest aus Materialien bestimmte Sachverhalte heraus. Wenn möglich, sollten auch Zusammenhänge dargestellt werden.

Berichte ...
Du informierst jemanden über ein Geschehen knapp, sachlich und wahrheitsgemäß.

Suche ... / Finde heraus ...
Du bemühst dich, etwas zu finden.

Gestalte ...
Du erstellst etwas. Das kann zum Beispiel ein Plakat, eine Präsentation oder ein Vortrag sein.

Informiere dich ...
Du verschaffst dir Kenntnis über einen bestimmten Sachverhalt (z. B. mithilfe des Internets).

Führe ... durch
Du setzt einen bestimmten Vorgang (z. B. Befragung oder Versuch) in die Tat um.

M2 Operatoren – was ist zu tun? (Auswahl)

Du gibst etwas wieder:

Nenne ... / Benenne ... / Liste auf ...
Du zählst etwas ohne weitere Erklärung auf. Das können zum Beispiel die Bundesländer sein.

Gib wieder ... / Fasse zusammen ...
Wiederhole etwas in kürzerer Form. Du kannst zum Beispiel die Gründe zusammenfassen, warum der Klimawandel eine Bedrohung für Menschen darstellt.

Stelle dar ... / Lege dar ...
Du gibst etwas mit den richtigen Worten wieder.

Beschreibe ...
Du gibst mit Worten an, was du auf dem angegebenen Material siehst. Das kann ein Foto oder eine andere Abbildung sein.

Du erklärst etwas:

Erkläre ...
Du machst Zusammenhänge über eine Sache deutlich, über die du schon etwas weißt. Das können zum Beispiel Zusammenhänge über Klima und Vegetation sein.

Ordne ... / Ordne ein ... / Ordne zu ...
Du bringst etwas in einen Zusammenhang. Am Ende ist alles in einer begründeten Abfolge eingeordnet.

Erläutere ...
Du stellst etwas so dar, dass die Beziehungen klar werden. So kannst du zum Beispiel Auswirkungen des Wetters erläutern.

Vergleiche ... / Stelle gegenüber ...
Du erkennst Unterschiede und Gemeinsamkeiten und stellst sie gegenüber.

Du urteilst über etwas und äußerst deine Meinung:

Begründe ...
Du beantwortest die oft gestellte Frage „Warum ist das so?".

Beurteile ...
Du überprüfst etwas, ohne deine eigene Meinung dazu zu äußern.

Bewerte ...
Du beurteilst etwas und äußerst danach deine Meinung dazu.

Überprüfe ...
Du prüfst, ob eine Aussage oder ein Material richtig oder fehlerhaft ist.

Entscheide ...
Du triffst nach der Prüfung eines Sachverhalts eine Auswahl.

Hilfe bei der Arbeit mit ausgewählten Operatoren

Befragen/Erkunden

An manche Informationen kannst du gut über eine Befragung/Erkundung kommen.

1. Überlege dir, zu welchem Thema du eine Befragung/Erkundung durchführen möchtest und welche Informationen du benötigst.
2. Erstelle auf der Grundlage deiner Überlegungen einen Fragebogen/Erkundungsbogen.
3. Führt die Befragung/Erkundung möglichst zu zweit durch. So könnt ihr euch die Aufgaben bei der Befragung/Erkundung untereinander aufteilen. Die zweite Person macht sich Notizen, Fotos oder nimmt das Gespräch auf.

Gliedern

Wenn du etwas gliedern sollst, bedeutet das, dass du einen Raum (z. B. Niedersachsen) nach bestimmten Kriterien (z. B. Landwirtschaft) ordnen sollst.

1. Stelle klar, nach welchen Sachverhalten gegliedert werden soll.
2. Finde heraus, welche Regionen innerhalb eines Raumes ähnlich sind, und benenne die Gemeinsamkeiten.

Informationen gewinnen/Entnehmen aus

Wenn eine Aufgabenstellung lautet, dass du Informationen gewinnen/aus etwas entnehmen sollst, dann richtest du an eine Quelle (z. B. einen Zeitungsartikel) gezielte Fragen und benennst die Ergebnisse.

1. Lies oder betrachte die Quelle aufmerksam. Stelle W-Fragen an die Quelle (z. B.: Wovon handelt die Quelle? Welche Zusammenhänge werden dargestellt? Um welchen Zeitraum handelt es sich? …).
2. Um die Informationen zu ordnen, kannst du einen zusammenhängenden Text schreiben. Manchmal bietet es sich auch an, die Informationen in einer Tabelle, in einer Mindmap oder auf einem Spickzettel zusammenzustellen.

Kartieren

Wenn du etwas kartieren sollst, musst du bestimmte Sachverhalte in einer thematischen Karte darstellen.

1. Kläre, was in welchem Raum kartiert werden soll. Beschaffe dir Informationen (z. B. wo Mais angebaut wird).
2. Besorge dir eine Kartengrundlage von dem Raum. Überlege dir Symbole (eine Legende) für die wichtigsten Informationen. Übertrage die Symbole in die Karte.

Versuche durchführen

Bestimmte Sachverhalte kann man im Erdkundeunterricht gut durch Versuche verdeutlichen. Bei einem Versuch ist die Vorgehensweise in Form einer Anleitung vorgegeben.

1. Lies die Aufgabenstellung und die Versuchsanleitung genau durch.
2. Besorge dir die für den Versuchsaufbau notwendigen Hilfsmittel und plane die Versuchsdurchführung sorgfältig.
3. Führe den Versuch in Ruhe und mit Bedacht durch. Achte auf Ordnung am Arbeitsplatz.
4. Fertige ein Protokoll über die Versuchsdurchführung an.

Vorstellen

Wenn in einer Aufgabenstellung steht, dass du etwas vorstellen sollst, dann musst du einen bestimmten Sachverhalt präsentieren.

1. Überlege, welche Informationen zu dem Sachverhalt gehören. Fertige eine Sammlung mit wichtigen Begriffen an. Prüfe, ob du Abbildungen oder Skizzen bei der Vorstellung verwenden kannst.
2. Nutze die gesammelten Begriffe und Materialien und stelle den Sachverhalt möglichst mit einem freien Vortrag vor.

Zeichnen

Wenn du etwas zeichnen sollst, bedeutet das, dass du Gegenstände oder Zusammenhänge als Bild gestalten sollst.

1. Was du zeichnen sollst, weißt du, wenn du über die Begriffe in der Aufgabe nachgedacht und sie verstanden hast. Auch musst du die Materialien gelesen oder angeschaut haben, die zur Aufgabe passen.
2. Entscheide, wie du zeichnen willst. Das hängt oft davon ab, ob es eine Skizze, eine Grafik oder ein Schaubild ist.
3. Entscheide, ob du das Papier hochkant oder quer legst. Achte darauf, genau und ordentlich zu zeichnen.

Auswerten

Wenn du etwas auswerten sollst, musst du unterschiedliche Texte, Tabellen oder Informationen miteinander vergleichen und zu einer Schlussfolgerung kommen.

1. Werte die unterschiedlichen Materialien aus. Notiere wichtige Punkte.
2. Überlege, welche Regel oder welche allgemeine Aussage du aus den Erkenntnissen ableiten kannst.

Beschreiben

Wenn in einer Aufgabe steht, dass du etwas beschreiben sollst, dann musst du einen Sachverhalt, einen Aufbau oder ein Verfahren mit eigenen Worten unter Verwendung von Fachsprache wiedergeben.

1. Je nachdem, was du beschreiben sollst: Lies den Text zum Thema oder beobachte einen Vorgang oder betrachte eine Abbildung. Notiere, was dir wichtig erscheint.
2. Fertige deine Beschreibung in einer sinnvollen Reihenfolge an. Ein Foto kannst du zum Beispiel in Vordergrund, Bildmitte und Hintergrund unterteilen.

Darstellen

Wenn du etwas darstellen sollst, dann musst du einen Sachverhalt oder einen Vorgang wiedergeben. Dabei musst du die Fachsprache verwenden. Du kannst zur Ergänzung eine Zeichnung anfertigen.

1. Lies und betrachte das Material und überlege, was an dem Sachverhalt wichtig ist.
2. Überlege, welche Fachbegriffe mit dem Thema verknüpft sind, und notiere sie.
3. Gib das Thema mit eigenen Worten wieder. Verwende dabei die notierten Fachbegriffe. Wenn du eine Zeichnung anfertigst, nutze die Fachbegriffe für die Beschriftung der Zeichnung.

Nennen/Benennen

Wenn in einer Aufgabe steht, dass du etwas nennen oder benennen sollst, dann musst du Informationen aus einem vorgegebenen Material wiedergeben.

1. Überlege, welche Begriffe zu dem Thema gehören.
2. Zähle alle Informationen, Begriffe, Schlüsselwörter oder Daten auf, nach denen gefragt wird. Nenne sie in einer sinnvollen Reihenfolge.

Präsentieren

Wenn du etwas präsentieren sollst, dann stellst du anderen ein Thema oder einen Sachverhalt vor.

1. Sammle wichtige Informationen und überlege dir eine Form der Präsentation (z. B. Vortrag, Plakat).
2. Erarbeite deine Präsentation. Erstelle hierzu die notwendigen Medien. Überlege dir einen Text, mit dem du die Medien vorstellen möchtest.
3. Stelle deine Medien und deinen erarbeiteten Vortrag vor einer Gruppe vor.

Standorte bestimmen

Wenn du einen Standort bestimmen sollst, dann musst du die Lage eines Ortes, einer Person oder eines Gegenstandes feststellen und benennen.

1. Bei der Standortbestimmung geht es meistens um die Ermittlung und Lagebeschreibung eines Standortes. Überlege, mit welchem Bezugssystem (Längen-/Breitengrade, Flüsse, Gebirge, Straßen usw.) du den Standort bestimmen kannst.
2. Bestimme den Standort mithilfe des Bezugssystems. Nutze möglichst mehrere Bezugspunkte.

Wiedergeben

Wenn du etwas wiedergeben sollst, dann musst du erarbeitete oder einem Material entnommene Informationen mit eigenen Worten aufgreifen und dabei zusammenfassen. Stelle den Sachverhalt in seinen wesentlichen Grundzügen dar.

1. Lies und betrachte das zugrunde liegende Material. Notiere Stichpunkte zu den wesentlichen Informationen.
2. Stelle die wesentlichen Informationen des Sachverhalts dar, ohne eine eigene Wertung vorzunehmen.

Hilfe bei der Arbeit mit ausgewählten Operatoren

Charakterisieren

Wenn du etwas charakterisieren sollst, dann musst du wesentliche Punkte oder typische Merkmale eines Sachverhalts nennen.

1. Erfasse den Sachverhalt (z. B. Text, Bild, Film).
2. Überlege, welche Punkte wesentlich für den Sachverhalt oder den Vorgang sind.
3. Suche in dem Material nach Stellen, die deine Behauptungen belegen und notiere sie ebenfalls.

Einordnen/Zuordnen

Wenn du etwas zuordnen oder einordnen sollst, dann musst du Begriffe, Sachverhalte oder einen Raum bestimmten Oberbegriffen oder Kategorien zuordnen.

1. Sieh dir das Material gut an und überlege, welche Begriffe, welchen Raum oder Sachverhalt du zuordnen sollst. Arbeite die Begriffe heraus, die zugeordnet werden sollen, oder verwende die vorgegebenen Begriffe.
2. Ordne die Begriffe oder Sachverhalte zu. Manchmal musst du dazu eine Tabelle ausfüllen oder Begriffe in einer Zeichnung zuordnen.

Erläutern

Wenn du etwas erläutern sollst, dann musst du wichtige Sachverhalte und Zusammenhänge anschaulich darstellen und verdeutlichen.

1. Lies und betrachte das Material und überlege, welchen Teil des Sachverhalts du darstellen möchtest. Ist kein Material vorhanden, so stütze dich auf das, was du bereits über den Sachverhalt weißt.
2. Formuliere wichtige Punkte des Sachverhalts und suche nach Beispielen oder Belegen, die deine Erläuterung veranschaulichen.

Unterscheiden

Wenn du etwas unterscheiden sollst, sollst du Unterschiede zwischen zwei Sachverhalten feststellen.

1. Beschreibe zwei unterschiedliche Sachverhalte anhand von Stichwörtern.
2. Stelle die Unterschiede in kurzen Sätzen oder in einer Tabelle gegenüber.

Erklären

Wenn du etwas erklären sollst, dann musst du wichtige Begriffe und Zusammenhänge eines Sachverhalts oder eines Vorgangs wiedergeben.

1. Lies den Text und betrachte das Material. Überlege, was wichtig für das Verstehen der Sache ist. Dabei stellst du dir am besten jemanden vor, der keine Ahnung von der Sache hat. Ihr oder ihm sollst du die Sache so gut erklären, dass sie oder er sie versteht.
2. Überlege, was typisch für den Sachverhalt ist. Erklärst du Vorgänge oder Abläufe, dann achte besonders auf die zeitliche Reihenfolge.

Vergleichen/Gegenüberstellen

Wenn du etwas vergleichen sollst, dann musst du Ähnlichkeiten oder Unterschiede zwischen zwei oder mehreren Sachen finden und sie einander gegenüberstellen.

1. Entnimm der Aufgabe, was verglichen werden soll. Notiere Ähnliches und Unterschiede.
2. Stelle die Gemeinsamkeiten und Unterschiede einander gegenüber. Oftmals eignen sich auch zweispaltige Tabellen zur Gegenüberstellung.

Analysieren

Wenn du etwas analysieren sollst, dann musst du Merkmale oder Besonderheiten eines Textes, eines Schaubildes, eines Bildes, einer Sache oder eines Vorgangs herausfinden.

1. Lies das Material oder betrachte die Sache oder den Vorgang.
2. Überlege, über welche Merkmale und Besonderheiten du etwas herausfinden sollst.
3. Lies das Material erneut durch oder betrachte die Sache oder den Vorgang ein zweites Mal. Notiere, was du über die Merkmale oder Besonderheiten entdeckt hast.

Diskutieren

Wenn du über etwas diskutieren sollst, dann musst du andere mit Argumenten überzeugen.

1. Werte das für dich verfügbare Material aus und finde deine eigene Meinung.
2. Suche nach Gründen (Argumenten), die deinen Standpunkt bzw. deine eigene Meinung unterstützen.
3. Finde Beispiele oder Vergleiche, die deine Argumente unterstreichen.
4. Tausche deine Argumente mit jemandem aus, der oder die eine andere Meinung vertritt.

Argumentieren/Begründen

Wenn du argumentieren/etwas begründen sollst, dann musst du prüfen, warum eine Sache oder eine Behauptung stimmt oder nicht stimmt. Dazu legst du Beweise oder Argumente dar.

1. Suche im Text und in den Materialien nach Gründen, die den Sachverhalt oder die Behauptung stützen.
2. Überlege dir ein Beispiel, das deine Begründung veranschaulicht.

Erörtern

Wenn du etwas erörtern sollst, bedeutet das, dass du einen Sachverhalt klären und anschließend eine schlüssige Meinung dazu entwickeln sollst.

1. Werte Material und Informationen zu einem bestimmten Thema aus. Notiere wichtige Pro- und Kontra-Argumente.
2. Vergleiche die Pro- und Kontra-Argumente zu dem Thema. Wäge ab, welche Argumente am meisten überzeugen.
3. Entwickle deine eigene Meinung zu dem Sachverhalt und trage sie vor.

Bewerten

Wenn du etwas bewerten sollst, so ist das recht ähnlich wie etwas, was du beurteilen sollst. Im Gegensatz zur Beurteilung sollst du beim Bewerten auch deine eigene Meinung äußern.

1. Nenne den Sachverhalt oder die Aussage, die du bewerten sollst.
2. Überlege, mit welchen Informationen du die Aussage oder den Sachverhalt unterstützen oder widerlegen kannst.
3. Überlege selbst, was dir wichtig ist. Nimm anhand deiner persönlichen Einstellung eine Bewertung vor.

Interpretieren

Wenn du etwas interpretieren sollst, dann musst du Sinnzusammenhänge eines Sachverhalts erkennen.

1. Bearbeite das zugrunde liegende Material und überlege, welche Bedeutung der dargestellte Sachverhalt hat.
2. Suche Begründungen für deine Deutung des Sachverhalts.
3. Bringe deine Deutungen und deine Begründungen zusammen. Beziehe dich auf das zugrunde liegende Material.

Beurteilen

Wenn du etwas beurteilen sollst, dann musst du eine Sache oder eine Aussage auf ihre Richtigkeit überprüfen.

1. Nenne zunächst den Sachverhalt oder die Aussage, die du beurteilen willst.
2. Überlege, mit welchen Informationen du die Aussage oder den Sachverhalt unterstützen oder widerlegen kannst. Nutze dein Fachwissen für deine Beurteilung.

Stellung nehmen

Wenn du zu etwas Stellung nehmen musst, bedeutet das, dass du deine eigene Meinung äußern sollst und sie mit Argumenten begründest.

1. Werte Material und Informationen zu einem bestimmten Thema aus. Finde deine eigene Meinung und notiere dir wichtige Argumente.
2. Trage deine eigene Meinung vor und nenne zur Unterstützung die Argumente, die du zusammengetragen hast.

Deutschland

a) Auf dem Weg zum höchsten Berg Deutschlands. Wie heißt er?

b) Wahrzeichen der deutschen Hauptstadt. Wie heißen Bauwerk und Hauptstadt?

c) Blühende Landschaft in Niedersachsen. Wie heißt sie?

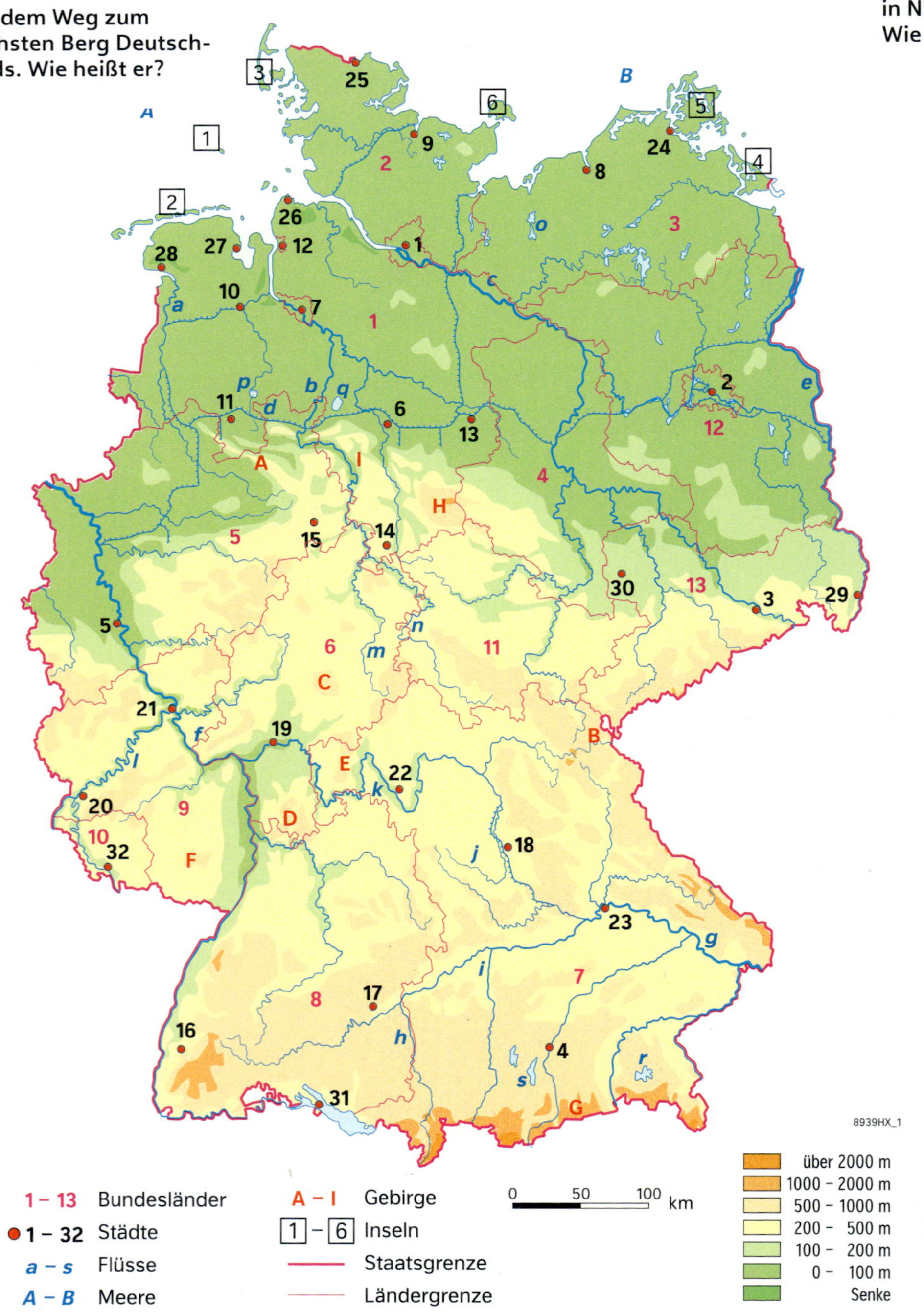

d) Spaziergänger auf dem „Meeresgrund". Wie ist das möglich?

Das Containerschiff ist auf dem Weg in die Nordsee. Woher kommt es wahrscheinlich? Wie heißt der Fluss, der hier mündet?

e) Steilküste aus Kreide auf der größten deutschen Insel. Wie heißt die Insel?

h) Domstadt am Rhein. Kennst du den Namen mit vier Buchstaben?

g) Planwagenfahrt auf den höchsten Berg im Harz. Nenne Namen und Höhe des Berges.

f) Bankenviertel in einer Großstadt am Main. Wie heißt sie?

1 – 13	Bundesländer
● 1 – 32	Städte
a – s	Flüsse
A – B	Meere

A – I	Gebirge
1 – 6	Inseln
—	Staatsgrenze
—	Ländergrenze

0   50   100 km

	über 2000 m
	1000 – 2000 m
	500 – 1000 m
	200 – 500 m
	100 – 200 m
	0 – 100 m
	Senke

8939HX_1

Europa

a) Zur Weltausstellung 1889 erbaut, ist der Eiffelturm das Wahrzeichen welcher europäischen Hauptstadt? An welchem Fluss liegt sie?

b) Das Nordkap wird landläufig als nördlichster Punkt des europäischen Festlandes bezeichnet. In welchem Land liegt es?

c) Die Elbe. In welchem Land liegt ihre Quelle und in welches Meer mündet die Elbe?

...al d'Isere in den französischen Alpen. Nenne ...e acht Alpenländer.

66,5° N

1 – 26	Länder	
1 – 27	Städte	
a – o	Flüsse	
A – K	Ozeane, Meeresteile	
A – I	Gebirge	
1 – 4	Inseln	
	Staatsgrenze	

Maßstab 1 : 29 000 000

0   500   1000 km

© westermann 23373EX_2

g) Der größte und längste Gletscher der Alpen – der Große Aletschgletscher. In welchem Land liegt er?

f) Der Vesuv. Welche Großstadt liegt am Fuße des Vulkans?

e) Grottenolm in der Postojna-Höhle. In welchem für seine Höhlen bekannten Land liegt sie?

d) Welche Millionenstadt liegt sowohl auf dem europäischen als auch auf dem asiatischen Kontinent?

h) Der südlichste Ort des europäischen Festlandes. Wie heißt er, in welchem Land und auf welchem Breitengrad liegt er und welches Land siehst du im Bildhintergrund?

|123RF.com, Hong Kong: andreslebedev 150.1, 207.1; atomdruid 139.3; skdesign 41.1. |action press, Hamburg: Braun, Matthias 113.2. |akg-images GmbH, Berlin: 62.1. |Alamy Stock Photo, Abingdon/Oxfordshire: ALLTRAVEL 72.2; Bagnall, David 206.8; Beckert, Marcus 94.2; Bimmer, Fabian 73.1; Delimont, Danita 171.4; FALKENSTEINFOTO 3.3, 54.1; Feketa, Petro 6.6; imageBROKER 113.1; Khrobostov, Andrey 114.4; Kuttig - Travel Titel, 73.4, 114.5; Schmidt, Harald 107.5; Science Photo Library 33.1; Stevenson, Chris 69.4; Vaicikeviciene, Jurgita 60.1; West, Jim 69.8; Westend61 GmbH 50.1; Zoonar GmbH 157.8. |Alamy Stock Photo (RMB), Abingdon/Oxfordshire: Art Directors & TRIP 173.1; Cavan 166.3; Dazzi, Francesco 171.2; Douglas, Don 21.2; Foto: Rob Crandall, Illu: Matthias Berghahn 165.1; Image Source 129.1; imageBROKER 142.2; JKreportage 166.1; Kuttig - Travel 113.4; Lubenow, Sabine 64.1; Luoxi 83.2; Morris, John 142.3; Robertson, Stuart 142.5; Schusterbauer, Ben 166.2; Shaklein, Konstantin 28.2. |Alfred-Wegener-Institut (AWI)/Helmholtz-Zentrum für Polar- und Meeresforschung, Bremerhaven: Oerter, Hans 175.2. |Artbox Grafik & Satz GmbH, Bremen: 10.2, 11.2, 77.2. |Astrofoto, Sörth: 28.1; Kohle, Sven 38.2. |Bahr, Matthias, Vechta: 17.1, 17.2, 24.1, 24.2. |Blinde Kuh e.V. / www.blinde-kuh.de, Hamburg: 189.1. |Brants, Edgar, Paderborn: 102.2, 105.1. |Braune, Barbara, Peine: 6.5. |Brockmeyer, André, Diepholz: 6.3. |Colourbox.com, Odense: 207.2; Maryankova, Anastasiya 174.2, 176.6. |Deutscher Wetterdienst, Offenbach: © Deutscher Wetterdienst (DWD)/Heimann, Alexander 127.1. |Dölling, Andrea, Berlin: 90.5, 131.1. |dreamstime.com, Brentwood: Antikainen 158.6; Elmmksat 143.2; Kimberrywood 123.2; Sebastian Czapnik 73.2; Sereda, Tomas 207.5. |Elvenich, Erik, Hennef: 43.1. |ESA - European Space Agency, Frascati (Roma): 37.3. |Falkenburg, Ann-Christin, Braunschweig: 79.4. |Feldhaus, Hans-Jürgen, Münster: 7.1. |fotolia.com, New York: 12ee12 149.2; Alexmar 163.4; amphotolt 38.1; Anikakodydkova 42.1; ARochau 110.1, 192.2; asikkk 207.7; Beboy 15.3; Blakkolb, Andreas 102.3; Blickfang 70.1; Bonan, Marco 138.3; c_images 92.2; countrypixel 79.1; dd 88.1; DeVice 101.1; doethion 174.1; eugen_z 140.3; farbkombinat 108.2; fhmedien.de 100.3; goldencow_images 64.4; gvmis 158.8; Herrndorff 11.1; Jens Ottoson 158.19; JFL Photography 207.6; K. Xenikis 100.4; kab-vision 157.1; kameraauge 101.3; Kneschke, Robert 104.4; magooie85 158.13; Oleksiy Mark 150.2; pico 131.2; R. Kneschke 105.2; rolandrossner 101.2; Saracco, Marco 158.9; Schier, Thorsten 56.2, 219.1; snaptitude 124.1; somartin 149.3, 149.4, 158.12; steschum 138.2; ub-foto 207.3; view 7 113.3. |Fotostudio Henke, Paderborn: 17.3. |Frambach, Timo, Braunschweig: 72.3, 109.1, 109.2, 109.3, 109.4. |Getty Images, München: DEA/ARCHIVIO J. LANGE 164.1; Georges Merillon/Gamma-Rapho 167.1; HUGUEN, PHILIPPE 147.5. |Google Maps: 14.1, 14.2, 49.2. |Gründler, Katharina-Julia, Burgos: LAYOUTELEMENT 90.1. |Güttler, Peter - Freier Redaktions-Dienst (GEO), Berlin: 206.4. |Hochmann, Carmen, Gütersloh: 90.2, 131.3, 179.2. |Hofemeister, Uwe, Diepholz: 49.3, 162.1, 206.3. |Image & Design - Agentur für Kommunikation, Braunschweig: 200.1. |Imago, Berlin: biky 76.1; blickwinkel 175.1; GranAngularUra 172.2; imagebroker/Rolfes, Willi 25.4; Milner, John 138.4; Pressedienst Nord/Hake, Björn 14.3; reemedia 65.2; regios24 25.5; Rupenkamp, Fritz 75.2; Schwarz, Marius 136.2; Tack, Jochen 79.3. |iStockphoto.com, Calgary: 49.1; ae-photos 84.1; asiafoto 61.1; Avatar_023 69.5; balipadma 89.1; Bene-Images 157.2; bluecinema 78.2; coldsnowstorm 6.1; CTRPhotos 188.1; Delany, Brendan 169.1; Dhoxax 171.1; DHuss 154.3; Digital Vision 3.1, 8.1; Digital Vision Vectors/Veronaa 149.1; Edwardward 147.1; EmirMemedovski 22.1; Eplisterra 181.1; Eureka_89 37.2; FatCamera 19.1; Fernahl, Michael 114.1, 140.1; fesoj 68.1; fotoVoyager 158.16; frankix 61.2; Futcher, Christopher 105.3; gkuna 163.2; IdealPhoto30 176.2; JacobH 158.7; jaroon 89.3; Juanmonino 108.3; justhavealook 107.2; Kalinin, Iakov 114.3, 140.2; Khvoshch, Ludmila 69.7; Lagadu, Alan 188.2; LianeM 94.1; LSOphoto 89.4; MicheleVacchiano 149.8; Mike_Sheridan 207.4; moronif 163.5; Nellmac 158.4; nevereverro 155.4; Nikada 99.1, 206.7; Nikiforov, Alexander 158.18; nullplus 96.3; ollo 146.1; Pali Rao 30.1; Pavliha 162.2; piranka 207.8; pixi-sky 95.1; Prill 101.5; RossHelen 18.3; rotofrank 35.1, 35.2, 35.3, 35.4; SeanPavonePhoto 153.3; selimaksan 104.5; SerrNovik 148.1; Teka77 146.3; Tokarsky 136.1; Tree4Two 118.2; urf 151.2; Westend 61 132.1; wwing 37.4. |K+S AG, Kassel: 83.1. |Karto-Grafik Heidolph, Dachau: 12.1, 29.1, 60.2, 120.2, 122.3, 129.2, 135.3, 165.2. |Kartographie Michael Hermes, Hardegsen Hevensen: 125.5, 145.5, 151.1, 153.1. |Kassing, Reinhild, Kassel: 201.1, 201.2, 201.3, 203.1, 204.1, 204.2. |laif, Köln: Andreas Pein/laif 66.3; Arcticphoto 171.3; Joseph Sywenkyj/Redux 176.7. |Landesamt für Geoinformation und Landesvermessung Niedersachsen (LGLN), Hannover: „Quelle: Auszug aus den Geodaten des Landesamtes für Geoinformation und Landesvermessung Niedersachsen, 2010/Bildgrundlage: Digitales Orthophoto 1:5.000, vervielfältigt mit Erlaubnis des Herausgebers: LGN - D18829 45.1. |MairDumont GmbH & Co. KG, Ostfildern: Studio Berann-Vielkind 92.1. |Marckwort, Ulf, Kassel: 131.4, 178.1, 179.1, 202.1. |mauritius images GmbH, Mittenwald: Alamy 176.4; imageBROKER 25.6; Siebig, Udo 63.3. |Mithoff, Stephanie, Ahorn: 36.1, 58.2, 58.3, 58.4, 58.5, 58.6, 58.7, 58.8, 58.9, 58.10, 58.11, 58.12, 58.13, 58.14, 58.15, 58.16, 58.17, 58.18, 58.19, 58.20, 58.21, 58.22, 58.23, 58.24, 58.25, 58.26, 58.27, 58.28, 58.29, 58.30, 58.31, 58.32, 58.33, 58.34, 58.35, 58.36, 58.37, 58.38, 58.39, 58.40, 58.41, 58.42, 69.1, 69.2, 69.3, 71.4, 97.2, 104.3, 119.1, 122.1, 122.2, 156.1, 190.1, 190.2. |Müller, Stefan, Hameln: 90.4. |NASA/GSFC, Houston/Texas: 7.2. |Nußbaum, Dennis, Koblenz: 12.2. |OKAPIA KG - Michael Grzimek & Co., Frankfurt/M.: 125.2; BIOS/Labat, Jean-Michel 31.2; FLPA/Coster, Bill 168.2; imageBROKER/Reinert, Anna 16.2. |Panorama-Atelier Königs, Paderborn: 111.1; www.panoramakarte.de 103.1. |PantherMedia GmbH (panthermedia.net), München: Gödecke, Uwe 155.3; Loretto, Daniel 136.3; mattnet85 114.2; Mielke, Stella 57.2; Richter, Falk 80.1. |Pflügner, Matthias, Berlin: 51.1, 73.3, 75.1, 90.3, 90.6. |Picture Press Bild- und Textagentur GmbH, Hamburg: Oeser, Martin 104.2. |Picture-Alliance GmbH, Frankfurt a.M.: AP Photo/Abdeljalil Bounhar 167.2; AP/Probst, Michael 128.1; APA/Warmuth, Angelika 158.15; Arco Images GmbH/Carlile, J. 4.3, 138.1; blickwinkel/Blossey, H. 82.1; CTK/Zehl, Igor 129.4; dpa/Assanimoghaddam, Mohssen 25.1, 25.3; dpa/Frey, Thomas 128.2; dpa/Häsler, Axel 44.1; dpa/Hildenbrand, Karl-Josef 147.2; dpa/Schulze, Lukas 189.2; dpa/Sofam 187.2; dpa/W. Weihs 118.3; dpa/Wolf, Jens 135.2; dpa/Wöste, Hans-Christian 176.5; dpa/Wüstneck, Bernd 13.2; dpa/Zucchi, Uwe 16.1; euroluftbild.de/Blossey, Hans 102.1; euroluftbild.de/Elsen, Martin 180.1; imageBROKER/Kuttig, Siegfried 191.1; Koene, Ton 170.1; May, Frank 94.3; Nikky/VisualEyze 100.1; REUTERS/ADORNO, JORGE 134.1; Zentralbild/ Wolf, Jens 84.4. |Reimers, Silke, Mainz: 84.5, 84.6, 84.7, 84.8, 84.9. |Richter, Michael, Nürnberg: 43.3. |Riediger, Achim, Paderborn: 58.1, 104.1. |Rossel, Hans, Gent: Foto, Illu: Matthias Berghahn 173.3. |Schobel, Ingrid, Hannover: 163.1. |Schönauer-Kornek, Sabine, Wolfenbüttel: 13.1, 16.3, 52.1, 52.2, 52.3, 52.4, 84.10, 84.11, 84.12, 84.13, 84.14, 84.15, 88.3, 89.5, 89.6, 134.3. |Schwarzstein, Yaroslav, Hannover: 13.3, 13.4, 64.2, 68.3, 68.4, 68.5, 68.6, 68.7, 74.1, 74.2, 74.3, 74.4, 77.1, 78.1, 94.4, 121.1, 123.5, 123.6, 125.3, 130.1, 130.2, 158.1, 158.2, 159.2, 176.1, 176.3, 177.1. |Science Photo Library, München: Alean, Dr. Juerg 168.3. |Shutterstock.com, New York: Adwo 37.1; Antikwar 159.1, 159.3; Balazh, Anton 32.1; Bykova, Ekaterina 139.2; Dikbakan, Oguz 187.1, 187.3; Erdbeer, Alexander 149.10; Georgiev, Deyan 158.3; Karapancev, Zoran 155.1; Luciavonu 15.1; Maykova Galina 147.4; Mazhora, Anatolii 69.6; MichaelJayBerlin 190.3; mikaelawill13 173.2; nitpicker 143.3; Pavel L Photo 67.3; Pavel L Photo and Video 85.2; Pisarenko, Vladimir 157.6; Plock, Fabian 163.3; Razvan, Radu 155.5; Robson90 18.1; Rukhlenko, Dmitry 142.1; silverfox999 97.1; Sina Ettmer Photography Titel; STEKLO 18.2; thorsten.guenthert 56.1; Vlada Z 149.5. |Stadt Göttingen - Der Oberbürgermeisterin, Fachdienst Geoservice und Grundstücke, Göttingen: Stadtplan 23.02.2022 45.2. |stock.adobe.com, Dublin: aapsky 126.1; agrarmotive 125.1; andreanita 168.1; Andreas P 96.2; Andrew, Arestov 146.2; Animaflora PicsStock 135.4; Arid Ocean 144.1, 144.2, 144.3; Armyagov, Andrey 3.2, 26.1; ARochau 89.2; artjazz 158.5; Asier 81.5; auremar 70.2; Bautsch, Carl-Jürgen 93.3; Becke, Jan Christopher 158.11, 206.9; Bell, Joanne 123.4; Bahn85 100.5; Borisov, Sergey 153.4; BRAMSIEPE 63.1; by-studio 4.2, 116.1, 125.4; Clouseu 6.2; Cobalt 123.3; codiarts 88.2; cranach 62.2; Destina 143.1; detailfoto 107.1; diquesvet 157.7; Eberlein, Hans Arnold 149.7; eddi_m 67.2; ehrenberg-bilder 10.1; EKH-Pictures 107.3; Ettmer, Sina 192.1; Eugenesergeev 113.5; farbkombinat 63.2; Feel good studio 149.6; Fiedels 157.3, 157.4; Foltin, Bernard 42.2; fotografci 62.3; fotohansel 43.4; fotowunsch 93.1; Frauke 66.2; Freesurf 152.1; Geithe, Ralf 66.1; Gonzalez, Juanamari 207.9; Gosch, Ralf 145.2; grafikplusfoto 64.3, 91.1, 91.2; Honcharuk, Valerii 82.2; hykoe 158.14; icarmen13 5.2, 160.2; iPics 151.3; Jan 20.1; Jargstorff, Wolfgang 68.2, 79.2; JFL Photography 101.6; kameraauge 106.1; kaninstudio 43.2; Ködder, Rico 206.6; Kokhanchikov 145.1; Lanser, Gert 145.4; Lantelme, Jörg 108.1; M. Johannsen 112.1; maglyvi 148.2; Mainka, Markus 81.2; Maltinti, Gabriele 123.1; May, Katrin 84.3; Mistervlad 154.1; MNStudio 97.3; Morijn, Ruud 67.1; Moser, Uwe 151.4, 158.17; nateejindakum 99.2; Noppasinw 206.1; Nowottnick, Klaus 84.2, 107.4; ohenze 95.2; oxie99 135.1; Parilov 153.2; perfectmatch 126.2; Petair 129.3; photophonie 15.2; Plumette, Suzanne 5.1, 160.1; pusteflower9024 147.3; rammi76 4.1, 86.1; Reimer, Thomas 142.4; Reitze, Klaus 57.1; robin_ph 31.1; Rochau, Alexander 118.1; Rohde, Gabriele 72.1; RuZi 139.1, 206.2; sacura14 145.3; saiko3p 155.2; Sakhno, Roman 120.1; sanderforsberg 30.2; Sanders, Gina 22.2; savantermedia 149.9; scaliger 152.2; Schlenger, Olaf 25.2; SeanPavonePhoto 101.4; snaptitude 100.2; sonnenblumewiese 134.2; Stepanov, Andrei 172.1; stockyimages 157.5; Sturm, Jenny 119.2; sushi1964 206.5; Thomssen, Tanja 65.1; travelview 20.2; Wackenhut, Jürgen 61.3; WavebreakmediaMicro 6.4; wsf-f 96.1; Yogendra 81.4; zgphotography 154.2; ©ulianna19970 81.3. |Strübing, Josephine, Braunschweig: 19.2, 19.3, 21.1. |Tekülve, Rita, Essen: 71.1, 71.2, 71.3, 85.1. |Transdev Hannover GmbH, Hannover: 81.1. |ullstein bild, Berlin: imageBROKER/Holger Weitzel 93.2. |Weller-Versand.de, Offenbach: 46.1.

Wie können Arbeitsergebnisse verfasst werden?

Brief/Beschwerdebrief
Argumente werden aus der persönlichen Sicht vorgetragen. Anrede und Gruß am Ende sachlich halten. *(Sehr geehrte/geehrter ...; Mit freundlichen Grüßen ...)*

Informationsblatt
Kurze Hinweise zum Thema als Tabelle mit Spiegelstrichen formulieren. Du kannst die Hinweise zusätzlich mit Zeichnungen verdeutlichen.

Kurznachricht
Wichtige Informationen werden stichwortartig oder in sehr kurzen Sätzen formuliert.

Lexikon-Eintrag
Der Lexikoneintrag beginnt mit der Erklärung des Begriffs in einem Satz. Dann folgen Ergänzungen sachlich und allgemeinverständlich und ohne Verwendung von Fachbegriffen. Die Zusammenhänge werden genau erklärt.

Radionachricht
Es gibt keine Überschrift. Der Text ist sachlich wie bei der Zeitungsnachricht. Er hat keine langen Sätze und wird verlesen oder mit einem Aufnahmegerät aufgenommen.

Steckbrief
Kurze, listenartige Darstellung, die die wichtigsten Informationen zu Personen, Gegenständen oder Themen enthält.

Werbetext/Werbeflyer mit Abbildungen
Einen Text mit Übertreibungen und vielen ausschmückenden Adjektiven formulieren, um Werbung für eine Sache zu machen.

Zeitungsnachricht
In der Überschrift und im ersten Satz steht schon die wichtigste Information für die Leserin oder den Leser. Danach wird das Thema kurz und sachlich dargestellt.

Hilfreiche Sätze beim Beantworten von Aufgaben

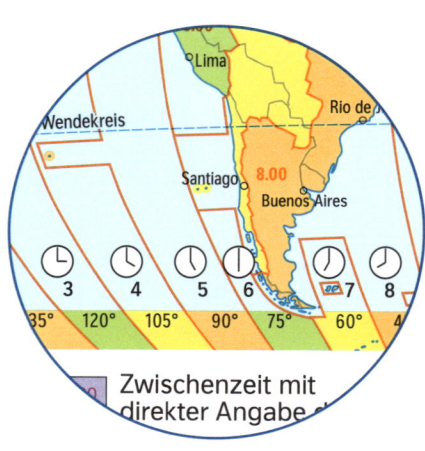

Zwischenzeit mit direkter Angabe ...

Beim Bearbeiten von Karten

Die physische Karte von ... .
Die thematische Karte informiert über ... .
Die Kartenunterschrift heißt ... .
Die Karte stellt ... dar.
Die Region erstreckt sich ... .
Das Gebiet liegt ... (tief/hoch/nördlich von/ ...).
Die Landschaft ist ... (flach/hügelig/gebirgig/ ...).
Die Stadt liegt (am/im) ... .
Städte liegen ... (verstreut/gebündelt/wie an einer Perlenschnur aufgereiht/...).
Die Grenzen verlaufen ... .
Die Flüsse ... (verlaufen/entspringen/münden/durchqueren/ ...).
Die Stadt liegt etwa ... Kilometer (südlich/nördlich) von ... .

Beim Bearbeiten von Texten

Der vorliegende Text beschäftigt sich mit ... . Es wird berichtet, wie ... .
Er erläutert ... .
Er gibt Auskunft über ... .
Es geht im Text um ... . Der Text nennt Beispiele zu ... .
Der Text begründet, ... Zusammenfassend ist festzuhalten: ... .
Das bedeutet, dass ... .
Die Absicht des Verfassers ist, ...